suhrkamp taschenbuch 2973

D1918114

Was haben Bikini, Beton und Kalter Krieg gemeinsam? Zusammen mit 97 anderen Begriffen aus Politik, Kultur, Technik und Alltag bilden sie *100 Wörter des Jahrhunderts*, in denen sich einprägsame Situationen und Veränderungen unseres Jahrhunderts spiegeln. In Essays, Kolumnen und Geschichten geben die unterschiedlichsten Autorinnen und Autoren ihren persönlichen Beitrag zu Begriffen wie Apartheid, Holocaust, Inflation oder Terrorismus, aber auch zu Schlagwörtern wie Kaugummi, Streß, Computer, Aids, Camping oder Jeans. Das Buch vermittelt als kurzweiliges, vielfältiges Nachschlagewerk und zugleich aktuelles Lesebuch den Zeitgeist der jeweiligen Epoche des 20. Jahrhunderts.

Die *100 Wörter des Jahrhunderts* resümieren nicht, sie sind keine chronistische Abarbeitung von Schlagwörtern. Ohne Anspruch auf Vollständigkeit oder Ausgewogenheit wollen sie das, was die Generationen in den vergangenen hundert Jahren bewegte und sich in Sprache manifestierte, in ihrem Facettenreichtum darstellen.

100 Wörter des Jahrhunderts ist der Titel eines Medienverbundes von 3sat, DeutschlandRadio Berlin, der Süddeutschen Zeitung und dem Suhrkamp Verlag, einer parallel zum Erscheinen des Buches ausgestrahlten 3sat-Sendereihe, die im Rahmen des werktäglichen Magazins *Kulturzeit* den Begriffen jeweils einen Kurzfilm widmet. Parallel sendet 1999 DeutschlandRadio Berlin die Beiträge, in der Süddeutschen Zeitung werden sie abgedruckt. Das Projekt wurde wissenschaftlich unterstützt von der Gesellschaft für deutsche Sprache e. V.

Ausgewählt wurden die *100 Wörter des Jahrhunderts* von einer Jury prominenter Persönlichkeiten aus den Bereichen Publizistik, Literatur und Fernsehen auf Initiative der 3sat-Redaktion *Kulturzeit*. Der Jury gehörten Friedrich Dieckmann, Hans Helmut Hillrichs, Walter Jens, Friedrich Küppersbusch, Sigrid Löffler, Peter von Matt und Johannes Willms an.

100 Wörter des Jahrhunderts

3sat
DeutschlandRadio
Süddeutsche Zeitung
[GfdS]
F.A. BROCKHAUS
Suhrkamp Verlag

100 Wörter des Jahrhunderts ist eine Medienpartnerschaft von
3sat, DeutschlandRadio Berlin,
Süddeutsche Zeitung und Suhrkamp Verlag,
mit Unterstützung der Gesellschaft für deutsche Sprache e. V.

Die den Texten vorangestellten Lexikonauszüge
(in neuer Rechtschreibung) stammen aus:
BROCKHAUS. DIE ENZYKLOPÄDIE in vierundzwanzig Bänden,
Zwanzigste, überarbeitete und aktualisierte Auflage 1996-1999.
Abdruck mit freundlicher Genehmigung von F. A. Brockhaus, Leipzig
und Mannheim.

Umschlagillustration: 3sat Grafik

Redaktion: Wolfgang Schneider

suhrkamp taschenbuch 2973
Erste Auflage 1999
© Suhrkamp Verlag Frankfurt am Main 1999
Suhrkamp Taschenbuch Verlag
Alle Rechte vorbehalten, insbesondere das
des öffentlichen Vortrags, der Übertragung
durch Rundfunk und Fernsehen
sowie der Übersetzung, auch einzelner Teile.
Kein Teil des Werkes darf in irgendeiner Form
(durch Fotografie, Mikrofilm oder anderes Verfahren)
ohne schriftliche Genehmigung des Verlages reproduziert
oder unter Verwendung elektronischer Systeme
verarbeitet, vervielfältigt oder verbreitet werden.
Satz: Hümmer GmbH, Waldbüttelbrunn
Druck: Ebner Ulm
Printed in Germany
Umschlag nach Entwürfen von
Willy Fleckhaus und Rolf Staudt

3 4 5 6 – 04 03 02 01 00 99

Inhalt

1	**Aids**	Martin Dannecker	**9**
2	**Antibiotikum**	Peter Ehmer	**12**
3	**Apartheid**	Heribert Adam	**15**
4	**Atombombe**	Heinrich Fink	**18**
5	**Autobahn**	Frank Hertweck	**21**
6	**Automatisierung**	Annette Spohn	**24**
7	**Beat**	Manfred Miller	**27**
8	**Beton**	Wolfgang Schneider	**31**
9	**Bikini**	Heide-Ulrike Wendt	**34**
10	**Blockwart**	Peter Hartl	**37**
11	**Bolschewismus**	Barbara Sichtermann	**40**
12	**Camping**	Ulrich Kubisch	**43**
13	**Comics**	Christian Gasser	**46**
14	**Computer**	Joachim Baumann	**49**
15	**Demokratisierung**	Eva Quistorp	**52**
16	**Demonstration**	Daniel Cohn-Bendit	**55**
17	**Demoskopie**	Matthias Jung	**58**
18	**Deportation**	Wolfgang Benz	**61**
19	**Design**	Bernhard Bürdek	**64**
20	**Doping**	Jürgen Ahäuser	**67**
21	**Dritte Welt**	Erhard Eppler	**70**
22	**Drogen**	Konstantin Wecker	**73**
23	**Eiserner Vorhang**	Kurt Drawert	**76**
24	**Emanzipation**	Marlene Streeruwitz	**79**
25	**Energiekrise**	Michael Braungart	**81**
26	**Entsorgung**	Gerburg Treusch-Dieter	**86**
27	**Faschismus**	Hanno Loewy	**89**
28	**Fernsehen**	Hans Helmut Hillrichs	**93**
29	**Film**	Hans Helmut Prinzler	**96**
30	**Fließband**	Olaf Irlenkäuser	**100**
31	**Flugzeug**	Jürgen Weber	**102**
32	**Freizeit**	Armin Conrad	**106**
33	**Friedensbewegung**	Dorothee Sölle	**110**
34	**Führer**	Thomas Palzer	**114**

35	**Fundamentalismus**	Thomas Meyer	117
36	**Gen**	Janka Arens	120
37	**Globalisierung**	Ulrich Beck	125
38	**Holocaust**	Doron Rabinovici	129
39	**Image**	Johannes Willms	132
40	**Inflation**	Otmar Issing	135
41	**Information**	Stefan Münker	138
42	**Jeans**	Frank Herda	141
43	**Jugendstil**	Wolf Uecker	145
44	**Kalter Krieg**	Dieter Senghaas	147
45	**Kaugummi**	Friedrich Küppersbusch	152
46	**Klimakatastrophe**	Petra Thorbrietz	154
47	**Kommunikation**	Peter Höfle	158
48	**Konzentrationslager**	Winfried Sträter	161
49	**Kreditkarte**	Zé do Rock	165
50	**Kugelschreiber**	Burkhard Müller-Ullrich	169
51	**Luftkrieg**	Heinrich Graf von Einsiedel	172
52	**Mafia**	Richard Hey	175
53	**Manipulation**	Claus Leggewie	178
54	**Massenmedien**	Rainer M. Schaper	181
55	**Molotow-Cocktail**	Peter Henning	185
56	**Mondlandung**	Harro Zimmer	189
57	**Oktoberrevolution**	Roland Kaehlbrandt	192
58	**Panzer**	Friedrich Kittler	195
59	**Perestroika**	Rolf Schneider	200
60	**Pille**	Cora Stephan	203
61	**Planwirtschaft**	Tilo Köhler	206
62	**Pop**	Andreas Neumeister	209
63	**Psychoanalyse**	Reimut Reiche	213
64	**Radar**	Helmut Fleischer	216
65	**Radio**	Manfred Rexin	219
66	**Reißverschluß**	Gerhard Zwerenz	222
67	**Relativitätstheorie**	Albrecht Fölsing	225
68	**Rock'n'Roll**	Marcus Hammerschmitt	229
69	**Satellit**	Walter Konrad	232
70	**Säuberung**	Wolfgang Kasack	237
71	**Schauprozeß**	Franz-Josef Hutter	240

72	**Schreibtischtäter**	Gustav Seibt	**243**
73	**Schwarzarbeit**	Marion von Haaren	**246**
74	**Schwarzer Freitag**	Wilhelm Hankel	**249**
75	**Schwul**	Volkmar Sigusch	**254**
76	**Selbstverwirklichung**	Reinhold Messner	**257**
77	**Sex**	Matthias Altenburg	**261**
78	**Single**	Monika Sandhack	**264**
79	**Soziale Marktwirtschaft**	Heiner Geißler	**267**
80	**Sport**	Rainer Vollmar	**270**
81	**Sputnik**	Rüdiger Vaas	**272**
82	**Star**	Günter Berg	**274**
83	**Stau**	Joseph von Westphalen	**277**
84	**Sterbehilfe**	Christiane Schmidt	**280**
85	**Streß**	Frederic Vester	**283**
86	**Terrorismus**	Uwe Wesel	**287**
87	**U-Boot**	Lothar-Günther Buchheim	**290**
88	**Umweltschutz**	Thilo Bode	**293**
89	**Urknall**	Jürgen Moltmann	**296**
90	**Verdrängung**	Tilmann Moser	**299**
91	**Vitamin**	Veronika Bock/ Ulrich Biermann	**302**
92	**Völkerbund**	Jochen R. Klicker	**305**
93	**Völkermord**	Beate Ziegs	**308**
94	**Volkswagen**	Oliver Vogel	**312**
95	**Währungsreform**	Bernd Neuefeind	**315**
96	**Weltkrieg**	Henning Burk	**318**
97	**Wende**	Jamal Tuschick	**321**
98	**Werbung**	Jean Christoph Ammann	**323**
99	**Wiedervereinigung**	Friedrich Dieckmann	**327**
100	**Wolkenkratzer**	O. M. Ungers	**331**
		Die Wortwahl	**335**
		Autorinnen und Autoren	**339**

Martin Dannecker
AIDS

Aids, AIDS *das, –, meist ohne Art.* [Kw. aus engl. acquired immune deficiency syndrome, ›erworbenes Immunschwächesyndrom‹]. Das ursprünglich menschl. Immunschwäche-Virus (HIV-1 und HIV-2), das v. a. Zellen des Immunsystems befällt und ihre Funktion beeinträchtigt, ist durch Sexualkontakte, Blut oder Blutprodukte übertragbar.

AIDS ist gar kein Wort. AIDS ist ein Akronym und steht für Acquired Immune Deficiency Syndrome. Nach den gültigen Regeln wird ein Akronym in Versalien geschrieben. Durchgesetzt hat sich hierzulande inzwischen jedoch eine Schreibweise, die aus AIDS ein unauffälliges Hauptwort machte. Das zeigt, wie schnell dieses Anfang der achtziger Jahre zum ersten Mal beschriebene Krankheitssyndrom zum Bestandteil unserer Kultur wurde. AIDS, das über lange Zeit so konstruiert und erlebt wurde, daß es mit keiner anderen Krankheit vergleichbar schien, ist zu einer Krankheit wie andere schwere Krankheiten auch geworden. Verloren hat es seine vormalige Faszination, eine Faszination, die aus dieser Krankheit zeitweise fast etwas Numinoses machte, das alles, was mit ihr in Berührung kam, in ein gleißendes Licht tauchte. Mit einer so raschen Normalisierung war angesichts der kollektiven Hysterie, mit der die Öffentlichkeit, tatkräftig unterstützt von der hilflosen Medizin, Mitte der achtziger Jahre auf diese Krankheit reagiert hat, eigentlich nicht zu rechnen.

AIDS, an dem in westlichen Industrieländern anfangs vor allem homosexuelle Männer erkrankten, wurde zum Menetekel einer zu leicht genommenen Sexualität. Und als klar wurde, daß AIDS in einem engen Zusammenhang mit einem sexuell übertragbaren Virus steht, aktualisierten sich Scham- und Schuldgefühle, nicht nur bei homosexuellen Männern, sondern in der gesamten Kultur. Wiederbelebt wurde in dieser Phase die archaische Auffassung von Sexualität, der zufolge die Menschen ihren sexuellen Trieben schutz- und widerstandslos ausgeliefert sind. Niedergeschlagen hat sich diese Auffassung in monströsen Hochrechnungen über Infizierte, Kranke und an den Folgen von AIDS Sterbende. Ferner wurden, unter Verweis auf das seinen sexuellen Trieben widerstandslos ausgelieferte Subjekt, staatliche Zwangsmaßnahmen gegen Infizierte und Kranke gefordert. In dieser Katastrophenstimmung geriet vorübergehend sogar in Vergessenheit, daß es in unserer Kultur längst als vernünftig gilt, vor roten Ampeln zu warten, auch wenn weit und breit kein Auto zu sehen ist, also keine unmittelbare Gefahr droht. Warum aber sollte der AIDS-Krise nicht auch mit Mitteln der instrumentellen Vernunft begegnet werden können?

Die instrumentelle Vernunft hat sich in den Gesellschaften, in denen sie vorherrschte, schließlich auch beim Umgang mit AIDS durchgesetzt. Am zügigsten unter jenen, von denen behauptet wurde, sie bestünden aus nichts als aus Sexualität: den schwulen Männern. Sie, die von AIDS in den westlichen Ländern am stärksten Geschlagenen, waren es, welche der Welt zeigten, wie man den Gefahren von AIDS erfolgreich begegnen kann. Und sie haben in den von ihnen inaugurierten AIDS-Hilfen Präventionskonzepte entwickelt, die zum Modell der gesamten, also auch der staatlichen AIDS-Politik wurden.

All das und noch vieles mehr hat dazu geführt, daß AIDS sich hierzulande nicht zu der sozialen Katastrophe entwickelte, die viele befürchtet und manche beschworen haben. Nicht vergessen werden sollte darüber freilich die tödliche Spur, die AIDS auch bei uns hinterlassen hat. Breit ist diese unter den homosexuellen Männern, von denen so viele an den Folgen von AIDS gestorben sind, daß das Lebensgefühl in den von der Homosexualität zusammengehaltenen sozialen Systemen immer noch schwer beeinträchtigt ist. Überschattet ist davon auch die Sexualität, die viel von ihrem einstigen Glanz eingebüßt hat. Für homosexuelle Männer in den westlichen Industrieländern ist AIDS zum zentralen, alles beeinflussenden Komplex geworden. Daran haben auch die seit einigen Jahren vorhandenen Behandlungsmöglichkeiten nichts geändert. Sie haben den Komplex zwar verkleinert, aber nicht zum Verschwinden gebracht.

Von einer Beeinträchtigung des Lebensgefühls wagt man aber nicht zu sprechen, wenn wir den Blick auf jene Regionen der Welt richten, in denen sich AIDS tatsächlich in dem Maße ausbreitet, wie es vormals für die westlichen Industrieländer vorhergesagt wurde. Eine solche Rede wäre angesichts der dort herrschenden Situation ein unerträglicher Euphemismus. Von den bis Ende 1997 weltweit registrierten 31 Millionen Menschen mit einer HIV-Infektion oder AIDS lebten und starben 21 Millionen in Afrika, 6 Millionen in Süd- und Südostasien und 1,6 Millionen in Lateinamerika und in der Karibik. In diesen Regionen breitet sich AIDS mit einer solchen Geschwindigkeit aus, daß bis zum Ende des Jahrhunderts mit 40 Millionen Menschen mit HIV und AIDS gerechnet werden muß. Weil sich diese Länder die teuren Medikamente nicht leisten können, sterben die in diesen Teilen der Welt an AIDS Erkrankten auch nach der Einführung der neuen Behandlungsmöglichkeiten so massenhaft und so schnell wie zuvor. AIDS ist also in vielen Regionen der Welt zu der sozialen Katastrophe geworden, die hierzulande und in anderen reichen Industrieländern abgewendet werden konnte. Und diese reagieren auf die Katastrophe, wie üblich, mit respektvoller Erschütterung und wohlfeilen Phrasen.

Peter Ehmer
Antibiotikum

Antibiotika, *Sg.* Antibiotikum *das, -s*, Stoffwechselprodukte von Bakterien, Pilzen, Algen, Flechten und höheren Pflanzen, die dagegen empfindl. Mikroorganismen abtöten oder ihre Vermehrungsfähigkeit blockieren.

Sie waren die ersten Lebewesen der Erde, lange bevor der Mensch auftauchte. Es gibt kaum einen Ort, an dem sie nicht zu finden wären: Sie besiedeln kochendheiße Schwefelquellen in den Tiefen der Ozeane und die kalten Eispanzer der Pole. Überall suchen sie sich ihre Nischen zum Leben und Vermehren. Meist in friedlicher Koexistenz mit anderen Lebewesen, manchmal auf deren Kosten. Sie sind die heimlichen Herrscher der Welt: Über drei Milliarden Jahre konnten Bakterien auf ihre Weise friedlich existieren.

Dann kam der Mensch. Evolutionsbiologisch ein unerfahrener Newcomer, erklärte er den alteingesessenen Erdbewohnern den Krieg. Er wollte sich von den großen Plagen – Pest, Lepra, Cholera und Tuberkulose – befreien. Es gelang ihm: Vor gut 50 Jahren entdeckte er die Antibiotika. Die Seuchen gingen rapide zurück, gerieten sogar in Vergessenheit. Wunderbare Zeiten brachen an. Egal ob Husten, Tripper oder Malaria, die Antwort hieß: Antibiotika.

Das Buch der Infektionskrankheiten könne nun geschlossen werden, meinten in den sechziger Jahren die Gesundheitsbehörden.

Doch es war nur eine Schlacht, die gewonnen war. Der Krieg sollte weitergehen.

Antibiotika sind natürliche Gifte, mit denen sich z. B. Schimmelpilze- und Bodenbakterien gegen andere Mikroorganismen wehren. Nachdem der Brite Alexander Flemming 1928 durch Zufall eines dieser Gifte, das Penicillin, entdeckte, hat man bis heute über 400 Antibiotika-Arten gefunden oder im Labor entwickelt. Für jede Bakterienentzündung das optimale Antibiotikum.

Doch die Antibiotika-Waffe wird stumpf.

Je mehr Antibiotika der Mensch schluckt und spritzt, desto widerstandsfähiger werden die Bakterien. Es gibt immer einige, die Antibiotikaeinsätze überleben. Sie gründen neue Stämme mit gut trainierten Abwehrmechanismen. Der Clou: Bakterien können ihre Erfahrungen mit Antibiotika sogar untereinander austauschen, von einer Art zur anderen. Während Antibiotika – in der Massentierhaltung, in der Landwirtschaft und in der Medizin – flächendeckend eingesetzt werden, tauchen deshalb immer häufiger neue, widerstandsfähige Bakterienstämme auf.

Schon Flemming konnte vereinzelt solche natürlichen Resistenzen beobachten. Doch von dieser Nachricht wollte man lange Zeit nichts hören – eine fatale Ignoranz. Denn schon damals zeigte sich, daß sich Bakterien nicht so schnell geschlagen geben.

Noch kann die Mehrzahl der Infektionen durch herkömmliche Antibiotika behandelt werden. Doch es wird eng. Jeder zehnte Patient, der in Deutschland an der weitverbreiteten Staphylokokkeninfektion erkrankt ist, kann nur noch mit einem einzigen Antibiotikum geheilt werden, die anderen über 400 Antibiotika sind wirkungslos. Bei den Enterokokken gibt es Bakterienstämme, die es in den letzten Jahren sogar geschafft haben, allen Antibiotika zu trotzen. Nur Menschen mit einem kräftigen Abwehrsystem können diese Bakterien noch in Schach halten – Hilfe durch Antibiotika gibt es keine mehr. Berichte über Todesfälle durch multiresistente Bakterien mehren sich.

Fieberhaft werden heute neue, synthetische Antibiotika in den Labors entwickelt. Gleichzeitig sind Forscher dabei, in den Urwäldern und in den Ozeanen unbekannte Pilze aufzuspüren, immer in der Hoffnung, neue natürliche Antibiotika zu entdecken.

Darüber hinaus versucht man, die komplizierte Abwehrstrategie der Bakterien bis ins letzte Detail zu verstehen, um verwundbare Stellen in ihrem Stoffwechsel aufzuspüren. Eine neue Generation von Antibiotika soll die kampferprobte Bakterienhülle umgehen und direkt ins wehrlose Zentrum vorstoßen.

Die Rüstungsspirale dreht sich weiter – die Antwort der Bakterien ist vorprogrammiert. Was bleibt, ist ein Zeitgewinn für den Menschen – nicht mehr und nicht weniger.
Ein Zeitgewinn, der im Ernstfall Leben retten kann.
Doch der Traum des Menschen, sich die Erde untertan machen zu können, die Natur bis ins kleinste so zu gestalten, daß der Mensch ein rundum friedliches Leben genießen kann, ist ausgeträumt. Das Milliarden Jahre alte Wissen der Natur, die Tricks der Bakterien, lassen sich nicht durch einige Jahrzehnte moderner Forschung wettmachen. Auch wenn der Mensch mit Hilfe der Gentechnik noch tiefer in die Gesetze der Natur eingreifen kann und sogar zum Schöpfer neuen Lebens wird, mit Seuchen wird er auch in Zukunft leben müssen. Und mit Bakterien sowieso. Zum Glück muß man sagen: Ohne die winzigen Lebewesen gäbe es weder so etwas wie Joghurt, Schimmelkäse oder Bier noch könnte unser Darm all dies verdauen.
Antibiotika, Synonym für den Sieg des Menschen über die Natur, verlieren ihre Wirkung, werden sogar zur Bedrohung. Antibiotika machen Bakterien stärker und nicht schwächer. Das Wort »Antibiotika« bedeutet ins Deutsche übersetzt: »gegen das Leben gerichtet«. Heute wissen wir: auch gegen unser Leben.

Heribert Adam
Apartheid

Apartheid [afrikaans, eigtl. ›Gesondertheit‹] *die*, –, in der Rep. → Südafrika 1948-93 angewandte politisch-gesellschaftl., in der Rechtsordnung verankerte Doktrin, die seit etwa 1960 offiziell ›Getrennte Entwicklung‹ genannt wurde und die Zuordnung der unterschiedl. Bevölkerungsgruppen zu den ›Rassen‹ und ihre Trennung zugunsten der Vorherrschaft der Weißen bestimmte.

Apartheid bezeichnet die staatlich verordnete Rassentrennung in Südafrika. Apartheid als offizielle Politik begann mit der Machtübernahme der burischen Nationalpartei 1948 und endete mit der Abschaffung aller Rassengesetze 1993. Zwar wurde die schwarze Mehrheit der Bevölkerung schon seit der Landnahme europäischer Kolonisatoren 1652 entrechtet und ausgebeutet, aber erst die Politik der Apartheid des Premierministers Hendrik Verwoerd legalisierte die »getrennte Entwicklung«.

Dieser Ideologie gemäß sollten sich alle »Nicht-Weißen« ihrer Kultur und Entwicklung entsprechend in eigenen Institutionen selbst regieren und verwalten. In Wirklichkeit behielten die 15 % Weißen die Oberherrschaft, weil nur sie das Wahlrecht zum Zentralparlament besaßen. Den 10 % Farbigen und den 3 % Südafrikaner indischer Abstammung wurden von 1983 an eigene Scheinparlamente zugestanden, während die Südafrikaner schwarzer Hautfarbe (anfänglich auch »Natives« und »Bantu« genannt) in neun ethnische Gruppen aufgespalten wurden, die in politisch selbständigen »Homelands« (Heimatreservaten) ihre folgenlosen Bürgerrechte ausüben sollten.

Diese Homelands umfaßten 13 % des südafrikanischen Gesamtterritoriums, allesamt überbevölkerte, rückständige, verarmte ländliche Gebiete ohne städtische Infrastruktur, Industrie oder kommerzielle Landwirtschaft. Schon die vorherige englische Kolonialpolitik hatte gezielt die traditionelle Lebensweise der Einheimischen zerstört, um billige Arbeits-

kräfte für die Farmen, Bergwerke und Fabriken in den Weißen vorbehaltenen Landesteilen zu erhalten. Hier waren Schwarze nur als rechtlose »Wanderarbeiter« geduldet, obwohl die Hälfte der afrikanischen Bevölkerung hier geboren war und zu ihren sogenannten »Stammesgebieten« keinerlei Beziehung hatte.
Strenge Paßgesetze mit ständigen Ausweiskontrollen, Massendeportationen in die Homelands, Verbote von sexuellen Kontakten zwischen Schwarz und Weiß, getrennte Wohngebiete, Schulen, Krankenhäuser, Behördeneingänge, Badestrände, Restaurants und getrennte Verkehrsmittel sollten gerade in den gemischtrassischen Städten die Privilegien der Weißen vor ihren in allen Lebenslagen diskriminierten dunkelhäutigen Mitbürgern sichern.
Mit der Zeit entstand jedoch aus dieser Politik für die »weiße« südafrikanische Wirtschaft ein Problem, da sie auf die Schwarzen als Arbeitskräfte angewiesen war. Feudalistische Sklaverei ist mit der notwendigen Produktivität selbstmotivierter Facharbeiter oder ausgebildeter Angestellter ebenso unvereinbar wie Teamarbeit. Zusammen mit dem wachsenden militanten Widerstand der Bürger zweiter Klasse sowie den rapide steigenden Kosten der Apartheid zeigte sich Ende der siebziger Jahre der allmähliche Zerfall des menschenverachtenden »Sozialexperiments«. Der staatliche Unterdrückungsapparat konnte Gesetzesbefolgung vielfach nicht mehr erzwingen. Lange vor ihrer formellen Abschaffung wurden viele Apartheidgesetze von den Betroffenen ignoriert. Zudem mußte die Regierung auf neuen Innen- und Außendruck in Form von Wirtschaftssanktionen Rücksicht nehmen. Mehr als die Hälfte der Staatsangestellten, vor allem in Polizei und Armee, bestand bereits notgedrungen aus Schwarzen, denen oft der Haß der unterdrückten schwarzen Bevölkerung entgegenschlug. Immer mehr vormals nationalistische burische Intellektuelle und einflußreiche Geschäftsleute forderten »Reformen«.
Als dann F. W. de Klerk nach einem Schlaganfall seines unbeugsamen Präsidentenvorgängers P. W. Botha im Februar 1990 die totale Abschaffung der Apartheid ankündigte,

ging ein Aufatmen durch das Land. Ein verheerender Bürgerkrieg war damit vermieden worden. Der seit 26 Jahren inhaftierte Führer des ANC, Nelson Mandela, sowie aus dem Exil zurückkehrende Aktivisten zeigten sich überraschend verhandlungs- und versöhnungsbereit.

Der Zusammenbruch des Sowjetreiches, das die Befreiungsbewegungen von Anfang an unterstützte, zwang den ANC, statt einen aussichtslosen militärischen Sieg zu suchen, eine politische Lösung zu finden. Nach Ende des Kalten Krieges konnte auch nicht mehr behauptet werden, daß die Weißen Opfer einer kommunistischen Verschwörung wären.

Eine progressive Verfassung nach westeuropäischen Mustern wurde ausgehandelt. Sie schrieb eine auf fünf Jahre begrenzte Machtteilung aller wichtigen Parteien in einer großen Koalition vor. Vereinbart wurde auch eine gegenseitige Amnestie durch eine Wahrheitskommission aufgrund umfassender Geständnisse vergangener Verbrechen.

Inwieweit die neue südafrikanische liberale Demokratie sich auch in Zukunft bewähren wird, bleibt allerdings eine Frage. Der historische Kompromiß bestand darin, daß die Weißen ihre politische Vorherrschaft gegen die Beibehaltung ihres ökonomischen Besitzstandes eintauschten. Extreme Ungleichheit besteht fort. Nur ist das Erbe der Apartheid jetzt farbenblind, weil eine wachsende Anzahl reicher Schwarzer genauso wie ihre weißen Vorgänger auf ihre finanziellen Vorteile bedacht sind und die brodelnde Ungleichheit ignoriert. Man kann nur hoffen, daß die Vision der weltweiten Anti-Apartheid-Bewegung von einer gerechteren Gesellschaft sich nicht in der Privilegierung neuer Eliten erschöpft.

Heinrich Fink
Atombombe

Atombombe, Atomsprengkörper ohne Eigenantrieb (→ Kernwaffen). **Kernwaffen, Nuklearwaffen, Atomwaffen**, Sammel-Bez. für alle Arten von Sprengkörpern (Flugzeug- und Wasserbomben, Flugkörpergefechtsköpfe, Artilleriegranaten, Minen), deren Wirkung auf der bei der Kernspaltung oder -fusion explosionsartig freigesetzten Energie beruht.

Die Bezeichnung »Atomzeitalter« ist nicht aus der neutralen Möglichkeit friedlicher Nutzung von Kernenergie entstanden, sondern aus der erschütternden Ersterfahrung minutenschneller Massenvernichtung von Zivilbevölkerung durch nukleare Waffentechnik im August 1945. Flugzeuge der amerikanischen Luftwaffe hatten die ersten beiden Atombomben auf die japanischen Städte Hiroshima und Nagasaki abgeworfen. Die Piloten ahnten nicht, daß sie die Kriegserfahrungen der Menschheitsgeschichte grundsätzlich durch einen waffentechnisch erzeugten nuklearen Feuersturm verändern würden, Menschenleben, Kultur und Natur in Minuten auslöschen können und danach die Trümmer nuklear verseucht bleiben.

Als in Deutschland 1938 in einem wissenschaftlichen Labor physikalisch der Nachweis erbracht wurde, daß durch Atomkernspaltung ein bisher unbekanntes Ausmaß an explosiver Energie freigesetzt werden kann, waren die Vorbereitungen auf einen Eroberungskrieg offenkundig. Durch die radikale antijüdische Politik in allen Bereichen des Naziregimes wurden auch die an der Kernforschung beteiligten jüdischen Wissenschaftler von ihrer akademischen Tätigkeit rigoros suspendiert und ins Exil getrieben. Die Information der geflüchteten Physiker, daß in Deutschland die Herstellung einer Atombombe möglich sei, führte dazu, daß nun in den USA fieberhaft an der Konstruktion dieser neuartigen Vernichtungswaffe gearbeitet wurde. Obwohl den Wissenschaftlern die Folgen nuklearer Umweltschäden durchaus bewußt waren, hinderte diese Kenntnis nicht den Wunsch, Deutschland mit der Fertigstellung dieser Waffe zuvorzukommen.

Nach der bedingungslosen Kapitulation Deutschlands am 8. Mai 1945 richteten die in den USA an der Erprobung und Fertigstellung der Atombomben beteiligten Wissenschaftler ein Memorandum zur Ächtung der Atombomben an die amerikanische Öffentlichkeit. Sie waren der Überzeugung, daß aus moralischen Gründen die Atombombe nicht wie konventionelle Waffen angewendet werden dürfe, weil die Explosion alle bisherigen Erfahrungen mit Zerstörung und Vernichtung übersteige. Sie glaubten, daß ihr wissenschaftlich begründetes Veto ausreichte, damit nukleare Sprengkraft zu Kriegszwecken nie in Anwendung gebracht würde.
Die militärische Entscheidung der USA führte trotz der vor Monaten schon erfolgten Beendigung des 2. Weltkrieges mit dem Abwurf der beiden Atombomben zu einer neuen Phase, daß atomare Vernichtungskriege möglich sind. Mit dem warnenden Manifest der an der Herstellung der Atombombe arbeitenden Wissenschaftler hat die Anti-Atombomben-Bewegung nachweislich bereits vor dem Abwurf der Atombomben auf Hiroshima und Nagasaki begonnen. Die Entwicklung der Nachkriegspolitik führte zum Bruch innerhalb der Antihitlerkoalition. Es kam zur Konfrontation des Blockes der Westalliierten gegenüber der Sowjetunion und ihren Verbündeten. Diese politische Konfrontation ist von veränderter Qualität, weil die grundlegenden politischen Unterschiede durch den Besitz nuklearer Bewaffnung eine neue Phase der Weltpolitik als Politik gegenseitiger Abschreckung eingeleitet haben.
Die 1945 abgeworfenen Atombomben und die in den folgenden Jahren entwickelten nächsten Generationen mit vielfacher Wirkungskraft haben der historischen Diskussion um gerechte und ungerechte Kriege eine völlig neue Wende gegeben. Es erwies sich, daß Atomversuche – ob über oder unter der Erde – auf Bevölkerung und Natur nachweislich schädigende Wirkung haben.
Damit führte schon die erprobende Weiterentwicklung dieser Waffengattung zu einer physischen Beschädigung der Bevölkerung im Testgebiet, die einer kriegerischen Handlung vergleichbar ist. Die zunächst auf nationaler Ebene argumentie-

renden Atomwaffengegner verbündeten sich international. Wissenschaftler, bekannt durch ihr großes humanistisches Engagement wie Albert Schweitzer, Publizisten wie Robert Jungk und Alfred Anders sagten: *Nein zur Atombombe*. Theologen wie Martin Niemöller und Heinrich Vogel, die schon dem Nationalsozialismus aktiv Widerstand geleistet hatten, äußerten sich kompromißlos dazu: »In den Massenvernichtungsmitteln werden die Gaben Gottes, der menschliche Verstand und die Kräfte der Natur mißbraucht.« Es entstand die Ostermarschbewegung gegen die Atombombe.

Die Forderung nach Begrenzung der Produktion von Atombomben und konkreten Schritten zur Abrüstung auf dem Gebiet der nuklearen Arsenale auf beiden Seiten der Fronten im Kalten Krieg führten zu wichtigen Etappen in Verhandlungsergebnissen: Mit der Ratifizierung eines Kernwaffensperrvertrages sowie der vertraglichen Begrenzung von Atomtests sah man eine wirkungsvolle Eingrenzung der Gefahr eines atomaren 3. Weltkrieges. Die internationale Friedensbewegung wurde zunehmend auch von emeritierten Generälen unterstützt, die – ohne Pazifisten geworden zu sein – die strategische Theorie vom atomaren Erstschlag als Irrtum aufdeckten.

Inzwischen ist der Schwerpunkt des Engagements der Antiatombewegung zur Antikernkraftbewegung geworden, die auf die Gefährdung der Menschheit durch Atommüll aufmerksam macht. Jenseits von Parteibindungen ist seit dem Abwurf der Atombombe 1945 eine die Weltanschauung übergreifende Demokratiebewegung entstanden, die unermüdlich auf die nachhaltige Gefährdung von Menschen und Umwelt durch Nutzung von Kernenergie sowohl zu friedlichen, erst recht zu kriegerischen Zwecken hinweist. Darum müßten die auf der Ebene der Vereinten Nationen existierenden Vertragswerke über Eingrenzung der Atomwaffenproduktion und das Verbot ihrer Weitergabe in ihrer Autorität dringend gestärkt werden. Vor allem müssen sie angesichts des Globalisierungsprozesses durch wirksame Sanktionen ergänzt und aktualisiert werden. Das ist eine entscheidende Voraussetzung zur Einhaltung der Menschenrechte, zur Erhaltung des Lebens.

Frank Hertweck
Autobahn

Autobahn, Schnellverkehrsstraße, die mit getrennten Richtungsfahrbahnen kreuzungsfrei geführt wird. Die A. sind in Dtl. nur für Kraftfahrzeuge mit einer Mindestgeschwindigkeit von 60 km/h zugelassen. Es besteht ein generelles Wende-, Halte- und Rückwärtsfahrverbot.

Absender: Frank Hertweck, fhertweck@compuserve.com
Adressat: Isabelle Allgeier, iallgeier@compuserve.com
Hi du, stehe gerade im Stau, genug Zeit, dir eine e-mail zu schreiben ...

... Autobahn gegen Datenautobahn. Oder Datenautobahn über Autobahn. Datenautobahn ist ein dummer Name. Fast so dumm wie Doppelhaushälfte. Entweder Daten oder Auto. Oder wenn überhaupt: Autodaten. Automobile Daten, die sich selbst verschicken. Eine emanzipierte Informationswelt. Maschinenkommunikation. Oder ein listiger Name. Die Datenautobahn ist gefräßig. Sie will die Autobahn abschaffen, Gras über die Straßen wachsen lassen ...

... »On the lost highway« ...

... Die Autobahn hat nur eine Chance, wenn sie sich klammheimlich rekollektiviert. Wenn wir durch elektronische Verkehrssysteme fremdgesteuert werden. Wie spielen dann Individualverkehr. Wie auf einem Kinderkarussell ...

... wieder fünf Meter vorwärts ... Mein Vordermann hat immer noch oder wieder einen Wackeldackel hinten im Auto. Wackeldackel sind Erschütterungsindikatoren. Das eigentliche Ziel besteht darin, daß sie nicht wackeln. Dann ist die Straßendecke perfekt. Und wir merken nichts mehr von Fahren. Keine Erfahrung. Darum sind Autobahnen geschichtenlos. Von wegen der letzte Ort des Erzählens. Was denn? Mittelstreifen, Leitplanke, Schild, Mittelstreifen, Blinklicht? ...

... geschichtslos nicht: Früher, Anfang der zwanziger Jahre, hießen die Autobahnen »Nur-Autostraße«. Eine Abschottung. Damit war die Grenze gezogen. Eine radikal andere Welt, nur eine Leitplanke weit entfernt. Eine andere Welt, die gleich nochmals durch eine Leitplanke in sich geteilt wurde. Die Autobahn ist die Differenz der Differenz ...

... wir können allenfalls die Spur wechseln. Nicht das System. Unerbittlich. Bis zur Ausfahrt. Und die führt zu dir ... ist ja fast zum Schizophrenwerden. So eine Leitplanke mitten durch uns hindurch ...

... darum macht die Autobahn auch aus dem friedfertigsten Mitmenschen ein aggressives Rumpelstilzchen, das froh sein kann, daß niemand weiß, wie es heißt. Oder kleine Teufel. Wenn wir motorisiert sind, reduzieren wir uns ganz aufs Motorische. Autobahnen sind geistlose Orte. Reflexzonen. Natürlich ist das Auto keine Waffe. Das wäre Unsinn. Es soll ja nichts kaputtgehen. Aber das Verhältnis zum Auto erinnert an den Umgang mit einer Waffe. Wir haben Bewegungsabläufe in unserem Körper gespeichert. Wir müssen nicht mehr denken. Wir sind programmiert.

Gerade darum funktioniert das Ganze ja erstaunlicherweise. Wenn wir denken würden oder vernünftig wären, gäbe es keine Auto-Gesellschaft.

Datenautobahnen schaffen dagegen Engel, schuldige und unschuldige. Lauter körperlose Wesen, die miteinander reden. Nichts dahinter.

Aber wer will denn schon ein Engel sein. Das ist langweilig ...

... Drängler. Idiot! ... Verdammte Idioten, die anderen ...

... Wenn nur nicht so viel los wäre. Und es ist immer so viel los. Irgendwann in den Siebzigern hat das Auto seine Straße überholt. Es gibt zu viele. Aber darum, soweit ich weiß, weniger Unfälle im Vergleich zu den Neuzulassungen. Der stokkende Verkehr als Unfallverhüter. Auch da entscheidet nicht die Vernunft.

Auf Hitlers Autobahnen ist noch keiner gefahren. Das war nicht wichtig. Er hat ohnehin keine realen Straßen gebaut, sondern einen Mythos aus Beton. Einen langlebigen. Dabei hat er weder das Autobahnnetz geplant, das lag schon eine Weile zurück, noch über den Autobahnbau die Arbeitslosenzahl entscheidend gesenkt. Sie waren nicht einmal kriegswichtig, die Straßendecke zu dünn für die Panzer. Eine gebaute optische Ideologie, visualisierte Lebensraumpolitik:

Wir sind überall. Wir kommen überall hin. Wir kennen kein Hindernis. Die Autobahnen haben den Blick über die Berge hinaus verlängert. Sie haben dem Auge einen unendlichen Horizont geöffnet. Autobahnbau als Fortsetzung der Ideologie mit ästhetischen Mitteln. Hitlers Beitrag zur automobilen Gesellschaft war ein ganz anderer. Nach dem zweiten Weltkrieg konnten alle Auto fahren. Blitzkrieg ohne Tempolimit. Und so fahren wir heute immer noch ...

... Genau. Ein Aufkleber: Freie Fahrt für freie Bürger ...

... Kriegswichtig waren die Autobahnen nur als Fluchtwege. Albert Speer flüchtete auf der Autobahn aus dem brennenden Berlin und hörte auf UKW die Nachrichten von der Bombardierung. Die ersten Verkehrsmeldungen ...

... Sieben Kilometer Stau auf der A 5 zwischen ...

... Jetzt steh ich im Stau und höre, daß ich im Stau stehe. Für Sekunden im Hörfunk. Für Sekunden ein Star. Hörst du mich. Sieben Kilometer Stau zwischen dir und mir ...

... Und selbst die Amerikaner legten ihr Autobahnnetz als Fluchtwege aus den großen Städten an. Nur weg im Falle eines Raketenkriegs. Wahrscheinlich haben Autobahnen darum eine geheime Richtung, ein geheimes Ziel. Nämlich sich selbst. Sie führen im Kreis herum wie ein Laufrad einmal um die Erde. Fluchtstraßen, die immer gleich ausschauen. Mit immer den gleichen Parkplätzen, den immergleichen Tankstellen. Wir wohnen im Unterwegs. Die ewige Wiederkehr. Ohne Anfang und Ende.

Nur dann, wenn's mal stockt, taucht die Umwelt wieder auf. Stolpern fördert, hat Goethe einmal gesagt. Heute müssen wir dazu im Stau stehen.

Aber keine Sorge, den gibt's immer. Autobahnen leiden an einem zeitlichen Paradox: Die Autobahnen der Gegenwart stauen sich an den Autobahnen der Zukunft. Straßen begründen sich selbst. Es wird gebaut, damit wir nicht mehr im Stau stehen. Und darum stehen wir im Stau. Und so weiter ...

... Weiter gerade nicht. Keinen Meter. Ich steig aus. Vielleicht komme ich ja nur zur Fuß bei dir an. Und nicht per Auto- oder Datenautobahn. Nicht schneller ... Bis bald ...

Annette Spohn
Automatisierung

Prometheus und die Zauberlehrlinge

Automatisierung, Automation, die Einrichtung und Durchführung von Arbeits- und Produktionsprozessen durch Einsatz geeigneter techn. Aggregate (automat. Einrichtungen) in einer Weise, dass der Mensch weitgehend von Routine- sowie gefährl., gesundheitsschädigenden, körperlich schweren Arbeiten entlastet wird und für ihren Ablauf nicht unmittelbar tätig zu werden braucht.

Als Prometheus den Göttern das Feuer stahl, schenkte er der Menschheit Macht und Freiheit. Als die Menschen Maschinen und Automaten schufen, gaben sie den alten Göttern Macht zurück, indem sie Geister riefen, derer sie nicht mehr Herr werden – und ein rettender Zauberspruch ist nicht in Sicht.

Am Anfang stand ein Traum: Die Dinge mögen nach menschlichem Willen, aber wie von selbst geschehen. Ein Traum, der unter Zuhilfenahme des griechischen Adjektives autó-matos einen klangvollen Namen bekam und an dessen Verwirklichung seither unermüdlich gearbeitet wird. Entlang der Worte technischer Fortschritt und industrielle Revolution schraubt sich der Weg der Automatisierung von der schlichten Gerätschaft über mechanische Apparate schließlich zu vollautomatischen Anlagen. Hatten schon die Ägypter ihre Pharaonengräber mit sich automatisch schließenden Türen aufgerüstet, so dauerte es dann doch noch gute 2000 Jahre, bis das nun schon greise Jahrhundert als erstes ein durchweg automatisiertes Antlitz zeigte. Damit schienen himmlische Zeiten in greifbare Nähe gerückt, denn wie es sich für diese strebsamen Geister gehört, arbeiten nun die Automaten quasi von allein. So illusorisch dieser Glaube auch ist, erweist er sich doch durch alle Zeiten hindurch als resistent. Nichts arbeitet von allein – aber die eigentlichen Antreiber wie z. B. Wind, Wasser und Strom halten sich so dezent im Hinter-

grund, daß es ganz einfach ist, sie geflissentlich zu übersehen. Das Geheimnis der selbstarbeitenden Wundermaschinen steckt in der Zauberformel: A (Automatisierung) = R (Reduktion) = s (schnell) + p (preiswert) = g (gut). Mittels Fließbändern machten die Zauberlehrlinge im Land der unbegrenzten Möglichkeiten im Jahre 1789 in Cincinnati im Umkreis toter Tierleiber erstmals Ernst mit der Anwendung dieser Formel. Die Ergebnisse waren nicht schlecht, aber so richtig wichtig wurde es erst im 19. und 20. Jahrhundert. Die Lehrlinge waren mutig geworden. Längst gelang es ihnen, Produktionsprozesse wie bei einer Leichenobduktion auseinanderzunehmen, um sie dann wieder automatisch zusammenzufügen. Doch damit nicht genug. Auch im Bereich der Informations- und Kommunikationstechnik rief man allenthalben nach automatisierten Geistern. Sie kamen – und auch sie wurden mächtig. Die Lehrlinge staunten, begannen zögernd zu argwöhnen und erweiterten die Formel:
A = R = s + p + Z (Ambivalenz) = E (Entfremdung) < g. Die Welt war komplexer geworden. Den Lehrlingen schwindelt. Die mächtigen Geister sind nicht nur fahl, sondern auch bedrohlich geworden. Noch immer arbeiten die Automaten, wenn sie nicht kaputt sind, nahezu pausenlos und übertreffen jeden Lehrling an Arbeitseffizienz in jeder Form. Nach wie vor sind sie unbeirrt, unbestechlich und allein auf ihre Funktion konzentriert. Es wird daher wirtschaftlicher, zuverlässiger, sicherer gearbeitet, und die Lehrlinge werden mehr und mehr von ungeliebter und unnatürlicher Routinearbeit entlastet. Eigentlich, so könnte man meinen, leben die Lehrlinge in der besten aller möglichen Welten. Der rein handwerklichen Anforderung entledigt, können sie sich nun zunehmend auch im physisch-mentalen Bereich entspannen. Aber so rechte Freude will sich nach den euphorischen Anfängen nicht mehr einstellen. Denn was sollen die Lehrlinge jetzt tun? Die vollautomatisch werkelnden Apparate müssen zwar konstruiert, programmiert, geplant, kontrolliert und gewartet werden, aber dazu sind nur noch wenige spezialisierte Lehrlinge befugt. Der Rest langweilt sich. Eine dumme Situation, in die sich die übermütigen Himmelsstürmer da gebracht ha-

ben. Viele von ihnen sind nun überflüssig und fühlen sich auch so. Die empfindlichen Seelen sind bestürzt und suchen nach Auswegen. Weil die Automaten so viel besser zu sein scheinen, versuchen die Lehrlinge nun sich selbst in Automaten zu verwandeln.

»Das mache ich ganz automatisch«, oder »das geht wie von alleine« – das sind nur zwei Redewendungen, die Zeugnis ablegen von den verzweifelten Versuchen der Lehrlinge, durch Mimesis an die einst freudig gerufenen Geister der fatalen Entwicklung Einhalt zu gebieten. Automatisch handeln heißt aber bewußtlos, jenseits des eigenen Erlebens zu agieren. Mag dies auch für die Maschinen durchaus vorteilhaft sein, weil in der Natur ihrer selbst verankert, die Lehrlinge setzen in diesem mimetischen Prozeß ein wertvolles Gut – ihre Fähigkeit zur Reflexion – aufs Spiel. Gerade diese aber bräuchten sie im Umgang mit den Geistern, damit sie ihnen nicht unablässig auf der Nase herumtanzen und die Macht immer weiter an sich reißen. Die einst triumphal gefeierten Geister werden die Lehrlinge nicht mehr los, das steht außer Frage, daher braucht es kreative Gegengewichte und keine grotesken Versuche von Mimikry, um die durch Automatisierung geschaffenen Leerstellen mit Sinn zu füllen. Das allerdings gelingt weder von selbst noch automatisch. Allein der Meister könnte vielleicht helfen. Fatalerweise läßt sich Prometheus, Dieb der Zauberformel, nicht mehr blicken – und so stehen die Zauberlehrlinge fassungs- und ratlos einer unablässig wachsenden Flut selbstbeweglicher Apparate und Automaten gegenüber, werden von Jahr zu Jahr verzweifelter und suchen vergeblich nach Mäßigung der Geister.

Manfred Miller
Beat

Beat, Beatmusik [engl.], um 1960 in Großbritannien, in der Verbindung Mersey-Beat aufgekommene Bez. für eine Form von Popmusik, die das Nachspielen von amerikan. Rock-'n'-Roll-Standards durch jugendl. Amateurbands mit einem dabei aufdringlich durchgehämmerten metr. Grundschlag verband. Der Begriff B. hat sich im dt.-sprachigen Raum lange Zeit als Synonym für → Rockmusik gehalten.

Zu den hundert Jahrhundertwörtern müsse gezählt werden: dies? Nein, die Idee wäre mir kaum gekommen. So wenig, daß mir erst mählich dämmerte, welche der Bedeutungen des Begriffs gemeint war: Beat. Doch nicht jene Generation amerikanischer Schriftsteller? Die ihr Leben und ihre Arbeit mit »beat« verbanden, wobei sie sich nie entscheiden konnten, ob sie damit nun sich als von der Gesellschaft Geschlagene meinten oder den Beat des Jazz, den sie liebten und den sie in Rhythmisierung und improvisatorischen Zügen ihrer Werke zu Literatur umformen zu können glaubten. Von denen ist, ein knappes halbes Jahrhundert nach der Blüte der Bewegung, kaum mehr geblieben als Allen Ginsbergs großes Gedicht »Howl« und Jack Kerouacs Roman *On The Road*; charakteristisch beide für die Zunahme von Verzweiflung und sozialer Verantwortungslosigkeit in diesem Jahrhundert – aber literarische Jahrhundertereignisse? (Ganz abgesehen davon, daß dann niemand ausgerechnet mich gefragt hätte, ob ich mich dazu äußern wolle.)
Die Jahrhundertwort-Bedeutung fiel mir tatsächlich erst als zweite ein. Und das deshalb, weil »Beat« im Sinne von »Beat-Musik« mittlerweile in der Fachterminologie ein obsoleter Begriff ist. Was daran liegt, daß die Musikindustrie sich gerne neue Namen erfinden läßt, wenn sie im Kontinuum der Entwicklung popmusikalischer Strömungen eine mögliche Modewelle ausgemacht zu haben glaubt, die der neue Name als einzigartig, höchst angesagt und tief umwälzend kennzeichnen soll.

Einige dieser Namen erweisen sich als dauerhaft und werden zu Fachbegriffen, weil sie musikalische Entwicklungen benennen, die mit langfristigen Änderungen im Konsumverhalten einhergehen – »Rock'n'Roll« ist so ein Fall, und alle Welt glaubt heute zu wissen, daß der seine Entstehung der Verschmelzung von schwarzem Blues und weißer Countrymusik verdanke; dabei war Rock'n'Roll zunächst nichts als ein Markenname, der einer Reihe stilistisch durchaus unterscheidbarer Tanzmusik-Spielweisen angeheftet wurde, als eine in den fünfziger Jahren erstmals kaufkräftige jugendliche Konsumentenschicht sich vom Broadway-geprägten Tin-Pan-Alley-Schlager abwandte und mit Formen schwarzen musikalischen Entertainments und weißer (und schon seit Jahrzehnten auch Blues-beeinflußter) Südstaaten-Musik identifizierte.

Andere musikindustrielle Namen verschwinden wieder, wenn fürs öffentliche Bewußtsein die Novität der neuen Musikmarke verschwunden ist und dahinter ihre Zugehörigkeit zum historischen Kontinuum hörbar wird. In Erinnerung bleibt der Name dann nur jener Generation, die zur Zeit der jeweiligen Modewelle noch jung genug war, um ihr erstes, formatives Erlebnis von Popkultur mit eben jenem Namen zu verbinden – und das ist der Fall bei »Beat« (im Sinne von Beat-Musik). In den USA hatte der Name nie Geltung, dort sprach man gerne von der British Invasion, wenn die erfolgreichen Bands aus England gemeint waren, deren Musik von Anfang an dort als das wahrgenommen wurde, was sie wirklich war – Adaption dessen, was Amerikaner damals schon mit dem Begriff Rock'n'Roll zu belegen gelernt hatten.

Auch in Großbritannien – wo der Name, zunächst als »Liverpool Beat«, aufgekommen war, als die regionale Szene am Mersey mit mehr als 400 meist semiprofessionellen Bands seit den ersten Erfolgen der Beatles musikindustriell wichtig zu werden schien – stand »Beat« bald synonym für alle Rock/Pop-Phänomene (Bob Dylans erste elektrische Begleitband bei seiner legendären Englandtournee 1966 wurde in der Presse als »entsetzlich lärmende Beatband« kritisiert); und wurde eben deshalb auch rasch wieder durch die interna-

tional übliche Terminologie ersetzt (Rock'n'Roll, Pop, Rhythm & Blues – je nach vorwiegender stilistischer Orientierung der betreffenden Gruppe).
»Liverpool Beat« subsumierte Gruppen mit sehr unterschiedlichen Stil-Orientierungen. Welche amerikanischen Vorbilder jeweils den Ausgangspunkt bildeten – ob wie bei den Beatles beispielsweise der Harmoniegesang der Everly Brothers oder wie bei der leider längst vergessenen »Liverpool Szene« des Malers und (diesmal wieder im Sinne von Ginsberg et al.:) Beat-Poeten Adrian Henri Klänge aus der Grenzfläche zwischen Jazz und R & B –, hing (nicht weniger als von persönlichen Vorlieben) von der Verfügbarkeit einzelner Platten ab. Heute nicht mehr vorstellbar, wo jederzeit jedenorts jedermann virtuell so ziemlich jedes jemals auf Tonträger festgehaltene Musikstück erhalten kann: Aber noch bis weit in die sechziger Jahre hinein war es in Europa nahezu unmöglich, an Platten aus den USA heranzukommen, die nicht von den großen Musikkonzernen in ihren internationalen Vertrieb genommen worden waren.
Was alle diese Gruppen dennoch einte – auch mit denen aus anderen regionalen britischen Szenen und den europäischen Bands, die ihrerseits die erfolgreichen Engländer kopierten –, war ihr anfänglich eher unbeholfener Umgang mit eben ihm: dem Beat. Was kein Wunder ist: Schließlich waren alle diese Musiker gerade dabei, eine neue Sprache zu erlernen. Und da unterlaufen einem schon mal grammatikalische Fehler – zumal wenn es sich um ein so diffiziles und schwer zu fassendes Problem handelt wie die Aufladung des Beat.
Begonnen, sehr tastend begonnen haben damit die frühen Jazzmusiker, ziemlich pünktlich irgendwann zu Beginn des 20. Jahrhunderts. Und was genau es auf sich hat mit dieser Aufladung des Beat (des Grundschlags der Zeit, auf den alle rhythmischen Ereignisse eines Stückes sich beziehen), ist ein Jahrhundert danach noch nicht gescheit erklärt worden. Fest steht nur zweierlei: Bevor die Tätigkeit, die zunächst mit dem Verb »to swong« bezeichnet wurde, den meisten Jazzmusikern (und auch der populären Musik, die ihnen nacheiferte) meistens gelang, hat es ziemlich lange gedauert. Und:

Es ist diese Tätigkeit nicht einfach mit rhythmischen Verschiebungen gegenüber dem Metrum zu erklären, auch wenn dafür im anglophonen Sprachraum sich hartnäckig die Bezeichnung »syncopated music« hält. Aber das Phänomen scheint sich der Meßbarkeit zu entziehen, denn einem Schlagzeuger wie etwa Art Blakey gelingt es, den Beat geradeaus und ohne jede rational faßbare Abweichung zu schlagen und dennoch das Gefühl eines weit sich öffnenden Zeit-Raums entstehen zu lassen, der geradezu auffordert dazu, in ihn einzutreten und sich frei darin zu bewegen.
Könnte es sein, daß diese Aufladung des Beat – die (mit anderen Grooves) ebenso im Rock'n'Roll geschieht und die mit der »Beat-Musik« endgültig die Grundlage der ersten weltweit verbreiteten und massenhaft akzeptierten populären Musik wird – weniger mit spezifischen rhythmischen Techniken zu tun hat als vielmehr mit der *Einstellung* zur Artikulation des Beat (der Artikulation von Zeit)? Nicht mehr einen vorgegebenen Zeitablauf nachvollziehend, sondern einen spezifischen Zeit-Raum allererst *schaffend*? Es wäre dann die Aufladung des Beat im 20. Jahrhundert die musikalische Dramatisierung der großen Utopie der Moderne: daß der Mensch, als Gattungswesen wie als Individuum Herr seiner Geschichte werden könne. Spätestens in diesem Sinne wäre dann eines der wichtigsten Jahrhundertwörter: Beat.

P. S. Die postmoderne Absage an die Utopie hätte dann auch schon ihre musikalische Entsprechung in einer neuen Auffassung von Beat: in jener Musik, die den extrem engen Zeitrahmen ihrer digital erzeugten Rhythmen mißt in BPM – Beats per minute.

Wolfgang Schneider
Beton

Es kommt darauf an, was man daraus macht

Beton [frz., aus lat. bitumen ›Erdharz‹] *der, -s/ -s,* ein leicht zu verarbeitender Verbundbaustoff, der aus einem zuerst flüssigen Gemenge aus Zement, groben bis feinen Zuschlagstoffen und Wasser durch Erhärten des Zementleims entsteht.

Die Welt ist grau. Beton ist grau. Grau ist aber nicht gleich grau. Grau hat Zwischentöne. Eine Wand aus Beton sieht auf den ersten Blick unscheinbar grau aus: nackt und kalt. Kommt der Betrachter näher, erkennt er Strukturen, Muster, Formen.

Beton ist zu einer zentralen Metapher dieses Jahrhunderts avanciert, für viele ist er das »fünfte Element« dieses Jahrhunderts. Beton, Beton-Kopf, Beton-Fraktion, zubetoniert: Beton hat alle Bereiche unserer Gesellschaft erreicht. Dieser Baustoff ist aus unserer natürlichen wie politischen Landschaft nicht mehr wegzudenken. Beton ist der Jahrhundertbaustoff schlechthin.

Sehen wir uns nur genau um, überall Beton: Fast jedes Gebäude, jede Brücke, ja fast alle neueren Bauwerke kommen ohne Beton nicht aus. Und was wir sehen, ist nur ein Bruchteil dessen, was wirklich mit diesem Baustoff verwirklicht wird. Das meiste davon ist nicht zu sehen, weil Fundament oder nicht unmittelbar wahrzunehmen.

In Wohnungen aber schon: Haben Sie schon einmal versucht, ein Bild an einer Betonwand anzubringen? Allein mit Hammer und Nagel läßt sich da nichts machen, fast jede Bohrmaschine gibt ihren Geist auf. Denn Beton ist nicht nur grau, er ist auch hart, verdammt hart. Von Ingenieuren wird er ob seiner Druckfestigkeit sehr geschätzt.

Schon immer, denn Beton ist keineswegs eine Erfindung des 20. Jahrhunderts. Die Kunst, mit Beton zu bauen, geht bis in die Antike zurück. Die Kuppel des Pantheon in Rom, erbaut gegen 27 v. Chr., ist wohl das eindrucksvollste Beispiel für die Anwendung empirischer Statik durch Beton- und Füllstofftechnik. Im Mittelalter wird diese Technik – wie so vieles – links liegengelassen: Dem einfachen Holzbau folgt der Steinbau, später wird die Bautechnik durch einen künstlichen Stein, den Ziegel, verfeinert, und erst das 19. Jahrhundert greift – parallel zur Metallkonstruktion – auf eine alte Idee zurück: die Mischung von gebranntem und gemahlenem Naturstein mit Wasser und Zusätzen, auch Zuschläge genannt. Nichts anderes ist Beton. Das Zusammentreffen von Zement und Wasser löst chemisch-physikalische Reaktionen aus, die nach einer gewissen Zeit das Ansteifen, Erstarren und Erhärten des Gemisches erwirken. Diese Reaktion nennt man Hydratation. Die zugemischten Zusätze bestimmmen die Eigenschaften des Betons, der – in Deutschland klassifiziert nach DIN 1045 – in die drei Hauptgruppen Leicht-, Normal- und Schwerbeton unterteilt wird. Allein der Brockhaus zählt 35 verschiedene Beton-Arten auf, die hier nicht alle genannt werden wollen.

Die zwei wichtigsten Beton-Neuerungen in diesem Jahrhundert sind der Stahlbeton (ein Verbundbaustoff aus Beton und Stahleinlagen, Bewehrung genannt; auftretende Belastungen und Spannungen werden vom jeweiligen Werkstoff aufgenommen und abgetragen: der Stahl übernimmt die Zugkräfte, Beton die Druckkräfte) und der Spannbeton (hier werden beim Stahlbetonbau Spannstähle zusätzlich vorgespannt, um nach Erhärten des Betons eine noch größere Zugfestigkeit zu erreichen; dadurch ist auch eine schlankere Bauweise möglich).

Das Entscheidende aber bleibt: Beton besitzt keine bestimmte Form und ist mit seinen preiswerten Rohstoffen außerordentlich wirtschaftlich. Seine grundlegende Bedeutung liegt in der unbegrenzten Formfähigkeit. Beton läßt sich in flüssigem Zustand gießen und erhärtet. Ein geflügelter Polierspruch lautet: »Anrühren, hineinschütten, rütteln bis Feierabend, und am nächsten Morgen ist nichts mehr zu machen.«

Das ist ein unschätzbarer Vorteil, aber auch eine große Gefahr. Beton fügt sich jedem Formwillen, das Ergebnis ist oft

Formlosigkeit, wenn nicht Geschmacklosigkeit. Ein unrühmliches Kapitel der Architektur sind die leblosen Schlafsilos im Vorhof verschiedener Großstädte in aller Herren Länder. Hierzulande – vor allem im Osten – auch als Plattenbau bekannt.

»Das Ideal in der Baukunst«, so Karl Friedrich Schinkel 1834, »ist nur dann völlig erreicht, wenn ein Gebäude seinem Zweck in allen Teilen und im Ganzen in geistiger und physischer Hinsicht vollkommen entspricht.« Das Ideal wird nur selten erreicht.

Ob die bauliche Gegenwart und Zukunft anders aussähe, wenn das wohl literarisch bekannteste Buch zum Thema, *Beton* von Thomas Bernhard, von einer Fachbibliothek eines Bauindustrieverbandes 1982 kurz nach Erscheinen an den Verlag nicht zurückgeschickt und von allen Stadtplanern, Ingenieuren, Architekten gelesen worden wäre? Es erzählt – bei diesem Autor: naturgemäß – von der menschlichen (Todes-)Angst, vom Gegensatz zwischen Intellekt- und Erfolgsmenschen. Der titelgebende Satz lautet: »Auf dem Beton unter dem Balkon lag ein Leichnam.« Zurückgeschickt wurde das Buch mit der Begründung, Beton käme ja gar nicht darin vor. Welch ein Irrtum.

Heide-Ulrike Wendt
Bikini

Bikini [Phantasie-Bez., nach dem Atoll Bikini], *der, schweizer. das, -s/-s,* zweiteilige Damenbadekleidung.
Bikini, nördlichstes Atoll in der Ralikgruppe der Marschallinseln, 6 km²; Lagune 595 km². Die Bev. wurde 1946 wegen der Atombombenversuche der USA (1946-58) evakuiert; erste Bewohner kehrten 1971 auf das Atoll zurück, mussten es aber 1978 wegen radioaktiver Verseuchung wieder verlassen.

Soweit ich mich erinnere, war es am 23. August 1962. Der Abend war schwül, und ich mit meinem Bruder allein zu Haus. Unsere Eltern waren in der Oper und hatten uns befohlen, Punkt acht ins Bett zu gehen. Wir putzten uns auch tatsächlich gleich nach dem Abendbrot die Zähne, saßen dann aber wie gebannt vor dem Fernseher, denn um 21 Uhr 30 sollte im 1. Programm ein Film mit Brigitte Bardot laufen: »Und immer lockt das Weib«.
»Die soll da drin nackt zu sehen sein«, sagte mein Bruder. Er war damals sechzehn, ich zwölf, und er wischte sich unentwegt die verschwitzten Hände an seiner Schlafanzughose ab. Mein Gott, wir hatten in unserem ganzen Leben noch keinen einzigen Menschen nackt gesehen. Nur uns selbst, heimlich vor dem Spiegel. Ich war fix und fertig vor Aufregung: Brigitte Bardot, und dazu nackt.
Sie war natürlich nicht nackt. Aber fast, denn in einer Szene trug sie einen zweiteiligen Badeanzug. So etwas hatte ich noch nie gesehen.
»Das ist ein Bikini, du Landpomeranze«, höhnte mein Bruder, und ich fragte ihn fassungslos: »Woher weißt du das?«
»Aus Mamas Frauenmagazinen«, verriet er grinsend und suchte unter seinem Bett nach dem Schuhkarton, in dem er alles versteckte, was außer ihm niemand sehen sollte. Obenauf lagen zwei Faltblätter über die schädlichen Folgen der Onanie. Gleich darunter Zeitungsausschnitte mit Mädchen in solchen Badeanzügen, wie ihn gerade die Bardot im

Film getragen hatte. Und da stand es tatsächlich, das Wort: Bikini.

»Habt ihr gestern abend heimlich ferngesehen?« fragte mich mein Vater am nächsten Morgen am Frühstückstisch und schaute dabei lauernd über den Rand seiner Zeitung zu mir.

»Nein«, sagte ich, »aber ich möchte einen Bikini haben.«

»Du möchtest einen *was* haben?«

Und genau in dem Moment rutschte mein Bruder vom Küchenstuhl, trommelte mit seinen Fäusten auf das Linoleum und bog sich vor Lachen: »Keen Arsch und keen Tittchen, sieht aus wie Schweewittchen, aber will einen Bikini.«

Wir bekamen beide 14 Tage Stubenarrest. Einzige Ausnahme: Schule und Stadtbibliothek.

Dort saß ich in den nächsten zwei Wochen und ging der brennenden Frage nach: Was ist an einem Bikini unanständig?

Im Lexikon stand unter Bikini nur der Verweis auf die Marshallinseln: 34 Atolle und 870 Riffe in Mikronesien, 181 Quadratkilometer, meistens Koralleninseln (Atolle). Kopragewinnung, Bananenanbau, Fischfang. Auf Bikini und Eniwetok 1946 US-Kernwaffenversuche.

Ich war baff: Sollten die tatsächlich ihre Insel nach dem Bikini von Brigitte Bardot benannt haben?

Im Mode-Lexikon fand ich, daß es genau umgekehrt war.

Bikini: Am 5. Juli 1946 stellte Louis Reard im mondänen Pariser Schwimmbad »Molitor« seinen ersten Bikini vor. Zuvor hatte der Maschinenbauingenieur unter anderem einen Amphibienwagen konstruiert und Gummibrüste modelliert. Sein Bikini, vier winzige, mit Zeitungsausschnitten bedruckte Stoffdreiecke, war so klein, daß man ihn durch einen Ehering ziehen konnte. Die Mannequins weigerten sich, damit vor den 10 000 Gästen aufzutreten. Reard engagierte deshalb – in letzter Minute – die Revuetänzerin Micheline Bernardini aus dem »Casino de Paris«, um die Weltneuheit vorführen zu können.

Der Zweiteiler schlug ein wie eine Bombe, und Reard nannte ihn deshalb Bikini – nach dem winzigen Atoll in der Südsee, auf dem vier Tage zuvor, am 1. Juli 1946, die Amerikaner die erste Atombombe der Nachkriegszeit gezündet hatten.

Am Abend schrieb ich in mein Tagebuch: »Liebes Tagebuch. Ich verspreche dir, daß ich nie nie nie im Leben einen Bikini tragen werde. Ein Franzose namens Reard hat ihn erfunden und nach einem Atoll im Pazifik benannt, auf dem eine Atombombe losgegangen ist. Wahrscheinlich sind alle Einwohner (ca. 30 000) tot, so wie in Hiroshima. Da waren es 80 000. Wie können Menschen nur so herzlos sein? Gute Nacht.«

Ein paar Monate später entdeckte ich in einer Illustrierten ein Foto, auf dem ein Mann in Uniform und eine Frau mit einem kecken Hütchen zu sehen waren. Sie schnitten gemeinsam eine Torte auf, die auf den ersten Blick wie ein Atompilz aussah. Auf den zweiten Blick war es tatsächlich einer – aus Biskuit und Buttercreme. Darunter stand, dies sei ein US-General nebst Gattin, die einen weiteren erfolgreichen Urknall irgendwo auf der Welt – auf jeden Fall weit weg von Amerika – feierten.

Ich hielt zu meinem Schwur. Lange. Sehr lange. Zu lange. Erst vor fünf Jahren habe ich mir in Brasilien meinen ersten Bikini gekauft – im legendären »Bum-Bum-Bikini-Shop« in Ipanema. Dort, wo dreißig Jahre zuvor Heloisa Mendes Pinheiro Tag für Tag in einem ihrer »Itsy-Bitsy-Teeny-Weeny-Honululu-Strandbikinis« an einer Bar vorbeiflanierte, in der Carlos Jobim, der berühmte Bossa-Nova-Komponist, Tag für Tag seinen Caipirinha trank. Sie war damals vierzehn, wie ich, und weil sie so unglaublich schön war, schrieb er ihr ein Lied: »The Girl from Ipanema«.

Es ging um die Welt, und noch heute frage ich mich: Was hätte er wohl für eins geschrieben, wenn ich damals in einem Bikini an ihm vorbeigeschlendert wäre?

Wahrscheinlich: »Let it be«.

Peter Hartl
Blockwart

Block, im diktator. Regierungssystem des Nationalsozialismus bezeichnet B. die unterste, von einem **B.-Leiter** (auch B.-Wart) und seinen **B.-Helfern** organisierte Kontrollebene in der Bev., umfasste etwa 40 bis 60 Haushaltungen.

Dabei hieß er amtlich gar nicht Blockwart. Offiziell hatte die Rangordnung der NSDAP ihren niedersten Hoheitsträger mit dem Prädikat *Blockleiter* versehen. Erst sein Nebenamt als Luftschutzwart während des Krieges verlieh dem Hausmeister, Seelsorger und Schnüffler der Partei das Etikett, das im Sprachgebrauch haften blieb: Blockwart – dauerhaftes Markenzeichen für den Überwachungsstaat. Es war eine der wirkungsvollsten Erfindungen des »Dritten Reichs«.
Zum »Prediger, Mahner und Verfechter der Weltanschauung«, wie ihn seine Schöpfer ersannen, taugte er für gewöhnlich wenig – mangels Redekunst und Begabung. Zum Vollstrecker war er nicht erkoren. »Der Volksgenosse«, mahnte das Fachblatt *Der Hoheitsträger*, »muß in seinem Blockleiter seinen Freund und Helfer erblicken, an den er sich in seinen Nöten vertrauensvoll wenden kann und von dem er weiß, daß er ihm jederzeit seinen Rat und seine Hilfe leiht.« Also klopfte er höflich an, der wachsame Mitmensch von nebenan, erkundigte sich nach dem Befinden, spendete Glückwunsch bei Heirat oder Geburt und Beileid nach Todesfällen. Er sammelte die Beiträge der Parteigenossen und – mit etwas mehr Nachdruck – die »freiwilligen« Gaben der Volksgenossen: für die NS-Volkswohlfahrt, das Winterhilfswerk, den Eintopfsonntag oder was den vorgesetzten Landvogten sonst noch einfallen mochte. Dafür hatte er ein reichhaltiges Repertoire an Abzeichen, Ansichtskarten, Broschüren und Führerbildchen im Angebot. Ein Hausierer im Parteiauftrag. Als »schlimm und unerwünscht« vermerkten es die Auftraggeber, »wenn der Volksgenosse im Blockleiter gewissermaßen ein Polizeiorgan erblickt oder sich von ihm beaufsichtigt und bevormundet fühlt«.

Es war weitaus schlimmer. Wie keine andere Figur des NS-Staates verkörperte der Blockwart die Banalität des Bösen. Die gefährlichste Waffe der Parteidiener war ihre reine Präsenz, ihr Pflichteifer, ihre Allgegenwart. Bis 1939 umfaßte das Netzwerk eine halbe Million Amtsträger – flächendeckend, in jedem Mietsblock, jeder Vorstadt, jeder Landgemeinde. Jeder Blockleiter »betreute« 40 bis 60 Haushalte in seinem Revier.

Manche der Rekrutierten lockte die vorzeigbare, wenn auch bescheidene Würde des Amtes, andere hofften mit diesem Zugeständnis von weitergehenden Zumutungen des totalen Staates verschont zu bleiben. Bisweilen nahm man mangels Masse auch Nicht-Parteimitglieder in die Pflicht. Bei aller Heterogenität war allen Blockleitern gemein: Die Obrigkeit hatte sie mit einer Aufgabe betraut, also walteten sie ihres Ehrenamtes beflissen – daß sie es nicht halbherzig taten, darüber wachten die Zellenleiter, Stützpunktleiter, Ortsgruppenleiter, Kreisleiter auf den nächstfolgenden Sprossen der Hierarchie.

Aufmerksamkeit war ihre Amtsanweisung. Der Blockleiter, so das Edikt, »hat sich in seinem Hoheitsbereich um alles zu kümmern. Er muß deshalb alles erfahren. Er muß sich überall einschalten«. Er registrierte, wer in seinem Revier an Festtagen die Hakenkreuzfahne nicht hißte, wessen Spendenfreude verebbte, wer regelmäßig zur Kirche ging, welche Kinder der Hitler-Jugend noch nicht angehörten, wer Radio London hörte oder gegen Staat und Partei spöttische Reden führte. Kritik am Regime, Unterschlupf für Verfolgte, die heimliche Liaison mit einer Jüdin: Was sich vor der gar nicht so allmächtigen Gestapo mit etwas Vorsicht geheimhalten ließ, blieb dem Blockwart nicht verborgen. Er schritt nicht ein, er verfolgte oder verhörte nicht, aber er meldete auftragsgemäß weiter, was ihm verdächtig erschien. Harmlose Zeilen, der Ordnung halber aufnotiert – sie fundierten die schreckliche Perfektion des Polizeisystems.

Schon die schiere Existenz des Blockwarts schuf den Zwang, sich konform zu verhalten. Klatsch und Tratsch, Animositäten in der Nachbarschaft und das auch in zivileren Zeiten ausgeprägte Mißtrauen gegen alles, was von der Norm abweicht,

ergaben – zur Amtshandlung erhoben – ein äußerst effizientes Herrschaftsinstrument.
Nie zuvor stand das Privatleben so gründlich unter Aufsicht. Auch die raffinierteste Technik eines Orwell-Staates würde mit diesem System der verordneten Wachsamkeit kaum konkurrieren können.
Doch diese Dienstleistung war nicht allein den Blockwarten vorbehalten. In Wahrheit entstammten drei von vier Denunziationen, die bei der Gestapo eingingen, nicht den Berichten der »Hoheitsträger«, sondern aus dem vertrauten Kreis der Freunde, Bekannten und Verwandten. Persönliche Streitigkeiten waren meistens das Motiv. Da war der Blockwart nur allzu willkommen als Sündenbock, hinter dessen düsterem Ordnungshüter-Nimbus sich privater Anpassungseifer und Verrat tunlich verbergen ließen.

Barbara Sichtermann
Bolschewismus

Bolschewismus *der,* –, zunächst die von den sowjet. Kommunisten getragene, v. a. von Lenin begründete, später von Stalin weiterentwickelte Lehre des Marxismus-Leninismus.

Der Bolschewismus kam im Jahre 1903 auf die Welt – in London, wo die russischen Sozialdemokraten, zu Hause illegal, ihren zweiten Parteitag abhielten. Als über die Frage abgestimmt wurde, ob sich die Partei als eine Kader- oder Massenorganisation verstehen sollte, erhielt Lenin, der nur entschlossene Berufsrevolutionäre als Mitglieder aufnehmen wollte, ein paar Stimmen mehr. So kam es zu dem paradoxen Resultat, daß die Befürworter einer zahlenmäßig *kleinen*, dafür ideologisch und taktisch bestens geschulten Geheimorganisation als »Bolschewiki« = »Mehrheitler« in die Geschichte eingingen, während die Gegenfraktion, die nach dem Muster westlicher Arbeiterparteien *jeden* Unterstützer aufnehmen wollte, als »Menschewiki« = »Minderheit« dastand.
Die Partei spaltete sich. Bis zu seinem Tod im Jahre 1924 führte Lenin die Bolschewiki und bestimmte ihr Programm. Taktisch stand seine Partei in der Tradition des russischen Verschwörertums. Er wollte nicht warten, bis auch das letzte russische Bäuerlein lesen und schreiben gelernt hätte und imstande sei, die sozialistische Propaganda zu verstehen. Er wollte im Sinne der Massen und für sie handeln, aber er verzichtete auf ein ausdrückliches Mandat. Insofern war er niemals Demokrat. Das war für seine Zwecke auch nicht nötig. Diese Zwecke bestanden im Sturz des Zarismus. Lenin spürte, daß die Autokratie sich nicht mehr lange halten könnte und daß die Macht auf die Straße fallen würde, wenn die korrupten Eliten in Militär, Bürokratie und Wirtschaft von den ausgepowerten Massen hinweggefegt würden. Und er rechnete nicht damit, daß die liberale Bourgeoisie, in Rußland eine schmale Schicht ohne Ehrgeiz und Energie, imstande sein würde, die Macht zu halten. So würde er bereitste-

hen, um mit seiner Partei das rückständige alte Rußland in die Moderne zu führen.

Seine Rechnung ging auf. Der Weltkrieg kam ihm zu Hilfe. Im Februar 1917 rebellierten die Massen; Soldaten verweigerten den Gehorsam, Arbeiter besetzten die Fabriken. Überall entstanden Räte = Sowjets, die für das Volk handeln wollten. Die Macht fiel in die Hände der Bauernpartei, die gemeinsam mit den Menschewiki eine provisorische Regierung bildete. Dieses Organ beging den historischen Fehler, die Sehnsucht des Volkes nach Frieden zu enttäuschen. Es kam zu neuen Aufständen. Da schlug Lenins Stunde.

Er erklärte die provisorische Regierung für überflüssig, da die Sowjets, in die er seine Bolschewiki geschickt hatte, viel geeigneter seien, die Macht auszuüben. Am 25. Oktober führte sein General Trotzki die Petersburger Truppen gegen das Winterpalais, den Sitz der Regierung. Ihr Chef Kerenski floh. Lenin siegte mit der Parole: »Frieden und das Land den Bauern«. Der Kredit, den der Bolschewismus durch die Oktoberrevolution gewann, hielt, trotz Not, Terror und Unterdrückung, die folgten, bis in die 80er Jahre.

Die Bolschewiki, die sich jetzt »Kommunistische Partei/B.« nannten, mußten die gerade erst eroberte Macht im Bürgerkrieg verteidigten; sie herrschten mit den Sowjets über ein zerrüttetes Land, dessen Bevölkerung durch Krieg und Hungersnöte dezimiert war. Die sozialistische Revolution im Westen, als Bundesgenosse der »Sowjetmacht« herbeigesehnt, blieb aus. Da faßten die Bolschewiki die letzten Ressourcen des Landes in einer Zentralverwaltungswirtschaft zusammen, schlossen die Grenzen und unterdrückten nach innen jegliche Opposition durch Zensur, Fraktionsverbot und Terror. Diese als vorübergehende Notmaßnahme = »Kriegskommunismus« gedachte Diktatur blieb erhalten, wurde von Stalin verschärft und ausgebaut und erst von Chruschtschow vorsichtig aufgelockert. Die Zeit, in der der Frieden stabil und der Wohlstand üppig genug sein würde, so daß man vom Zwang zur Freiheit übergehen könne, brach nie an. Daß die KP-Diktatur als »Sozialismus« ideologisiert wurde, hatte nichts mit den Zuständen im Land und alles mit der Notwendigkeit zu tun, dem Regime Legitimation zu verschaffen.

Eine gerechte Würdigung des Bolschewismus wird erst im nächsten Jahrtausend möglich sein. Heute wird er mit dem Faschismus gleichgesetzt, was in bezug auf die Methoden der Selbstdarstellung und der Rezession, vom Massenaufmarsch bis zum KZ, richtig ist. Aber die Gleichsetzung übersieht doch, daß der deutsche Faschismus eine moderne Bevölkerung, die ihre ersten Erfahrungen mit der Demokratie schon gemacht hatte, in die Finsternis von Dogmatismus und Willkürherrschaft zurückstieß, während der russische Bolschewismus eine Volksmasse in Bewegung setzte, die dem »Mittelalter« (Lenin) praktisch und geistig kaum entwachsen war. Die Motive der Bolschewiki waren zu Beginn nicht hegemonial wie die der Nazis, sondern national: Sie wollten ihr Land politisch und industriell entwickeln und es aus der Quasi-Kolonialisierung durch den überlegenen Westen befreien. Das haben sie erreicht – wenn auch unter Opferung von Millionen Menschenleben.

Ulrich Kubisch
Camping

Vom Glück im Winkel zur Laube auf Rädern

Camping [engl. ›Zelten‹] *das, -s,* das Wohnen in Zelten, Wohnwagen oder Reisemobilen auf besonderen **C.-Plätzen**, deren Ausstattung in fast allen Ländern behördlich geregelt ist, i. A. zur Freizeit- und Urlaubsgestaltung.

»Wir wollen ein freies Wochenende!« – Mitte der zwanziger Jahre wurde diese gewerkschaftliche Forderung in Deutschland immer lauter gestellt. Die aufreibende Fabrik- und Büroarbeit und der Lärm der verkehrsdurchfluteten Metropolen weckten bei den Städtern die Sehnsucht nach Natur, frischer Luft und Sonne. Von Sonnabendmittag bis Sonntagabend wollte man neue Kräfte für den Alltag sammeln und zugleich unbekannte Gegenden entdecken.

Vor allem Motorradfahrer (das Auto war noch einer kleinen bessergestellten Schicht vorbehalten) zogen am Sonnabend nach Büroschluß und Schichtende ihre Maschinen aus der Garage und fuhren hinaus. Da die wenigen sonnigen Stunden bis zum Dunkelwerden nur zu schnell vergingen, hieß es, ehe der Abend ganz hereingebrochen war, eine Unterkunft für die Nacht zu suchen. Oft war die Quartiersuche auf dem Lande eine Qual. Abhilfe brachte das Zelt, jenes leinwandene »Glück im Winkel«, mit dem sich ein Stück Unabhängigkeit von den Unannehmlichkeiten des Wohnens bei fremden Leuten gewinnen ließ. Die Luftmatratze, der Schlafsack, das Stahlrohr-Feldbett, die wind- und wasserdichten Zeltstoffe, das Rohrgestänge und der stabfreie Zelteingang stellten Etappen auf dem Entwicklungsweg des Zeltwanderns/Campens dar.

Der Versuch, im Zelt zu leben und sich womöglich die Indianerträume der Jugend zu erfüllen, war aber auch mit Schwierigkeiten verbunden. So verlor die Romantik offener Feuerstellen schnell ihren Reiz beim ersten »Tief aus Irland«, der Wochenend-Wolkenbruch über Nacht ebenfalls. Wer wohnen und kochen und obendrein sich erholen wollte, zog am Ende mit seiner kompletten Wirtschaft in vier Wohnwagenwände ein.

Die ersten »Lauben auf Rädern« kamen in Deutschland 1935 auf den Markt. Es handelte sich um Faltwohnwagen, denen Konstruktionen mit kunstlederüberzogenen Sperrholzwänden in aerodynamischer Nierenform folgten.

In Amerika waren bis dahin bereits 250000 Trailer produziert worden. Die Weite des Landes rechtfertigte in besonderem Maß das Reisen im Wohnwagen. Manche, die es sich leisten konnten, gaben ihre Wohnungen auf, verkauften die Möbel, erwarben ein »Haus am Haken« und zogen den Jahreszeiten nach.

Erst Mitte der fünfziger Jahre erhielt der deutsche Durchschnittsbürger die Chance, seinen Traum vom eigenen Wohnwagengespann dank der Massenproduktion des Volkswagens zu verwirklichen. Zu Hunderttausenden haspelten die Hecktriebler ihre Kilometer herunter: Koffer auf dem Dach, eine Oma und drei Kinder im Fond, die Mutter auf dem Beifahrersitz und am Steuer ein mit Hosenträgern versehener Papa, der seine Schirmmütze trug wie ein Kapitän. Und im Schlepp: ein »Haus dabei«, etwa die »Sportberger Landjacht« in U-Boot-Form, der »Tramp« vom Flugzeugkonstrukteur Wolf Hierth, das »Schwalbennest« von Knaus oder Alfred Tabberts »Ideal«-Wohnwagen.

Aus den Caravan-Bastelstuben der Vorkriegszeit wurden nach 1945 schnell großräumige Werkstätten, ja Fabriken. Die Industrie bemächtigte sich dieser Freizeitform, und die Schauspielerin Luise Ullrich kommentierte den Wandel im Caravaning mit folgenden Worten: »Aus einem kleinen Abenteuer ins Unbekannte, aus einem Vorstoß ins Niemandsland, aus einem Versuch, ein Individuum zu sein, wurde oft hektische Massenpsychose« – mit all ihren Nebenerscheinungen: hochsommerliche Reisefluten mit kilometerlangen Camping-Karawanen, die Jahr für Jahr auf der Tauernautobahn oder in den hessischen Mittelgebirgen für Staus sorgen und Kurs auf Zelt- und Wohnwagenstädte mit organisierter Müllabfuhr nehmen.

Mit der Einführung der 40-Stunden-Woche nahm Ende der

sechziger Jahre das Interesse an allen Formen des Campings stark zu. Naherholungscamping (»Dauercamping«) wurde geboren und Wohnanhänger plötzlich nicht mehr nur nach gefahrenen Jahreskilometern, sondern nach bewohnten Nächten bewertet. Der Trend zum Dauercampen, der immer neu, mit Skobalitblenden und getorften Begonienrabatten bewehrte Stellplätze in ballungsnahen Räumen verlangte, brachte das Caravaning immer wieder in die Schlagzeilen.

Der Wohnwagen ist heute nicht mehr aus der Campingwelt wegzudenken. Er ist ein Stück Lebensraum, in dem man wohnen, schlafen, kochen und wandern kann. Für seine anhaltende Hochsaison gibt es handfeste Zahlen. In Deutschland sind derzeit über 617 000 Häuser am Haken zugelassen, auf den Plätzen der Dauercamper befinden sich über 200 000 weitere Caravans im Gebrauch. Der Wohnwagen ist damit gleichermaßen Urlaubsgefährt wie Naherholungsheim und hat das Zelt aus seligen »Wandervogelzeiten« längst auf dem Campingplatz beiseite gedrängt.

Eingefleischte Caravaner sind gern bereit, für ihr Wohnwagen-Gespann tief in die Tasche zu greifen. Sie rechnen nicht auf, wie lange sie für die Anschaffungskosten ihres rollenden oder auf dem Stellplatz im ballungsnahen Raum verankerten Hauses im Fünfsternehotel wohnen könnten.

Der Motorjournalist Fritz B. Busch bringt die Caravan-Philosophie auf den Punkt: »Wer in sich spürt, daß er ein Wohnwagen-Mensch ist, dem kann man nur gratulieren. Er ist sein eigener Reiseleiter, sein eigener Hotelier, und auch die Fahrpläne macht er selber. Er ist und bleibt sein eigener Herr.«

Christian Gasser
Comics

Comics [engl. ›Drolliges‹], *Sg.* **Comic** *der, -s*, eine spezif. Form der → Bildgeschichte. Angeregt durch die europ. Bildgeschichten der → Bilderbögen, entstanden sie in den 90er-Jahren des 19. Jh. in den USA.

Die große kulturelle Leistung unseres Jahrhunderts ist das Erzählen in Bildern, und es ist ein schöner Zufall, daß Film und Comic im selben Jahr – 1895 – geboren sind. Natürlich lassen sich für beide Ausdrucksformen Vorläufer finden, und kühne Forscher scheuen sich zu Recht nicht davor, über Wilhelm Busch und Rodolphe Töpffer zurück den Wandteppich von Bayeux, ja sogar die ägyptischen Hieroglyphen und steinzeitlichen Höhlenmalereien als Ahnen einer jahrtausendealten Tradition der Bildergeschichte zu bezeichnen. Zum Massenmedium wurden die Comics aber erst vor hundert Jahren in den ethnischen und sprachlichen Schmelztiegeln Nordamerikas, wo sie sich so rasch durchsetzten, daß die Pressemagnaten Pulitzer und Hearst ihren Krieg um die Gunst der Leser auf den Comic-Seiten ausfochten.

Der Comic hatte von Anfang an mehr Ausdrucksmöglichkeiten als der Film: Comics sprachen, Comics waren bunt, Comics entstanden ohne materielle, technische oder finanzielle Einschränkungen, und die Zeichner konnten alle noch so phantastischen Einfälle direkt aus ihrer Imagination auf das Papier projizieren. Zwischen hemdsärmeligem Slapstick, hintergründiger Zeitkritik und surrealem Bilderbogen schufen Richard Outcault (»Yellow Kid«), Winsor McCay (»Little Nemo«), Lyonel Feininger (»Kin-der-Kids«) und George Herriman (»Krazy Kat«) anspruchsvolle und witzig unterhaltende Comic-Welten.

Im Zuge der 1915 einsetzenden Syndikalisierung der Comic-Strips, die sie mit dem Ziel einer möglichst massiven Verbreitung in möglichst vielen Zeitungen in das Korsett von Klischees und Stereotypen zwängte, wurde die schöpferische Freiheit der Unterhaltung für die ganze Familie geopfert.

Für visionäre Entwürfe war in den Comic-Heften, die in den dreißiger Jahren entstanden, ebensowenig Platz, und als sich die Verlage nach einer moralischen Verteufelungskampagne 1954 einer rigorosen Selbstzensur unterwarfen, verkamen die meisten Comics zur Massenzeichenware, die den Vorwurf der Verdummungslektüre geradezu anzog. Just in diesen Jahrzehnten aber stürmten die universalen und bewundernswert langlebigen Comic-Ikonen unsere Bilderwelten: Superman und Batman, Dick Tracy und Flash Gordon, Walt Disneys Trickfilmheroen Mickey Mouse und Donald Duck, Charlie Brown und Snoopy, Tim und Struppi, Asterix und andere mehr haben die Alltagsmythologie des 20. Jahrhunderts nachhaltig geprägt.

Erst im Lauf der sechziger Jahre – simultan zum gesellschaftlichen Aufbruch – befreiten sich die Comics aus ihren Zwangsjacken. Autoren/Zeichner wie Jean-Claude Forest, Moebius und Robert Crumb erschlossen ihnen (Tabu-)Themen wie Sex, Gewalt, Politik, autobiographische Nabelschauen und mystische Odysseen, die sie auch graphisch adäquat umsetzten. Die Zeichner reiften von Handwerkern zu Autoren, die Comics wurden »erwachsen«, und die Überzeugung wuchs, daß die Comics eine künstlerisch wertvolle Ausdrucksform sind: Der Louvre adelte die »neunte Kunst« 1967 mit einer Ausstellung.

Die nächste Mutation folgte in den frühen achtziger Jahren: Nach den Inhalten wurde nun das Bild selber kraft radikaler Experimente neu definiert. In den USA scharte der spätere Pulitzer-Preisträger Art Spiegelman (»Maus«) ab 1980 die amerikanische und europäische Comic-Avantgarde im »Raw«-Magazin um sich, und auch in Europa eroberten sich die Comic-Künstler den weit offenen Raum zurück, in dem sich ihre Vorväter getummelt hatten. Das Bewußtsein, in einem von der Kunstwelt verachteten, vom Comic-Mainstream unbeachteten und gesellschaftlich verpönten Medium zu arbeiten, gewährt den Vertretern der eng vernetzten avantgardistischen Comic-Internationalen eine schier grenzenlose Freiheit. Inhaltlich und formal ist nichts unmöglich, und die Comics reagieren ähnlich schnell und feinfühlig wie die Pop-Musik auf gesellschaftliche und kulturelle Entwicklungen.

Kurz nach seinem 100. Geburtstag herrscht im Comic-Kosmos aber Panik: Die papiernen Bilderwelten werden von der Attraktivität multimedialer und interaktiver Abenteuer bedroht, und der Mainstream-Comic verkommt zum Ideenlieferanten für Kino (»Batman«, »Der bewegte Mann«) und Computerspiele oder begnügt sich mit Dritt- und Viertverwertungen erfolgreicher Spiele, Filme und Fernseh-Serien (»Star Wars«, »Akte X«). Die großen Helden sind müde, die Ikonen wirken verbraucht, und die Auflagen brechen ein. Verzweifelt meucheln die Verlage ihre Recken, um sie mächtiger, prächtiger und jünger wiederauferstehen zu lassen, sie beuten sie schamlos bis auf den letzten Kreuzer aus oder plündern ihre Archive, doch kann dies nicht darüber hinwegtäuschen, daß die Comics – hunderttausend Höllenhunde! – im Multimedia-Zeitalter nicht mehr das Massenmedium sein können, das sie einst waren. Vielleicht müßen sie sich, wie die Malerei nach der Erfindung der Fotografie, neu definieren. Vielleicht hat die Zukunft der Comics aber auch schon begonnen – im Untergrund dieses wunderbaren Kosmos.

Joachim Baumann
Computer

Computer [engl., zu to compute ›(be)rechnen‹, aus lat. computare] *der,* -*s*/-, **Datenverarbeitungsanlage,** Abk. **DVA,** auch **Rechenanlage, Rechner,** elektronisch arbeitende techn. Einrichtung zur Sammlung, Speicherung, Verarbeitung und Darstellung von Informationen. Unter C. versteht man heute ausschließlich eine digitale Rechenanlage (→ Digitalrechner), die elektr. magnet. oder opt. Signale verarbeitet.

Frustriert saß der junge Bauingenieur in seinem Arbeitszimmer – Berlin-Kreuzberg, 1936. Wieder und wieder langweilten ihn die stupiden Berechnungen – gleiche Arbeitsschritte nur mit anderen Zahlenwerten. Das muß doch einfacher gehen! In jahrelanger Filigranarbeit konstruierte Konrad Zuse aus Tausenden kleinen Blechen, die er mit der Laubsäge zurechtschnitt, den ersten Computer der Welt. Die Z1, ein mechanisches Monstrum, hatte aber noch etliche Macken und funktionierte nicht einwandfrei. Doch schon der Nachfolger, die Z3 (fertiggestellt im Jahre 1941), konnte bereits Daten ein- und ausgeben, rechnete mit dualen Zahlen und konnte diese auch speichern – alles Dinge, wie sie auch ein moderner Computer ausführt.

Die ersten Rechenautomaten waren in der Lage, sage und schreibe sechs Zahlen pro Sekunde miteinander zu addieren. Neue Technologien und Erfindungen wie die Transistortechnik, die Halbleiter und Chips führten nicht nur dazu, daß heutige Computer je Sekunde viele Millionen Rechenoperationen bewältigen, sie sind z. B. in der Lage, Texte zu speichern, die ein Bücherregal füllen würden. Und ein derartiges Gerät paßt in einen Aktenkoffer!

Überhaupt sind Rechengeschwindigkeit und Speicherkapazität eines Computers sein Aushängeschild, seine persönliche Visitenkarte. Keine technische Erfindung des Menschen ändert sich in seinen Möglichkeiten wie der Computer. Es gilt die Faustregel, wonach sich ihre Leistung in zwei Jahren verdoppelt. Ein Vergleich: Wären die Automobile in den letzten

zwei Jahrzehnten in dem Maße verbessert worden wie die Computer, eine Luxuslimousine würde heute 1,– DM kosten und käme mit einer Tankfüllung 10 Millionen Kilometer weit.
Die Computerentwicklung war und ist von einem solch atemberaubenden Tempo gekennzeichnet, daß die eigene Vorstellungskraft versagt und so etwas wie Ehrfurcht aufkommt. Aber auch Furcht, weil wir uns ohnmächtig fühlen gegenüber den Schaltkreisen, hauchdünnen Drähten und den Chips. Wer als Nichtexperte mal einen PC aufgeschraubt hat, weiß, wovon die Rede ist. Dabei kann heutzutage schon jedes Kind mit einem Computer umgehen. Kinder haben keine Ehrfurcht vor ihm und deshalb auch keine Furcht. Und das ist gut so, denn Computer gehören zum Alltag, sie sollen uns nutzen und dienen.
Diese technischen Meisterwerke beeinflussen wie kaum eine andere Erfindung unser Leben, und sie stehen dabei mindestens auf einem gleich hohen Sockel wie der Buchdruck und die Dampfmaschine.
Und vielleicht ist es bezeichnend dafür, daß einer der reichsten Menschen dieser Welt der Chef eines Unternehmens ist, das Computersoftware entwickelt. Die Programme sind es nämlich, die den Computer steuern, ihm seine Fähigkeiten entlokken und ihn zu dem machen, was der Computer eigentlich sein soll: wie ein klassischer englischer Butler, allgegenwärtig, stets zu Diensten und völlig unauffällig.
Unser heutiges Bild vom Computer wird sich in naher Zukunft ändern. In den sechziger und siebziger Jahren galten die Rechenknechte als Technikwunder, in der Lage, fast alle Arbeit zu automatisieren. Computer waren schlichtweg die Lokomotiven des technischen Fortschritts. Mit der Entwicklung des PC Anfang der achtziger Jahre drang der Computer in die Büros und später in die Haushalte vor: zur Datenverwaltung, zum Schreiben, Zeichnen, Musizieren, Spielen. Sie sind in der Waschmaschine genauso wie im Auto, man kann mittlerweile schon per Sprache dem Computer Befehle erteilen, oder er sagt uns verständlich, wie der Autobahnstau günstig zu umfahren ist.

Gegenwärtig verschmilzt die Computertechnik mit der Kommunikations- und Unterhaltungselektronik. Wir leben in einer Informationsgesellschaft, Schlagworte wie das vom globalen Dorf und der totalen Digitalisierung machen die Runde. Das Zauberwort der neunziger Jahre heißt Internet. Die weltweite Verbindung von Computern sprengt die Fesseln von Raum und Zeit. Per Internet kann beispielsweise ein Chirurg in den USA einem Kollegen in Europa blitzschnell Röntgenbilder übertragen oder ihn bei einer Operation online assistieren. Andererseits wurde die ENIAC, dieser berühmt-berüchtigte Röhrenrechner, ab 1946 zur Konstruktion von Atombomben im Manhatten-Projekt eingesetzt. Heute bieten kriminelle Schweinigel kinderpornografische Bilder oder Videos weltweit im Internet an.
Letztlich ist es mit einem Computer wie mit einem Messer oder Hammer – der Mensch selbst ist dafür verantwortlich, wofür er ihn einsetzt. Da kann ein Computer die Größe eines Stecknadelkopfes haben, noch so schnell rechnen und Datenmengen speichern, die wir uns nicht mehr vorstellen können, die Verantwortung für sein Tun bleibt bei uns Menschen – vorerst jedenfalls.
Eine Vision besonderer Art hatte der Bauingenieur Konrad Zuse. Er sagte bereits nach dem Bau seiner Z3, daß in fünfzig Jahren ein Computer einen Schachgroßmeister besiegen wird. Im Mai 1997 unterlag der amtierende Weltmeister Garri Kasparow erstmals in einem Turnier dem IBM-Computer »Deep Blue«.

Eva Quistorp
Demokratisierung

Demokratisierung, ein vielschichtiger politisch-gesellschaftl. Begriff mit unterschiedl. Aspekten, bedeutet 1) einem Staat eine demokrat. Verf. geben; 2) in bereits demokratisch verfassten Staaten die Elemente der polit. → Demokratie verstärken; 3) darüber hinaus im gesellschaftl. Bereich demokrat. Verfahren der Willensbildung und Beschlussfassung anwenden.

»Brot und Rosen« forderten die streikenden Textilarbeiterinnen in Chicago am Anfang des Jahrhunderts, der Acht-Stunden-Tag war das Ziel der Arbeiterbewegungen Europas. Die *Republik*, Land und Selbstbestimmung wollten die spanischen Anarchosyndikalisten. Im Kampf um das Wahlrecht der Frauen haben sich Hunderte von Suffragetten ins Gefängnis werfen lassen und sich handfest gewehrt. Die Arbeiter- und Soldatenräte Rosa Luxemburg, Scheidemann und Rathenau, die internationale Frauenfriedensbewegung traten für Demokratisierung in unterschiedlichsten Formen als Antwort auf die Schrecken des Ersten Weltkriegs ein.
Die Vorkämpferinnen und Vorkämpfer der Demokratisierung erstrebten nicht nur den Rechtsstaat und formelle Verfahren der parlamentarischen Demokratie, sondern Mitbestimmung in den Machtzentren der Wirtschaft, der Wissenschaft, der *Medien*. Angeregt u. a. durch die Revolution von 1848 wollten sie so die Überwindung von sozialer Not, Gewalt und Krieg, die Emanzipation der Individuen erreichen.
Die Machtergreifung der Nationalsozialisten – erfolgt durch Terror, Zensur und Wahlsieg – zerstörte den Versuch einer ersten zivilen deutschen Republik und drohte mit den europäischen Juden auch jeglichen demokratischen Geist zu vernichten.
Die Verfassung der Bundesrepublik Deutschland, Grundrechte, Parteien- und Wahlgesetz wie die föderale Struktur setzten in diesem Land 1949 Rahmenbedingungen für eine weitgehende Demokratisierung.

Doch ihre Halbherzigkeit führte in den fünfziger und sechziger Jahren zu einer außerparlamentarischen Opposition, die außer den Hochschulen viele Lebensbereiche bis zu den Kindergärten vom »Muff der 1000 Jahre« befreite, *Demonstrationen* gegen Aufrüstung, Polizei- und Überwachungsstaat organisierte. Da dabei meist die Mütter des Grundgesetzes, die der Bürgerrechte vergessen wurden, flog nicht nur eine Tomate gegen die Männerbünde, sondern weltweit wuchs eine *Frauenbewegung*, die die Gleichstellung und das Recht auf Differenz in allen Lebensbereichen forderte. 1968 wurde von Paris bis Prag, von Berkeley bis Berlin, Istanbul und Tokio Demokratisierung zur Protest- und Kampfformel der Jugend-, Antimilitarismus-, Frauen- und Studentenbewegungen, ähnlich wie 1989 in den Revolten Mittel- und Osteuropas und auf dem Tien-anmen.

Demokratisierung war nie nur eine europäische Idee oder Begierde. Den zwei Weltkriegen und dem Kalten Krieg trotzend, wuchs eine *globale Zivilgesellschaft*, die die Reform der *UN*, der *Weltbank* und *WTO* und einen internationalen Strafgerichtshof auch gegen den Willen der USA fordert. Gegen die Atomverseuchung durch russische U-Boote, gegen alle Atomtests ist sie mit Greenpeace-Schiffen oder amnesty international im Internet, gegen globale Umwelt- und Kulturzerstörung aktiv. In Euroland streitet sie um die Stärkung des Europaparlaments, Klagerechte für Verbraucherverbände und Gewerkschaften, Volksentscheide, Bürgerinnenrechte für die »sans papiers«, für Migranten und Erwerbslose, für eine interkulturelle europäische Öffentlichkeit. Grenzen ziehen will sie der beschleunigten Mobilität multinationaler Konzerne und Banken, den technisch-wissenschaftlichen, medialen Eliten durch sozial-ökologische Regulierungen, die eigenständige Entwicklungswege und Zeit für Erfahrung, Verstehen, Erinnerung, Versöhnung zulassen.

Die Erosion der Demokratien droht – wenn sie zur Beute großer Interessenverbände, der Parteienherrschaft, von manipulierenden Massenmedien werden – zum Konsumartikel der im Cyberspace, beim Info-tainment verblödenden und »einsamen Masse« zu werden, die animiert wird, erbarmungslos den Planeten zu plündern, den Erfolg der Stars und Gewalt statt das Mitgefühl zu vergöttern.

Selbstkritische Reflexion, Einübung aller in Konfliktfähigkeit, Spielräume der *Selbstverwirklichung* und *Selbstbeschränkung*, *Herrschaftskritik*, *Zivilcourage*, Toleranz, Bürgerinnenverantwortung sind nötig, Erneuerung der Spielregeln und Traditionen, um *»mehr Demokratie zu wagen«* (Willy Brandt).

Vorbilder dazu sind Mahatma Gandhi, Martin Luther King, Sophie Scholl, Rigoberta Menchu, Vandana Shiva, Petra Kelly, Galina Starowoitowa, um nur einige zu nennen, und gewiß auch Meti Eksi, der einen Mitschüler vor der Gewalttätigkeit einer Jugendbande schützte und dabei sein Leben verlor.

Daniel Cohn-Bendit
Demonstration

Demonstration [zu lat. demonstrare ›hinweisen‹, ›deutlich machen‹] *die, -/-en,* 1) *allg.*: sichtbarer Ausdruck einer bestimmten Absicht; nachdrückl. Bekundung; anschaul. Darlegung, Veranschaulichung. 2) *Politik*: Kundgebung von Anschauungen oder Forderungen, oft als Protest gegen Maßnahmen der Reg. oder ihr nachgeordneter Behörden, gegen Ziele des polit. Gegners sowie gegen die innenpolit. Verhältnisse anderer Staaten oder deren außenpolit. Aktivitäten.

Demonstrieren heißt, im Wortsinn, etwas zeigen. In der Mathematik ist eine Demonstration ein logischer Beweis. Die Demonstration im politischen Leben ist weniger mit Logik gesättigt als mit Bedeutung. Die aber ist ambivalent. Die Demonstranten haben eine Vorstellung, eine politische Meinung, und wollen diese öffentlich zum Ausdruck bringen. Diejenigen, an oder gegen die sich die Demonstration richtet, mögen es so verstehen oder auch ganz anders. Die Bedeutung einer Demonstration interpretieren sie im Kontext ihrer eigenen politischen Vorstellungswelt.

Als Studenten 1968 in Paris, Berlin, Frankfurt und anderswo auf die Straße gingen, demonstrierten sie gegen die verkrusteten Strukturen der Gesellschaft, gegen ein entfremdetes Leben. Sie hatten Selbstbestimmung im Sinn. So waren die Demostrationen immer auch ein Fest der Autonomie. In den Aktionen bildete sich eine neue Gemeinschaft. Solidarisch und selbstbestimmt, wie wir es empfanden, und dieses Gefühl wurde durch den Zulauf bestärkt, der uns zuteil wurde.

In den Mythen der französischen Gesellschaft hatte die Idee der Revolution noch immer eine magische Wirkung. Diese Magie tippte die Pariser Studentenbewegung an. Die Unzufriedenheit der ganzen Gesellschaft strömte in den von ihr aufgestoßenen politischen Raum. Mit dem Generalstreik, der sich anschloß, tauchte plötzlich das Bild einer Revolution auf. Allerdings wurde das Bild der gesellschaftlichen Bewegung, das uns vor Augen gestanden hatte, modifiziert. Die Konturen proletarischer Revolution, für die nicht 1789, sondern dieses Jahrhundert die Vorbilder geliefert hatte, wurden evoziert. Während am Beginn der Studentenrevolte das Motiv eines freieren, selbstbestimmten Lebens gestanden hatte, schien es nun um die Macht zu gehen. Dieser Imagination entsprang die Überreaktion der etablierten Macht. Genährt wurde sie von de Gaulles scheinbarer Flucht nach Baden-Baden, wo er sich der Unterstützung der Armee versicherte. Die Kommunisten, die der libertären Studentenbewegung im Grunde ihres Herzens fremd, um nicht zu sagen feindlich gegenüberstanden, tauchten nun als Gespenst auf. Als es de Gaulle schließlich gelang, die von ihm angesetzten Neuwahlen unter die Alternative *Ich oder die Kommunisten* zu stellen, hatte er gewonnen.

Das ursprüngliche Motiv der Vollversammlungen und Demonstrationen der Studenten war in den Tagen des Mai den geschichtsmächtigen Bildern so weit erlegen, daß ein versierter Machtpolitiker die Fragen in seinem Sinne stellen konnte. Doch endet die Erinnerung nicht an diesem Punkt. Haftengeblieben vom Pariser Mai ist nicht sein Ende, sondern das Gemeinschaftserlebnis des Aufbruchs.

Im Unterschied zu Frankreich konnten die Demonstranten jener Zeit in Deutschland jedenfalls nicht auf Anhieb positive Bilder wecken. Im Bewußtsein der *Frontstadt* Westberlin figurierten sie als Eindringlinge, als Trojanische Pferde des Regimes von der anderen Seite. Und auch das Ende der Weimarer Republik konnte noch in Erinnerung gerufen werden, als die Demokratie auf der Straße zwischen den Extremen von Rechts und Links zerrieben wurde – so die in Deutschland weitverbreitete Lesart der Geschichte. Eingang in die Gesellschaft fand die Bewegung damals weniger über ihre Demonstrationen als über sanfte Konterbande, die Lösung aus autoritärer Bevormundung und die Botschaft von sexueller Befreiung. Wenn aber heute fast jeder um die Fünfzig sich auf die eine oder andere Weise als Achtundsechziger bekennt, dann blieb offenbar auch in der Bundesrepublik der Aufbruch in der kollektiven Erinnerung haften, der im Gemeinschaftserlebnis der Demonstrationen seine Geburtsstunde hatte.

Andererseits gibt es Aufbrüche, die durch Demonstrationen ins Straucheln geraten. Die Bewegung gegen die Startbahn West des Frankfurter Flughafens hatte zu Beginn der achtziger Jahre in einem Volksbegehren einen selten gekannten politischen Schub entwickelt. Anstatt ihren Einfluß im Druck auf die Institutionen zu konzentrieren, suchte sie die Entscheidung auf direktem Weg durch Blockade des Flughafens – und diskreditierte sich. Dem Bewegungsmythos allerdings tat das wenig Abbruch. Seine Beschwörung trat in der Folge von Zeit zu Zeit in Widerstreit zur parlamentarischen Intervention der Grünen.

Die Zeit war reif geworden, über die Alternativbewegung hinauszugehen und zum Faktor in den demokratischen Institutionen zu werden. Indem die Grünen der SPD und später auch anderen Parteien Wähler abspenstig machten, brachten sie in der Atomfrage Bewegung ins politische Establishment, wie es auch die spektakulärsten Auseinandersetzungen bei Demonstrationen in Brockdorf und anderswo nicht vermocht hatten. Allerdings: Ohne die Bewegungen, die sich dort formiert hatten, wären die Grünen nicht in die Parlamente getragen worden. Und ohne den Liberalisierungsschub, der von '68 ausging und der die Gesellschaft mittlerweile drei Jahrzehnte durchdringt, hätte diese einen ehemaligen Straßenkämpfer als deutschen Außenminister nicht mit solcher Gelassenheit und breiter Zustimmung hingenommen.

Matthias Jung
Demoskopie

Demoskopie, [zu → demo . . . und griech. skopein ›betrachten‹, ›prüfen‹] *die*, auf den amerikan. Soziologen STUART C. DODD zurückgehende Bez. für → Meinungsforschung (Umfrageforschung), ein zentraler Teilbereich der → empirischen Sozialforschung.

Der Begriff bedeutet nicht mehr und nicht weniger als Meinungsforschung, und zwar in der Regel bezogen auf die Gesamtheit der Bevölkerung oder einzelne Untergruppen.
Grundsätzlich sind eine Reihe unterschiedlicher Vorgehensweisen zur Ermittlung der »Volksmeinung« denkbar. Neben den üblichen Umfragen gehören dazu auch die »teilnehmende Beobachtung«, bei der sich der Forscher »unters Volk mischt« und seine Eindrücke sammelt, sowie Kleingruppendiskussionen oder Tiefeninterviews, die alle als qualitative Methoden bezeichnet werden.
Eng verbunden mit der Demoskopie ist das Problem der Repräsentativität, da die Ergebnisse der Demoskopie objektiv und möglichst intersubjektiv überprüfbar die Meinung der Bevölkerung gerade auch in ihrer Vielfalt wiedergeben müssen. Deshalb bedient sich die Demoskopie in der Regel quantitativer Methoden in Form von Umfragen. Dabei wird eine Stichprobe aus der zu untersuchenden Grundgesamtheit gebildet, deren Mitglieder anstelle der Gesamtheit befragt werden. Früher waren sogenannte Quotenstichproben die Regel, bei denen den Interviewern für die Suche nach zu befragenden Personen Vorgaben bezüglich bestimmter Merkmale gegeben wurden. Bei den heute üblichen Zufallsstichproben ist durch entsprechende Auswahlverfahren sicherzustellen, daß jedes Element der Grundgesamtheit die gleiche Chance hat, bei der Auswahl berücksichtigt zu werden. Ist dies gewährleistet, hat also der Interviewer bei der Auswahl der zu befragenden Personen keinen eigenen Gestaltungsspielraum, und ist die Zahl der Interviews ausreichend groß, dann sind die dabei gewonnenen Ergebnisse innerhalb bestimmter statistischer Fehlerbereiche repräsentativ.

Die Verfahren zur Gewährleistung der Zufallsauswahl variieren je nach Untersuchungsmethode. Grundsätzlich sind schriftliche, face-to-face-Interviews, bei denen der Interviewer die zu befragende Person zu Hause aufsucht, und telefonische Interviews möglich. Als Standard entwickelt sich im Bereich der Demoskopie zunehmend das telefonische Interview, da es vor allem einen zuverlässigen Qualitätsstandard sicherstellt. Beim telefonischen Interview kann nämlich das Meinungsforschungsinstitut wirksam die Einhaltung seiner methodischen Vorschriften kontrollieren, und es kann ein Entlohnungssystem der Interviewer etabliert werden, das keine Anreize für betrügerisches Arbeiten enthält. Telefonische Umfragen erlauben zudem die Entwicklung von Stichproben, die sehr feingliedrig die Gesamtheit der Fläche eines Landes abdecken und die Bildung von Befragungs-Klumpen vermeidet, also Orte, in denen ein Interviewer mehrere Interviews machen muß, um den Aufwand seiner Anreise in vertretbarem Umfang zu halten.
Bei Stichproben für telefonische Umfragen werden die zu befragenden Haushalte in einem ersten Durchgang zufällig aus der Gesamtheit der Telefonbucheinträge ausgewählt. In einem zweiten Schritt werden die Endziffern der so gewonnenen Telefonnummern zufällig verändert, so daß auch Haushalte in die Stichprobe kommen, die nicht im Telefonbuch eingetragen sind. Dann wird innerhalb des Haushaltes durch ein Zufallsverfahren die zu befragende Person ausgewählt.
Qualitätsprobleme, die die Aussagekraft der Umfrageergebnisse beeinträchtigen können, liegen vor allem im Bereich der Teilnahmeverweigerung oder der Nichterreichbarkeit der ausgewählten Personen (Ausschöpfungsproblem). Wichtig ist es deshalb, daß oft und zu unterschiedlichen Zeiten versucht wird, die Zielperson zu erreichen. Dies und die Qualifikation der Interviewer sind neben den unterschiedlichen Stichprobenqualitäten die wesentlichen Ursachen für unterschiedliche Standards der verschiedenen Meinungsforschungsinstitute.
Die Notwendigkeit und Legitimation von Demoskopie wird in unserer mediengeprägten Informationsgesellschaft kaum

grundsätzlich in Frage gestellt. Unterentwickelt ist jedoch die Transparenz der von den verschiedenen Instituten eingesetzten Methoden insbesondere im Bereich der oft vorgenommenen »politischen Gewichtung«. Hier fehlt es an einer kritischen Öffentlichkeit, die nur durch entsprechend fachkundige Journalisten gewährleistet werden könnte. Viel zu oft fehlen diesen jedoch entsprechende Voraussetzungen, so daß methodisch fragwürdige Umfrageergebnisse immer wieder in die Schlagzeilen auch seriöser Medien gelangen.

Wolfgang Benz
Deportation

Deportation, [zu lat. deportare ›wegbringen‹] *die, -/-en*, Zwangsverschickung, Verschleppung oder Verbannung von einzelnen Personen oder Gruppen aufgrund staatl. Anordnung. Als Maßnahme der Strafjustiz, der Unterdrückung polit. Gegner und der Verfolgung von Minderheiten bzw. einzelnen Volksgruppen innerhalb von Staaten gehandhabt, die über entlegene Gebiete verfügen.

Zwangsweise Verbringung in die Verbannung unter Aberkennung des Bürgerrechts war Bestandteil des Strafrechts der römischen Kaiserzeit, der Dichter Ovid ist eines der prominenten Opfer. Deportation von Verbrechern und politisch Mißliebigen blieb auch im aufgeklärten Europa der Neuzeit kriminalrechtliche Praxis, Frankreich verbannte (bis 1938) nach Cayenne, Großbritannien auch aus bevölkerungspolitischen Gründen nach Australien, die Sträflingskolonien lagen in abhängigen und weit entfernten Territorien. Das zaristische Rußland deportierte nach Sibirien, die Sowjetunion hielt an Methode und Ziel fest, der russischen Nationalliteratur trug das Dostojewskys »Aufzeichnungen aus einem Totenhaus« und ein Jahrhundert später Solschenizyns »Ein Tag im Leben des Iwan Denissowitsch« ein, Beschreibungen der Ausnahmesituation, die zum Alltag wird, Metaphern für Strafe und Ausgrenzung gesellschaftlicher Unbrauchbarkeit oder Fehlverhaltens.

Das Moment der Strafe wird durch erzwungene Arbeit in öffentlichem Niesbrauch ergänzt, und politische Umorientierung kommt als Zweckbestimmung im »Archipel Gulag« hinzu. Austreibung und Strafe ist jahrhundertelang die wesentliche Absicht der Deportation, im 20. Jahrhundert kommen zwei neue Ziele dazu, die Umsiedlung bestimmter ethnisch, religiös, sprachlich definierter Bevölkerungsgruppen, die man mit Begriffen wie Austausch oder Transfer, schließlich »ethnische Säuberung« umschreibt. Die Vertreibung von Millionen Deutscher aus Ost-/Mittel-Europa nach dem Zweiten Weltkrieg hatte ihre Vorbilder in der erzwungenen Umsiedlung von Smyrna-Griechen aus Kleinasien in den 20er Jahren, beide Maßnahmen waren als friedensstiftend intendiert, zielten auf die Entfernung Diskriminierter und durch äußere Ereignisse als Unruhefaktoren stigmatisierter Bevölkerungsteile, mit denen die Mehrheit zuvor in einiger Harmonie gelebt hatte. Als politischer Vorwand zur Deportation diente neben ethnischen und religiösen Gründen Kollaborationsverdacht gegen Bevölkerungsgruppen. Die Umsiedlung von Wolgadeutschen und Krimtartaren in der stalinistischen Sowjetunion folgte auch diesem Motiv. Die Gewinnung von Arbeitskraft bildete einen Grund zur Massendeportation. Die Zwangsrekrutierung von Arbeitern für die Kriegsanstrengungen war mit der Deportation von 2,8 Millionen »Ostarbeitern« aus der Sowjetunion und von 1,7 Millionen Polen ins Deutsche Reich verbunden, zusammen mit Kriegsgefangenen, Angeworbenen und KZ-Häftlingen befanden sich im Zweiten Weltkrieg 7,8 Millionen deportierte »Fremdarbeiter« in Deutschland. Ab Frühjahr 1944 wurden 100 000 ungarische Juden zur Sklavenarbeit für die deutsche Flugzeugproduktion rekrutiert und deportiert. Das Ausmaß der Deportation deutscher Arbeitskräfte und Wissenschaftler durch die Alliierten nach dem Zweiten Weltkrieg war geringer und zeitlich begrenzt.

Die Vertreibung rumänischer Juden aus der Bukowina und Besserabien nach Transnistrien 1941 und 1942 nahm den Tod der Abgeschobenen durch Hunger und Mord billigend in Kauf: Diese Deportation enthielt ein neues Element, das der Vernichtung. Deportation als Genozid war erstmals im Frühjahr 1915 gegen die Armenier im osmanischen Reich aus nationalen und religiösen Gründen praktiziert worden: In Karawanen wurden sie aus der Türkei nach Syrien und ins Zweistromland getrieben, durch Überfälle von Kurden und Aserbeidschanern, durch periodische Massaker in Lagern, durch Hunger und Epidemien waren bis Herbst 1916 von zwei Millionen deportierten Armeniern schätzungsweise 1,5 Millionen Todesopfer.

Enthielt die mörderische Vertreibung der Armenier noch Elemente der Spontaneität, so waren die Deportationen der Juden und der Roma und Sinti im deutschen Herrschaftsgebiet unter nationalsozialistischer Ideologie exakt geplante Aktionen, die nach einer Anfangsphase mit Stationen in Ghettos und Lagern auf polnischem und baltischem Territorium, in denen zunächst die Arbeitskraft der Deportierten ausgebeutet wurde, in der Endphase direkt in Vernichtungsstätten wie Treblinka, Belzec, Chelmno, Auschwitz und andere führte. Deren Zweck bestand in der massenhaften Tötung nach Ankunft. Die Ermordung durch Giftgas war die Weiterentwicklung der Tötung durch Pogrom, Massaker und Massenerschießung, die ultimative Perfektionierung des Deportationszieles. Die Evakuierung der Konzentrationslager 1944/45 durch Todesmärsche bildete die letzte Form nationalsozialistischer Deportation.

Zwangsumsiedlungen, Massenausweisungen und Deportationen über Staatsgrenzen hinweg sind nach Völkerrecht, Haager Landkriegsordnung und Genfer Konvention verboten, im Nürnberger Hauptkriegsverbrecher-Prozeß 1945/46 wurden sie als Verbrechen gegen die Menschlichkeit geächtet; die Wirkung solcher Sanktionen ist gering, wie der Genozid des Pol-Pot-Regimes in Kambodscha 1975-1979 oder die unfreiwilligen Massenmigrationen in Afrika, schließlich die Ereignisse auf dem Balkan in den neunziger Jahren zeigen.

Bernhard Bürdek
Design

Design [engl.] *das, -s/-s*, formgerechte und funktionale Gestaltung, v. a. von Gebrauchsgegenständen (→ Grafikdesign, → Industriedesign).

Als der US-Basketballstar Michael Jordan gefragt wurde, ob er als Werbeträger zur Firma Nike wechseln wolle, zielte sein primäres Interesse nicht auf die Höhe seines Einkommens aus dem neuen Vertrag, sondern darauf, wer denn wohl sein Designer sein werde. Das passende »Design« ist heutzutage also schon wichtiger als das Geld. Wie es dazu kam?

In der Renaissance nannte man die Zeichnung »disegno« und unterschied dabei das »disegno interno«, also die Idee oder das Konzept, vom »disegno externo«, dem vollendeten Kunstwerk selbst. Von der Idee zum Produkt, so einfach läßt sich auch heute noch der »Design-Prozeß« beschreiben. Dieser begann aber erst im Zeitalter der Industrialisierung so richtig Gestalt anzunehmen: die Ausprägung eines neuen Tätigkeitbereiches, der von der Konstruktion der Gegenstände genauso unterschieden war wie von der Kunst – aber gleichsam Elemente beider in sich vereint. Über lange Zeit hinweg nannte man dies übrigens »Formgebung«.

Mit der Arts-and-Crafts-Bewegung, dem Jugendstil sowie den diversen Werkbünden in Europa begann eine Reform der Alltagskultur, die über das gesamte 20. Jahrhundert hinweg andauerte. In der ersten Hälfte war es das Bauhaus (in Weimar, Dessau und Berlin), in der zweiten Hälfte die Hochschule für Gestaltung in Ulm, durch die ein rigider Funktionalismus geprägt wurde, der lange Zeit für die meisten Produktbereiche bestimmend war – und es auch noch vereinzelt ist.

Aber erst zu Beginn der achtziger Jahre, als sich die Postmoderne durchzusetzen begann, erlebte der Begriff »Design« seine eigentliche Blüte. Von Italien aus verbreitete sich rasch – durch die Medien intensiv befördert – eine bis dahin nie gekannte opulente Farben- und Formensprache über den gesamten Globus hinweg, die die »Gute Form« oder das »Bel Design« in seiner Dominanz und öffentlichen Wirkung ablöste. Ettore Sottass, Alessandro Mendini, Andrea Branzi, Michele de Lucchi, Matteo Thun und etliche andere mehr prägten einen neuen Stil der Gegenstände.

Mitte der achtziger Jahre folgte hierzulande das »Neue Deutsche Design«, schrill, schräg und destruktiv, »Wohnen von Sinnen«, so hieß eine Ausstellung im Düsseldorfer Kunstmuseum 1986. Sie bildete den Höhepunkt und auch schon den Abgesang einer wirklichen Design-Revolte. Danach wurde es merklich ruhiger, und die mikroelektronische Revolution hinterließ weit weniger Spuren an den Produkten, aber dafür viel mehr an unserem Verhalten; Design wurde alltäglich und erweiterte seine Aufgabenfelder.

Heute, so scheint es, können wir ohne Design irgendwie gar nicht mehr leben: Ob Fahrzeuge aller Art, Glas und Porzellan, Haushaltsgeräte und Maschinen, Mode und Möbel, Uhren und Schmuck, Unterhaltungselektronik und Werkzeuge, der gesamte öffentliche Bereich (Public Design), alle Arten von Printmedien, Verpackungen und das Messewesen, sämtliche digitalen online- und offline-Produkte – Design prägt unseren Alltag über alle Maßen. Eine ganze Reihe von Versandhäusern hat sich auf ebensolche Produkte spezialisiert – auf der Titelseite eines Katalogs hieß es gar: »Ich will's designed«.

Nun könnte man meinen, mit dem Abwandern oder gar dem Verschwinden der industriellen Produktion (Stichwort: Informationsgesellschaft) würde auch das Design an Bedeutung verlieren. Aber weit gefehlt: Schon seit geraumer Zeit gehören die Erscheinungsbilder von Unternehmen und Institutionen (Corporate Design) sowie die sogenannten Benutzungsoberflächen (Interface oder Interaction Design) zu den neuen Designaufgaben. Aber auch die Dienstleistungen (Service Design) oder gar die gesamtunternehmerischen Aktivitäten (Strategic Design oder Design-Management) rücken in den Vordergrund.

Die Vermutung liegt nahe, daß schon lange nicht mehr das

»Sein« das Bewußtsein bestimmt, sondern das »Design«. Die sich spätestens in der Postmoderne verflüchtigende Frage nach dem »Sinn« wurde durch das »Design« ersetzt, und Wolfgang Welsch spekulierte gar, daß so wie das 20. Jahrhundert ein Jahrhundert der Kunst gewesen sei, das 21. Jahrhundert ein Jahrhundert des Designs werden könne. Womit er sicher insofern recht hat, als der Angriff auf die letzte menschliche Bastion – die DNS-Struktur der Gene – eben auch wieder ein Design-Problem ist. Das geklonte Schaf Dolly war ein Design-Produkt erster Güte, und da – natürlich nur im Interesse der Wissenschaft – alles gemacht wird, was gemacht werden kann, wird auch der gedoppelte Mensch nicht mehr lange auf sich warten lassen.

Design wird immer bedeutsamer, es stellt sich für Unternehmen und Institutionen mehr als ein Instrument dar, Unterschiede sichtbar zu machen, sich zu profilieren und sich auf den globalen Märkten zu positionieren. Design erzeugt Bedeutung (Sinn) und schafft damit Werte, für die Produzenten wie für die Konsumenten. Designer haben sich lange Zeit immer gerne als kleine Erfinder begriffen und dabei manch absurde Kuriositäten geschaffen. Aber in vielen Bereichen braucht das Rad nicht mehr immer wieder neu erfunden zu werden, vielmehr geht es um Kontinuität und um Entwicklung. Design kann beispielsweise:

– technologische Fortschritte visualisieren,
– die Benutzung und Bedienung von Produkten (ob Hard- oder Software) erleichtern oder gar erst ermöglichen,
– die Zusammenhänge von Produktion, Konsumption und Wiederverwertung transparent machen,
– Dienstleistungen befördern und kommunizieren,
– aber auch – wenn es energisch genug betrieben wird – Produkte, die unsinnig sind, verhindern helfen.

Design ist somit viel mehr als der Kitt, der die postmoderne Gesellschaft zusammenhält. Design ist Kommunikation und damit absolut auf der Höhe der Zeit. Indem es den Geist und die Stile der Zeit in unterschiedlichsten Produkten visualisiert, ist es kulturell und ökonomisch; indem es kritisch die Produkte hinterfragt, ist es aber auch ökologisch und politisch zugleich.

Jürgen Ahäuser
Doping

Doping [engl.] *das, -s/-s, Sport*: der Versuch der Leistungssteigerung durch das Anwenden (z. B. Einnahme, Injektion) von Substanzen verbotener Wirkstoffgruppen oder durch das Anwenden verbotener Methoden (z. B. Blutdoping). D. beeinträchtigt die körperl. und geistige Integrität des Sportlers und verstößt gegen die sportl. Ethik sowie das Gebot der Chancengleichheit.

Zuerst war der Mensch – dann kam schon die Versuchung. Mit den paradiesischen, unschuldigen Zuständen bei Adam und Eva war es schnell vorbei. Zu verlockend, der Biß in die verbotene Frucht. Aber die Nachkommenschaft arbeitete unablässig weiter am Paradies auf Erden.
Zu Anfang des 20. Jahrhunderts errichteten ein paar Idealisten ihren Garten Eden. Das Stadion als Tummelplatz guter Menschen, die nichts anderes im Sinn hatten, als fair miteinander umzugehen. Baron Coubertin, der Begründer der modernen Olympischen Spiele, rief die »Ritterschaft der Athleten« aus. Ein Jahrhundert später lieferte sich der radelnde Teil des gar nicht mehr so ritterlichen Ordens eine spektakuläre Verfolgungsjagd mit der Polizei durch Frankreich. Tour de France 1998. Pedalritter im Gefängnis. Polizisten, die Haare abschneiden, im Müll nach Spritzen und Beipackzetteln suchen sowie Urinproben aus Mannschaftshotels schleppen. Und Radfahrer, die ihre Welt nicht mehr verstehen und wohl auch nicht verstehen wollen.
Die Schlange mit ihrem lockenden Apfel war schnell wieder da. In der Gründerzeit galt das Rattengift Strychnin als probates Mittel, mit dem die frühen Gladiatoren ihrem Muskelspiel auf die Sprünge halfen. Am Ende dieses Jahrhunderts brauchte es nicht einmal mehr besonderer Skrupellosigkeit, um von der Mast mager-muskulöser Kälber auf schnelle Beinmuskulatur zu schließen.
Nicht nur die »gesamtdeutsche« Sprinterin Katrin Krabbe hat sich am Clenbuterol verschluckt. Längst geht es nicht

mehr nur um Ruhm und Ehre. Der Lorbeer jenseits des Zielbandes ist Millionen wert. Der Athlet als Reklameläufer. »Just do it«. Mach es jetzt. Eine fatal doppeldeutige Aufforderung.
Die Würgeschlange des Dopings hat sich um den Hals des Sports gelegt. Die Ritter der Ehrenrunde unter Generalverdacht. Der edle Mensch am Ende des Jahrhunderts ist ein Betrüger. Pharmazeutisch bestens gerüstet für den Wettkampf mit dem Ehrlichen, der in der Gesellschaft des Erfolgs und der Ellenbogen eben der Dumme ist. Der Imperativ war und ist eindeutig: schneller, höher, weiter – scheinbar grenzenlos. Das angeblich zweckfreie Tun erstickt an seinem maßlosen Anspruch. Das Spiel ohne Grenzen, gestört von ein paar Moralisten. Fair play gegen die vergiftete Luft in den Arenen. Doch Lüften ist nicht allzu erwünscht. Das trübt das Bild der Helden der Öffentlichkeit, stört die Funktionäre beim Medaillenzählen und rückt den Verband in ein schlechtes Licht. Der Sportler soll Normen erfüllen, dabei aber bitte sauber bleiben – oder sich nicht erwischen lassen.
Flutlicht ins Dunkel. Ben Johnson rannte 1988 in die Dopingfalle. Eine Labormaus auf der sozialen Aufstiegsleiter. In weniger als zehn Sekunden heraus aus den karibischen Slums in eine vemeintlich goldene Zukunft. Über Nacht versank der schnellste Mann der Welt, der in Kanada eine leichtathletische Heimat und willige Helfer gefunden hatte, im Morast des Dopings. Pech gehabt.
Dafür hatte Florence Griffith-Joyner Glück. Doppel-Olympiasiegerin ebendort. Weltrekord über 200 Meter. Ein paar Monate zuvor hatte die US-Amerikanerin die 100-Meter-Bestleistung um fast drei Zehntelsekunden auf 10,49 Sekunden gedrückt. Schneller ging es bis heute nicht. Für die Frau mit den Fingernägeln wie Tigerkrallen war die Tartanbahn Laufsteg. Die schnellste Modenschau auf dem Erdball. Viel zu schnell, um nur an das Menschenmögliche zu glauben. Für die Explosion von knapp unter elf Sekunden bis zu der Zeit vom anderen Stern brauchte das US-Glamour-Girl sechs Monate. Ein Zeitensprung, der im Sprint normalerweise eine Ewigkeit dauert. Wie sie die so rasend überbrückte? Mit Trai-

ning wie ein Mann – ist doch klar. Häufig kontrolliert, nie auffällig. Mit 38 Jahren gestorben. An einem epileptischen Anfall. In Frieden kann sie nicht ruhen. Dafür war sie »ihrer« Zeit zu weit voraus.

Seine Ruhe hat Ralf Reichenbach gefunden. 47 Jahre alt. Er hielt nichts vom Verschweigen. Der bundesdeutsche Kugelstoßer nahm Anabolika. In seiner aktiven Zeit dosiert, später als Bodybuilder beinahe wie das täglich Brot. Herzzerreißend. Ein Kerl wie ein Bär, der aber wegen der Pumpschwäche seines übergroßen Herzmuskels keinen Stuhl mehr heben konnte.

Die Mainzer Fünfkämpferin Birgit Dressel versuchte unter der gütigen Mithilfe von Ärzten und Trainern mit einer Horrormixtur aus der Apotheke der sportlichen Mittelmäßigkeit und der Ignoranz der Öffentlichkeit zu entkommen. Letzteres gelang, als sie tot war. In ihrer Wohnung fanden die Fahnder 100 verschiedene Medikamente.

Die in der DDR hatten es besser. Der Sport war Klassenkampf. Fortsetzung des Kalten Krieges mit Spikes und Badehose. Das Staatsplanthema »Einsatz unterstützender Mittel« war durch die besten Sportmediziner wissenschaftlich »sauber« abgesichert. Wahrscheinlich mehr als 10 000 Athletinnen und Athleten waren in den sport-politischen Kampfauftrag eingebunden. Flächendeckendes Doping. Täter und die meisten Opfer, so sich die Sportler denn als solche empfinden, schweigen. Anabolika-Kameraderie.

Kameradschaft unter Sportsfreunden. Mark Warnecke, Schwimmer gegen den Strom, Weltrekordler und Bronzemedaillengewinner in Atlanta. Der Medizinstudent sieht sich auf der anderen Seite. Auf der Seite derjenigen, die glauben, daß Erfolg auch ohne chemischen Vortrieb möglich ist. Warnecke hat gewarnt: Es wird gedopt, was die Grenzwerte hergeben. Dafür haben ihm die Sportskameraden bei einem Wettkampf eine Spritze in seine Tasche gelegt.

Die schönste Nebensache der Welt an der Schwelle zum neuen Jahrtausend: ein Augiasstall. Zum Ausmisten müßte wohl ein neuer Herkules her. Aber selbst der war ja nicht ganz sauber. Ein Zwölfkämpfer, gedopt mit der Gunst der Götter.

Erhard Eppler
Dritte Welt

Dritte Welt, Bez., die 1949 für jene Länder geprägt wurde, die im → Kalten Krieg als → blockfreie Staaten eine Politik der Bündnisfreiheit zw. den Militärblöcken der westl. (parlamentarisch-demokrat., marktwirtschaftl.) und östl. (kommunist., planwirtschaftl.) Staatenwelt (›erste‹ und ›zweite‹ Welt) betrieben. Heute dient D. W. häufig als Bez. für die Gesamtheit der wirtschaftlich und sozial unterentwickelten (gemessen am Standard der industriell hoch entwickelten Länder) Staaten Asiens, Afrikas und Lateinamerikas (→ Entwicklungsländer).

Die »Dritte Welt« setzt eine erste und zweite Welt voraus. Daher hat dieser Begriff nach dem Zerbröckeln der zweiten, der kommunistischen Welt keinen rechten Sinn mehr. »Dritte Welt« ist heute eine von mehreren fragwürdigen, im Grunde falschen Bezeichnungen für den Teil der Welt, der sich immer noch deutlich von den Industriestaaten des Westens unterscheidet. Sie werden manchmal auch »Entwicklungsländer« genannt; das ist eine höflichere Form für das, was in den sechziger Jahren »unterentwickelte Länder« hieß. Aber entwickeln sich diese Länder alle? Wenn ja, wohin? Ist Wirtschaftswachstum schon Entwicklung? Und was ist mit den Ländern, die kein Wachstum melden können, die von der Weltwirtschaft abgehängt, ja abgeschrieben wurden? Manche nennen sie die »Vierte Welt«, aber damit wären wir wieder bei den Schwierigkeiten einer Zählung, die schon nach der Eins ins Stocken kommt. In unserer Hilflosigkeit sprechen wir von den »armen Ländern«, aber die meisten Ölländer rechnen sich zwar zur Dritten Welt, sind aber alles andere als arm. Noch unverfänglicher scheint die Bezeichnung: »Länder des Südens«. Aber die zentralasiatischen Nachfolgestaaten der Sowjetunion sind zwar bettelarm, doch gehören sie zum Süden?

Wer also über die Länder zu sprechen hat, von denen die meisten sich erst nach dem Zweiten Weltkrieg aus kolonialer Bevormundung gelöst haben, kann nur anfechtbare Begriffe benutzen. Er muß es tun, weil andere nicht zur Verfügung stehen. Einer davon ist »Dritte Welt«.

Als der Begriff aufkam, in den fünfziger Jahren des 20. Jahrhunderts, war dies anders. Vor allem die größeren der unabhängig gewordenen Länder waren entschlossen, sich nicht in neue Abhängigkeiten zu verstricken. Das galt für Indien, Indonesien, Ägypten; nach dem Bruch Titos mit Stalin gesellte sich zu ihnen auch Jugoslawien. Sie wollten sich für keinen der Blöcke einspannen lassen, sich keiner der beiden Weltmächte unterordnen, manchmal sogar eine gegen die andere ausspielen. Das gelang nur, wenn sie sich zusammenschlossen, nicht in einem neuen Bündnis, wohl aber in der losen Verbindung der »Blockfreien«. Diese trafen sich zum erstenmal 1955 in Bandung (Indonesien). Sie hatten keine Atomwaffen, keine Flotte, kaum Industrie, aber stellten bald die Mehrheit in der Vollversammlung der Vereinten Nationen. Sie waren zwar keine Dritte Kraft, aber immerhin eine Dritte Welt.

Viele der Blockfreien bemerkten bald, daß politische Unabhängigkeit sich leichter erringen und behaupten ließ als wirtschaftliche. So verlagerten sich die Aktivitäten der Bandungs-Staaten – deren Zahl rasch wuchs – immer mehr auf Fragen der Weltwirtschaft, der »terms of trade«, bis Zölle und Handelshemmnisse, aber auch auf das, was bis in die siebziger Jahre »Entwicklungshilfe« hieß und jetzt als »Entwicklungszusammenarbeit« gilt. Auf der Belgrader Konferenz 1961 forderten die Blockfreien den Westen auf, »das von Kolonialismus und Imperialismus hinterlassene Ungleichgewicht« zu beseitigen. Dazu bildete sich 1964 die Gruppe der 77, die bald weit mehr als 77 Staaten umfaßte, deren bekanntester Sprecher der 1978 verstorbene algerische Präsident Boumedienne war.

Da die Staaten des Ostblocks für Weltwirtschaft und Welthandel wenig bedeuteten, wurden die Industriestaaten des Westens und Japan die wirklichen Kontrahenten der »Dritten Welt«. Das Bemühen, sich nicht in den Ost-West-Konflikt verwickeln zu lassen, trat zurück hinter der Forderung nach einem »Nord-Süd-Dialog«. Er hatte schon stattgefunden, ehe man ihn so nannte, und zwar auf den UNCTAD (United Nations Conference on Trade and Developement), 1964 in Genf, 1968 in Neu-Delhi, 1972 in Santiago de Chile Salvador Allendes, 1976 in Nairobi, 1979 in Manila, 1983 in Belgrad, 1987 wieder in Genf. Alle diese Konferenzen verliefen nach demselben Schema: Die Länder des Südens stellten Forderungen. Die Industrieländer des Westens lehnten sie ab. Damit man weiter miteinander im Gespräch bleiben konnte, machten sie meist gegen Ende der Konferenz geringfügige Zugeständnisse. Ähnlich verlief, was unter dem Namen »Nord-Süd-Dialog« lief.

Nur einmal, 1973, schien es so, als könne der Nord-Süd-Konflikt spannend werden, als könne der Süden mehr als nur Bittsteller sein und über die OPEC-Länder Druck ausüben. Plötzlich merkte die »erste Welt«, wie sie vom Öl vor allem der arabischen Länder abhing. Aber die Neu-Reichen legten bald ihre Dollarmilliarden bei den Alt-Reichen an, so daß sich die Interessen verflochten. In der Dritten Welt gab es gegensätzliche Interessen.

Im Zeitalter einer neoliberal interpretierten Globalisierung lösen sich die Fronten auf. In nordamerikanischen Slums sehen viele die Dritte Welt in der ersten. Die Schwellenländer, in die westliches Kapitel fließt, konkurrieren mit den Industrieländern um Kapital und Arbeitsplätze. Der größere Teil Schwarzafrikas und Länder wie Burma werden marginalisiert. Die USA haben für die armen Länder nur noch den Rat, alles so zu machen wie sie, die Amerikaner. Die Standortdebatte in allen Industrieländern führt dazu, daß auch die Länder der »Dritten Welt« nur noch als wirkliche oder potentielle Konkurrenten wahrgenommen werden, gegen die man sich behaupten muß. Was einmal als »Dritte-Welt-Bewegung« in Europa der siebziger Jahre begonnen hat, verliert an Kraft. Auch das rasche Abschmelzen der Entwicklungshilfe kann niemand verhindern.

Konstantin Wecker
Drogen

Drogen [frz., wohl zu niederdt. droge-fate ›trockene Fässer‹, ›Fässer mit Trockenware‹ (dann wahrscheinlich irrtüml. Bez. für den Inhalt der Fässer)], *Sg.* **Droge** *die,* -, im engeren und eigentl. Sinn Sammel-Bez. für Präparate pflanzl., tier. und mineral. Ursprungs, die getrocknet oder anderweitig konserviert in den Handel kommen und als Heilmittel, Stimulanzien oder Gewürze Verwendung finden. Außerdem wird der Begriff D. heute auch häufig im Sinne von engl. drug (Arzneimittel) oder aber im Sinne von Rausch-D., Sucht-D. (→ Rauschgifte) verwendet.

Wir leben in einer Gesellschaft, deren heiligstes Ziel die Ablenkung zu sein scheint. Überflutet von vorgekauten Bildern, haben wir kaum noch eine Chance, eigene Vorstellungen von Trauer und Freude zu entwickeln. Man führt uns vor, *wie* man weint, *wann* man lacht, *warum* man sich freut.
Und längst schon haben wir vergessen, daß all diese aufdringlich glücklichen Menschen der Werbeplakate nur unsere Verzweiflung zu überspielen versuchen. So verbergen wir unsere Trauer vor uns und unseren Mitmenschen, und wenn uns plötzlich ein unausweichlicher Schmerz befällt, sind wir unfähig, ihn als Chance wahrzunehmen.
Zweifellos ist auch die Flucht in die anderen Dimensionen der Drogen letztendlich eine Ablenkung von dem eigentlichen Wesen, das es hinter all der Gier, den Lügen und den Eitelkeiten, womit wir uns durchs Leben schlängeln, zu entdecken gilt. Letztendlich deshalb, weil anfangs wohl noch der Wunsch Pate gestanden haben mag, sich mit Hilfe von Alkaloiden ins Zentrum seines Selbst zu katapultieren. Aber egal zu welchen Höhenflügen man sich aufzuschwingen glaubt – schon allzu bald drückt einen die Erkenntnis, gefangen zu sein, wo man Freiheit ersehnte, fremdbestimmt zu sein, wo man selbst bestimmen wollte, zur Erde nieder.
Was bleibt, selbst wenn man wieder neu gelernt hat, sich dem Leben zu stellen, was bleibt, wenn man Glück wieder ganz aus sich selbst heraus zu gewinnen versucht, wie geht man um mit dem neuen Unbehagen am Dasein?

In diesen stillen Stunden, ohne Schulterklopfen und Bierbestellung, in diesen Augenblicken, die Heilige, wie es heißt, in verzückter Gottesschau verbringen, in denen uns normalen Sterblichen aber fast ausschließlich das Elend unserer Unzulänglichkeit vor Augen tritt – was hält uns da am Ball, was hält uns ab, uns wieder in Ablenkungsorgien zu stürzen oder uns weiter, wider besseres Wissen, der Verherrlichung des Trivialen zu widmen?
Sind das nicht diese so wohlbekannten blauen Stunden, wo es in dir zerrt und zieht, wieder zurück in die hohe Zeit der Tropenträume, in die herrlichen Farben der Sumpfblüten, zurück ins Klischee, wenn das Original schon so schwer zu erfassen ist?
Ich habe kein Rezept, für mich nicht und schon gar nicht für andere, kein festes Programm, aber in mir wohnt eine Gewißheit, daß dieses Unbehagen zuzulassen gegen alle Betäubungsangebote unserer Gesellschaft ein erster Schritt ist zu einer Freiheit, die ich in allen Exzessen so verzweifelt gesucht hatte.
Heute sind es Zweckgemeinschaften, in denen jeder einzelne bereit ist, dem anderen für ein Gramm Heroin oder ein Kügelchen Crack das Messer in die Brust zu stoßen.
Unsere moderne Gesellschaft läßt uns eigentlich gar nicht mehr die Chance, die bewußtseinsverändernden Wirkungen von Drogen positiv für unser Denken und Leben auszuschöpfen. Wir sind derart suchtgefährdet, daß uns alles, was unsere Leere auch nur ein bißchen auszufüllen scheint, ohne großen Umweg in das Gefängnis der Abhängigkeit befördert.
Wer heute illegale Drogen nimmt, oft weil er sich auflehnt gegen eine von Vorurteilen und Feindbildern geprägte Moral, versucht mit ihrer Hilfe seinen Standort zu bestimmen in einer fremdbestimmten Welt und gerät dadurch meistens nur wieder in eine Fremdbestimmung. In eine irrlichternde Welt von Halluzinationen und Psychosen, die nichts zu tun hat mit der Entdeckung des wirklichen Seins hinter der Welt der Täuschungen, von dem die Mystiker und Heiligen aller Kulturen seit Jahrtausenden berichten.
Aber wir dürfen dem Süchtigen unsere Zuneigung nicht ent-

ziehen, denn er ist ein Suchender, einer, der sich nicht zufriedengeben will mit dem Talmi, das unsere Gesellschaft für die Suche nach dem Glück zur Verfügung stellt.

Manchmal bedarf es erst eines großen Zusammenbruchs, um sich bewußt zu werden, daß man das Glück sein Leben lang an der falschen Stelle gesucht hat. Diesen Zusammenbruch als Anfang einer neuen Selbstbestimmung zu sehen, hier nun liebvoll und helfend einzugreifen, stünde einer modernen Gesellschaft besser an als einfallsloses Wegschließen.

Und da jedes Alter auch seine eigene Zeit hat, wäre es dumm und überheblich, einem Jugendlichen vom überschwenglichen und zuweilen sicher auch gefährlichen Austoben, Durchschmecken und Durchleben seiner Sinne abraten zu wollen. Nur die wie Unkraut aus dem Boden schießenden Berufspubertären meines Alters sollte man getrost mit Rilke zur Einsicht mahnen: »Wer jetzt kein Haus hat, baut sich keines mehr ...«

Kurt Drawert
Eiserner Vorhang

oder Der Ritt alter Greise auf Schimmeln, die weiß sind

Eiserner Vorhang, in einer Rede von W. CHURCHILL 1946 benutztes Schlagwort für die von der UdSSR nach dem Zweiten Weltkrieg, v. a. in der Zeit des Kalten Krieges, betriebene Abschließung ihres Machtbereichs (bes. in Europa) von der übrigen Welt.

Ein Vorhang ist bekanntlich ein weicher, beweglicher Stoff, Eisen hingegen harte Materie, aus der sich allenthalben noch eine Wand errichten läßt. Aber einen Vorhang aus Eisen herstellen, das können wohl nur die berühmten alten Greise auf den berühmten weißen Schimmeln. Daß nun der historische Topos, dessen Sinn anzufechten so lange unmöglich war, wie die beiden in Ost und West geschiedenen Imperien getrennt voneinander existierten, sachlich einen Unsinn beschrieb, das, vielleicht, war schon der Vorbote seines Endes. Denn wie sollte er praktisch einlösen können, was er schon sprachlich nicht adäquat zum Ausdruck gebracht hat?
Oder war, weiter gedacht, der Zusammenbruch des heiligen sowjeteuropäischen Reiches und damit seiner für unüberwindbar geltenden Mauer vielleicht nur die Folge eines in der Sprachregelung selbst installierten Defektes? Etwa nach demselben Prinzip von Verwirrung, nach dem Günter Schabowski in einer öffentlichen Erklärung von seinem wahrscheinlich verschmierten oder sabotierten Handzettel ablas, was er so nicht gemeint hat, um wenige Stunden später die Grenzübergänge zur Bundesrepublik in einer Weise belagert zu sehen, daß es sich gar nicht mehr abwenden ließ, sie auch zu öffnen? Wäre es so, dann hinge die Weltgeschichte von einigen wenigen Adjektiven ab, die etwa ein mit allen Wassern der Rhetorik und Diplomatie gewaschener Journalist ins Protokoll des jeweils amtierenden Politikers schmuggelt. Einer vom Schlage jenes legendären ARD-Korrespondenten Horst Hano, der die Ereignisse in der DDR zur Wende

mit seiner tiefen, heiseren Stimme ganz unnachahmlich begleitet hat und womöglich höchstselbst den Exitus des Ostens besorgte, oder doch zumindest den nötigen Rest davon. Und tatsächlich kursierte in Leipzig der Ausspruch, sobald wieder so etwas wie konterrevolutionäre Attacke in Sicht war: »Disch sid ma aber gansch nach Horschtln aus.«

Aber nein, das wäre der Groteske zuviel, auch wenn die Geschichte sehr gern in Grotesken auslaufen mag und dem Absurden vielleicht näher steht als dem Ernst der historischen Erkenntnis, die ja bekanntlich eine nur jeweilige ist. Denn die Sprache ist, zunächst einmal, kein Ereignis der Natur, sondern ein von Subjekten erschaffenes, kompliziertes System, das dem Austausch der Meinungen dient, ehe sie in einem kulturellen wie politischen Konnex institutionell festschreibt, was als allgemein verbindliches Interesse vorher bestätigt worden war. Das freilich heißt rückwirkend, daß die Sprache, als sie nun von Ideologie erfaßt ist und diesen gefundenen Konsens quasi mit überwacht, auch die Praxis des Handelns beeinflußt. Und damit ist auch die Geschichte, die sich nicht jenseits des Niveaus ihrer Sprache abspielen kann, zumindest in Teilen, vorexistent. Sie bewegt sich in Richtung jener Codierung, die als größeres und tieferes Interesse in die Sprache Einlaß gefunden hat, als es das aktuelle Interesse der einen oder anderen Fraktion in kurzer Zeit zum Ausdruck bringen kann. Mit einem Wort: Es muß also auch einen Sinn für Tautologien und Stilfiguren von der Qualität eines »Eisernen Vorhangs« geben. Zumal für solche, die eine ganze Epoche hindurch als allgemein sanktioniertes Sprachgut in Umlauf waren und keine sprechende Zunge je lähmten. Und es muß ein Sinn sein, der sich gerade im Zentrum des Unsinns konstituiert, den er ja zu seiner Bedingung gemacht hat, um sich auszusagen.

Welche Mitteilung aber sollte sich hinter jener verbergen, die zunächst einmal gar keine ist? Heute und zehn Jahre später wissen wir besser darüber Bescheid, daß der Begriff in Wahrheit sein Gegenteil meinte, nämlich Tranparenz. Zunächst in der Weise von Zugeständnissen, hier und da einen Blick in die Welt des großen Rivalen zu wagen, um sich dadurch seiner historischen Einzigartigkeit rückzuversichern und Legitimität zu begründen. Dann in einem zunehmenden wirtschaftlichen wie ideellen Transfer, durch den im jeweils anderen System sich ablagern ließ, was im eigenen zu faulen begann. Und schließlich in der offensiven Bekundung, am Leben dessen, der zu erkennen gab, ein siamesischer Zwilling zu sein, ein vitales Interesse zu haben, da man ja nun ganz offensichtlich am gleichen Blutkreislauf hing.

Damit aber war der »Eiserne Vorhang« nur noch ein Maschendrahtzaun an der ungarisch-österreichischen Grenze, mürbe genug, mit einem Seitenschneider durchtrennt zu werden.

Auf diesen Tag nun hatten die berühmten alten Greise auf den berühmten weißen Schimmeln natürlich schon lange gewartet. Und vorgesorgt hatten sie auch, als sie den Begriff dafür fanden, der alles sagen, aber nichts aussprechen sollte.

Marlene Streeruwitz
Emanzipation

Emanzipation [lat., zu emancipare ›(einen Sklaven oder erwachsenen Sohn) aus dem mancipium (der feierl. Eigentumswerbung durch Handauflegen) in die Selbständigkeit entlassen‹] *die, –,/-en*, die Befreiung aus einem Zustand der Abhängigkeit, Entrechtung oder Unterdrückung, bes. die rechtl. und gesellschaftl. Gleichstellung benachteiligter Gruppen.

Der Begriff hat in seiner Entwicklung vom transitiven Gebrauch des Verbums »emanzipieren« im römischen Recht zum intransitiven Gebrauch des »Sich Emanzipierens« der Französischen Revolution selbst eine Emanzipation durchmacht. – Der transitive Gebrauch bedeutete die Entlassung des Sohns aus der Verfügungsgewalt des römischen Vaters. Im römischen Recht gab es neben der Knechtschaft auch Gewaltverhältnisse über Freie. Diese Abhängigkeiten führten sich auf die väterliche Gewalt zurück, die der Ansicht entsprang, der Vater zeuge sich ein Kind. Im Privatrecht war dieses Kind vollständig der Gewalt des Vaters unterworfen. Der Sohn war im öffentlichen Recht gleichzeitig frei und selbständig. Emanzipation bezeichnete im römischen Recht einen öffentlich-rechtlichen Vorgang, der von der zu emanzipierenden Person passiv hingenommen wurde. – Aus der Überzeugung der Naturrechtstradition, daß allen Menschen ursprünglich die gleichen Rechte zukommen, leitet sich die Emanzipation her, die nicht mehr gewährt, sondern erkämpft wird. Dieser Kampf betraf: → Abolitionismus → Arbeiterbewegung → Bauernbefreiung → bürgerliche Gesellschaft → Bürgerrechtsbewegung → Chancengleichheit → Demokratisierung → Entkolonialisierung → Französische Revolution → Frauenbewegung → Gleichberechtigung → Judenfrage → Liberalismus → Menschenrechte → Mitbestimmung → Naturrecht → Sklaven → Sozialismus.

Mitteleuropäisch und für heute gesehen, scheint mir Emanzipation ein Zustand geworden zu sein, der aber nicht mehr erworben wird. Man oder frau fühlen sich emanzipiert. Der

Satz »Ich bin emanzipiert« ist die Rückkehr zum transitiven Gebrauch im Passivum. Dieses Emanzipiert-Sein hat einen allgemeinen, ödipalen Charakter und beschreibt einen Zustand, in dem man oder frau sich in nichts mehr auf das von den Eltern Vertretene beziehen müssen. Es handelt sich um eine Entscheidungsunabhängigkeit. Die Richtung und das Ziel dieser Entscheidungen oder die Bereiche, von denen Unabhängigkeit erlangt wird, bleiben im ungenauen. Emanzipation wird mit persönlicher Reife in Zusammenhang gebracht. Mit einem Sich-Entwinden den kindlichen Prägungen und ihren emotionalen Bezügen. In dieser Form hat Emanzipation etwas Mechanistisches an sich und deckt sich mit der Trivialvorstellung, daß die Fragen der Emanzipation erledigt wären. So gesehen, wirkt der Begriff ausgehöhlt. Folgerichtig ist die Beschimpfung »Emanze« nur noch in pubertierenden Kreisen anzutreffen. – Weltweit existieren der transitive und der intransitive Gebrauch des Begriffs weiterhin. In aller Schärfe. Nebeneinander und gegeneinander. Während hierorts der Dämmerzustand des »Emanzipiert-Seins«, ohne sich emanzipiert zu haben, trügerische Geisteslandschaften bestehen läßt.

Michael Braungart
Energiekrise

Ein Plädoyer für Energieverschwendung, inspiriert von William McDonough, Teresa Heinz, Friedhelm Korte, Gerhard Schröder, Werner Schenkel, Monika Griefahn und Jonas

Energie [frz., von griech. enérgeia ›wirkende Kraft‹] *die,* 1) allg: Tatkraft, Schwung, (körperl. und geistige) Spannkraft. 2) *Physik* und *Technik,* Formelzeichen E oder W, die in einem physikal. System gespeicherte → Arbeit (Arbeitsvermögen), d. h. die Fähigkeit eines physikal. Systems, Arbeit zu verrichten.

Neulich erzählte ich meinem Sohn Jonas von der Energiekrise: Anno 73 konnten wir sogar auf der Autobahn spazierengehen und auf Schnellstraßen mit dem Fahrrad fahren. Denn um Energie zu sparen, war das Autofahren an Sonntagen verboten. Jonas schaute mich so an, wie ich als kleiner Junge wohl meinen Großvater angesehen habe, als er mir erzählte, was das für eine Aufregung war, als das erste Auto durch sein Dorf fuhr. Sein ungläubiger Blick schien mir zu sagen: Irgendwie wohl eine längst vergangene Geschichte oder »Daddy, you are history.«

Immer zum Ende eines Jahrhunderts und erst recht zum Ende eines Jahrtausends wird es höchste Zeit, die Welt zu retten. Wie geht das besser als durch Moral, Schuld, Reduzieren, Sparen, Vermeiden? Eine Energiekrise ohne Energiesparappelle ist unanständig.

Als ich vom Herausgeber gefragt wurde, mich zum Thema »Energiekrise« zu äußern, sagte ich mir, daß sie jetzt wieder irgendsoeinen »Umweltdeppen« brauchen, der etwas über Energiesparlampen erzählt, und wollte eigentlich mein Engagement für dieses Buch einer persönlichen Energiekrise zum Opfer fallen lassen. Aber dann hat mich meine Frau, aus dem Weihnachtsurlaub kommend, wachgerüttelt. Sie stellte sich auf die Waage, beklagte eine ansehnliche Gewichtszunahme und drohte mir unverhohlen: »Wenn die Energieeffizienzrevolution kommt, dann werden sie dich notschlachten.« – Nur weil ich kein so guter Futterverwerter bin. Da dachte ich mir, bevor die Energieeffizienzrevolution mit Faktor 4 kommen sollte, muß ich die Welt retten, damit ich und andere nicht notgeschlachtet werden.

Wenn die Welt schon gerettet werden muß, dann aber richtig. Bei der Energiekrise 1973 zum Beispiel konnte ich überhaupt nicht richtig mitmachen, denn wer kein Auto hat, kann auch keins stehenlassen. Deshalb habe ich mir ein Auto angeschafft, denn nur so kann ich die Umwelt schützen. Nun kann ich mein Auto auch mal stehenlassen. Es müssen all diejenigen erst einmal belohnt werden, die darauf verzichten, sich noch schlimmer zu verhalten: z. B. die Bauern, die entschädigt werden müssen, wenn sie das Trinkwasser nicht verseuchen – »Naturschutzgeld«.

Erster Versuch am Hamburger Flughafen: Ich habe versucht, diejenigen mit 10 DM zu entschädigen, die aus Mallorca kommen, denn sie hätten ja schließlich auch aus Florida kommen können, und damit haben sie doch ganz klar die Umwelt geschützt, Energie gespart und den Treibhauseffekt eingedämmt. Für einen echten Umweltschützer ist nicht nur »contribution« notwendig, sondern echtes »commitment« gefordert.

Zweiter Versuch am Flughafen: Die Reisenden, die zwei Stunden vor Abflug der Maschine noch schnell eine Abführtablette einnehmen, sollten Geld erhalten. Bei 100 % Effizienz wäre der Erfolg überwältigend. Hochgerechnet auf eine 747 im Flug nach N. Y. macht dies fast 5 Tonnen Kerosin aus. Die Lufthansa könnte in Zukunft diesen Preisnachlaß von 10 DM direkt bei der Buchung berücksichtigen. Nicht nur das: Wer in Zukunft ein Flugticket kauft, sollte nach Kilogramm Lebendgewicht bezahlen. Ich sehe nicht ein, daß ich als »Spargeltarzan« (Originalton meine Frau) für die anderen mitbezahlen soll, die sich zuvor noch fett den Bauch vollgeschlagen haben.

Was sonst noch getan werden kann, bereite ich gerade für eine NDR-Serie vor: »365 Ratschläge, die Welt zu retten«. Damit Sie schon mal mit »Weltretten« anfangen können:

– Schneiden Sie sich die Haare kürzer. Sie sparen Shampoo und vor allem warmes Wasser und damit Energie.
– Fahren Sie mit Ihrem Auto möglichst mit geschlossenen Fensterscheiben. Das verbessert den Luftwiderstand und spart Energie.
– Kleiden Sie sich korrekt. Denn allen, die immer lässig ins Büro kommen, möchte ich zurufen, daß eine Untersuchung unseres Instituts in N. Y. gezeigt hat, daß diejenigen, die mit Krawatte ins Büro gehen, um 2 Grad geringere Raumtemperatur brauchen und damit Energie einsparen können. Das Würgegefühl am Hals bringt sie offensichtlich ins Schwitzen.

Militante Ökologisten meinen immer noch, den Leuten das Autofahren vermiesen zu müssen. 1973 setzte in großem Stil eine Energieeffizienzsteigerung ein, die dazu führte, daß Verbrennungsmotoren energieeffizientere Energie einsetzen. Auch wenn die Durchschnittsgeschwindigkeit in etwa gleichgeblieben ist, können wir heute mit doppelt soviel PS durch die Gegend fahren und trotzdem gleich viel Benzin verbrauchen. Von unmodernen Umweltnörglern wird so etwas jedoch manchmal bekrittelt oder gar beklagt. Mir erscheint dies unberechtigt.

In den nächsten fünf Milliarden Jahren kann es keine echte Energiekrise auf der Erde geben, solange die Sonne scheint. Die Sonne strahlt mehr als 5000mal mehr Energie auf die Erde, als 10 Milliarden Menschen verbrauchen könnten. Darum geht die Natur auch nicht sparsam mit Energie um. Energie wird vielmehr gnadenlos verschwendet. »Seht die Lilien auf dem Felde ...« oder den Kirschbaum im Frühling: Was für eine Verschwendung von Energie und Material. Um einen einzigen Nachkommen hervorzubringen, sind Energie und mindestens 50 Millionen Samenzellen notwendig. Darunter läuft nichts. Auch nicht mit Faktor 4 oder Faktor 10 an Energieeffizienz. Die Natur verschwendet, aber mit den richtigen Materialien und mit den richtigen Energiequellen. – Die Natur ist effektiv, nicht effizient.

Falsche Systeme effizienter machen zu wollen, macht diese Systeme nur effizient falsch. Energieeffizienz und Energieein-

sparung sorgen dafür, daß unzählige Menschen unter Schimmelpilz- und Innenraumluftverschmutzung leiden. Wir haben unsere Häuser energieeffizient und dicht gemacht, und gleichzeitig sind die Produkte genauso schädlich geblieben. Nebendran stinkt mich mein Laserdrucker mit Benzol und anderen Lösungsmitteln unverschämt an. Dagegen kann ich nicht anstinken. Schon gar nicht, nachdem ich mich gerade in einer Initiative für das Verbot mexikanischer Restaurants eingesetzt habe, um das Treibhausgas Methan, hervorgerufen durch Bohnengerichte, zu bekämpfen. Energieeffiziente Häuser sind oftmals nichts anderes als typisch deutsch: Gaskammern (ohne jetzt nach Walser über Auschwitz reden zu wollen). Denn es gibt in der Tat keinerlei Grenzwerte für Innenraumluftbelastung, obwohl die Schadstoffbelastung in Innenräumen in der Regel etwa das Fünffache der Außenbelastung beträgt, selbst in den Gebieten schlimmster Luftverschmutzung, wie Duisburg Nord zum Beispiel.
Zur Krise gehört natürlich auch der drohende Weltuntergang: Wenn man also auf dem falschen Schiff in Richtung Eisberg unterwegs ist, dann hilft es auch nicht, effizient die falsche Richtung einzuschlagen. Die Logik des Sparens, Reduzierens, Vermeidens und anderer Schuldsysteme verhindert nur, daß tatsächliche Änderungen vorankommen. Lokal werden Zerstörungen verlangsamt. Doch global wird das gleiche mörderische Leitbild weitergegeben. In Malaysia, Singapur oder in Shanghai werden die gleichen energiefressenden Hochhäuser gebaut wie seit 50 Jahren in N. Y. Ein bißchen Wärmepumpe hilft dabei überhaupt nichts. (Allein in den letzten 5 Jahren ist in Shanghai das Dreifache der Baumasse von Manhattan errichtet worden.) Ebenso könnte man die Konzeption des 3-Liter-Autos damit vergleichen, daß man bei dem Sinken der Titanic die Teelöffel zum Auslöffeln des Wassers im Speisesaal durch Eßlöffel ersetzt und dann sagt: Es geht ja in die richtige Richtung.
Die Grenzen der Belastung durch falsche Energiequellen sind lange überschritten. Die Erde fängt an, sich selbst zu zerstören. Das Kohlendioxid in den Weltmeeren löst sich zurück in die Atmosphäre und erhöht seine Konzentration in der Atmosphäre.

Unsere einzig echte Energiekrise ist die, die Energie aufzubringen, wirklich etwas ändern zu wollen. Statt dessen pfuschen wir uns durch, ähnlich wie Jelzin in Rußland. Die effektive Nutzung der Sonnenenergie, der Energie von Windmühlen und Biomasse sind schon lange möglich.

Das Problem ist nur, daß die gleichen Leute, die das Problem verursacht haben, jetzt auch wieder die Lösungen schaffen sollen: die Energiekonzerne oder die »Automänner« – Albert Einstein hat einmal festgestellt, daß kein Problem durch dasselbe Denken gelöst werden kann, durch das es bereits verursacht wurde.

Ich bin sehr optimistisch, daß mir mit diesem Artikel gelungen ist, zur Weltrettung beizutragen. Ich lege mich jetzt ins Bett und lese ein Buch mit Preisbindung. Frei nach Martin Luther oder Hoimar von Ditfurth: Auch wenn die Welt morgen untergehen sollte, werde ich trotzdem eine Energiesparlampe einschalten. Und ich empfehle für das Lesen der weiteren Texte, im Bett liegenzubleiben. Denn das ist das beste gegen *alle* Energiekrisen.

Gerburg Treusch-Dieter
Entsorgung

Entsorgung, das Sammeln, Sortieren und Transportieren sowie die geordnete Beseitigung – Aufbereitung, Behandlung (Konditionierung) und/oder gefahrlose Deponierung – von Reststoffen und nicht mehr verwertbaren Abfallstoffen (einschließlich Abgasen und Abwasser).

Kennen Sie das Galgenspiel, das Raten eines Wortes, dessen Anfangs- und Endbuchstaben vorgegeben sind, dazwischen Striche? Sie probieren, kombinieren, schließlich ergibt sich dieses Wort von selbst. Doch es kann sein, daß Sie dann schon am Galgen hängen. Er wird Strich um Strich, pro falschem Buchstaben, aufgemalt. Bei E——g baumeln Sie bestimmt, denn auf Ent——g, aber noch nicht ans Ende gekommen, raten Sie Entvölkerung, Entlassung, Entmündigung und so fort. Je mehr Sorge Sie jedoch um die Endlösung tragen, desto mehr werden Sie entsorgt.
Das Galgenspiel ist ein Wortspiel, das wörtlich zu nehmen ist: Baumelnd sind Sie Abfall, der nicht einfach abfällt. Denn jetzt erst setzt die Sorge um Ihre Entsorgung ein. Jetzt erst werden Sie, wie dies alles in unserer Wegwerfgesellschaft, »durch konsequente Nutzung aktueller Forschungsergebnisse sowie den zielgerichteten Einsatz rechnergestützter Planungshilfen und Simulationsverfahren versorgt, indem die vorhandenen Optimierungspotentiale lokalisiert und durch Strategien, Konzepte und Automatisierungslösungen ausgeschöpft werden« (Statement des Fraunhofer Instituts). Mit dieser Entsorgungs-Logistik verlassen wir den Galgenberg. Wir betreten den Feldherrnhügel des Umweltmanagements, das über verwesliche und unverwesliche Trümmer befiehlt, die nicht nur unter, auf und über der Erde liegen, sondern auch um die Erde fliegen.
Krieg dem Müll! Logistik ist Truppen-Versorgung mit allem, was Entsorgungs-Truppen zur Durchführung ihres Auftrags benötigen: Auch Sie sind eingereiht. Marschieren Sie mit! Bekämpfen Sie alles, was nicht umweltverträglich ist! Leisten

Sie Ihren täglichen Zivil-Entsorgungs-Dienst ab. Enthüllen Sie sich und andere. Aber nehmen Sie Mülltrennung vor. Nicht alles ist Haus-, manches Bio-, manches Sondermüll. Und was sind Sie? Ihre eigene Altlast? Zerknittert wie Altpapier, verrostet wie Altmetall, zerbrochen wie Altglas? Blaue, grüne, gelbe Tonnen stehen bereit. Doch Weihnachtsbäume werden nur »entschmückt« mitgenommen, und Sperrgut sind Gegenstände, die weder in Mülltonnen noch in amtlich zugelassene Müllsäcke passen.

Sie sperren sich? Sie passen hinein: Ducken, Deckel zu, siehe Samuel Becketts *Endspiel*, in dem die Mülltonne zum Altenpflegeheim wird. Informieren Sie sich über Abfall- und Sonderabfall-Entsorgungs-Angebote, -Unternehmen, -Fachbetriebe, -Anlagen, aber nicht über Entsorgungs-Gebühren, die eine Truppe bei der Durchführung ihres Schadstoff-Bekämpfungs-Auftrags kassiert. Das ist ungebührlich, angesichts einer Entsorgungs-Wirtschaft, die, so eine Pressenachricht, »ökologisch wie ökonomisch eine Zukunftsbranche ist. Sie beschäftigt in der BRD rund 2000 Entsorgungsfirmen mit etwa 200 000 Mitarbeitern. Ihr jährlicher Umsatz wird auf über 80 Milliarden DM geschätzt. Sie schafft und erhält innovative und zukunftsorientierte Arbeitsplätze«. Je mehr Müll die BRD produziert, desto sicherer ist ihr Wirtschaftsstandort garantiert.

Falls Sie befürchten, daß sich jemand durch Ihr frühzeitiges Verschwinden in der Tonne einen Müllkriegs-Arbeitsplatz besorgt, seien Sie unbesorgt: Tragen Sie beim täglichen Kehren vor der eigenen Tür kein Zivil, sondern die Uniform des Müllwerkers! Ihre unsachgemäße Entsorgung durch kriminelle und illegale Praktiken schließt sich damit aus. Denn im Wettbewerb um den Müll »gelten gleiche Spielregeln. Die Arbeits- und Umweltschutzkosten sollen seriösen Betrieben nicht zum Nachteil gereichen, und das Öko- und Sozialdumping der Billigentsorger ist nicht auch noch zu belohnen«, so das Umweltmanagement von seinem Feldherrenhügel aus. Die Entsorgungs-Sicherheit im Land dürfe nicht über Leichen gehen.

Entscheidend dafür ist die »Transparenz des Bösen« (Jean Baudrillard) durch die »Selbstkontrolle« der Müllkriegs-

Gewinnler, deren innovative Zukunftsbranche auf den Trümmern unserer Wegwerf- als Entsorgungsgesellschaft aufbaut. Jede Mülldeponie ziert ein Kreuz des Lebens, das die Erlösung vom Schrott des Todes durch die Heilslehre des Recyclings verspricht. Spielen Sie Ihr eigenes Galgen- oder Endspiel nach einer Regel, die nicht die eines Trümmer-Bumerangs ist, der es Ihnen knallhart besorgt! Entziehen Sie sich dem Kreislaufwirtschafts-Gesetz, dessen Verabschiedung 1996 die nicht mehr definierbare Abgrenzung zwischen Abfallbeseitigung, Abfallverwertung und Produkt definiert. Entsorgen Sie sich nicht. Lieben Sie Ihren eigenen Müll, denn, so Baudrillard, »wer seinen verfemten Teil ausmerzt, besiegelt seinen eigenen Tod«.

Hanno Loewy
Faschismus

Faschismus [ital., zu fascio ›(Ruten)bündel‹; danach ›Bündlertum‹] *der,* -, zunächst Eigen-Bez. einer polit. Bewegung, die unter Führung von B. MUSSOLINI 1922-45 in Italien die beherrschende polit. Macht war und ein diktator. Reg.-System trug; später für alle extrem nationalist., nach dem Führerprinzip organisierten antiliberalen und antimarxist. Bewegungen, Ideologien oder Herrschaftssysteme, die nach dem Ersten Weltkrieg (1914-18) die parlamentar. Demokratien abzulösen suchten (→ deutsche Geschichte, → Nationalsozialismus).

Über dem offenen Kamin in der Halle, umrahmt von Jugendstildekor, stehen die Worte »Anno Domini 1900«. Das Hotel, ein ehemaliges Sanatorium, ist so alt wie das Jahrhundert. Hinter den wandhohen Fenstern türmen sich die Berge, schneebedeckt. Das Land: eine Insel, zwischen Italien und Deutschland, abgeschirmt durch Gipfel und Zufälle, Eigensinn und Borniertheit, Geschichte und geschickte Diplomatie. Der Ort: der Zauberberg, einst Zuflucht der Kranken und Eingebildeten, der Armen am Geiste und der Grübler. Die Ruhe hier oben, polyglottes Geplauder in der Halle, gedämpfte Unterhaltung in deutsch und englisch, in hebräisch und italienisch, in dänisch und französisch, Skifahrer in schweren Stiefeln, lachende Kinder, Mobiliar aus neun Jahrzehnten, schönes und häßliches, ein wirtlicher Ort der Unwirklichkeit.

Bei Thomas Mann brütet er die Katastrophen des Jahrhunderts aus, für die er noch keine Namen hat. Am Ende des Jahrhunderts kennen wir die Namen, während die Begriffe begonnen haben, hohl zu klingen.

Bei Thomas Mann stoßen die großen Ideologien in der dünnen Bergluft, auf Schneefeldern aufeinander, rein und utopisch, unerbittlich und grotesk, noch gar nicht recht zu sich gekommen, schon ganz von Sinnen. Der fortschrittsgläubige Demokrat Settembrini und der nihilistische Jesuit Naphta, der humanistische Aufklärer und der diabolische Irrationalist, der verlorene Vertreter des untergehenden Bürgertums und der auftrumpfende Apologet der Vernichtung, der noch gar nicht weiß, wer er ist.

Georg Lukács sollte ihn, zwanzig Jahre später, als Vorboten des Faschismus identifizieren. Ob Lukács, fern im Moskauer Exil, schon wußte, daß Thomas Mann seinem »Naphta« auch Züge des jungen Lukács verliehen hatte, des kommenden Marxisten, der an die Erlösung glaubte, an die »Ontologie der Geschichte«, an die Schaffung der »Totalität« als unerbittliches Gesetz?

Am Ende des Jahrhunderts sind wir um so vieles klüger und schämen uns dafür, im unverbindlichen Plauderton über alles redend und nichts mehr verstehend, manchmal sogar in künstliche Aufgeregtheit verfallend, vor allem dann, wenn es um gar nichts geht. Sogar der Euro, so meldet die Lokalzeitung, hat schon in Davos Einzug gehalten. Sonst fällt uns zum kommenden Jahrhundert nichts ein. Zukunft, ein Wort, das am Ende dieses Jahrhunderts nicht mehr in Mode ist.

Wie war das mit den großen Ereignissen der Weltgeschichte? Hegel behauptete, sie würden sich sozusagen zweimal ereignen. Und Marx korrigierte ihn. Er habe vergessen hinzuzufügen: einmal als Tragödie und einmal als Farce. Selbst das erscheint uns heute fast schon zu viel an Zukunftsgewißheit, an Geschichtsphilosophie, an Gesetzlichkeit der Zeitläufte. Wie auch anders? Die Katastrophen dieses Jahrhunderts: als Farce?

Die Namen sind übriggeblieben, von Zauberberg bis Auschwitz. Die Begriffe haben sich aufgelöst: Faschismus. Das klingt, zu Recht, fremd in unseren Ohren. Das schillert nicht mehr wie einst, das taugt nicht mehr, um uns die Welt einzuteilen, um das Böse zu erklären. Das hilft uns nicht mehr, die Gegensätze der Gesellschaft zu begreifen, Tendenzen zu bestimmen, Zusammenhänge zwischen Politik, Ökonomie und Geschichte herzustellen, an denen wir uns orientieren könnten. Die Instrumente sind stumpf geworden.

Faschismus und Antifaschismus: Ein halbes Jahrhundert lang haben uns diese Begriffe geholfen, unseren Ort in der Welt zu markieren, auf der richtigen Seite zu stehen. Vor allem das:

auf der richtigen Seite zu stehen. Der große Gegensatz hat uns geholfen, doch noch an die »Gesetze der Geschichte« zu glauben und die Moral doch noch auf die gleiche Seite der Bilanz schreiben zu können, gegen alle Evidenz. Der große Gegensatz hat geholfen, die Ernüchterung angesichts des Scheiterns der großen Utopie zu verarbeiten oder wenigstens zu verleugnen. Vielleicht auch, uns vor der Einsicht zu retten, daß die Hoffnung auf erlösende Gemeinschaft, auf ein Ende der Geschichte der Notwendigkeit, die sich »Kommunismus« nannte, schon 1933, also nach einem Drittel dieser vergangenen 99 Jahre, auf gräßliche Weise begraben wurde. Wir haben es nur nicht gemerkt.

Und Auschwitz geschah, während die, die denken konnten, die, die noch nicht gänzlich korrumpiert waren, die, die noch den »Humanismus« und seine Illusionen verteidigten, vom Zauberberg längst heruntergekommen, gegen den »Faschismus« kämpften – der doch schon einen anderen Namen hatte und ein anderes Gesicht.

Die »die Menschheit« verteidigen wollten, so als ließe sich die Kapitulation aller universalistischen Werte, die Anti-Utopie der zu Rassen entstellten Menschheit noch in *einen* Begriff bannen, einen Begriff, dessen Herkunft und Geschichte sich bald als grandiose Verharmlosung entpuppen sollte, angesichts dessen, was wenig später mit ihm assoziiert wurde.

Die Verehrung des Todes als letzten Wert, die Absage an jede Vorstellung davon, das alles Menschliche auf Erden einen gemeinsamen Ursprung haben muß, der Kult des technisierten Mythos, der sich »Sachlichkeit« nannte, irgendwo in diesem Durcheinander von Ideologien und allzu handfesten Interessen, von Kontinuitäten und einem Bruch durch alles, was wir Zivilisation nennen, findet sich sicher auch das Gemeinsame der verschiedenen Faschismen. Doch was daraus etwa zu lernen wäre, ist umstrittener denn je.

So stehen wir einigermaßen ratlos vor den Trümmern und Leichenbergen, nicht nur der Anti-Utopien, sondern auch der Utopien, vor den Opfern der Unmenschlichkeit und auch den Opfern des »Humanismus« und wissen kaum noch, uns vor denen zu hüten, die behaupten, es immer schon gewußt zu haben, und denen wir, wir ahnen es wenigstens, am meisten mißtrauen sollten.

Dabei beginnen wir zu ahnen, daß Marx sich vielleicht auch in seinen kleinen Aperçus getäuscht haben mag, daß die Farce auch einmal vor der Tragödie kommen kann, als deren trügerisches Vorspiel.

Elsa Morante hat in »La Storia« davon geschrieben, daß Hitler und Mussolini Träumer waren, gleichwohl, »jeder auf seine Art«, nekrophil bis zum letzten der eine, ein ränkeschmiedender Komödiant der andere, der irgendwann »für immer seinen eigenen Karnevalswagen hinter den Leichenkarren des anderen gespannt hatte«. Was bleibt am Ende dieses Jahrhunderts? Es sind die Namen, Fratzen und Bilder. Die Worte und Begriffe werden abgelegt.

In der Hotelhalle sind alle freundlich zueinander, wenigstens fast alle. Dies hier ist die Schweiz. Und draußen irren höchstens noch die Schatten von Naphta und Settembrini, dem Aufklärer aus dem Süden und dem Nihilisten aus dem Norden, über den Schnee, zwischen Snowboardern und Skifahrern, auf Carving- und Buckelpisten. Im Sommer immerhin treffen sich ein paar Sinnsucher bei Zauberbergseminaren. Aber die sind letztes Jahr auch ausgefallen.

Hans Helmut Hillrichs
Fernsehen

Fernsehen, engl. Television, Abk. TV, die Aufnahme (ggf. Speicherung), drahtlose oder kabelgebundene Übertragung und Wiedergabe sicht- und hörbarer bewegter Vorgänge oder fester Vorlagen als Schwarzweiß- oder Farbbilder (einschließlich des zugehörigen Tons) mit Mitteln der Rundfunk- und Nachrichtentechnik.

In ihrem Märchen »Die sechs Diener« erzählen die Brüder Grimm von einem Königssohn, der wider die Warnungen seines Vaters zur Brautwerbung auszieht. Die Dame seines Herzens, »das schönste Mädchen unter der Sonne« und natürlich – wie es sich gehört – ebenfalls ein Königskind, hat bereits ein Heer von Freiern um Kopf und Kragen gebracht. Denn wer die Aufgaben nicht löst, die die potentielle Schwiegermutter, eine boshafte Zauberin, den Brautwerbern stellt, der hat sein Leben verspielt.

Daß der Königssohn den Kopf aus der Schlinge zieht, liegt an sechs Dienern, die er unterwegs anheuert. Sie haben die wunderlichsten Fähigkeiten, drei von ihnen im Bereich der Sinnesorgane: Der mit den hellen Augen kann über jedes Hindernis hinweg durch die ganze Welt sehen, der Horcher vernimmt alles, was sich auf Erden zuträgt, sogar das Gras hört er wachsen; der mit den verbundenen Augen hat einen so scharfen Blick, daß alles zerspringt, was er ohne Augenbinde schaut.

Einem Sensorium dieser Art ist auch die böseste Brautmutter nicht gewachsen. Mühelos entdeckt der Weitsichtige den Ring, den die Alte tief auf den Grund des Roten Meeres hat fallen lassen. Auch die anderen Rätsel werden souverän bewältigt. Der Königssohn triumphiert, aber letztlich sind es die Diener, die die Szene beherrschen, und wenn sie nicht gestorben sind, so leben sie noch unter uns.

Das Fernsehen ist ein Medium des 20. Jahrhunderts, der Traum von der Entgrenzung der Wahrnehmung aber, der zu seiner Geschichte gehört und seine Erfindung erst möglich machte, ist so alt wie die Menschheit. Die Erzählung von den »sechs Dienern« enthält nur eine der vielen Versionen, in denen er geträumt wurde; aber dank der archetypischen Prägnanz der Grimmschen Märchen liefert sie den Hinweis auf die Ambivalenz der Wunscherfüllung gleich mit: Die Steigerung des Sehens kann dazu führen, daß die Objekte der Beobachtung nicht nur näher rücken, sondern beeinflußt und verändert werden. Der mit den scharfen Augen sprengt sogar einen Felsblock in die Luft.

Fernsehen, ein System der Telekommunikation, bei dem Bilder und Töne in Funkwellen umgesetzt und aus diesen rückverwandelt werden, ist zu einem allumfassenden, omnipräsenten Massenmedium geworden. Es hört das Gras wachsen, vor allem das auf dem Fußballrasen, es kann bei der Live-Übertragung in die innersten Organe des Menschen und in die entferntesten Winkel des Weltraums dringen. Es ist dabei, wenn Geiseln genommen werden, Vulkane ausbrechen, Regierungen zurücktreten.

Ein »Weltschlüsselloch«, ein »Spiegleindeckdich« hat es der Wormser Philosoph Richard Wisser, einer der wenigen, die sich nicht nur mit dem Phänomen, sondern dem Wesen des Fernsehens befaßt haben, genannt. Zugleich ist der alte Zauberspiegel selber der Entzauberung, der Trivialisierung anheimgefallen. Die Zeiten der Straßenfeger sind vorbei, das Medium ist im Alltag angekommen.

Fernsehen und Fernsehtechnik sind keine Systeme mit eigenem Wertekanon. Sie aktivieren, unterstützen, verlängern die Möglichkeiten des Menschen, wie es das Grimmsche Märchen beschreibt. Wo das Medium ganz mit sich selbst identisch ist und zum Ereignis wird (denn Ereignis hieß einmal »Eräugnis« und kommt von »eräugen«) ist es unschlagbar, versammelt Milliarden Zuschauer vor dem Bildschirm und belebt die solidarische Phantasie vom globalen Dorf, vom Lagerfeuer der Neuzeit, um das sich die Spezies Mensch versammelt.

Aber die kollektive Glut ist erkaltet – längst gibt es für jedes partikulare Bedürfnis einen eigenen speziellen Kanal. Einsam friert auch der Weltpolizist ohne sein Weltdorf. Oberinspektor Stephan Derrick, der nach Bildschirm-Auftritten in über 100 Ländern zum weithin bekanntesten Deutschen wurde.

In Derricks Heimat sorgt das (öffentlich-rechtliche) Fernsehen nach wie vor für vielfältige Zugänge zu Politik und Kultur, Wirtschaft und Wissenschaft, zu Gottesdiensten und Symphoniekonzerten. Es hat in der ihm genuinen Form des Fernsehspiels Kunstwerke hervorgebracht, auf dokumentarischem Wege Wahrheiten befördert und gesellschaftliche Debatten beflügelt. Und es stellt sich der Herausforderung durch die andere (kommerzielle) Systemvariante, die das »Weltschlüsselloch« vor allem für die Dauerbelichtung der Intimsphäre mißbraucht.

Fernsehen am Ende des 20. Jahrhunderts: Die neuen Zauberwörter »virtuell« und »digital« haben das alte »Spiegleindeckdich« erreicht, Verschmelzungen mit dem Computer und anderen Formen der Telekommunikation sind in Sicht. Aber auch weiterhin wird sich das Fernsehen um Märchenprinzessinnen, Königshäuser und um weltpolitische Tatorte wie das Rote Meer kümmern. Es kann unsere Sinne erweitern und wird unser Diener bleiben, wenn wir tief in uns hineinhören und in den Metamorphosen des Mediums uns selber erkennen. Tun wir das nicht, wird es uns beherrschen, und niemand wird uns vor dem Verdacht schützen, daß wir genau dies gewollt haben.

Hans Helmut Prinzler
Film

Zehn Umschreibungen

Film [engl., von altengl. Filmen ›Häutchen‹], 1) *allg.*: dünne Schicht. 2) Roh-F., fotograf. Emulsionsschicht(en) auf einem Träger aus Cellulosetriacetat (Acetatfilm) oder Polyester (Polyäthylenterephthalat, sehr dimensionsstabil; Polycarbonat). 3) mit fotograf. oder elektron. Mitteln erzeugte Folge von Einzelbildern, die, mit einer Geschwindigkeit zw. 18 und 25 Bildern pro Sekunde nacheinander auf eine Leinwand projiziert oder auf einem Bildschirm sichtbar gemacht, den Eindruck von Bewegung hervorrufen (→ Filmtechnik).

1.
Assoziationen

Kino. Chaplin, Eisenstein & Hitchcock. Technicolor. Hollywood. Kamera & Projektor. Gone with the Wind. Greta Garbo & Marlene Dietrich. Oscar. MGM & Ufa. Casablanca. Agfa & Kodak. Walt Disney. Humphrey Bogart & James Dean. Titanic. Showdown. Happy-End.

2.
Etymologie

Herkunft aus dem Englischen. *Film* = Häutchen, Material für fotografische und kinematografische Aufnahmen. Im Deutschen ist »Film« ein umfassender Begriff für Technik, Ökonomie, Kunst und Unterhaltung. Die Franzosen bevorzugen das Wort »cinéma« – was schon deshalb schöner ist, weil damit auch ein Ort benannt wird: das Kino. In Amerika geht es um »movies«, also bewegte Bilder.

3.
Wirkung

»Die ideale Reaktion auf einen Film wäre nicht, daß die Zuschauer artikulieren können, was sie gerade gesehen haben, sondern daß sie sagen: ›Das war wirklich schön‹. So beschreibt man ein Gefühl: ein Wohlbefinden im Kopf und im ganzen Körper.« (Robert Altman)

4.
Technik

35 mm breit ist das international übliche Filmmaterial. Spezialformate sind 8 mm und Super-8, 16 mm und 70 mm. Der ursprünglich verwendete Nitrofilm hatte einen Nachteil, er entflammte leicht. So wurde er zum Sicherheitsrisiko. Acetat und Polyester sind inzwischen Träger der fotografischen Schicht. Die einheitliche Projektionsfrequenz seit Beginn des Tonfilms sind 24 Bilder in der Sekunde. Das Herz des Projektors ist das Malteserkreuz.

5.
Antagonismen

Gut & Böse. Leben & Tod. Liebe & Schmerz. Tag & Nacht. Mensch & Tier. Lachen & Weinen. Fiktion & Realität. Vergangenheit & Zukunft. Vor allem aber Mann & Frau.

6.
Sozialisation

»Meine ersten zweihundert Filme habe ich im Stande der Heimlichkeit gesehen, im Schutz der Schule, die ich schwänzte, oder auch, indem ich abends die Abwesenheit meiner Eltern ausnutzte – wenn sie zurückkamen, mußte ich wieder im Bett liegen und so tun, als ob ich schliefe. Ich bezahlte dieses große Vergnügen mit Bauchschmerzen, Magendrücken, Angst im Kopf und Schuldgefühlen, die die von dem Schauspiel ausgelösten Gefühlsbewegungen natürlich nur noch steigerten.« (François Truffaut).

7.
Figuren

Abenteurer. Blondinen. Cowboys. Detektive. Engel. Feuerwehrleute. Gangster. Helden. Indianer. James Bond. Kinder. Liebespaar. Mütter. Nutten. Oedipusse. Psychopathen. Querulanten. Reisende. Soldaten. Tiere. Ungeheuer. Verbrecher.

Witwen. Xanthippen. Yuppies. Zwerge. Das dramaturgische ABC – wer bekommt mit wem ein Problem? ist Sache der Drehbuchautoren.

8.
Momente

Wenn Ellen Widmann ihre Tochter ruft: »Elsie« – und wir wissen, daß sie tot ist. Wenn Gene Kelly viereinhalb Minuten im Regen singt und tanzt. Wenn Setsuko Hara als Kriegerwitwe selbstlos ihre Schwiegermutter umsorgt. Wenn Robert Mitchum Marilyn Monroe über die Schulter wirft und aus der Bar trägt. Wenn John Wayne Natalie Wood, die er fünf Jahre lang gesucht hat, auf sein Pferd hebt. Wenn Tatjana Samoilowa die für ihren Mann bestimmten Lilien an fremde Menschen auf dem Bahnsteig verteilt. Wenn Dean Martin und Ricky Nelson singen »My Pony, My Rifle und Me«. Wenn Alfredo im Arbeiterclub in Sheffield auf der Zither spielt. Wenn Alexandra Kluge mit ihrem Koffer am Frankfurter Kreuz steht und ein Tango erklingt. Wenn E. T. das Wort »Home« begreift. Wenn Ahmed Ahmadpoor das Haus seines Freundes sucht. Das sind Momente, die ich nie vergessen werde. Filme hinterlassen auch individuelle Spuren.

9.
Gattungen und Genres

Actionfilm. Animationsfilm. Biopic. Dokumentarfilm. Experimentalfilm. Fantasyfilm. Film noir. Gangsterfilm. Heimatfilm. Historienfilm. Horrorfilm. Indianerfilm. Katastrophenfilm. Kinderfilm. Komödie. Kriegsfilm. Kriminalfilm. Kulturfilm. Kurzfilm. Lehrfilm. Literaturverfilmung. Märchenfilm. Melodram. Musical. Pornofilm. Psychodrama. Revuefilm. Roadmovie. Slapstick. Science-fiction-Film. Spionagefilm. Thriller. Werbefilm. Western. Zirkusfilm. Grob geschätzt sind ein Drittel der Weltfilmproduktion Komödien. Oder zumindest: Filme zum Lachen.

10. Verlust

Bei Ernst Lubitschs Beerdigung – die Anekdote gehört zum klassischen Zitatenschatz der Filmgeschichte – soll Billy Wilder zu seinem Kollegen William Wyler traurig gesagt haben: »Kein Lubitsch mehr«, und Wyler hat geantwortet: »Schlimmer – keine Lubitsch-Filme mehr.«

Olaf Irlenkäuser
Fließband

Modern Times

Fließband, *Fördertechnik:* verbreitete Bez. für einen Stetigförderer mit Gurt- oder Kettenband (→ Fördermittel), der z. B. in der Serienfertigung zum Materialtransport eingesetzt wird (→ Fließfertigung).

Kennen Sie ein Fließband – ein Band, das fließt? Bäche können fließen, Brünnlein können fließen, Blut, Tränen oder Geld. Womit wir beim Thema wären. Das Fließband, erfunden gegen Ende des 18. Jahrhunderts, hat sich von England aus über die ganze Welt verbreitet. Das aufstrebende Bürgertum konnte – mit zunächst höchst primitiver Arbeitsteilung einer stetig steigenden Zahl an Beschäftigten – durch beschleunigte Produktionszeiten mehr Geld verdienen. Der für den einzelnen zu leistende Arbeitsteil verlor an Bedeutung, die vielgescholtene und -verfluchte »Entfremdung« von Arbeit setzte ein.

Im Zuge der Verbürgerlichung der Gesellschaft auf der einen Seite entstand im 19. Jahrhundert auf der anderen Seite ein Industrieproletariat. Karl Marx schrieb im *Kommunistischen Manifest*: »Die Arbeit der Proletarier hat durch die Ausdehnung der Maschinerie und die Teilung der Arbeit allen selbständigen Charakter und damit allen Reiz für den Arbeiter verloren.« Das schrieb er 1848, und er konnte damals noch nicht voraussehen, welche Ausmaße die Fließbandarbeit annehmen würde: Ganze Städte lebten durch Arbeit in den Walzstraßen der Fabriken; es entstand die Industriegesellschaft.

Der Drang nach immer enger werdenden Verbindungen der Regionen auf allen Verkehrswegen (Eisenbahn, Dampfschifffahrt, Telegraphie) ließ das Automobil entstehen: das Paradebeispiel – auch heute noch – für Fließbandarbeit. Nachdem Henry Ford in seinen Werken die rationalisierte Massenfertigung eingesetzt hatte, rollten zwischen 1908 und 1927 15 Milllionen Exemplare des *Model T* vom Band.

Auch in den Künsten findet das Fließband seinen Niederschlag: Upton Sinclair beschreibt in dem Roman *Autobauer Ford* das Leben des Pioniers der modernen Autoproduktion. In *Modern Times* setzt Charlie Chaplin dieses Thema filmisch um. Chaplin spielt hier »das gepeinigte Opfer der Fließbandarbeit« (Paul Virilio).

Die Zeiten, als Bertolt Brecht schrieb: »Die Arbeiter schreien nach Brot / Die Kaufleute schreien nach Märkten«, scheinen heute vorüber: Die Arbeiter (die, die Arbeit haben) werden satt; am Ende des 20. Jahrhunderts ist nicht mehr die Maschine »der Diktator«, sondern ein wesentlich flexibler einsetzbarer Computer. Am Fließband steht nicht mehr nur der Mensch, sondern auch der Roboter – die Erfindung dieses Wortes geht übrigens auf Karel Čapek zurück, der in seinem Theaterstück *RUR* das tschechische Wort »robota« für »Fronarbeit« personalisierte.

Auf die zunehmende Effizienz in der Produktion folgt eine immer stärker ansteigende Arbeitslosigkeit. Eine ausweglose Situation für die Menschen? Was aber sollen sie tun? Geld jedenfalls fließt noch immer über das Fließband, doch Tränen auch.

Jürgen Weber
Flugzeug

Flugzeug, ein Luftfahrzeug schwerer als Luft (Eigengewicht größer als das Gewicht der verdrängten Luftmasse), das in der Lufthülle der Erde durch auf unterschiedl. Weise erzeugten Auftrieb getragen wird und sich dadurch frei im Luftraum bewegen kann (→ Flug).

Kaum ein anderes Verkehrsmittel hat die Welt so sehr verändert wie das Flugzeug. Während das Automobil die motorisierte Fortsetzung des Pferdewagens bedeutete, stießen die Pioniere der Luftfahrt in die dritte Dimension vor. Jetzt war es möglich, Grenzen, geographische Hindernisse und große Distanzen mit hoher Geschwindigkeit zu überwinden. Daran hatten zunächst nicht einmal die Brüder Wright, die Erfinder des Motorflugzeugs, geglaubt. Wilbur Wright schrieb 1908: »Ich muß zugeben, daß ich 1901 zu meinem Bruder Orville gesagt habe, der Mensch werde auch in den nächsten 50 Jahren noch nicht fliegen können.« Schon 1903 haben sich die beiden Brüder selbst übertroffen, aber ihr erstes Flugzeug schaffte nur einen Sprung, der gerade mal so weit reichte wie der Flug eines Golfballs.
Seitdem hat sich die Luftfahrt in rasanten Technologiesprüngen entwickelt. Heute fliegen wir mit Großraumflugzeugen, die Hunderte von Passagieren befördern können, über Ozeane und Kontinente, und die Concorde erreicht die doppelte Schallgeschwindigkeit, sie fliegt so schnell wie eine Gewehrkugel. Immer war es die Geschwindigkeit, mit der das Flugzeug über Jahrzehnte seinen heutigen Rang als Verkehrsmittel eroberte. Nicht nur auf langen Überseestrecken, wo das Flugzeug vor Jahrzehnten das Schiff verdrängte, sondern auch über kürzere Distanzen. Es verbindet mit einem Mindestaufwand an bodenseitiger Infrastruktur alle wichtigen Wirtschaftsräume der Welt und bietet Privat- und Ferienreisenden eine nie dagewesene Wahl ihrer Urlaubsziele. Das Flugzeug wurde zum Inbegriff der globalen Mobilität.
Erstaunlich ist, in welch Riesenschritten sich das Flugzeug in-

nerhalb weniger Jahrzehnte vom Doppeldecker zum High-Tech-Transportsystem entwickelt hat. Als 1919 die ersten Linienflugverbindungen aufgebaut wurden, flog man noch mit notdürftig für diese Zwecke umgebauten militärischen Doppeldeckern, die aus Stahlrohr, Holz und Leinwand gebaut waren. Aber schon bald sorgte das junge Unternehmen Junkers in Dessau mit der F13 für eine Sensation: Es war ein Eindecker, freitragend ohne jede Verstrebungen, ganz aus Metall gebaut und damit außerordentlich robust und wetterfest. Die Passagiere mußten nicht mehr dick vermummt in offenen Sitzen reisen, sondern konnten nun in einer bequemen, beheizbaren Kabine Platz nehmen, und auch die Leistungen dieses Flugzeugs waren deutlich besser. Die F13 wurde zum Urtyp des modernen Verkehrsflugzeugs und setzte sich innerhalb weniger Jahre auf allen Kontinenten durch. Aus dem Hause Junkers, dem damals weltweit führenden Flugzeugbauunternehmen, folgten dann viele weitere erfolgreiche Typen bis zur legendären dreimotorigen Ju 52 des Jahres 1932. Erst Mitte der dreißiger Jahre konnte auch die amerikanische Industrie aufholen und brachte mit der Douglas DC-3 und der Boeing 247 neue Verkehrsflugzeuge auf den Markt, die zu Meilensteinen der Luftfahrt werden sollten. Innerhalb weniger Jahre wurden auf allen Kontinenten Passagierdienste aufgebaut, und über dem Atlantik gab es zunächst regelmäßige Postflüge, nach dem Zweiten Weltkrieg dann auch die ersten Nordatlantik-Passagierverbindungen. Das Flugzeug wurde zum einzigen Verkehrsmittel, das problemlos Gebirge, Wüsten und Ozeane überqueren konnte.

Schon in diesen frühen Pionierjahren entwickelte sich die Luftfahrt zu einem weltweiten Geschäft. Die deutschen Flugzeugfirmen konnten ihre überlegenen Ganzmetall-Airliner in aller Welt verkaufen, und mit vielen Ländern wurden Technologie- und Lizenzabkommen geschlossen. Auch die ersten Fluggesellschaften wuchsen sehr schnell über die nationalen Grenzen hinaus. So gründete die erste Lufthansa schon in den zwanziger und dreißiger Jahren Gemeinschaftsunternehmen in Rußland, Südamerika und China. Das heute so gebräuchliche Schlagwort von der Globalisierung der Märkte war für die Flugzeughersteller und die Luftverkehrsgesellschaften schon vor Jahrzehnten eine selbstverständliche Maxime ihrer unternehmerischen Aktivitäten.

Am Grundkonzept der ersten erfolgreichen Airliner hat sich bis heute nur wenig verändert. Aber schon kurz vor dem Zweiten Weltkrieg bahnte sich eine Revolution in der Antriebstechnologie an. Das vom deutschen Physiker Hans von Ohain entwickelte erste Strahltriebwerk der Welt versprach wesentlich höhere Geschwindigkeiten und Flughöhen. Die Tage der bis dahin verwendeten Kolbenmotoren mit Propellern waren gezählt. Zunächst waren es Militärflugzeuge, die diese neue Antriebstechnologie nutzten, aber schon in den fünfziger Jahren kamen die ersten Passagierflugzeuge mit Jet-Antrieb auf den Markt. Innerhalb von wenigen Jahren eroberten die Jets den Himmel. Nach den ersten Pionierleistungen der britischen Comet waren es vor allem die amerikanischen Firmen Boeing und Douglas, die mit ihren neuen Jet-Flugzeugen den Luftverkehr prägten. Ab den siebziger Jahren wurde das europäische Konsortium Airbus Industrie zu einem neuen, inzwischen sehr leistungsfähigen Konkurrenten. Die Ära der Großraumflugzeuge brach an, die einige hundert Passagiere befördern können und eine ganz neue Dimension des Fliegens bieten konnten – neben mehr Komfort war es vor allem auch eine wesentlich verbesserte Wirtschaftlichkeit, die dazu führte, daß die Flugpreise immer günstiger wurden. Das Reisen auch über lange Strecken wurde nun für fast jedermann erschwinglich, mit den Widebodies wurde das Fliegen demokratisch.

Es gibt wohl kein anderes Produkt, das interdisziplinär so viele Technologien miteinander verbindet wie das Flugzeug – von der Aerodynamik, dem Leichtbau und der Werkstofftechnik über die Triebwerkstechnik bis zur Mikroelektronik und Radartechnik. Aber der heutige hohe Stand des Flugzeugbaus steht nun vor neuen Herausforderungen. Künftige Flugzeuge werden deutlich weniger Kerosin verbrauchen, aber auch der Lärm und die Emissionen werden weiter gesenkt. Im harten globalen Wettbewerb erwarten die Airlines aber auch, daß alle Kosten des Flugzeugs deutlich verringert werden. Schon jetzt gibt es erste Bemühungen, den Bau der Flugzeuge mehr als bisher zu vereinfachen. Ähnlich wie in der Autoindustrie sollen möglichst viele Baugruppen der Flugzeuge standardisiert und die Zahl der unterschiedlichen Versionen drastisch verringert werden.

In seiner über 100jährigen Evolution hat sich das Flugzeug zu einem äußerst sicheren, wirtschaftlichen und komfortablen Verkehrsmittel entwickelt, das für die Kommunikation in der arbeitsteiligen globalen Wirtschaft unverzichtbar geworden ist. Was die nächsten Jahrzehnte bringen, kann man nur erahnen. Wird es noch größere Flugzeuge und noch schnellere Flugzeuge geben? Oder sogar Weltraumflugzeuge, die in wenigen Stunden jeden Punkt der Erde erreichen? Es bleibt alles Spekulation. Schon Wilbur Wright räumte ein: »Ich mache keine Voraussagen mehr!«

Armin Conrad
Freizeit

Freizeit bezeichnet als Komplementärbegriff zu ›Arbeitszeit‹ jenen Teil der menschl. Lebenszeit, der weder direkt den Anforderungen gesellschaftlich strukturierter Arbeit unterliegt noch der unmittelbar notwendigen Reproduktion der menschl. Arbeitsfähigkeit (Schlaf/Essen) dient, sondern als Teil der arbeitsfreien Zeit stärker einer selbstbestimmten, selbst gestalteten individuellen Praxis zur Verfügung steht, gleichwohl aber seine Grenze und ggf. auch seine Inhalte und Struktur aus dem Bezugsverhältnis zur gesellschaftl. Form der Arbeit gewinnt.

Es war einige Zeit nach der »Samstags-gehört-Papi-mir« Kampagne der Gewerkschaften, aber noch vor der Verabschiedung der Notstandsgesetze. An Sonntagen sprang ich damals gelegentlich vom stummen Mittagstisch meiner Eltern auf, kämmte mir vor dem Garderobenspiegel meine streichholzlangen Haare so weit wie möglich in die Stirn und kehrte anschließend an den Eßtisch zurück. Dort gab ich eine Erklärung ab: »Ich bin ein Beatle.« Dies war eine spontane Inszenierung. Ich wollte provozieren und witzig zugleich sein. Das ging immer nur sonntags, waren da doch alle zum gemeinsamen Essen versammelt. Sonntags war Freizeit. Am siebten Tage sollst du ruhn, das war uns heilig, ein unumstößliches Gebot, obwohl unsere Familie längst aus der Kirche ausgetreten war. Jedes Sägen und Hämmern in der Nachbarschaft löste Kopfschütteln bei gleichzeitig gerümpften Nasen aus. Eine heilige Langeweile war das.
Morgens um acht läuteten die Glocken vom Holzturm unseres Gemeindehauses zum ersten Mal: zwei Minuten. Um halb neun noch einmal zehn Minuten. Ich zog meine Sonntagssachen an. Nicht, weil meine Mutter es wollte. Ich fand es einfach passend, mich mit kleinknotigem Schlips und Nyltest-Hemd in Schale zu werfen. So ausstaffiert ging ich um zehn zum Tischtennis-Training und um eins zum Fußball. Später, mit wieder gescheiteltem Haar, erwartete ich – pubertär und doch brav – gemeinsam mit den Eltern die Gäste zum

Kaffee. Zwischendrin lagen noch der Liedvortrag meiner Mutter am Klavier, der Frühschoppen von Werner Höfer (im Radio, wohlgemerkt!), ein Spaziergang durch unsere Siedlung und die Hitparade auf NDR zwei. Der Sonntag, ein Hochamt der Freizeit mitten im Packen-wir's-an der Nachkriegsgesellschaft. Feste Institutionen gaben den Rhythmus der Freizeitläufte vor. Die Familie, der Verein – gut, irgendwie auch die Kirche. Wann hat das eigentlich aufgehört? Ein paar Vermutungen: Es waren die frühen sechziger Jahre, als der Quelle-Katalog zum ersten Mal »Freizeitkleidung« anbot. Eine solche Typisierung hatte es bis dahin nicht gegeben. Heute ahnen wir, welche zerstörerische Wirkung diese Begriffsfindung auf die Herrschaft der Sonntagsgefühle über unsere Freizeitgestaltung entwickelt hat. Und an einen Tag erinnere ich mich genau: Als Willy Brandt auf der Funkausstellung in Berlin den Deutschen das Farbfernsehen anknipste, da bekamen wir zu Hause unser erstes Schwarzweiß-Gerät. Das Geschenk eines Verwandten. Von da an änderten sich unsere Sonntage.

Etwa 26 Jahre später ist ein Bundeskanzler gar nicht nett zu seinen Bürgern: Daß sich »eine moderne Industriegesellschaft nicht als kollektiver Freizeitpark organisieren« lasse, sagt er. Boiing! Das saß. Die Gesellschaft, die sich selbst für arbeitsam gehalten hatte, jaulte auf. Der Begriff »kollektiver Freizeitpark« machte rasant Karriere und brachte es bei der Auswahl zum Unwort des Jahres auf den zweiten Platz.

Sie ärgerten sich über ihn, aber sie gaben ihm recht, die Deutschen. Gleich darauf wählten sie Helmut Kohl einfach noch mal zum Kanzler. Wirtschaft funktioniert nicht, wenn zu viele Leute »frei« haben, keiner, der zugeben wollte, das nicht kapiert zu haben. Aber unrecht hatte Kohl eben auch. Dieser süffisant-ironische Ton, den er jedesmal seinen dampfenden Worten unterschob, wenn er über das Thema sprach. Kohl war nicht mehr auf der Höhe seiner Zeit, denn längst kann man Freizeit nicht mehr mit freier Zeit gleichsetzen. Die geistige Buchhaltung war seit Jahren auf dem Vormarsch, man sprach längst über Arbeitszeitkonten und dem dazugehörigen Alter ego, den Freizeitkonten. Freizeit wurde zur Währung –

auch im wirtschaftspolitischen Diskurs. Das ist modern, ohne daß es deshalb auch schon gut sein muß. Aber zu modern für Kohl. Man darf nicht vergessen, daß er Historiker und kein Wirtschaftsfachmann ist.

Einmal im Monat beginnt die Tagesschau mit dem Satz: »Die Bundesanstalt für Arbeit in Nürnberg gab heute die Arbeitsmarktzahlen ... usw.« Auch das erinnert uns daran, daß »frei haben« nichts mit »frei sein« zu tun hat. Deswegen hatte sich Lafontaine ja auch über Kohl so aufgeregt. Noch gibt es keine Bundesanstalt für Freizeit, noch nicht. Dafür gibt es jetzt einen Helmut Kohl, der die Freizeit besitzt, sich einmal in einem Fitness-Studio einzufinden. Vielleicht bekäme er dann einen Blick dafür, wie sehr die Freizeit den Standort Deutschland inzwischen stützt. An die hunderttausend Beschäftigte arbeiten inzwischen zwischen Saunen und Kletterwänden in diesen Centern, früher hätte das von der Zahl her für eine ganze Gewerkschaft ausgereicht. Vier Millionen Kunden bearbeiten inzwischen Laufbänder und Hanteln, stretchen sich, spielen und trinken Molke – manchmal dabei lesend und immer schwitzend. Das funktioniert nur, solange es genügend Freizeit im Park gibt. Ob auf freiwilliger oder Arbeitslosenbasis. Die Art und Weise, wie, oder besser: das Niveau, auf dem Menschen ihre Freizeit organisieren, ist ein Spiegel marktwirtschaftlicher Wettbewerbskraft. Die Tourismus-Branche, TV-Sender, Vergnügungsparks, das Internet, alles floriert wie nie. Erlebnishunger wird zum Motor der Wirtschaft, und die einstigen Ikonen unseres Wohlbefindens: Haus, Einbauküche und Auto degenerieren einen sich entwickelnden gigantischen kollektiven Freizeit-Streß. Herr Professor Opaschowski spricht regelmäßig im Fernsehen darüber, wie sich der einzelne »durchs Leben zappt«. Das Ende der Familie ziehe herauf, die Beziehungen zwischen Menschen würden »verzwecklicht« und der einzelne entwurzelt. Hat er recht? Stecken wir schon längst mitten in den Sachzwängen zum erlebnisorientierten Leben, in einer »kinderlosen Freizeitgesellschaft« (Opaschowski)? Bezahlte Profis ersetzen einfühlsame Lebenspartner, das ist nur möglich, weil sich die vom Vermarkten und von ihrer Produktivität geblendete Gesellschaft nicht aus dem Mißverständnis befreien kann, was Freizeit und was Freiheit ist. Die unklaren Deutungen führen auf glattes Terrain. Schnell sind wir bei Slogans, die wir auf KZ-Toren finden. Nein, die Arbeit macht nicht frei! Freiheit, frei sein, Freizeit – das ist auch deutsche Sprachtragik. Andere Länder, andere Begrifflichkeiten. Die Franzosen gebrauchen das Wort loisir, die Engländer benutzen gerne leisure. Beides ist am besten mit »Muße« ins Deutsche übersetzt. Das aber ist unserem arbeitsamen Volk wohl nicht zuzumuten. Sonst hätten die Deutschen, nachdem er sie mit dem Wort Freizeitpark beschimpft hatte, Helmut Kohl nicht noch einmal zum Kanzler gewählt.

Heute hole ich sonntagmorgens in meinem atmungsaktiven Freizeitanzug mein Back&go-Brötchen aus der Oberhitze des Umluftherdes. Ich beschmiere es mit Diät-Marmelade und beim synchron mit dem Blick auf die Zeitung vollzogenen Hineinbeißen denke ich bereits daran, daß meine Oberschenkel noch mit Muskelfluid bestrichen werden müssen, weil ich bei der folgenden sportlichen Zweistunden-Tour auf dem Touring-Bike keine Muskelkrämpfe haben möchte. Ich möchte natürlich so früh zurück sein, daß ich vor dem Kinobesuch am Nachmittag noch im Internet relaxen kann. Sind das Sonntagsgefühle? Es ist ja schön, daß wir das alles überwunden haben, die Kirchenglocken, die kleinen Schlipsknoten und die Verwandtenbesuche, damals als ich mir noch die Haare in die Stirn kämmte, um ein Beatle zu sein. Aber so unfrei kommt mir das gar nicht mehr vor.

Dorothee Sölle
Friedensbewegung

Frieden – sogar in Deutschland

Friedensbewegung, Sammel-Bez. für eine Vielfalt von Organisationen und Initiativen seit dem 19. Jh., deren Mitgl. aus eth., religiösen, ideolog. oder polit. Gründen durch persönl. Einsatz auf die Gefährdung des Friedens durch Krieg und Kriegsgefahr sowie – nach 1945 – auf die Bedrohung der Menschheit durch die militär. Nutzung der Kernenergie (→ Overkill) aufmerksam machen. Die F. von heute fußt auf den älteren Formen des liberalbürgerl. → Pazifismus und der Kritik der modernen sozialen Bewegungen, bes. des → Sozialismus, an der Rüstungspolitik der europ. Nationalstaaten; sie steht nach dem Zweiten Weltkrieg zugleich in der Tradition der → Ostermarschbewegung gegen die Entwicklung, den Bau und die In-Dienst-Stellung von Kernwaffen.

In einem Flugblatt der amerikanischen Friedensbewegung las ich den Satz: »The bombs are falling now!« Daraus habe ich viel gelernt. Zuvor meinte ich immer, Aufrüstung sei eine Art Vorbereitung auf das, was vielleicht später, vielleicht nie kommt. Aber die Aufrüstung verschlang unser Geld, unsere Steuern, unserer Intelligenz, unsere Anstrengung; sie zerstörte unser eigenes Land und ließ die Dritte Welt nicht zum Frieden oder zur Gerechtigkeit, zum Sattwerden kommen.
Einmischung hieß Widerstand organisieren. Was wir nach dem 12. Dezember 1979, den ich mit der NATO-Entscheidung für die Nachrüstung als einen der schwärzesten Tage in der Nachkriegsgeschichte Deutschlands empfunden habe, brauchten – und erreichten –, war eine breite, umfassend, von links bis zur Mitte gehende Widerstandsbewegung gegen den Militarismus: für den Frieden eintreten, sich einmischen, Partei ergreifen für das Leben, gewaltfrei und – wenn nicht anders möglich – illegal.
Der Widerstand artikulierte sich und wuchs an vielen Orten. Das niederländische Parlament lehnte die Stationierung von Mittelstreckenraketen ab, und das war ein Stück Regenbogen am Himmel. Die Holländer, gerade auch die Christen in der

Reformierten Kirche, haben den Widerstand in Europa vielleicht am deutlichsten und unmißverständlichsten angeführt. Viele Europäer wurden von dieser »holländischen Krankheit« angesteckt.

Die sich erstmals auf dem Evangelischen Kirchentag 1981 in Hamburg deutlich artikulierende deutsche Friedensbewegung hat sich aus der jüdisch-christlichen Tradition kommend verstanden. Mit »deutlich« meine ich: so militant, so gewaltfrei und so illegal wie Jesus und seine Freunde. Gerade die Frauen in Deutschland spürten nicht den geringsten Grund, sich weiterhin als Objekte männlicher Militärpolitik zu begreifen: *Wer sich nicht wehrt, lebt verkehrt!* In der Frauenbewegung wuchs das Engagement für Frieden. Frauen umzingelten das Pentagon, faßten sich an den Händen, wurden ins Gefängnis geworfen und kamen später mit noch größeren Gruppen wieder.

Auch in Deutschland wurden Formen des zivilen Ungehorsams entwickelt und eingeübt, gingen Hunderttausende in eindrucksvollen Demonstrationen auf die Straße. Einem Journalisten fiel zu den 300 000 Menschen am 10. Oktober 1981 in Bonn nichts ein als »wie unter Hitler«. Über diese Blindheit und Verfälschung der Realität war ich empört wie lange nicht. Es gehört zur konservativen Ideologie, anzunehmen, nicht die Inhalte, derentwegen Menschen sich organisieren und auf die Straße gehen, seien wichtig; das Massenhafte sei in sich selber bedrohlich und gefährlich. Trotz der Millionen Europäer, die seit 1980 ihrem Verlangen nach Frieden durch absolut gewaltfreie Demonstrationen politischen Ausdruck gaben, wurde den Friedensfreunden immer Gewalttätigkeit oder -bereitschaft unterstellt. Die wirkliche Entwicklung verlief umgekehrt. Wir sahen immer deutlicher: Mit Eingaben, Briefen an Abgeordnete, Flugblättern allein war gegen die Arroganz der Macht, die sich im Militarismus am deutlichsten ausdrückte, nicht anzugehen.

So näherten sich viele Friedensfreunde den Methoden gewaltfreier Illegalität langsam an. Wir beschlossen, zu Blockaden aufzurufen, was strafbar ist, und zu blockieren. Meine pazifistischen Freunde Klaus und Hanne Vack vom »Komitee für

Grundrechte und Demokratie« organisierten gewaltfreie Blockaden vor den Massenvernichtungsmitteln in Mutlangen, später in Fischbach vor dem Giftgas. Verhaftungen und Kriminalisierung, Prozesse und Verurteilungen waren für mich wichtige Erlebnisse. Sie stellten nicht nur die Öffentlichkeit her, sondern verbanden all die Blockierenden, junge und alte, Prominente und Unbekannte miteinander.

Einmal stand ich mit einer Studentengruppe vor der Hamburger Führungsakademie der Bundeswehr, und wir haben im kalten Schnee gesungen und gebetet. Wir sprachen über unsere persönlichen Ängste und Hoffnungen. Ein junger Mann sagte vor dem riesigen Zaun, der das Gelände umgab: »Vor vier Jahren stand ich noch auf der anderen Seite des Zauns, da hielt ich euch alle für Spinner. Jetzt bin ich froh, daß ich hier bin und weiß, warum ich hier bin.« Er, der ehemalige Offizier, studierte Theologie. In dieser Situation zeigte sich für mich ein Stück Einheit von Kampf und Kontemplation. Wir standen da, hatten einen prophetischen Text aus der Bibel gelesen, schlotterten vor Kälte und fühlten uns machtlos. Doch wäre keiner auf die Idee gekommen, Pflastersteine in die Hand zu nehmen. Wir erfuhren, wie schwer der Kampf ist, und wie unendlich lange.

Über die Erfahrung der Ohnmacht und der Verzweiflung hatte ich ein Gespräch mit dem Jesuiten Dan Berrigan. Er sagte mir: »Es gibt Situationen, wo du nicht nach dem Erfolg fragen kannst, weil dich diese Frage sonst kaputt macht. Wenn du sie zur herrschenden Frage machst, dann hast du dich schon an das System verraten. Natürlich gibt es eine Erfahrung der Ohnmacht, aber sie darf einen nicht lähmen. Zivilcourage hat mit Selbstachtung, mit der Selbstbehauptung menschlicher Würde zu tun. Und das kommt vor dem Erfolg.«

Ich empfand oft eine Art von protestantischem Trotz, ein: »Und wenn die Welt voll Teufel wär und wollt uns gar verschlingen, so fürchten wir uns nicht so sehr, es muß uns doch gelingen«. Ich erinnere mich an einen Friedensgottesdienst in einer überfüllten Kirche, der mit Luthers Lied »Ein feste Burg« endete. Ich hatte das Gefühl, das Lied noch nie richtig verstanden zu haben. All die altmodischen Bilder, von den Teufeln, die uns verschlingen wollen, von dem Fürst dieser Welt, der sich »sauer« stellt, stimmten plötzlich, weil sie auf eine Lebenssituation, einen Kontext bezogen waren.

In der Bewegung für den Frieden war mein Glaube ganz wach, daß es eine Auferstehung vom Tode gibt, von dem Tod, in dem wir waren. Und daß es auch nach Niederlagen, also nach der Stationierung, noch einen sinnvollen Kampf für den Frieden geben konnte. Die Stationierung war eine Niederlage nicht nur des Friedens, sondern auch der Demokratie, eine Niederlage von allem, wofür der Westen eigentlich stand: von Freiheit, Demokratie, Selbstbestimmung.

Als ich einmal sehr deprimiert war, hat mir ein Freund, ein Pazifist aus Holland, etwas sehr Schönes gesagt: »Die Leute im Mittelalter, welche die Kathedralen gebaut haben, haben sie ja nie fertig gesehen. Zweihundert oder mehr Jahre wurde daran gebaut. Da hat irgendein Steinmetz eine wunderschöne Rose gemacht, nur die hat er gesehen, das war sein Lebenswerk. Aber in die fertige Kathedrale konnte er nie hineingehen. Doch eines Tages gab es sie wirklich. So ähnlich mußt du dir das mit dem Frieden vorstellen.«

Das hat mir damals sehr geholfen. Es ist gut zu wissen: Ich baue an einer Kathedrale, und ich wußte auch, daß sie irgendwann fertig werden würde. So wie die Sklaverei abgeschafft worden ist, so würde auch der Krieg abgeschafft werden; aber das geht über meine Lebenszeit hinaus.

Ich finde seit damals, man kann eigentlich nur richtig leben, wenn man sich so im Leben verankert, daß man mit den Menschen, die vor uns waren, und den Menschen, die nach uns sein werden, verbunden ist.

Thomas Palzer
Führer

Führer, 1) *Militärwesen*: allg. Bez. für den die Befehlsgewalt über eine Teileinheit, Einheit oder einen Verband ausübenden Unteroffizier oder Offizier. 2) *Politik*: Bez. für den propagandistisch hervorgehobenen Inhaber der obersten Befehlsgewalt in diktator. Herrschaftssystemen des 20. Jh., bes. im nat.-soz. Dtl. und faschist. Italien (›Duce‹).

Führerschein. Führerstand. Bergführer.
Führungszeugnis. Führungsqualitäten. Ein Rennwagen kann in Führung gehen – oder ein Pferd.
Auch der Wind führt: Er führt etwas mit sich, Laub z. B. Die Gardine wiederum führt nicht, sie *wird* geführt: Von der Führung der Vorhangstange. Und dann wieder ist es der Geist des Oheims, der führt, nämlich die Hand – so bei Schiller.
Sogar im Mund läßt sich etwas führen – oder, noch verborgener, im Schilde.
Eine Reihe von ganz unterschiedlichen Welten fächert sich mit dem Wort »Führer« und den Konnotationen, die es weckt, auf – fürsorgliche, poetische, penetrante –, aber diese Vielheit der Welten wird augenblicklich gelöscht von einer einzigen, die sich vor alle anderen schiebt: von der Welt, die der Nationalsozialismus im Begriff »Führer« hat aufgehen lassen. Am 14. Januar 1939 erhält die deutsche Presse die »strenge Anweisung, in Zukunft A. Hitler nicht mehr als ›Führer und Reichskanzler‹ zu bezeichnen, sondern nur noch als ›Führer‹«.
Von jetzt an werden Herrscher und Beherrschte als Totalität gedacht: »Führen« gewinnt gegenüber bloßem »Befehlen« höheres Prestige. »Der Führer hat immer recht.« So die Parole. Wer führt, führt wie Moses ins Gelobte Land – gleichsam automatisch. Der Führermythos ist geboren. Ein Reich, ein Volk, ein Führer. Es gilt die unbedingte Autorität nach »unten« und die ausschließliche Verantwortlichkeit nach »oben«. Die Hierarchie, hypertroph geworden, vergottet sich selbst. Der ausschließlichen Verantwortung hat sich *the*

German Führer am 30. April 1945 im Bunker der Reichskanzlei allerdings feige entzogen: *The price was right, but the door was wrong.*
Die Barbarei der Nazis hat nicht allein Menschen und Dinge verheert, sondern auch Worte: etwa das Wort »Führerschein«, für das man besser Fahrerlaubnis oder sonst was sagte. Aber in den Amtsstuben fehlt es dafür an Sensibilität und vor allem: an Achtsamkeit. Wem soll so etwas wie ein »Führungszeugnis« eigentlich vorgelegt werden? Dem Führer? Das jedenfalls schwingt mit. In zusammengesetzten Begriffen wie den eben genannten versteckt sich nachhaltig das Echo des »Führers«, im weiteren Sinne: der Obrigkeit. Es sind Begriffe, die eigentlich unbrauchbar geworden sind. Darin liegt die unaufhebbare Radikalität dessen, was unter dem »Führer« geschehen ist: Unbrauchbarmachung, Verwüstung. Bedeutungsfelder als verbrannte Erde.
Der Führer führt, gewiß, aber wer führt den Führer? Heidegger verstieg sich eine Zeitlang zu der Idee, den Führer führen zu wollen. Er meinte, daß es seiner Philosophie gegeben wäre, die eigentliche Bedeutung der Befehle zu enthüllen. Das läßt sich der sogenannten Rektoratsrede Heideggers von 1933 entnehmen. Später, in rechtfertigender Absicht, bemerkt der Philosoph, »daß ›zuvörderst und jederzeit die Führer selbst Geführte sind‹ – geführt durch das Geschick und Gesetz der Geschichte«. Aha. Offenbar steht immer ein Essentialismus zur Führung der Substantive parat.
Anfangs war der Führer nur der Führer der sogenannten nationalsozialistischen »Bewegung« (bald darauf nahm er für sich dann schon die Vorsehung in Anspruch).
Tatsächlich: Bewegung ist immer im Spiel, wenn es um Führung geht, ganz egal ob die Gabel zum Mund, Argumente ins Feld, ob etwas mit sich, ob ein Schlag, ein Nachweis, eine Ehe, der Haushalt oder gleich das ganze Leben geführt werden. Doch Bewegung allein ist es nicht, die den »Führer« von seinen semantischen Komplizen wie dem Leithammel oder Leitstern, dem Lehrer, dem geistigen Mentor, dem Priester oder dem Idol trennen, vielmehr ist es die *Art* der Bewegung.

Wie bewegt sich der »Führer« – und: Wie bewegt er?
Der »Führer« bewegt sich stramm und, metaphorisch gesprochen, schnurgerade. Er demonstriert eisernen Willen. Er geht direkt auf die Sache zu, ohne Umschweife, ohne große Umstände. Es gehört zu seiner Signatur, etwas vorzuführen. Der »Führer« inszeniert an sich selbst unumschränkte Macht, die in seiner Person fleischgewordene »Weltbewegung«. Darum kann von denen, die geführt werden, kein Widerspruch geduldet werden, keine Kritik. Die Führung des »Führers« ist absolut und sakrosankt. Darin wiederum besitzt sie Ähnlichkeit mit der Führung einer Vorhangschiene: Sie ist ebenso monoton und stur. Sie erschöpft sich in der hartnäckigen Wiederholung ihrer selbst.
Der »Führer« führt. Ein schönes Beispiel für Blindtext. In mancherlei Hinsicht.

Thomas Meyer
Fundamentalismus

Fundamentalismus *der,* –. Der Begriff F. gewinnt erst seit kurzem über die Grenzlinien seiner unterschiedl. religiösen und nichtreligiösen Deutung hinweg eine fest umrissene Bedeutung und wird dabei meist als Strukturbegriff verwendet, der eine bestimmte Form willkürl. Selbstabschließung von Denk- oder Handlungssystemen gegen Kritik und Alternativen bezeichnet.

Fundamentalismus ist, zumeist ohne begriffliche Präzisierung, in höchst unterschiedlichen Zusammenhängen verwendet worden, seit es zu Beginn dieses Jahrhunderts als Bezeichnung für eine bestimmte Variante protestantischer Frömmigkeit in den Vereinigten Staaten hervortrat. Mittlerweile steht es nach einem verbreiteten Konsens des Sprachgebrauchs für theoretische Konzeptionen und praktische Handlungsorientierungen eines höchst zwiespältigen, widerspruchsvollen und selektiven Anti-Modernismus. Im Kern handelt es sich um eine interessegeleitete Politisierung religiöser, ethnischer oder kultureller Unterschiede.

Fundamentalisten werden im heute vorherrschenden Sprachgebrauch über alle unterschiedlichen kulturellen Rahmenbedingungen hinweg diejenigen genannt, die einerseits die kulturellen Grundlagen der Moderne kompromißlos bekämpfen, zugleich dabei aber auf deren technische, organisatorische und kommunikative Produkte nach Bedarf zurückgreifen. Nachdem der Begriff Fundamentalismus seit den zwanziger Jahren unseres Jahrhunderts jahrzehntelang fast ausschließlich ein Spezialterminus der Theologie und Religionswissenschaft geblieben war, ist er seit dem Ende der siebziger Jahre rasch zu einem Schlüsselbegriff der Massenmedien und mehrerer Kulturwissenschaften geworden.

Das Wort tritt zuerst im Zusammenhang mit einer religiösen Schriftenreihe in Erscheinung, die in den Jahren 1910 bis 1915 in den USA unter dem Titel »The Fundamentals« erschien.

In der Sache hat es den Fundamentalismus, lange vor der Prägung des Begriffs, schon seit dem frühen neunzehnten Jahrhundert gegeben. Er entstand als Gegenbewegung gegen den erstarkenden Modernismus in Religion und Theologie. Die modernistischen Positionen, gegen die sich der protestantische und alsbald auch der päpstliche Katholizismus wandte, verkörpern das Eindringen des Geistes der Aufklärung in Theologie und Religion: die historische und literarische Bibelkritik, die Kantische Begrenzung der Religion auf die Rolle der Garantie moralischer Motive, die wissenschaftliche Idee einer natürlichen Evolution der Menschengattung und sogar der konkreten Ausformungen der Religionen selbst, vor allem aber auch der Trennung von Staat und Religion, der Begründung unverletzbarer Menschenrechte und demokratischer Legitimationsverfahren für politische Herrschaft. Fundamentalismus versteht sich in unterschiedlichen Graden der Radikalität als Gegenprinzip eines solchen Modernisierungsprozesses.

Es ist nicht ein bestimmter Inhalt grundlegender Erkenntnisansprüche, was für den Fundamentalismus charakteristisch ist, sondern die Form ihrer Handhabung als allem Zweifel entzogen und daher außerhalb jedes Dialogs angesiedelt. Fundamentalisten nehmen für sich den Besitz einer absoluten Erkenntnisgewißheit in Anspruch, der zur Vormundschaft über die Abweichenden berechtigt. In seinen kämpferisch politischen Formen wird das auf diese Weise immunisierte Fundament des Fundamentalismus als Legitimation für kulturelle und politische Vormachts- oder Herrschaftsansprüche gegenüber Abweichenden verwendet. Die gänzliche oder selektive Mißachtung von Menschenrechten, Pluralismus, Toleranzangebot, Mehrheitsprinzip im Namen der vermeintlichen einen Wahrheit, die sich allein im Besitz des jeweiligen Fundamentalismus befänden, sind Folgen des sich nach außen wendenden Gewißheitsanspruchs.

Da sich Fundamentalismen in der Gegenwart in allen Religionen und Kulturen beobachten lassen, aber überall in Konkurrenz zu traditionalistischen und modernisierenden Tendenzen der Selbstauslegung derselben Traditionen befinden, lassen sie sich auch als ein universeller Zivilisationsstil innerhalb der verschiedenartigen Weltkulturen beschreiben. Die fundamentalistische Auslegung so unterschiedlicher Kulturen wie des Buddhismus, des Judaismus, des Hinduismus, des Konfuzianismus oder der Konfessionen des Christentums verbindet jeweils die geschilderte Haltung des Gewißheitsdenkens und der Geschlossenheit und unterscheidet sie deutlich von offeneren und toleranteren Varianten derselben Tradition. So gut wie jede Idee kann in diesem Sinne fundamentalistisch gehandhabt werden, so gut wie keine muß es. Fundamentalismus ist daher nicht das Kennzeichen bestimmter Religionen oder Weltanschauungen, sondern eine sozialpsychologisch, sozial und politisch bedingte Weise ihrer Handhabung.

Als weltanschaulich politische Bewegung gewinnt er, wie historische Längsschnitt- und interkulturelle Vergleiche vermuten lassen, Massenzulauf, wenn vier Bedingungen gleichzeitig erfüllt sind: 1.) das plötzliche Brüchigwerden eingelebter soziokultureller Identitäten und Orientierungen; 2.) Erfahrung oder Drohung sozialen Abstiegs und wirtschaftlicher Hoffnungslosigkeit; 3.) ein verbreiteter Verdacht von Unfähigkeit oder Korruption gegenüber den herrschenden Eliten und 4.) ein in der gegebenen Situation glaubwürdiges Angebot fundamentalistischer Organisation, Rhetorik und Führung.

Fundamentalismus als politische Ideologie gewinnt am Ende des 20. Jahrhunderts erstrangige kulturelle und politische Bedeutung in allen Kulturkreisen der Welt. Im Maße wie die ungelösten Widersprüche der Modernisierung und der sie forcierenden ökonomischen Globalisierung bestimmend werden, wird dieser Begriff für eine neuartige kulturell-politische Erscheinung in der Moderne in der Wissenschaft und in den öffentlichen Diskursen in aller Welt seine zentrale Rolle behaupten.

Anmerkung: In Südasien wird für denselben Begriff neben dem englischen Wort »fundamentalism« auch »communalism« verwendet und im französischsprachigen Bereich neben »fondamentalisme« auch »integrisme«.

Janka Arens
Gen

Gene [zu griech. génos ›Geschlecht‹, ›Gattung‹], *Sg.* **Gen** *das, -s,* **Erbanlagen,** von W. L. JOHANNSEN (*1857, †1927) im Jahr 1909 eingeführter Name für die urspr. rein formalen genet. Einheiten der Vererbung eines Merkmals von einer Generation auf die nächste; später molekular definierte Einheiten der Vererbung. Die Gesamtheit aller G. wird als **Genom** bezeichnet.

Was ist ein Gen? Ein Gen kann als ein Abschnitt der DNS, der Desoxyribonucleinsäure, definiert werden, der für die Bildung eines bestimmten Genprodukts verantwortlich ist. Ein Gen ist damit eine »Erb-Einheit«, eine Informationseinheit für die Ausprägung eines Erbmerkmals. Die Gesamtheit der Gene bildet das Genom, das Genom umfaßt damit die vollständige genetische Erbinformation einer Keimzelle.

Das Human Genome Project (HUGO) ist ein internationales Forschungsprojekt, bei dem Forscher weltweit daran arbeiten, das gesamte menschliche Genom zu entschlüsseln. Das Projekt soll bis zum Jahre 2006 abgeschlossen sein. Die Konkurrenz unter den Wissenschaftlern ist groß, längst geht es nicht mehr nur um den wissenschaftlichen Ehrgeiz. Seit der Diskussion um die Patentierung menschlicher Gene spielen wirtschaftliche Aspekte eine Hauptrolle.

Patentierung menschlicher Gene – ist das überhaupt möglich? Patentieren bedeutet, einer Erfindung durch einen Verwaltungsakt Rechtsschutz zu gewähren. Der Gedanke, daß es sich bei Genen um Erfindungen handeln könne, ist befremdlich. Die EU-Kommission, die eine »Richtlinie über den rechtlichen Schutz biotechnologischer Erfindungen« herausgegeben hat, unterscheidet zwischen Genen in »natürlichem Zustand« und technisch isolierten Genen. Danach werden Bestandteile des menschlichen Körpers als patentierbar definiert, sobald sie durch einen technischen Schritt aus ihrem natürlichen Zusammenhang gelöst werden. Bei dieser Patentlösung bleiben ethische Probleme weitgehend ausgeklammert. Die Kommission begnügt sich mit dem allgemeinen Ver-

weis auf die Nichtpatentierbarkeit von Erfindungen, die gegen die »guten Sitten« und die »öffentliche Ordnung« verstoßen. Die Entscheidung wird damit letztlich der Appellationsinstanz des Europäischen Patentamts überlassen – einem reinen Verwaltungsgremium. Dort ist die Patentierung von Teilen des menschlichen Erbguts mittlerweile gängige Praxis. Über 2000 Patente wurden beantragt, mehr als 300 sind bereits erteilt. Weltweit wird die Zahl der geschützten Abschnitte der menschlichen Erbsubstanz auf über 1500 geschätzt. Dazu gehören die Gene zur Herstellung von Insulin, von Botenstoffen des Immunsystems wie Interferonen oder des Hormons Relaxin.
Gene können Defekte aufweisen und dadurch Krankheiten auslösen. Deshalb versucht man sich an der Gentherapie. Eine umstrittene Therapie. Für die einen die Lösung, die Krankheit im Kern zu bekämpfen, für die anderen ein erster Schritt hin zur Eugenik. Das Grundprinzip der Erbgut-Behandlung erscheint bestechend einfach: Man identifiziert das einem Leiden zugrundeliegende fehlerhafte Gen, vervielfältigt eine fehlerfreie Variante davon und schleust sie mit Hilfe von Viren oder anderen Trägermolekülen in Körperzellen. Dort übernimmt der intakte Erbabschnitt die Aufgabe des defekten Gens. Soweit die Theorie. Die Praxis gestaltet sich allerdings weit schwieriger. Bei vielen Krankheiten müssen die auslösenden Gene erst noch gefunden werden. Auch der Gentransfer ist ein Problem. Manche Gene sind zu groß, um durch Viren transportiert zu werden. Man kann nicht garantieren, daß die Gene bei den richtigen Zellen ankommen. Das Immunsystem kann die viralen Vektoren zerstören, oder das Gen kann an der falschen Stelle des Erbguts eindringen und Krebs oder andere Krankheiten verursachen. An diesen Mängeln arbeiten die Wissenschaftler. Daneben aber bleibt die ethische Fragestellung. Befürworter der Gentherapie weisen auf den Unterschied zwischen der somatischen Gentherapie und der Keimbahntherapie hin. Bei der somatischen Gentherapie wird nicht präventiv gearbeitet, sondern mit Menschen, bei denen Erbkrankheiten bereits ausgebrochen sind oder ein Ausbruch zu erwarten ist. Da

die genetische Manipulation nur herkömmliche Körperzellen (Somazellen) umfaßt und nicht die Keimzellen, also Samen- und Eizellen selbst nicht verändert werden, spricht man in diesem Fall von somatischer Gentherapie. Durch die Keimbahntherapie werden direkt die Keimzellen manipuliert. Diese Manipulation vererbt sich auf alle Nachkommen dieses Menschen. Hier liegt der entscheidende Unterschied zur somatischen Gentherapie. In Deutschland ist die Manipulation der Keimzellen bislang durch das Embryonenschutzgesetz verboten. In jüngster Zeit ist es allerdings fraglich geworden, ob die Unterscheidung zwischen somatischer Gentherapie und der Keimbahntherapie so aufrecht erhalten werden kann. Es besteht der Verdacht, daß die genbeladenen Viren nicht nur ihre Zielzellen befallen, sondern auch Samen- und Eizellen. Bislang haben sich Humangenetiker darauf berufen, daß die Gefahr der Menschenzucht in der somatischen Gentherapie gebannt sei, da die eingeschleusten DNA-Abschnitte nicht vererbt würden. Das ist nach diesen neuen Erkenntnissen nicht mehr gesichert. Auch die Bioethik-Kommission der EU muß sich danach dieser Frage noch einmal stellen, denn in der Bioethik-Konvention heißt es unter Artikel 13: »Ein Eingriff, der auf die Veränderung des menschlichen Genoms gerichtet ist, darf nur zu präventiven, diagnostischen oder therapeutischen Zwecken und nur dann vorgenommen werden, wenn er nicht darauf abzielt, irgendeine Veränderung des Genoms von Nachkommen herbeizuführen.«

Ja, die Biologie ist ins Gerede gekommen. Sie hat in den letzten 30 Jahren den größten Wissenszuwachs aller Naturwissenschaften erlebt und wird von den einen zur Leitwissenschaft erklärt und gleichzeitig von anderen als die größte Bedrohung der Menschheit bezeichnet. Die Gentechnik weckt Ängste, denen die Wissenschaft nach Meinung des Präsidenten der Deutschen Forschungsgemeinschaft Ernst-Ludwig Winnacker am besten begegnet, indem sie »ihre Ziele und ihre Methoden in aller Offenheit und in aller Öffentlichkeit darlegt. Die kontroversen Fragestellungen in der Gentechnik sind heute andere als vor 25 Jahren. Heute geht es um das Klonen von Menschen, um die Auswirkungen der

Genomanalyse, um Fragen unserer Ernährung und die Freiheit unserer Bürgerinnen und Bürger, über den individuellen Umgang mit dieser Technik und deren Produkten selbst zu entscheiden. Es ist zweifelhaft und vielleicht auch gar nicht wünschenswert, in allen diesbezüglichen Fragen Konsens zu erreichen. Entscheidend ist es vielmehr, im öffentlichen Diskurs die Pros und Contras abzuwägen.« Offenheit bedeutet: keine Verdammung der neuen Technik, auch wenn sie Risiken in sich bergen mag. In jedem einzelnen Anwendungsfall müssen mögliche Vorteile und Risiken abgewogen werden. Die Anwendung gentechnischer Verfahren in der Medizin wird inzwischen von der Mehrheit der Bevölkerung akzeptiert. Der wohl bekannteste Fall ist das gentechnisch produzierte Insulin. Es ist verträglicher als das früher verwendete Schweine-Insulin, weil mit dem menschlichen Insulin identisch, und außerdem billiger, weil in unbegrenzten Mengen produzierbar. Neben der Medizin liegt ein Zukunftsfeld der Gentechnologie im Bereich von Landwirtschaft und Ernährung. Die globale Bevölkerungsexplosion zieht nach sich, daß bei dem Verzicht auf Produktionssteigerungen die landwirtschaftliche Nutzfläche der Erde bald nicht mehr ausreicht, um alle Menschen zu ernähren. Hier könnte die Gentechnologie Lösungen bieten. Zumal der methodische und instrumentelle Aufwand zur Herstellung transgener Pflanzen gering ist. Doch auch hier bleibt die Bewertung von Chancen und Risiken kontrovers.

Schon der Glaubenssatz des medizinischen Vaters des ersten Retortenbabys Louise Brown, Robert Edwards: »Die Ethik muß sich der Wissenschaft anpassen, nicht umgekehrt« verdeutlicht, daß die Gentechnologie ein gesamtgesellschaftliches Problem ist. Gesetze sollten das Individuum stärker schützen. Außerdem müssen die internationalen Gesetze angeglichen werden, das Klonen von menschlichen Zellen ist in der Bundesrepublik verboten, in den USA nicht. Das äußerst lückenhafte Wissen über die gegenseitige Beeinflussung bei Genexperimenten in der freien Natur, die Gefahr von Allergien bei gentechnisch veränderten Lebensmitteln – all diese Gefahren verlangen eine Auseinandersetzung der gesamten

Gesellschaft mit der Gentechnologie sowie Gesetze, die die Gentechnologie steuern.

Ulrich Beck
Globalisierung

Globalisierung, Bez. für die Entstehung weltweiter Märkte, d. h. für die zunehmende Internationalisierung des Handels, der Kapitalmärkte sowie der Produkt- und Dienstleistungsmärkte und die internat. Verflechtung der Volkswirtschaften.

Auf die Frage: Wie nagele ich einen Pudding an die Wand? oder: Was meint Globalisierung? sei hier zunächst mit einer ironisch-bösen Metapher geantwortet: Die Konzerne spielen das nationalstaatliche Sandkastenspiel mit Schippe und Backe-backe-Kuchen (die man sich regelmäßig und regelmäßig um die Ohren wirft) nicht mehr mit. Sie haben einen Bagger geschenkt bekommen und räumen nun den ganzen Sandkasten ab. Staat und Gewerkschaften dagegen sind sitzengeblieben, machen Bääähh und rufen nach der Mami.

»Globalisierung« meint nicht nur, wie meist unterstellt wird, einen graduellen Zuwachs an Interdependenzen und Verflechtungen zwischen nationalen Wirtschafts- und Gesellschaftsblöcken, die durch Indikatoren wie Welthandel, Kapitalmobilität, Arbeitsmigration belegt oder widerlegt werden können, sondern ein neues *Machtspiel* zwischen territorial gebundenen und territorial entbundenen Akteuren, also eine selektive »Enträumlichung« sozialen und politischen Handelns. Alle Politik ist *lokal*, heißt es in den USA, Kapital dagegen ist global. Wie aber wird dann die Zukunft im Zeitalter der Globalisierung möglich? Um diese Frage kann sich niemand herummogeln.

Wenn man Globalisierung territorial versteht im Sinne wachsender *äußerer* Abhängigkeiten zwischen staatlich abgegrenzten und organisierten Wirtschafts- und Gesellschafts-Containern, dann erscheint das Verhältnis von transnationalen zu nationalen Akteuren schnell als *Nullsummen-Spiel*. Was transnational gewonnen wird – Souveränität, militärische Entscheidungsgewalt, demokratische Qualität –, muß dem nationalen Raum verlorengehen. Globalisierung wird als

Quasifeind wahrgenommen, der die nationale Souveränität und die Identität der Heimat bedroht. Dem liegt jedoch ein essentialistisches Mißverständnis von Gesellschaft, Kultur, Nation, Identität zugrunde. Der größte Unterschied zwischen der Neuen und der Alten Welt ist in diesem Sinne der, daß in den meisten Territorien Europas Menschen leben, die glauben, schon immer dort gewesen zu sein. Nationale Herkunftsmythen sind jedoch jungen Datums; sie wurden (bis hin zum Nationalsymbol der Schotten, dem »Schottenrock«, der von einem englischen Stoff- und Kleiderfabrikanten stammt) im wahrsten Sinne meist im 19. Jahrhundert »erfunden«.

Der eigentliche Schock liegt also darin: Globalisierung revolutioniert das Selbstbild und Leitbild der Gesellschaft, in der wir leben. Immer mehr passiert nicht nur gleichzeitig, sondern auch an demselben Ort, ohne daß unser Denken und Handeln auf diesen – soziologisch gesprochen – *plötzlichen Tod der Entfernung* vorbereitet wäre. Alles Fremde und Entfernte nähert sich unwiderruflich an, während das geographisch Nahe sich oft sozial wie auf einem anderen Stern abspielt. Diese Paradoxien zwischen sozialer Nähe und geographischer Entfernung läßt sich heute schon an den Metropolen des Weltmarktes – London, New York, Tokio, Hongkong, São Paulo, Paris, Frankfurt usw. – studieren. Hier lebt und arbeitet man zugleich lokal desintegriert und global hochintegriert.

Wie tief Politik demgegenüber in der *territorialen Falle* sitzt, läßt sich an folgendem Gedankenexperiment zeigen. Was geschähe wohl, wenn die Europäische Union einen Antrag auf Mitgliedschaft in der Europäischen Union stellen würde? Die Antwort: wird abgelehnt. Denn die Europäische Union erfüllt nicht die Demokratieanforderungen, die sie an die Mitgliedschaft knüpft. Die Fiktion ließe sich weiterspinnen: Einige Wochen nach dieser Antwort erhalten die Mitgliedsstaaten der Europäischen Union einen Bescheid, dem sie zu ihrem Erstaunen entnehmen müssen, daß die EU sich leider gezwungen sieht, ihnen allen die Mitgliedschaft aufzukündigen. Warum? Die Mitgliedsstaaten Frankreich, Deutschland,

Großbritannien und alle anderen erfüllen nicht länger die für die EU-Mitgliedschaft vorausgesetzten Demokratiekriterien, weil mehr und mehr Entscheidungen autonom von der Eropäischen Union getroffen und von den Mitgliedsstaaten nur noch exekutiert werden.
Hier zeigt sich das Demokratie-Dilemma im Zeitalter der Globalisierung: Während im Rahmen der demokratisch konstituierten, nationalstaatlichen Politik zunehmend das Verharren im Status des Nichtentscheidens politisch legitimiert wird, werden im transnationalen Rahmen der scheinbaren »Nichtpolitik« Entscheidungen von großer Reichweite getroffen, denen jede demokratische Legitimation fehlt; das »Regieren ohne Regierung« (Michael Zürn) in internationalen Organisationen ist ebenso notwendig wie demokratisch nicht legitimiert.
Doch auch das Zurück zur nationalstaatlichen Demokratie ist pure Illusion. Es gibt keine Demokratie mehr in Europa – es sei denn eine transnational erweiterte! Gerade nach der Einführung der Währungsunion muß Europa mit neuen politischen Ideen gestärkt werden. Denn nur ein starkes Europa ist in der Lage, die alte europäische Idee der Demokratie für die globale Epoche neu auszubuchstabieren. Und zwar in dem Sinne, daß es beispielsweise möglich wird, als Brite, Pole oder Italiener in den deutschen Wahlkampf einzugreifen, weil man Mitglied einer europäischen Partei ist, die in allen europäischen Staaten präsent ist – einzugreifen, weil in diesem deutschen Wahlkampf europäische und eben auch globale Politik betrieben wird, nur unter falschem, nämlich bloß nationalem Vorzeichen. Ökologische Krisen, Migration und Fremdenhaß, Kriminalität, Finanzströme, Steuerflucht, Arbeitsplatzexport, Armut und Gerechtigkeit, die Zukunft des Sozialstaates und der Renten – diese Probleme sind Weltprobleme nicht nur in dem Sinne, daß sie in Ursprung und Folge dem nationalen Schema des Politischen entwachsen sind. Nein, sie sind es auch in dem Sinne, daß sie diesseitige, handfeste Probleme an diesem Ort, in dieser Stadt, für diese Gruppe sind: Es gibt nämlich eine neue Dialektik von globalen und lokalen Fragen, die in der nationalen Politik nicht gut

unterzubringen sind – »glokale Fragen«. Nur im transnationalen Rahmen können sie angemessen dargestellt und gelöst werden. Was bedeutet das aber, wenn Politik und Wirtschaft sich wie Frosch und Vogel (voneinander weg) bewegen?

Doron Rabinovici
Holocaust

Holocaust [engl., ›Massenvernichtung‹, eigtl. ›Brandopfer‹ von griech. holókaustos ›völlig verbrannt‹], *der, -(s)/-(s)*, neuhebr. **Schoah, Shoa, Shoah,** Tötung einer großen Zahl von Menschen, eines Volkes (Genozid), v. a. (erstmals 1944) Bez. für die Verfolgung, Gettoisierung und insbesondere Vernichtung der europ. Juden während der nat.-soz. Herrschaft in Dtl. und Europa (1933-45).

Das Wort versagt, und keines reicht, um zu erkunden, was geschah. Der verwaltete Massenmord an Juden, die Fabrikation von Leichen, wie Hannah Arendt sagte, zerstörte das Grundvertrauen in die Kultur und die Aufklärung. Die Tat war arbeitsteilig organisiert, zentral verwaltet, wurde lokal betrieben und durchdrang alle Bereiche unserer Zivilisation. Sämtliche Sparten der Gesellschaft leisteten ihren Beitrag, waren beteiligt und schalteten sich ein, um die Ausgrenzung und Absonderung, den Raub und die Vertreibung, die Verschleppung und die Vernichtung der Juden zu bewerkstelligen. Nicht bloß die Exekutive und die Justiz machten mit, als es darum ging, Menschen zu morden. Die Reichsbahn, die Banken, die Wissenschaft, die Wirtschaft trugen ihr Teil dazu bei.

Spät erst bürgerte sich der Begriff »Holocaust« im Deutschen ein. Nach dem Weltkrieg war der Massenmord zumeist mit dem Tarnwort der Mörder umschrieben worden: Von »Endlösung« war weiterhin die Rede gewesen. Weil, was den Juden im Nationalsozialismus geschehen war, einzigartig erschien, wurde in verschiedenen Sprachen nach einem eigenen Terminus für das Verbrechen gesucht. Bereits 1940 wurde im Hebräischen das erste Mal das Wort »Shoah«, Katastrophe, verwendet, um zu benennen, was zur selben Zeit den Juden Polens widerfuhr. Der Ausdruck »Holocaust« kam in den Vereinigten Staaten der fünfziger Jahre auf und wurde durch die amerikanische Fernsehserie gleichen Namens Ende der Siebziger weltbekannt.

Im Griechischen bedeutet »holocautomata« Ganzbrandopfer, und es gehört zu jenen Wörtern der Bibel, die auf dem Umweg über das Englisch zu uns kamen. Kann es die nationalsozialistische Untat verdeutlichen? Der Massenmord war kein Opfer und kein Martyrium. Märtyrer mögen freiwillig sterben und für eine Idee. Die Verfolgten wurden ausgebeutet und auf rationelle Weise umgebracht, und sie starben für keinen höheren Sinn. Sie wurden ermordet, ob sie Juden sein wollten oder nicht. Vernichtet wurden Säuglinge und Konvertiten; orthodoxe Rabbiner und Nonnen jüdischer Herkunft. Die Opfer wußten nicht, wie ihnen geschah. Hätten sie den Widersinn der nationalsozialistischen Ziele verstehen können? Sie konnten nicht begreifen, weshalb ihr Leben, ihre Fähigkeiten, ja letztendlich nicht einmal ihre Arbeitskraft mehr zählten. Die Entwürdigung und Entmenschlichung war Teil des Verbrechens. Vor der physischen kam die gesellschaftliche und seelische Vernichtung. Der aufrechte, eigenständige Gang wurde gebrochen, um, so David Rousset, die »Prozessionen menschlicher Wesen wie Gliederpuppen in den Tod« zu schicken.

»Holocaust«, Ganzbrandopfer, der Ausdruck zeugt vom Widersinn und spiegelt den Glauben der Nationalsozialisten wider, die Welt könnte durch die Ausrottung aller Juden erlöst werden. Der »Jude« galt nicht bloß als Untermensch, sondern als die Gegenrasse, als Teufel und Parasit. Er wurde zum Bösen schlechthin erklärt.

Der Generalplan, alle Juden auszutilgen, und die industrielle Durchführung dieses Vorhabens unterscheidet den Holocaust von anderen Genoziden; auch von anderen nationalsozialistischen Völkermorden. Deshalb sprachen die Täter von der »Endlösung der Judenfrage«. Dies zu verschweigen, hieße den wahren Charakter des Verbrechens zu verschleiern.

Kaum aber hatte sich ein Wort gefunden, daß von der Monstrosität der Untat sprach, wurde es von einer merkwürdigen Inflation erfaßt. Der Begriff wurde zum Objekt der Beliebigkeit. Vom nuklearen und ökologischen Holocaust ist die Rede. Als wäre alles mit einemmal gefährdet, einem Holocaust anheimzufallen; ob es sich um Hühner, Bäume oder um Ungeborene handelt.

Ebendiese Leidenschaft, dem Begriff Holocaust seine Einmaligkeit zu rauben, beweist, wie sehr verstört, was er bezeichnet. Menschen, die zum ersten Mal von der Massenvernichtung hörten, mochten es nicht glauben.

Womöglich kann Erinnerung verhindern, daß solch ein Massenmord sich wiederholt. Da das Verbrechen hier seinen Ursprung nahm, soll hierzulande jedem Anzeichen eines Rückfalls entgegengetreten werden. Was einmal geschah, kann jederzeit und an jedem Ort erneut stattfinden.

Johannes Willms
Image

Image [engl., zu lat. imago ›Bild(nis)‹, ›Abbild‹, ›Vorstellung‹] *das, -(s)/-s,* aus der angloamerikan. Sozialforschung stammender, v. a. im Bereich der Werbepsychologie, Motiv- und Marktforschung verwendeter Begriff, der ein gefühlsbetontes, über den Bereich des Visuellen hinausgehendes Vorstellungsbild über bestimmte Meinungsgegenstände bezeichnet.

Nichts ist bekanntlich wahrer als der Schein. Diese Paradoxie erklärt das Wesen von Image und verrät gleichzeitig auch seine Herkunft aus der Werbepsychologie.

Image bedeutet die irgendwie sympathisch, jedenfalls positiv besetzte Anmutung eines Produkts oder einer Person. Diese Anmutung muß aber keineswegs in einem objektiv nachweisbaren oder analysierbaren Zusammenhang mit der Qualität oder dem Gebrauchsnutzen eines Produkts, mit dem Charakter, den Fähigkeiten oder gar den »wahren« Absichten einer Person stehen.

Die von einem Image ausstrahlende Anmutung ist vielmehr ein Wert an sich, der sich bei Produkten zumeist modischen oder geschmacklichen Einflüssen verdankt, die sich mit bestimmten trendsetzenden »peer-groups« identifizieren lassen. Dies erhellt, daß Produkt-Images insbesondere in der Jugendkultur sehr wichtig sind, da diese so rasch wie unerbittlich zwischen »in«- und »out«-Images unterscheidet. Zum weiteren erklärt dies aber auch, daß bestimmte Produkte je nach Alter der Konsumenten höchst unterschiedliche Images haben können. Ein Produkt, das beispielsweise für ältere Konsumenten ein traditionell positives Image besitzt, kann aus denselben Gründen für einen Jugendlichen ein sehr negatives Image aufweisen.

Deshalb ist die Werbung bestrebt, Produkten ein zumeist auf ein bestimmtes Konsumentensegment zugeschnittenes Image zu verschaffen. Dies geschieht meistens derart, daß die Werbung das Produkt nicht sonderlich herausstellt, sondern vor allem auf ein in einer bestimmten Alters-, Einkommens-

oder Konsumentenschicht als Wunsch oder Erwartung vorherrschendes Lebensgefühl abstellt, für das ein Produkt entweder vermeintlich einsteht oder das sich mittels des Produkts bei seinem Konsumenten einstellen soll. Vor allem die Werbung für Zigaretten liefert zahlreiche Beispiele für diese nicht primär produktbezogenen Aussagen und Anmutungen, die darauf abzielen, ein bestimmtes Produkt geradezu hinter seinem Image verschwinden zu lassen.

Diese Techniken und Methoden der Produktwerbung sind unterdessen auch längst auf die Stilisierung beispielsweise politischer Aussagen sowie auf die Repräsentanten, die mit diesen identifiziert werden, die Politiker also, übertragen worden. Eine politische Aussage derart zu »verpacken« oder einen Politiker so zu stilisieren, daß sein Image für die Mehrheit der Wähler eine positive Anmutung aufweist, ist die Aufgabe der sogenannten »spin-doctors«. So bezeichnet man Werbefachleute, die aufgrund von repräsentativen Erhebungen das ideale Image für einen Politiker entwickeln, das einerseits im Einklang mit den von ihm vermittelten Botschaften steht und das andererseits eine für möglichst viele unterschiedliche Bevölkerungsgruppen positive Anmutung ausstrahlt.

Am Ausgang der letzten Parlamentswahlen in England, die der Labour Party einen »Erdrutschsieg« bescherten, hatten »spin-doctors« einen nicht unerheblichen Anteil. Sie modernisierten das überständige, klassenkämpferische Image der Labour Party, die, wie von der Waschmittelwerbung bekannt, nur noch als »New Labour« firmierte und die folgerichtig für eine »New Left« einstand. Diesem erheblich verjüngten Image der Partei entsprach die Jungenhaftigkeit des Spitzenkandidaten Tony Blair, der mit dem Versprechen eines nicht näher definierten »Third Way« zwischen einem Sozialismus alter Prägung und einem liberalen Kapitalismus, den er seinen konservativen Gegenspielern anhängte, für sich warb.

Die in Großbritannien von Labour so überaus erfolgreich angewendeten Methoden wurden dann auch von den Sozialdemokraten beim Bundestagswahlkampf von 1998 weitgehend übernommen. »New Left« mutierte hier zur »Neuen Mitte«, und der SPD-Kandidat Schröder ging mit eher inhaltsleeren Aussagen, die aber die Anmutung einer dynamischen Aufbruchstimmung verbreiteten, auf Stimmenfang.

Im übrigen gilt hinsichtlich des Images von Produkten, Parteien oder Politikern, was der amerikanische Werbefachmann Abbie Hoffmann 1980 in seinem Buch *Soon to Be a Motion Picture* feststellte: »Wenn man erst einmal das richtige Image hat, dann sind die Einzelheiten gar nicht mehr so wichtig. Geht man den Dingen allzusehr auf den Grund, verkleinert man ihren Mythos. Überhaupt darf man nichts erklären wollen. Das ist das ganze Geheimnis erfolgreicher Werbung.«

Otmar Issing
Inflation

Inflation [lat. inflatio ›das Sichaufblasen‹, ›das Anschwellen‹] *die, -/-en,* anhaltender Prozess der Geldentwertung, der seinen Ausdruck in einem Anstieg des allgemeinen Preisniveaus findet (Ggs.: Deflation).

Unter die Kapriolen, zu denen die Geschichte immer wieder fähig ist, mag man rechnen, daß am Ende eines Jahrhunderts, das weltweit durch Inflation geprägt war, das Gespenst des gegenteiligen Übels, der Deflation beschworen wird. Wenig spricht allerdings für die Befürchtung, wir könnten zu Beginn des neuen Jahrtausends vor einem Verfall der Preise und Löhne stehen, wie er vorher nur einmal in den letzten hundert Jahren, nämlich im Gefolge der Weltwirtschaftskrise nach 1929, zu beobachten war.

Ansonsten war dieses letzte Jahrhundert geprägt vom Anstieg der Preise, der mal mäßig und kaum merklich, mal brutal und unmittelbar zerstörerisch ausfiel. Sprachlich hat sich dies in Fachbegriffen wie schleichende, trabende oder galoppierende Inflation niedergeschlagen. Auf der Weltkarte haben dramatische Preissteigerungen und rapider Verfall des Geldwertes tiefe Spuren hinterlassen. Viele Währungen sind am Ende eines solchen Prozesses von der Bildfläche verschwunden, keineswegs in allen Fällen war ihren Nachfolgerinnen ein besseres Schicksal beschieden.

Deutschland hat in diesem Konzert kräftig mitgewirkt. Zweimal in einer Generation hat staatliche Mißwirtschaft eine Währung ruiniert und die Bevölkerung um ihre Ersparnisse betrogen. Die große Inflation, die ihren Ausgang in der Finanzierung des Ersten Weltkrieges nahm und den Höhepunkt in den Jahren 1922/23 erlebte, ist in die Annalen der Währungsgeschichte eingegangen. Im Oktober 1923 erreichte die *monatliche* Inflationsrate den wahnwitzigen Wert von 32 000 %! Der Dollarkurs stieg am 20. November 1923 auf die Rekordmarke von 4,2 Billionen Mark. Kein Wunder, daß niemand mehr mit diesem Geld noch etwas zu tun haben wollte. Längst hatten der Dollar oder die Preise von wichtigen Gütern (Kohle, Weizen etc.) die Mark als Recheneinheit verdrängt. Wer die Mark als Zahlungsmittel in die Hände bekam, versuchte sie so schnell wie möglich wieder loszuwerden. Der aus diesem Verhalten folgende rapide Anstieg der »Umlaufgeschwindigkeit« beschleunigte den Preisanstieg in der für Hyperinflation typischen Weise.

Der Reichsmark, die die Mark 1924 ablöste, war nur ein kurzes Leben beschieden. Daß es auch anders geht, bewies die Währungsreform vom 20. Juni 1948. Sie brachte mit der D-Mark eine neue Währung, die sich bald allgemeiner Wertschätzung erfreute. Im internationalen Vergleich hat sich die D-Mark in den fünfzig Jahren ihrer Existenz zu einer der stabilsten Währungen der Welt entwickelt, ihr Außenwert ist um knapp das Dreifache gestiegen. Im Inneren hat jedoch auch die D-Mark wegen des zwar im Durchschnitt niedrigen, aber doch stetigen Preisanstiegs rund drei Viertel ihrer Kaufkraft eingebüßt.

Inflation ist kein Naturereignis, Inflation ist Menschenwerk, und das gegen besseres Wissen. Die Wissenschaft formuliert dies so: Inflation war zu allen Zeiten und in allen Ländern stets ein »monetäres Phänomen« (Milton Friedman). Ständiger Wertverfall des Geldes geht mit anderen Worten immer mit einer übermäßigen Ausdehnung des Geldumlaufs einher. Alle Hyperinflationen der Geschichte weisen ein gemeinsames Merkmal auf, nämlich den Mißbrauch des Notendrucks zur Finanzierung staatlicher Ausgaben. Im Extrem: Im Oktober 1923 wurde in Deutschland nur noch 1 % der Ausgaben des Reiches durch Steuereinnahmen gedeckt, der »Rest« wurde durch die Notenpresse finanziert.

Währungsreformen sollen die vorausgegangene Inflation beenden und einen Neuanfang schaffen. Nur ein Austausch von neuen Banknoten gegen die alten? Die Geschädigten wissen es besser: Gleichzeitig entledigt sich der Staat im allgemeinen seiner Schulden, wie das in Deutschland in diesem Jahrhundert zweimal (1923 und 1948) geschehen ist. Leidtragende sind die Sparer, die vorher im Vertrauen in das Geld und den Schuldner Staat öffentliche Titel (Staatsanleihen etc.)

gekauft haben. Inflation verändert die Vermögensverhältnisse jedes einzelnen und zwischen den verschiedenen Gruppen. Die Inflation 1922/23 hat so die wirtschaftliche Grundlage weiter Teile des Bürgertums zerstört. Stefan Zweig schildert in seinem Buch *Die Welt von Gestern* – den Erinnerungen eines Europäers – anschaulich den damit verbundenen Wertverfall, aus dem schon bald noch Schlimmeres hervorgehen sollte: »Nichts hat das deutsche Volk ... so erbittert, so haßwütig, so hitlerreif gemacht wie Inflation.« Man muß nicht erst das Schreckgespenst der großen Unfälle der Währungsgeschichte bemühen, um vor Gefahren der Inflation zu warnen. Auch vergleichsweise mäßige Preissteigerungsraten erodieren auf Dauer den Geldwert. Permanent bleibt die Versuchung, Spannungen im Verteilungskampf durch das »Schmiermittel« der schleichenden Inflation abzumildern. Gesellschaften haben damit jedoch letztlich keine guten Erfahrungen gemacht. Inflation ist nicht die richtige Medizin, Krankheiten des sozialen Körpers zu heilen. Sie ist wie ein Droge, die vorübergehende Besserung suggeriert, aber in Wirklichkeit nach immer größerer Dosierung verlangt – bis hin zum Kollaps. Inflation ist und bleibt selbst ein Übel.

Stefan Münker
Information

Information [lat. ›Bildung‹, ›Belehrung‹] *die, -/-en,* 1) die Unterrichtung über eine bestimmte Sache; 2) Mitteilung, Nachricht, Auskunft über etwas oder über jemanden; 3) Äußerung oder Hinweis, mit dem jemand von einer Sache in Kenntnis gesetzt wird. (→ Kommunikation)

Die Jagd nach Beute und das Horten von Nahrung markieren den Anfang der Menschheitsgeschichte. Jene archaischen Zeiten, in denen unsere Vorfahren die Steppe eroberten, liegen lange zurück. Doch Jäger und Sammler sind wir geblieben – wenn sich auch die Art und Weise, *wie* und *was* wir jagen und horten, immer wieder historisch gewandelt und immer weiter kulturell ausdifferenziert hat. Heute, an der Schwelle in ein neues Jahrtausend, ist der avancierteste Status quo die Jagd nach Daten, die wir sammeln in den elektronischen Speichern unserer Turing-Maschinen. Das Objekt der Begierde heißt: »Information« – und ihr Name wurde im Laufe des zwanzigsten Jahrhunderts zum Schlüsselbegriff sowohl unserer neuen Leitwissenschaften wie der Biologie, der Genetik und, eben, der Informatik als auch einer globalen Gesellschaft, die nicht nur sich selber, sondern zugleich ein ganzes Zeitalter nach ihr benennt.

Wir sind gute Jäger. Und weil wir auch gelernt haben, gute Speicher zu bauen, wächst die Masse der erbeuteten Daten stetig. Längst sind die Informationen, die wir gesammelt haben, viel zu unüberschaubar geworden, als daß ein einzelner sie noch in Gänze überblicken könnte. In unseren Archiven und Bibliotheken verdoppelt sich der Bestand in immer kürzeren Intervallen, und die Suche nach neuen und effektiveren Formen der Verwaltung, Verarbeitung, Vermittlung und Verbreitung der angehäuften Bits und Bytes ist zu einem treibenden Moment des technischen Fortschritts ebenso wie zu einem entscheidenden Wirtschaftsfaktor geworden.

Das vielleicht prominenteste Beispiel dieser Entwicklung in der jüngsten Zeit ist die geradezu schwindelerregende Zunahme der Informationen und der Geschwindigkeit ihrer Übertragung innerhalb des sogenannten »information superhighway«, des Internet, das als weltumspannendes Netzwerk die Dateien von Millionen Computern miteinander verknüpft und seinen Benutzern zur Verfügung stellt. Niemand weiß, wie viele Daten das Internet wirklich birgt; und nicht wenige empfinden das rapide Anschwellen der Informationsflut bereits als Bedrohung: Fürchten sie doch, daß der breite Strom der Informationen nicht nur unaufhaltsam dahin-, sondern auch viel zu schnell an ihnen vorbeirauscht und sie so am Ende mit sich allein läßt. Denn so viel scheint sicher: Auch wenn die Bedeutung der Informationen oft überschätzt wird und für die meisten von uns der größte Teil der nicht nur im Netzwerk der Computer, sondern in den modernen Massenmedien insgesamt flottierenden Informationen schlichtweg redundant ist, so vermittelt doch bereits das morgendliche Aufschlagen der Tageszeitung oder das abendliche Anschalten der Fernsehnachrichten zumindest das Gefühl, am aktuellen Geschehen teilzuhaben. Solche Teilhabe aber gilt zu Recht als eine Bedingung der Anschlußfähigkeit der Kommunikation.

Aus dieser Perspektive erscheint das Rauschen der digitalen Netze heute wie ein fernes Echo auf die Stimme der rasenden Reporter, die, bewaffnet mit ihren mobilen Schreibgeräten und Fotoapparaten, am Anfang dieses Jahrhunderts antraten, dem Siegeszug der Information den Weg zu bereiten; auch, indem sie die Neugierde, sprich: die Nachfrage erst erzeugten, welche ihre Nachrichten als ein immer wieder neues Angebot an Informationen dann befriedigen konnten. Diese Schraube, keine Frage, dreht sich weiter nach oben.

Schon heute gibt es kaum noch ein Ereignis, welches durch die Maschen der Satelliten- und Computernetze schlüpfte. Wir haben uns erfolgreich selber umzingelt. Und während die Maschenwerke der Informationsdienste sich weiter verdichten, ist es nur noch eine Frage der Zeit, bis der Mensch – im Rahmen des »Human Genome Project« – pünktlich zum Beginn des kommenden Milleniums den Code seiner eigenen Erbinformation dechiffriert haben wird. Das aber heißt: Der Jäger wird seine eigene Beute. Damit er gleichwohl nicht auch der Gejagte wird, gilt es, mit den gespeicherten Daten ebenso offen wie intelligent umzugehen. Um zu verhindern, daß die ohnehin vorhandene Diskrepanz der neu entstandenen Infoelite zur übrigen Welt sich als ein unüberbrückbarer Abgrund manifestiert, muß ein demokratischer Zugang zu den Speichern die Transparenz der Informationen gewährleisten. Doch Information allein ist noch kein Wissen. Damit der Zugang zu den Daten nicht am Ende immer besser informierte Menschen doch immer dümmer dastehen läßt, bedarf es deswegen zugleich einer verstärkten Vermittlung der Kompetenz zur intelligenten Selektion der relevanten Daten aus dem Meer der Informationen.

Dabei ist die erfolgreiche Aufbewahrung, Dechiffrierung und Übermittlung von Informationen nicht nur eine der letzten Errungenschaften unserer Technik- und Mediengeschichte. Datenübertragung ist zugleich ein Grundprinzip der Evolution selber. Und dieses Prinzip bedeutet: Differenz zu erzeugen – und eben nicht bloße Replikation eines immer gleichen Musters. Denn nur, wenn sich in die Weitergabe der genetischen Daten von einer Generation an die Baupläne der nächsten etwas neues, anderes einprägt, kann es überhaupt evolutionäre Entwicklungen geben.

Nicht viele Begriffe haben im ausgehenden zwanzigsten Jahrhundert eine vergleichbare Karriere erlebt wie der Begriff der Information; dennoch hat seine Erfolgsgeschichte gerade erst begonnen – und über deren Ausgang haben wir bislang noch keine Informationen ...

Frank Herda
Jeans

Jeans [amerikan., Pl. von jean ›geköperter Baumwollstoff‹ (über altfrz. Gêne für Genua, das ein wichtiger Ausfuhrhafen für Baumwolle war)] *Pl.*, **Bluejeans**, zuerst aus Zeltstoff, später aus Denim gefertigte Arbeitshose mit Kappnähten, Sattel und fünf Taschen.

Sie einfach nur als »Hose« zu bezeichnen, grenzt an ein Sakrileg. Kein massenproduziertes Kleidungsstück hat je den Kultstatus erringen können wie die Beinkleider des amerikanischen Goldrauschs. Als Identifizierungs- und Identitätsmerkmal wurden Jeans zum Glaubens- und Lebensbekenntnis ganzer Gesellschaftsschichten.

Die Jeans vereint in zwei Denimröhren alle Widersprüche dieses Jahrhunderts: Sie schafft spielend den Spagat zwischen Arbeitskluft und Jet-Set-Outfit, zwischen modischer Variation und Originalität, zwischen Anpassung und Rebellion, Uniformität und Ausdruck höchster Individualität. An ihren rauhen Nähten und Nieten reiben sich nicht nur Schenkel, sondern auch die Weltanschauungen unterschiedlicher Generationen. In ihr sind die robusten Fäden von Sehnsüchten und Idealen, aber auch von konkurrierenden Wertesystemen und des offenen Protests versponnen.

Aus der anonymen Masse profaner Bekleidungsgegenstände hebt die Jeans sich ab wie ein Zehnkämpfer aus einer Heerschar von Stubenhockern. Sie hatte schon immer ihre eigene Persönlichkeit, ein wenig sperrig, rauh aber herzlich, ein Charakterstück eben.

»Genes« nannten die Franzosen jene weiten, hellen Baumwollhosen der verwegenen genuesischen Seeleute. Zwischen den Zähnen Tabak kauender Schürfer wurde daraus kurzerhand die »Jeans«. Die Karriere vom »Equipment« der Goldwäscher zum »Outfit« aller Altersklassen weltweit konnte beginnen.

Entscheidend für ihren Erfolg ist, daß Jeans, je länger sie getragen werden, eine Persönlichkeit entwickeln. Jeans altern nicht einfach mit – »they grow on you«. Sie genießen, sie leiden mit, und wie ein guter Freund verzeihen sie fast alles. Man kann sich ihnen auch in heiklen Situationen anvertrauen. Selten zuvor gewann das geflügelte Wort von der zweiten Haut solch psychologische Tiefe. Die Jeans ist der ideale Partner für alle, die sich niemandem öffnen, sich von allen unverstanden fühlen oder fühlen wollen. Sie ist keine Hose der Überraschungen. Sie zeigt immer ihr wahres Gesicht. Sie verbirgt nichts und demonstriert offenherzig ihre Machart – die wulstigen Nähte, der grobe Stoff, das dicke Garn und die Kupfernieten zur Verstärkung der Taschen. Eine ehrliche Haut. Und trotzdem umgibt sie der Nimbus des Besonderen.

Levi Strauss, der Erfinder, setzte auf die Zeichen der Zeit. Der clevere Tuchhändler aus dem oberfränkischen Buttenheim folgte dem Ruf des Goldes. In San Francisco bemerkte Levi schnell die Defizite der Goldwäscher. Viele blieben arm, weil sie aus ihren zerschlissenen und löcherigen Beinkleidern reihenweise die Nuggets verloren. 1853 gründete er die Levi Strauss & Co. und nähte erst einmal notdürftig ein paar braune Zeltbahnen zusammen. Die rauhen Jungs waren begeistert von dem rauhen Garn. Levi orderte mehr davon in Frankreich. Aus »Serge de Nîmes«, so der Name des deftigen Tuchs, wurde »Denim« und paßte sich phonetisch dem wichtigsten Wort der Digger an. Richtig »damn' good« waren die Hosen, nachdem er die Taschen 1873 mit dem Schneider Jacob W. Davis aus Carson City durch Kupfernieten verstärkte und das robuste Tuch später noch indigoblau einfärbte.

Die Emanzipation der Machohose erfolgte 1935. Eine knakkige Blondine zeigte den weiblichen »Fit« der 501 auf dem Cover der »Vogue«. Von da an gab es kein Halten mehr. Im Sturmgepäck der GIs begann die Eroberung der Alten Welt.

Dann, in den Fünfzigern, kam der Kult: James Dean trug die Blue Denim als »Rebel Without a Cause«, Marlon Brando preßte sie in »The Wild Ones« auf den Sattel seiner Harley, Elvis – und später Brigitte Bardot – »sexed her up«, gaben ihr den Hüftschwung, der den Fans reihenweise den Atem nahm. Endlich hatten auch hierzulande die Jugendlichen

das probate Mittel, sich vom Joch einer spießigen Nachkriegsgesellschaft zu befreien. Unzufriedene, Provokateure, Weltverbesserer – die Nietenhose gab ihnen endlich den Stoff zum nonverbalen, aber außerordentlich effektiven Protest.
Seit 1890 läuft das legendäre Basismodell der Levi's unter der Produktionsnummer »501«. Seitdem gehören die Originals zu den Eckpfeilern der amerikanischen Gesellschaft. Sie vereinen in sich die Geschichte und die Grundwerte des »American Dream«. Die Konkurrenz auf dem miliardenschweren Markt des beliebten Gewebes ist allerdings hart. Für den Käufer sind bei einer Jeans in erhöhtem Maße der richtige Schnitt und Fit entscheidend. Geht es doch um nicht weniger, als eines der hervorstechendsten Körpermerkmale des aufrechten Gangs, den Ansatz der menschlichen Laufwerkzeuge, richtig zur Geltung zu bringen. Insider unterscheiden tight, regular und loose fit, eine neuere Variante sind die baggy Jeans, mit dem Schritt kurz oberhalb der Kniekehlen, die dem Träger eine ganz neue Gangart abfordern. Jeder Jeanstyp hat seine besondere Nuance, die sich durch den Färbe- und Waschprozeß ergibt: Acid-, Moon- und Enzymewash sind neben den preshrunk und stonewashed Exemplaren nur einige Varianten. Ob »buttonfly« oder »zipfly« – irgendwann hat jeder *seine* Jeans gefunden, und dieser Marke bleibt man meist in einem fast liebevollen Partnerschaftsgefühl treu.
Was aber macht ein einfaches Kleidungsstück seit über 140 Jahren so erfolgreich? Vielleicht ist es die Wiederentdeckung eines neuen Körperbewußtseins und der damit verbundenen Ausdrucksformen. Die Jeans eröffnet ihren Fans die Möglichkeit, der Welt mit individuell dosierter Provokation einen Körperteil zu zeigen, den es bis dahin verschämt zu verstekken galt. Keine andere Hose gibt dem Po ein ähnliches Mitspracherecht, macht ihn zum Blickfang und Flirtobjekt. Die Jeans ist die Hose, die Rundungen wie keine andere zur Geltung bringen kann und dabei mit dem unschuldigen Charme eines Rauhbeins kokettiert. Männer haben durch sie ihre Rückseite entdeckt und ein erweitertes Bewußtsein ihres Unterleibs entwickelt. Und welche Frau wüßte nicht genau, mit welcher Blue Denim sie Kurzatmigkeit bei ihren männlichen Bewunderern hervorrufen kann.

Provozierte die Jeans eine freiere Haltung, oder war es eine gewachsene Liberalität der Gesellschaft, die den Erfolg dieser Hose möglich machte? »Für Jeans konnte ich überhaupt auf alles verzichten, außer auf die schönste Sache vielleicht«, läßt Ulrich Plenzdorf seinen Werther, Edgar Wibeau, sagen. Fest steht: Wer sich in eine frisch gewaschene Jeans gezwängt hat, verändert automatisch seinen Gang und damit seinen Auftritt. Jeans und Sex – dazwischen befinden sich höchstens zwei Lagen Denim und ein paar Nieten.

In wenigen Gegenständen vereint sich der »Spirit« unterschiedlichster Generationen und Gesellschaften dieses Jahrhunderts deutlicher als in Jeans. Sie vermitteln, Teil des Zeitgeistes zu sein, und geben das Gefühl individueller Freiheit – quer durch alle Klassen. Womöglich haben sie die Menschen ein wenig toleranter gemacht, ein bißchen demokratischer vielleicht auch. Obwohl sie schon vor fast 150 Jahren auf die Welt kamen, sind Jeans ein Phänomen dieses Jahrhunderts – und mal ganz ehrlich: Können wir uns im nächsten Jahrhundert ein Leben ohne sie vorstellen?

Wolf Uecker
Jugendstil

Jugendstil, in Österreich **Sezessionsstil,** frz. **Art nouveau,** engl. **Modern Style,** ital. **Stile florale, Stile liberty,** Stilrichtung in den angewandten Künsten. Der J. kam im letzten Jahrzehnt des 19. Jh. auf und dauerte bis etwa 1914. Erst spät verwendete man in Dtl. den Namen J. in Anlehnung an die Münchener Zeitschrift ›Jugend‹ (gegr. 1896).

Zwischen 1890 und 1914 wurden fast alle Bereiche des täglichen Lebens, des Kunsthandwerks und der bildenden Kunst vom Jugendstil geprägt. Ihren Namen bekam diese Stilperiode von der Zeitschrift *Jugend*, die seit 1896 in München erschien, für die Otto Eckmann seine »Eckmann-Fraktur« entwarf, die zur Modeschrift des Jugendstils wurde.
Florale und geometrische Formen werden im Jugendstil zu Verfremdungseffekten, die den gesamten Gegenstand umfassen. Diese Merkmale finden wir augenfällig in Architektur, Malerei, Buchkunst und Bildhauerei, in Dichtung, Musik und Theater, im Design von Möbeln, Trinkgläsern, Vasen, Lampen, Leuchtern und Textilien. Linie und Funktion werden gleichrangig bewertet.
So entstanden neben Zeugnissen von höchstem Qualitätsgefühl auch endlose Serien industriell hergestellter Scheußlichkeiten, die es uns lange Zeit schwermachten, uns mit dem Jugendstil anzufreunden. Von unseren Großvätern bejubelt, von den Vätern geringschätzig belächelt, wurde erst in unserer Generation durch kunstgeschichtliche kritische Aufarbeitung dieser Periode die Voraussetzung geschaffen, die Spreu vom Weizen zu trennen. Damit wurden auch die Fragen, ob Kunstgewerbe noch Kunst sei und somit der Kunsthandwerker »nur« Handwerker und ob das eine ohne das andere überhaupt denkbar sei, durch Schaffung objektiver Qualitätsmaßstäbe beantwortet.
Den Theorien aller Jugendstilkünstler ist die antihistorische, individualistische Einstellung zum Objekt gemeinsam. Hier finden wir die Wurzeln der Kunst des 20. Jahrhunderts.

Wer ab Oktober 1895 in der »Maison Moderne« des Samuel Bing in seiner permanenten Ausstellung in Paris gezeigt wurde, gehörte von da an zu einer stilbildenden internationalen Elite. Das Programm seiner Galerie für »Art Nouveau« definierte Bing in einem Satz: »Seront admises toutes les œuvres d'art qui manifesteront une conception personelle en accord avec l'esprit moderne.«

Neben Paris entwickelten sich an vielen Orten zeitgleich Zentren des Jugendstils. So in England und Schottland; in Belgien, wo sich Horta mit seinem Hotel Tassel in Brüssel hervortat und Henry van de Velde seine richtungsweisenden Ideen in Architektur, Möbeln, Buchgestaltung, Malerei und Porzellan, Design verwirklichte; in Barcelona, wo der spätere Surrealismus den Jugendstilarbeiten von Antonio Gaudi so viel zu verdanken hat, und in Nancy, das als Zentrum der Glaskunst durch Emil Gallé und die Brüder Daum Weltruhm erlangte.

Wien nahm mit seinem Sezessions-Stil eine Sonderstellung ein. Hier arbeiteten in den Wiener Werkstätten Künstler wie Joseph Hoffmann neben dem seine Zeit weit überragenden Maler Gustav Klimt. Der bedeutendste Beitrag Skandinaviens manifestiert sich in Linienführung und Farbpalette des Malers Edvard Munch.

In New York setzte in dieser Zeit in seiner Manufaktur Louis Comfort Tiffany heute noch gültige Maßstäbe für Glasfenster, Lampen, Schmuck und Kunstgläser.

Darmstadt, Weimar und München stehen als Ortsnamen für die Entwicklung und Bedeutung des Jugendstils in der deutschen Kunstgeschichte. Noch heute bietet sich in München intaktes Anschauungsmaterial durch das Werk des Malers und Bildhauers Franz von Stuck an. Die nach seinen Plänen erbaute und eingerichtete Stuck-Villa ist ein Beispiel dafür, was ein Maler des Jugendstils unter einem Gesamtkunstwerk verstand.

Dieter Senghaas
Kalter Krieg

Kalter Krieg, schlagwortartige Bez. für eine nichtmilitär. Konfrontation zweier Staaten oder Staatengruppen, die durch Begründung und Ausbau von Militärbündnissen, Wettrüsten, diplomatisch-polit. Druck wirtschaftl. Kampfmaßnahmen, militär. Eingreifen in regionale Konflikte, ideolog. und propagandist. Unterwanderung sowie durch Aktivitäten von Nachrichtendiensten bzw. Förderung von Putschen und Staatsstreichen im jeweils anderen ›Lager‹ ihre internat. Position zum Nachteil des anderen verbessern wollen, wobei die Konfrontation bis zum Rande eines Kriegsausbruches führen kann.

Sucht man aktuelles Anschauungsmaterial für »kalten Krieg«, so bietet sich ein Blick auf die koreanische Halbinsel an. Hier findet kalter Krieg immer noch so statt, wie er zu schlimmsten Zeiten nach dem Ende des Zweiten Weltkriegs und bis zum weltpolitischen Umbruch 1989/90 zwischen den beiden Hauptkontrahenten USA und Sowjetunion samt ihren jeweiligen Verbündeten ausgetragen wurde. Auf der koreanischen Halbinsel kann damit im begrenzten *regionalen* Kontext ein Beziehungsmuster beobachtet werden, das als *weltpolitische* Konstellation der Vergangenheit angehört.

Was kennzeichnet den kalten Krieg zwischen den beiden Koreas? Zuallererst ein ordnungspolitischer Systemantagonismus: die Konfrontation zwischen liberaler Demokratie auf der einen Seite (heute mit einem ehemals eingekerkerten Dissidenten an der Staatsspitze) und kommunistischem Einparteienregime auf der anderen Seite. Weiterhin: Beide Koreas sind hochgerüstet und befinden sich in einem ununterbrochenen Rüstungswettlauf. Und zwischen den beiden Koreas bestehen faktisch keine Beziehungen außer jenen, die sich über Propaganda und Invektiven vermitteln. Alle Bemühungen um Annäherung auf diplomatischer Ebene sind in Anfängen steckengeblieben. Erleichterungen im Personenverkehr, vor allem im Hinblick auf die Zusammenführung der durch den Koreakrieg getrennten Familien, sind nicht zustande gekommen. Eine Normalisierung der Wirtschaftsbeziehungen fand nicht statt. Allenthalben obsiegt immer noch die Nullsummen-Mentalität: Was der eine gewinnt, verliert der andere, so wenigstens ist die Unterstellung in operativer Politik; sie war jahrzehntelang sowohl im Norden als auch im Süden zu beobachten und prägt heute vor allem die Politik eines bankrotten kommunistischen Regimes im Norden.

Sachverhalte dieser und ähnlicher Art prägten auch die einst weltpolitisch dominante Konstellation, eben den *Kalten Krieg*: so die ideologische Konfrontation der beiden Hauptantagonisten USA und Sowjetunion, die Rüstungskonkurrenz, wirtschaftliche Kampfmaßnahmen, machtpolitische Auseinandersetzungen, Versuche der ideologischen und propagandistischen Unterwanderung, also einer ideologischen Kriegführung, Umsturzversuche, um andere Regierungen und Regime auf die eigene Seite zu ziehen, schließlich: »brinkmanship«, also eine Politik am Rande des Krieges, um darüber eigenen Interessen Nachdruck zu verleihen.

Jedoch: Die Aufzählung dieser Sachverhalte, die kalten Krieg zwischen Ost und West begründeten, deutet darauf hin, daß insgesamt betrachtet die Nachkriegszeit nur schwerlich unter diesen einen Begriff zu fassen ist. Denn es gab Phasen deutlicher Zuspitzung, während in anderen Zeitabschnitten die Beziehungen zwischen den beiden Hauptantagonisten relativ »entspannt« waren, ohne daß das Grundmuster der Konfrontation darüber wirklich aufgehoben worden wäre. In der Wissenschaft tendiert man deshalb dazu, die gesamte Konstellation nach 1945 als »Ost-West-Konflikt« (1945/47 bis 1989/90) zu bezeichnen und darin nur die Phasen der besonderen Zuspitzung und Spannung als »kalten Krieg« zu kennzeichnen. So verstanden, gibt es zwei Phasen des kalten Krieges in der Nachkriegszeit: Die erste setzte mit einer Reihe von Ereignissen ein, wie beispielsweise der Sowjetisierung Osteuropas, der Berlin-Blockade 1948, der Machtübernahme der Kommunisten in China 1949 und schließlich dem im Juni 1950 beginnenden Korea-Krieg. Dieser erste kalte Krieg dauerte letztendlich bis zur Kuba-Krise 1962, woraufhin eine Phase der »Entspannung« begann. Sie ging Ende der siebziger und in der ersten Hälfte der achtziger Jahre im sogenannten »zweiten kalten Krieg« zu Bruch. In diesem neuerlichen kalten Krieg spitzten sich, symbolisiert durch die Konfrontation zwischen Nixon und Breshnew, die Rüstungskonfrontation, aber auch die machtpolitischen Auseinandersetzungen an dritter Stelle, in den Regionalkonflikten der Dritten Welt, dramatisch zu. Diese spannungsreiche Phase, die hierzulande vor allem hinsichtlich der Kontroverse über Nachrüstung erinnert wird, ging schließlich seit dem Machtantritt Gorbatschows in der Sowjetunion Mitte der achtziger Jahre in erneute Bemühungen um Entspannung über. Weder geplant noch gar vorhergesehen endete mit dem »Fall der Mauer« (9. November 1989) und entsprechenden Vorgängen in Osteuropa und in der Sowjetunion zwischen 1989 und 1991 diese letzte Etappe des Ost-West-Konfliktes.

Eine andere fragwürdige Annahme liegt der These zugrunde, die kommunistischen Regime Osteuropas und der Sowjetunion hätten zwangsläufig (und weitgehend ohne Gewalteruption!) zusammenbrechen müssen, worüber es zum glücklichen Ende der Nachkriegszeit und damit des *Kalten Krieges* gekommen sei. Zwar gibt es plausible Gründe für die Implosion der östlichen Hälfte Europas am Ende der achtziger und zu Beginn der neunziger Jahre, aber zwangsläufig war der Zusammenbruch nicht. Die Tatsache, daß in China, dem volkreichsten Staat der Welt, ein repressives kommunistisches Regime überlebt, sollte nachdenklich stimmen. Brutale Unterdrückungsmaßnahmen im Herbst 1989 und an der Wende 1989/90 waren weder in Leipzig noch in Prag so unwahrscheinlich, wie heute schnellhin unterstellt wird, nachdem sie glücklicherweise ausblieben. Auch hier gilt: Wir sind noch einmal davongekommen!

Eine solche analytisch sinnvolle Einteilung des Ost-West-Konfliktes in verschiedene Etappen von kaltem Krieg und Entspannung hat sich allerdings in der allgemeinen Debatte über die Nachkriegszeit terminologisch nicht durchgesetzt. Für viele Beobachter ging mit dem weltpolitischen Umbruch 1989/90 nicht der Ost-West-Konflikt zu Ende, sondern der *Kalte Krieg* als dem Inbegriff der Nachkriegszeit. Und deshalb steht zu vermuten, daß auch später einmal im historischen Rückblick mit dem Begriff *Kalter Krieg* die gesamte weltpolitische Konfrontation zwischen den Hauptantagonisten und ihren Verbündeten, also die historisch beispiellose weltpolitische Konstellation zugespitzter Bipolarität, erinnert werden wird.

Je mehr nun diese Zeit Historie wird, also aus der Distanz betrachtet werden kann, um so mehr werden sich über sie, wie derzeit schon beobachtbar, bestimmte Mythen verbreiten. So wird beispielsweise heute kaum noch die problematische Behauptung kontrovers diskutiert, die nukleare und die konventionelle Hochrüstung hätten den Frieden in der Nachkriegszeit garantiert. In Wirklichkeit stand jedoch die Welt nicht nur während der Kuba-Krise 1962 am Rande des Abgrundes: Diese Krise wie auch andere hätten durchaus einen ganz anderen Verlauf nehmen können, nämlich den einer Eskalation in tatsächliche militärische Auseinandersetzungen mit beiderseits katastrophalen Folgen. Zwar ist richtig, daß vor allem die nukleare Vernichtungsdrohung und die potentielle Eskalation konventioneller Kriegsführung in einen Nuklearkrieg im Laufe der Zeit die politischen und militärischen Führungen vorsichtig taktieren ließen. Aber in internationaler Politik gibt es kein garantiert fehlerfreies Krisenmanagement. Es ist deshalb ratsam, sich bewußt zu sein: Wir sind noch einmal davongekommen!

Im übrigen: Der *Kalte Krieg*, oder wenn man so will: der Ost-West-Konflikt, war kein Mißverständnis, sowenig wie der derzeit immer noch stattfindende kalte Krieg zwischen Nord- und Südkorea Ausdruck eines Mißverständnisses ist. Dennoch, es gab Fehlwahrnehmungen, die dazu führten, daß in einer Konstellation zugespitzter Konfrontation das für die internationale Politik ohnehin charakteristische Sicherheitsdilemma dramatisch akzentuiert wurde. Vor allem aber führte der *Kalte Krieg* zu unvergleichlichen Fehlinvestitionen. Die Kriegsführungsphantasien unter den Vorzeichen wechselseitiger Abschreckung kannten keine Grenzen. Und die Bereitschaft, solche absurden Phantasien in Rüstungsvorhaben zur Steigerung von ohnehin schon bestehenden Mehrfachtötungskapazitäten zu übersetzen, war ebenfalls fast grenzenlos. Was während des *Kalten Krieges* als innovativ erschien, die endlose Ausdifferenzierung der Strategien nuklearer/konventioneller Kriegsführung, sollte spätestens nunmehr im Rückblick als Ausdruck einer durchaus verhängnisvollen Lernpathologie begriffen werden.

Friedrich Küppersbusch
Kaugummi

Kaugummi, feste, durch Kauen gummiartig werdende Masse aus 50-60 % Puderzucker, 15-20 % Stärke- oder Glucosesirup, 20-25 % Kaumasse. Letztere besteht aus → Chicle oder anderen natürl. oder synthet. Grundstoffen (Guttapercha, Gummiarabikum, Polyvinylacetat, Polyisobutylen u. a.), Weichmachern (z. B. Emulgatoren), Füllstoffen (z. B. Silikate), Gleitmitteln (z. B. Mineralöle) und Aromastoffen. Zuckerfreier Kaugummi enthält als Süßungsmittel Aspartam oder Sorbit.

Kaum kaut Kaub, kaut Kaufungen, kaut Kaufbeuren, kaut Kaunertal. Aber: Kaut Tschuk? Kaum. Tschuck, Kauderwelsch für »Chuck«, ein nordamerikanischer Vorname, der wie Coca-Cola, Nylons und eben Chewing-Gum über uns kam. Tschu-ing und Tschuk naheliegenderweise aus der gleichen Wortwurzel »tschu«, mittelhochdeutsch für »halbe Lokomotive«, später wortspielerisch aufgegriffen in »interrent asien«, eben:»tschu-n-leih«.
Amerikaner und Deutsche kauen reziprok. In Wirklichkeit kauen beide Kaugummi, aber dazu später. Der Deutsche beginnt mit offenem Mund, der ihm natürlich vom Staunen offenstand: '45, echte Neger in unserem Ortsrathaus, wenn das der Führer wüßte. Offen: »K-« und dann nach vorne schließen: »-au«. Amis umgekehrt: Vorne »Ch-« und ab runter damit »-u!«.
Chuck, die amerikanische Abkürzung für das deutsche »Heinz-Günther«, war damals Synonym für den Deutschen schlechthin, ähnlich Kraut oder besonders interessante Deutsche: In-Crowd. »Kau, Chuck!« also Aufforderung, Einladung, auch Befehl der Besatzungsmacht. Und was haben wir nicht alles gekaut damals, und woran.
Mit dem Krachlaut beginnend, in Gummigemümmel endend, ist das Kaugummi wohl nie gefühlsechter gemalt worden als in deutsch, und jetzt alle: »Chrauhhhhh-gummmmmmmi«. Gerade kalt oder alt beginnt Kaugummi spröde, gar zerbrechlich, da aber läuft einem ja das Wasser im Munde zusammen,

und dann gehts. Wir hatten doch damals sonst nichts. Als Kindlein klein an der Mutter Brust ist Kaugummi an sich verzichtbar, aber wird gerade da programmiert. Schluckt man auch Todessehnsucht mit der ersten Milch, dann, siehe Lucky Strike, auch Besatzerware. Übrigens befriedigt der überkochende Spätkapitalismus nicht nur Bedürfnisse, er erzeugt sie auch: Kaugummis zum Rauchen-wieder-abgewöhnen kamen dann später dazu.

Anfangs: Nicht runterschlucken! Das verklebt den Magen! Dann: Lehrer ärgern, also Blasen blasen. Plop! – und Gummifäden kleben von Mund zu Kinn und Nase und zurück, eklig. Dann Liebe, anbahnend: kußfrisch schmecken wollen. Dann Liebe, praktizierend: Kaugummi klauen ohne Finger. Du nimmst mir das Wort aus dem Mund. Dann schließlich metaphorisch: Sie brachten uns Demokratie und Kaugummi. Wir nahmen dankend an, entwickelten weiter, und heute haben wir Berlin und Seniorengum, der nicht an der Prothese klebt. Eine Industrie stellt es her, eine zweite: Schweißbrenner, Verbundpflaster mit Spezialbeschichtung oder Klappmesser, Schmirgelpapier: Spuck mich aus, ich kleb an deinem Schuh. Das muß Liebe sein. Ist aber Kaugummi.

Petra Thorbrietz
Klimakatastrophe

Klima [von griech. klíma, klímatos ›Neigung‹ (des Einstrahlungswinkels der Sonne, wodurch sich die Erdoberfläche unterschiedlich erwärmt)] *das, -s/ -s* und (fachsprachlich) ... *mate*, statist. Beschreibung der relevanten K.-Elemente (z. B. Temperatur, Niederschlag), die für einen Standort (Station), eine Region oder global für eine nicht zu kleine zeitl. Größenordnung (i. allg. mehrere Jahre) die Gegebenheiten und Variationen der Erdatmosphäre hinreichend ausführlich charakterisiert.

Wenn der Himmel reißt, stürzen die Wasser der Sintflut auf die Erde herab – die »Klimakatastrophe« enthält alle Ingredienzien für ein biblisches Weltuntergangsszenario. Zum Ende des Jahrtausends bilanziert sie den Sündenfall der Menschheit: Konsumrausch und Verschwendung, Ausbeutung und Anmaßung. Die Medien zeichnen Bilder vom Untergang des Abendlandes: den Kölner Dom unter Wasser oder Zürich, zu Eis erstarrt.

Seit Nasa-Forscher die Theorie entwickelt haben, daß die Menschheit das Klima der Erde verändert, sparen die Prediger von der Kanzel nicht mit Superlativen. 1988 erfährt ein Ausschuß des amerikanischen Senats zum ersten Mal von den Gefahren, die durch die Verbrennung von Kohle, Öl und Gas drohen – 24 Stunden später steht die Story auf der Titelseite der New York Times. Der damalige Senator Al Gore spricht von der »Kristallnacht vor dem Treibhaus-Holocaust«.

Die Wissenschaft gebiert eine neue Branche: die Klimaforschung. Milliarden werden investiert: Großcomputer angeschafft, Rechenzentren hochgerüstet, interdisziplinäre Arbeitsgruppen bestellt. Die UNO gründet eine zwischenstaatliche Konferenz, um die Folgen des Wetterwandels zu beraten. 170 Forscher erstellen eine dramatische Prognose: Der Erde steht in den nächsten hundert Jahren eine Erwärmung von bis zu acht Grad bevor. Ihre Prophezeiung: Die Polkappen werden schmelzen, Landstriche untergehen, Wüsten sich ausbreiten. Ein Weltgipfel wird geplant.

Doch auf der Umweltkonferenz 1992 in Rio kommt die hektische Betriebsamkeit plötzlich ins Stocken. Die Politiker und Ökonomen haben den Wissenschaftlern das Heft aus der Hand genommen. Schneller als die zarte Hülle des Planeten wandelt sich die atmosphärische Stimmung unter den Bedenkenträgern. Sauber umrissene Wirtschaftszyklen und Regierungsperioden dominieren über eine ungewisse Zukunft. Je lauter die versammelten Regierungschefs sich (global) für die Rettung der Welt einsetzen, desto leiser werden ihre Bekundungen, mit gutem Beispiel voranzugehen und im eigenen Land etwas für die Stabilisierung des Klimas zu tun. Der Ausstoß an Kohlendioxid müßte drastisch reduziert, Kohle durch Erdgas ersetzt, die Abholzung der Regenwälder unterbunden werden.

Mit dem Umstoßen bester Absichten fallen auch die Temperaturen. Auf dem internationalen Klimagipfel 1994 in Berlin sagen die Prognosen plötzlich nur noch eine Erwärmung von bis zu drei Grad voraus. Der Weltuntergang wird noch einmal verschoben: Wissenschaftler beschäftigen sich plötzlich damit, auch die positiven Seiten der »Katastrophe« auszurechnen, mehr Wärme bringt längere Ernteperioden und steigert das Tourismusgeschäft. Durch das wachsende »Ozonloch« fällt ein goldener Schein auf die Atomindustrie. Die poliert ihr altes Argument von der »sauberen Energie« neu auf und hofft auf neue Märkte. Der bayerische Ministerpräsident Edmund Stoiber (CSU) fordert – knapp zehn Jahre nach Tschernobyl – eine Neubewertung der Kernkraftwerke, unter »umweltethischen Gesichtspunkten«. Ball verkehrt: Die Industrialisierung bedroht die Erde nicht, sondern rettet sie. In Chicago werden Lizenzen zur Luftverschmutzung an der Börse gehandelt.

Die Länder der Nordhalbkugel, hat die Wissenschaft inzwischen herausgefunden, sind nicht bedroht durch Dürre und Sintflut, allenfalls dräuen ihnen manches Unwetter und eine hartnäckige graue Wolkendecke. Während sich die Mehrheit der Reichen in Sicherheit wiegt, plant die Konferenz der kleinen Inselstaaten die Evakuierung.

Weil es für jede Meinung auch eine Wissenschaft gibt, hat sich das Lager der Klimaforscher gespalten. Die von den Erdölländern finanzierten Experten bezweifeln, daß es den Klimawandel gibt oder doch zumindest, daß er vom Energieverbrauch des Menschen hervorgerufen wird. Durch Einführen oder Weglassen von Daten lassen sich die komplizierten Rechenmodelle spielend umdrehen. Entgegengesetzte Prognosen tauchen auf: Der Meeresspiegel steigt nicht, sondern fällt. Paul Crutzen, der Entdecker des »Ozonlochs«, bekommt 1995 den Nobelpreis für Chemie verliehen – zu einem Zeitpunkt, als in der Fachwelt bereits gezweifelt wird, ob es dieses Phänomen überhaupt gibt.

Jede Horrormeldung zieht Dementis nach sich. Selbst an den Stammtischen wird heftig diskutiert, ob das Unwetter von gestern oder der warme Winter Zufall sind oder die Vorboten der Katastrophe. Sind die Autofahrer schuld? Die Sonneneruptionen? Die Atomversuche der fünfziger Jahre? Die Wissenschaft, so hat der verunsicherte Bürger gelernt, kann keine überzeugende Antwort darauf geben. Kann es sein, daß der Weltuntergang droht, und keiner tut etwas dagegen? Die internationalen Rückversicherungen berufen Klimatologen auf ihre Direktionsposten.

1997 richten 1500 Forscher aus 60 Ländern, darunter mehr als hundert Nobelpreisträger, einen dringlichen »Alarmruf an die Führer der Welt«. Pure Hysterie meint eine kleine, aber schlagkräftige Lobby von US-Wissenschaftlern, kräftig unterstützt von der internationalen Öl-, Kohle-, Gas- und Automobilbranche, aber doch wissenschaftlich renommiert. Publizistisch unterstützt wird sie von den »Öko-Optimisten«, Journalisten und ehemaligen Fundamentalisten, die sich auf die Seite der Pragmatiker geschlagen haben.

In der Antarktis ist eine Meereseisfläche von der Größe Indiens verschwunden, in Alaska ist es in 30 Jahren um drei Grad wärmer geworden, und die Luftdruckunterschiede auf der Erde sind größer als je zuvor. Immer neue Erkenntnisse aus der Vulkanologie, der atmosphärischen Physik, der Geologie und der Ozeanographie zeigen, wie kompliziert das Klimageschehen ist. Anhänger einer neuen Schule der Alchimie, die »Umweltingenieure«, versprechen, wie Moses die Wasser zu teilen. Mit Eisenspänen wollen sie Meeresalgen düngen, um das überschüssige Kohlendioxid zu vertilgen. Eisberge sollen in die Tropen verfrachtet und riesige Sonnenschirme im All stationiert werden. Edward Teller, legendärer Vater teuflischer Erfindungen wie der Wasserstoffbombe, hat vorgeschlagen, Schwefel in die Atmosphäre zu schießen, um die Sonnenstrahlung abzuschirmen. Die Kohlendioxid-Emissionen der USA ließen sich neutralisieren, errechnet die Akademie der Wissenschaften, wenn Kriegsschiffe Tag für Tag und Jahr für Jahr tonnenschwere Schwefelgranaten in 20 Kilometer Höhe schössen.

Daß der Mensch die Erde und ihre Atmosphäre verändert, wird also nicht mehr bestritten. Aber welche Folgen das haben wird, ist ungewisser denn je.

Peter Höfle
Kommunikation

Wie auch nicht?

Kommunikation [lat. ›Mitteilung‹, ›Unterredung‹] *die*, *-/-en*, 1) *allg.*: Verbindung, Zusammenhang. 2) *Publizistik*: Austausch, Verständigung, der Prozess der Übermittlung und Vermittlung von Information durch Ausdruck und Wahrnehmung (Transaktion) von Zeichen aller Art.

Eine Möglichkeit, über Kommunikation zu schreiben, bestünde darin, den für diesen Beitrag bestimmten Raum einfach frei zu lassen. Eines würde hierdurch zumindest klar: Auch die explizite Verweigerung von Kommunikation *ist* bereits Kommunikation. Das machte sich schon Heinrich Heine zunutze, als er in seinen *Reisebildern*, um auf die Praktiken der Zensur aufmerksam zu machen und sich ihnen gleichzeitig zu entziehen, in vorauseilendem Ungehorsam eine Reihe von Strichen in den laufenden Text einfügen ließ.

Das Bedürfnis, über Kommunikation zu kommunizieren, entsteht vornehmlich dann, wenn sie gestört ist. Sowie es nicht fraglos ist, was jemand mit etwas Gesagtem oder einer Geste meint – oder wie er es meint –, wird der Kommunikationsprozeß selbst zum Gegenstand der Kommunikation – was weitere Mißverständnisse natürlich keineswegs ausschließt, sondern im Gegenteil leicht dazu führt, die Verwirrung noch zu vergrößern. In der Pädagogik versucht man diesen Teufelskreis durch die Instanz der Supervision zu durchbrechen, die als Plattform dienen soll, von der aus Kommunikationsprozesse gleichsam neutral beobachtet und beurteilt werden können – was, wie ein Vergleich mit zwei zentralen Entdeckungen aus dem Bereich der Physik und der Mathematik nahelegt, nur in Grenzen gelingen kann. Die Rückbezüglichkeit (»Rekursivität«), die in dem Supervisionsproblem zum Ausdruck kommt, teilt der Kommunikationsbegriff mit der »Unschärferelation«, die Werner Heisenberg 1927 aufgestellt hat. Diese beruht darauf, daß der

Beobachter eines Versuchsaufbaus das Ergebnis durch den Meßvorgang immer schon verfälscht. Der Experimentator gehört zu dem System, das er beschreiben will, zwangsläufig dazu. Heisenberg hat bewiesen, daß man diesen Einfluß nicht durch immer mehr Beobachtungsinstanzen (also Beobachter, die den Beobachter beobachten usw., wenn man will: »Supervisionssupervisoren«) ausschalten kann. Vier Jahre später hat Kurt Gödel seinen Nachweis veröffentlicht, daß es eine restlos aus sich selbst heraus beweisbare Mathematik nicht geben kann, sondern daß man mit Sätzen wird arbeiten müssen, von denen man nicht nur nicht weiß, ob sie korrekt sind, sondern von denen man nicht einmal wissen kann, ob sie beweisbar sind oder nicht. In unseren Zusammenhang übersetzt heißt das: Die Mathematik, Sinnbild unumstößlicher Wahrheiten schlechthin, kann nicht in letzter Konsequenz über sich selbst kommunizieren.

Ich gehe durch die Straßen einer mir unbekannten Metropole. Auf der anderen Seite kommt mir ein Bekannter entgegen. Obwohl mich nicht viel mit ihm verbindet, wäre ein Zusammentreffen unter den Umständen der Fremde gleichsam verpflichtend, zusammen mit ihm ein Getränk zu nehmen, wozu ich im Moment keine Lust habe; weggefahren bin ich ja, um mich mit niemandem unterhalten zu müssen. Dennoch liegt mir an einem Alibi; ich will, daß der Bekannte mich sieht, ohne daß er merkt, daß ich ihn gesehen habe, um nicht in den Verdacht zu geraten, ihm ausgewichen zu sein.

Eine Traumsituation. Denn der Beweis, gesehen worden zu sein, ist nur um den Preis zu haben, daß man der anderen Person den Beweis liefert, sie gesehen zu haben. Sonst ginge es mir wie Gödels Mathematiker, der über einem Problem brütet, das, ohne daß er dies wissen kann, unlösbar ist. Erst wenn ich sehe, daß mein Gegenüber mich sieht, *weiß* ich, daß ich gesehen wurde. In diesem Moment erblickt sich das Sehen im Gesehen-Werden durch einen anderen selbst und verändert dadurch seine Qualität: Es wird zum Blick.

Unschwer erkennen wir in dieser Konstruktion das Moment der Rückbezüglichkeit, das Kommunikationsprozesse gleichermaßen ermöglicht, wie es ihre Beschreibung erschwert, und in der Tat ist die Herstellung eines Blickkontakts Kommunikation in elementarer Form. Ist es erst einmal so weit gekommen, kann ich nicht mehr folgenlos wegsehen; alles was ich jetzt tue, wird zu einer Antwort: zu einer Handlung, für die ich verantwortet werden kann. Mein Weitergehen wäre als Verweigerung selbst ein Akt der Kommunikation – wie Heines Striche oder die angenommene weiße Seite in diesem Buch.

Kommunikation hat also etwas zu tun mit Verantwortung. Wer kommunizieren will, muß sich mit seinem Partner »gemein« machen, wie es das lateinische Adjektiv »communis« zu verstehen gibt. Vielleicht liegt hier die eigentliche Bedeutung dieses Begriffes für das Jahrhundert und für die Zukunft: Wahrt der Mausklick doch jene Anonymität, die der Blick zerstört.

Winfried Sträter
Konzentrationslager

Konzentrationslager, Abk. KZ, Massenlager, die Elemente des Arbeits-, Internierungs- und Kriegsgefangenenlagers sowie des Gefängnisses und Gettos vereinigen; dienten seit dem 20. Jh. in diktator. Staaten der Unterdrükkung und Ausschaltung polit. Gegner.
Während der nat.-soz. Diktatur in Dtl. (1933-45) hatten die K. (offizielle Abk. KL) unter der Herrschaft der SS unterschiedl. Funktionen: zunächst Sonderlager für polit. Gegner, dann zusätzlich Zwangsarbeitslager und Stätten der Massenvernichtung bes. von Juden, Sinti und Roma sowie anderen missliebigen Personengruppen (→ Vernichtungslager).

Das Gelände ist weitläufig, die Umgebung zumeist grün, sie atmen viel frische Luft. »Das Leben im Stadion ist bei sonnigem Wetter recht angenehm«, schreibt der Generalsekretär der CDU, Bruno Heck, einen Monat nach dem Militärputsch in Chile 1973, als die Junta unter anderem Fußballstadien in Konzentrationslager umwandeln.
»Jedem das Seine«, verkündet das Lagertor den »Schutzhaftbefohlenen«, die ins nationalsozialistische KZ Buchenwald einmarschieren. Wenn die Einweisung, die sogenannte »Schutzhaft«, schriftlich begründet wird, steht in dem Bescheid: »Er gefährdet nach dem Ergebnis der staatspolizeilichen Feststellungen durch sein Verhalten den Bestand und die Sicherheit des Volkes und Staates ...« Als politischer Gegner, als Jude, »Zigeuner«, wie es landläufig heißt, als »Asozialer«, Krimineller, Homosexueller, Bibelforscher, Geistlicher oder weil er schlicht »zu Befürchtungen Anlaß gibt«. Auch wenn die Wahrscheinlichkeit unterschiedlich hoch ist – letztlich kann es jeden treffen.
Das Konzentrationslager ist eine Erfindung des ausgehenden 19. Jahrhunderts, ein Produkt der Kolonialkriege. Valeriano Weyler y Nicolau, ein spanischer General preußischer Abstammung, kommt 1896 als Gouverneur von Kuba auf die Idee, den Aufstand gegen die spanische Kolonialherrschaft mit der Einrichtung von Konzentrationslagern zu bekämp-

fen. Weltweites Aufsehen erregen die »concentration camps«, die die Briten im Burenkrieg vier Jahre später für die Frauen und Kinder der kämpfenden Buren errichten.

Diese Lager sind allerdings »nur« eine Episode in den Kolonialkriegen; den Kolonialmächten geht es »nur« darum, die Aufständischen unter Druck zu setzen, indem sie ihre Angehörigen als Geiseln gefangenhalten. Aber: Die Idee ist geboren, Menschen – nicht Kriegsgefangene, sondern Zivilisten – mehr oder weniger wahllos gefangenzunehmen und in Lagern zu konzentrieren; eine Idee, mit der sich das Instrumentarium politischer Herrschaft ins Monströse steigern läßt. Es sind nicht die Nazis, die als erste die Idee aufgreifen und konsequent weiterentwickeln, sondern die Strategen der russischen Oktoberrevolution, Lenin und Trotzki. 1918 fordert Trotzki als Volkskommissar für das Kriegswesen Konzentrationslager zunächst für tschechoslowakische Legionäre, dann für Frauen und Kinder von Offizieren, die in die Rote Armee eingezogen worden sind, dann für verdächtige konterrevolutionäre Agitatoren, für Offiziere, Saboteure, Parasiten, Spekulanten. Im Februar 1919 verfügt ein Gesetz, daß »fremde Klassenelemente« in die Konzentrationslager der Tscheka, der politischen Polizei, gesteckt werden. Nach eigenem Gutdünken erweitern Lenin und Trotzki die Kreise derer, die ins Lager eingewiesen werden sollen. Die Definitionen, wer gemeint ist und wer nicht, sind bewußt unscharf. Lenin will, nach eigenem Bekunden, »die Säuberung der russischen Erde von allem Ungeziefer«. Recht- oder Unrechtmäßigkeit spielen bei der Einweisung ins Lager keine Rolle. Aus dem Kolonialkriegslager wird das Konzentrationslager des 20. Jahrhunderts: das Instrument der totalen Herrschaft, die alle Grenzen bisheriger Herrschaft sprengt. Systematisch zerstören Lenin und Trotzki mit der uneingeschränkten Drohung des Konzentrationslagers jede Form von Rechtssicherheit; sie entwickeln, so der polnische Historiker Andrzej Kamiński, »ein Netz von Begriffen, in denen bereits ein riesiges System von KZs latent enthalten war, wie es dann von Stalin bloß technisch organisiert und entwickelt wurde«. Bis 1922 heißen die Lager offiziell »Konzentrationslager«. Erst

1934, als sich die Nationalsozialisten dieses modernen Herrschaftsmittels bedienen, verschwindet der Begriff endgültig aus dem offiziellen Sprachgebrauch der Sowjetunion.
In Deutschland taucht der Begriff Anfang der zwanziger Jahre in den Kreisen der Völkisch-Nationalen auf. Hitler redet 1921 davon, daß er Juden in Konzentrationslager stecken und daß er nach seiner Machtübernahme solche Lager einrichten wolle. Der Bestseller-Autor Otto Autenrieth verfrachtet ebenfalls 1921 in einem »Roman der deutschen Zukunft« die ganze männliche Bevölkerung Polens in Konzentrationslager nach Sibirien. Phantasien dieser Art sind nicht ganz neu in der deutschen Geschichte. Seit der Reichsgründung beschäftigen sich nationalkonservative Professoren mit Bevölkerungsverschiebungen großen Stils und Massenverhaftungen zur Gewinnung von Arbeitssklaven. Den bolschewistischen Revolutionären sind in Rußland 1917 derartige Gedankenspiele ebenso vertraut wie den Nazis 1933.
»Die Zigeuner hatte der Nationalsozialismus ursprünglich ansiedeln wollen«, schreibt Eugen Kogon. »Schließlich erwies sich aber die Durchführung des Versuches als zu umständlich und zu lästig ... Um sie endgültig loszuwerden, entschloß man sich daher schlicht und einfach, sie in Konzentrationslager zu stecken, wo sie dann in der Tat bis auf einen völlig verschwindenden Rest zugrunde gegangen sind.«
Diese Art von »Problemlösung« folgt den Gedankenspielen alldeutscher Intellektueller vor und nach der Jahrhundertwende. Der Nationalsozialismus setzt verbreitete Gedanken in die Tat um – bis zur letzten Konsequenz. Was mit wilden Lagern zur Terrorisierung von politischen Gegnern beginnt, wird zu einem weitverzweigten Netz von Terror- und Arbeitslagern ausgebaut. Mit finsterer Logik expandiert dieses System unaufhörlich und erreicht mit den Vernichtungslagern seinen Höhepunkt.
Eugen Kogon schreibt: »Wer von der Außenwelt durch den Kommandanturbereich in ein solches Lager eingeliefert wurde, für den stand unsichtbar über dem Tor Dantes Inferno-Inschrift: ›Durch mich geht's ein zur Stadt der Schmerzerkorenen, laßt, die ihr eingeht, alle Hoffnung fahren.‹«

Und die Amerikanerin Maurice Passiah: »Neuengamme war die Hölle selbst, nicht das naive Inferno eines Dante, sondern eine ins 20. Jahrhundert verlegte Hölle, in der die Kunst der Grausamkeit bis zur Vollkommenheit angewandt und jede teuflische Errungenschaft auf modernem und psychologischem Gebiet angetan war, den Menschen psychisch und geistig zu vernichten.«

Ausgerechnet das säkularisiert-aufgeklärte 20. Jahrhundert gebiert Ungeheuer wie keines zuvor in der Menschheitsgeschichte. Indes – bei näherem Hinsehen löst sich der scheinbare Widerspruch auf. Was im 20. Jahrhundert abläuft, ist ein gigantisches Experiment. Es ist der Versuch, aus Utopien Realität werden zu lassen. Im Bann des wissenschaftlich-technischen Fortschritts und in dem Glauben, daß Geschichte machbar sei, versuchen revolutionäre Realpolitiker, den Auftrag zu erfüllen, der von den utopischen Denkern der Neuzeit ausgeht. Die Konzentrationslager sind die Konsequenz dieses Großversuchs: Wer nicht in die neue Welt paßt, in die klassenlose oder die rassisch-reine Gesellschaft, muß ausgemerzt werden. Die Konzentrationslager sind nicht das Problem einer Übergangsphase, sondern markieren das Scheitern des Projekts. Insofern gibt es am Ende dieses Jahrhunderts Grund zur Hoffnung. Die Einsicht hat sich endlich durchgesetzt, daß es unmöglich und deshalb gefährlich ist, Utopien zu *verwirklichen*. Damit ist auch die Zeit der Konzentrationslager vorbei – wenngleich sie noch längst nicht vom Erdboden verschwunden sind. Siehe Bosnien.

Die Antwort auf die Katastrophe des 20. Jahrhunderts ist die Allgemeine Erklärung der Menschenrechte von 1948. Sie verspricht nicht das große Glück, setzt aber den einzig vernünftigen Maßstab für politisches Handeln, indem sie die Beachtung der Rechte jedes einzelnen fordert.

Zé do Rock
Kreditkarte

Crediet Carte

Kreditkarte, Ausweiskarte, die ihren Inhaber berechtigt, bei Vertragsunternehmen, die einem K.-System angeschlossen sind, Waren und Dienstleistungen bargeldlos einzukaufen. K.-Inhaber müssen Rechnungen lediglich unterschreiben. Die Rechnung wird nach Abzug einer Provision durch die K.-Organisation bezahlt, die ihrerseits dem K-Inhaber meist monatlich eine Sammelrechnung zur Bezahlung vorlegt oder dessen Konto mit den Rechnungsbeträgen belastet.

Jou. Am 26.9.99 um 18:45 ur war rue im Numismatishen Museum von Karlsrue. Di münzen hatten sich shlafen geleegt, si waren müde weil si den ganzen tag posirten um sich von irer besten seite zu zeigen. Um 18:55 ur war keine rue mer, banditen kamen mit borern, mashinenpistolen und machten sich an di arbeit, di museumssäle auszuleren. Da di gläser gepanzert waren, wurde vil geshoben und gekippt. So entkamen 2 münzen durch das fenster, blongten auf den bürgersteig, prosteten sich auf di neugewonnene freiheit zu und machten sich davon. Si rollten, und rollten ... di strasse ging bergab, wenigstens für di, di runterkommen. Di zwei entkömmlinge waren ein goldthaler aus dem Fuerstenthumb Liechtensteyn und ein silbersesterz aus ser entfernter römerzeit. Der goldtaler fürte shon seit 100 jaren ein museumsleben und kannte sich aus mit menshen von welt. Den silbersestertium hatte man aus der tausendjärigen dunkelheit einer römishen katakombe südlich von Baden-Baden erst for kurzem befreit.

»Gantz schoene condition, fuer das Alter, was?« sagte der goldtaler, dem der sheinbar eilige römer davon lif, bis diser demonstrativ stenblib und ein par minuten wartete.

»ir said zu vervoent, fart dauand miten carrus rum. rennum musma! unt vaistu, icbin zimlic allegro, hir draussum inda menscum velt sintvir dikingus!«

»Neyn, *amicus meum*, nicht mehr! Die Zeyten haben sich geaenderet, heute herschet eyn and'res Volk, aus dem papyrus-Stamm! Wir muentzen sindt keyn Groschen mehr werth!«

»vas? vicontae das passirum? varum nur?«

»Wir waren ihnen zu g'wichtig, Meynherr... undt wier wurden immer mehr... Wir gehoeren heute zumm althen Eysen!«

»ic nic! ic bin aus silbrus, unt silbrus est nic aisus!«

»Najah, ich binn sogar aus Goldt, wen wir schon darueber sprechen, eyn Thaler, eyn echter Joachimsthaler...«

Da prallte der römer gegen ein stein, so das der echte joachimstaler ihn leicht überholen konnte. Eine lange zeit verging bis der römer ihn wider einholte. Der goldtaler war völlig ausser sich, und als sein puls sich wider normalisirt hatte, sagte er zum sesterz:

»Komm, laß uns zurueckgeh'n! Dise Weld lohnt nicht!«

»vasvar denlos?« fragte der römer.

»Ich habe geseh'n, wie der papyrus-Stamm seynen kampf gegen den Stamm der Plastix kleglich verlirt, Tag fuer Tag, Nacht fuer Nacht, Jahr fuer Jahr!«

»plastix? versinti?«

»Plastick glentzt, ist aber so werthloß wie ein krankes Pferd.«

»abur viso fervendet manes, venes doc nix vaertis?«

»Weihl diß Zeyten sint auf Luegen aufgebaut! Man kan behaubten, man habe thausende mal thausende Thaler in der Thasche, dabey sindt die thausende mal thausende nur Schulden! Oder genausogut umbgekehrt. Ich sah, wie drey Maenner auf eynen vierten Mann einschluegen. Eyner der Schleger schrieh den Zerpruegelten an: ›Aine voche noc! Erste rata sette milla! Sonsti saus midire!‹«

»Aber ich hab gedacht di kreditkarte gibt mir kredit!«

»Ja, via gebo dia credito, aba nurvendu uns genugi monete dalasse. Via volli daine geldi, nic daine sciuldi! Also nexte voche comme nic via aus Palermo sonda unseri serbisci froindi, unde ibanexte vochi, dani saus, dan scicte di incasso-firma ainpa fo de taliban-criga. Ha tu verstande, vurmo?«

»Ich sage dir, Roemer, diß' Weld ist eß nicht werth, gelebt zu werden. Vor allem fuer eyne muenze. Dise crediet-cartes ge-

ben keynen crediet, namen bedeuten nichts mehr! Der verpruegelte, ein scriptor aus Brasilien, muszte daran glauben!«
»sagmal, varum redust immar socomisc?« – unterbrach ihn der römer.
»Ent sculdigum. Ih verde versûhen, midalhôh-diutsch zuo rêdon, daz ist doh mêr in deiner zeit-rihtung, ôder? Alsô dan habo ih noh ein anderen automatos gesihtet. Da wâs ez eine frou, dî versûhete 100 sestertius aus der macchina raus zuo criegan, auh da weigerete die macchina vehement ieren dienste. Dan versûhete ezz die frouw mit 50 sestertiae, da sprâh der automatos ein clares wort, dasz ir limitis 30 sestertius sint. Sô versûhete sî wênihstens dîse 30 sestertius zu criegan, unt sofort kiundigete îr der automaticos, dazz er nûr summae rausgipt, dî durh 50 teilebâr sint. Dazz ist 30 niht, sî insistîrte unt aergerte dî macchina sô lange, bis dîse îr den arm abbis. Man weis wirkelig niht, waz man von dîso usurpator-bandae haltan sol. Ein cleiner trôst fuer mih ist, daz sî vil wêniger wuerdo als wir habon, hoeret wî sî clingen, wen sî zû bôde vallen: ez klingelt niht unt es klongelt niht, ez handele sih nûr umb ein dumpfiges, wuerdelôsis ›plaff!‹.«
»immur mita rua, *amicus meum*. auc ic habemic informirat, untvais dasauc mitine bald finitus sainvirt. est ja gans clarus: zubeginis metallum, dan papyrus, dan plasticus, immur laicta, unt vasis laicta als plasticus? nix! alsovirt manstati charta credito *nix* indahand habum. man leget ainfac sainehandauph den computator, unt aervirt aufgrum der phingur ab druccae sagum, vaerman est unt vifilma habet.«
»Warum dî hand, daz ôbere glîd, unt niht der fuosz, daz untere, ôder gâr daz mittleri glîd?«
»vailsimaistans vonclaidum bedect sint. Und vailes sosvirigis mita technica. Monitoris sint maistans merals ainmetrus hoc, esvaer niclaict anderi glidus drauph zu stellum. Aussadem, das mittleri glidus vaer furdi femininae tailder societatis nict saer politicalis correctus. Feminae coenten cain salarius mer ab hebum. Furdi oeconomia popularis andarasaitis verdas ain beneficium.«
»Âbar ez were doh geferlih fuer dî menscen: dî banditus wuerden ihnum niht mêr dî muenzzen clouwen, sondarn dî ganzzen hende mitnêman!«

»de erstus verdum pech habum. abur spetur virdmadi technica perfectionare unt jeda computator virt zviscen totis unt lebendis handus unterscaidum.«

»Du büst ein toerihter optimista! Ih bin ein realista, unt ich wetti 100 marc, daz dî wereld untergêt!«

»marc? vasis das?«

»Ah, dû hast caene ânunc, marc, pfund, rubele! Darueber soltest dû dih guod informîren. Opwôl, iezuo ist ez zuo spêt. Ih gêho, amicus meum, daz wil ih allis niht mêr erlêban.«

»thaler???« fragte verdutzt der serterz, als er sa, wi sich der taler auf di seite legte. »thaler! rolli lanxama! dafornis liget gulli!«

Der taler antwortete zünish lächelnd: »Hast dû scôn von einar muenzze gehoert, di bremson hati? Vergizz ezz, alter. Ih gêho, mîn friund, unt ih hoffi, daz erst in 500 jâren ein bouw-arbeitar mih ausbûdelet, wen daz ganzze theâtron mâl vorbei ist!«

Zen meter vor dem gulli gab der taler noch ein befreienden shrei von sich. Nach drey trauersekunden machte sich der römer wider auf den weg, als ihn eine alte freundin, eine münze aus Pompej, di Dinara hiess, einholte. Si fragte nach dem verschollenen.

»aer hat suicidius begangum. vaistu, aervar zu copplasti, mamus immar aequilibrium zviscen coppund zal findum, sons driftit mandem gulli zu. sagmalis, hastu hoiti nocte sconvasfor?«

Der römer und di pompejanerin rollten und sangen zusammen, und zwar das alte lid *nur bares is wares, vor all'm in den bares*, natürlich in der lateinishen version di da heisst *nurbaris est varis, foralis in baris*. Als si unten ankamen, hatten si eine grosse geshwindigkeit erreicht. Si prallten an einer grossen eiche und dort bliben si ligen. Und wenn si nich gefunden sind, so ligen si da noch heute.

Burkhard Müller-Ullrich
Kugelschreiber

Kugelschreiber, eine Farbmine enthaltender Schreibstift, bei dem eine kleine rollende Kugel in der Minenspitze die Farbmasse auf das Schreibpapier überträgt; die stillstehende Kugel verschließt die Mine und verhindert dadurch deren Austrocknen.

Das Wichtigste an ihm und überhaupt der Grund, weshalb Kugelschreiber Kugelschreiber heißt, ist kleiner als ein Millimeter und mit bloßem Auge gar nicht wahrnehmbar: die Kugel aus Wolframkarbid. Vollkommen rund muß ihre Form sein – abgesehen davon, daß sie aus rund 50 000 abgeplatteten Teiloberflächen besteht, die wie die Dimples eines Golfballs fabelhaft physikalische Vorzüge gewähren.
Ein regelrechtes Präzisionsinstrument also halten wir da in Händen, mit sehr geringen Fertigungstoleranzen, wie sie nur dank fortgeschrittener Industrialisierung zu erreichen sind. Dabei kostet das Gerät bloß ein paar Pfennige, ist Massenware, Wegwerfgegenstand. Neigt deshalb dazu, in Sekundenschnelle vergemeinschaftet zu werden – »Verzeihung, das ist mein Kuli.« – »Ach so, ich dachte, meiner; der sieht genauso aus.« In Haushalt und Büro schaffen Kugelschreiber auf Anhieb kommunistische Zustände.
Apropos Büro: Erfunden hat den Kugelschreiber ein ungarisches Brüderpaar mit Namen Biró. Zwei Jahre lang experimentierten sie mit Tintenpasten unterschiedlichster Viskosität und Kapillarität, bis sie die richtige Mischung fanden, die nicht zu schnell fließt und nicht zu langsam trocknet. 1938 erhielten sie ein Patent darauf und versuchten es in ihrem Exilland Argentinien umzusetzen. Doch Erfolg stellte sich erst ein, als sie der britischen Luftwaffe anboten, das Schreibwerkzeug unter Kriegsbedingungen zu testen. Die Piloten der Royal Air Force waren begeistert.
Seinen kommerziellen Siegeszug begann der Kuli indes von New York aus. Im Oktober 1945 bot das Kaufhaus *Gimbel's* die metallenen Stifte zu 8,50 Dollar pro Stück an – allerdings

nicht die von Biró, sondern ihres Konkurrenten Reynolds, weil die Birós es versäumt hatten, ihr Patent auch in den Vereinigten Staaten anzumelden. Von da an sank der Preis beständig, aber so richtig billig wurden Kugelschreiber erst in Form von Plastik-Griffeln, die der französische Baron Bich herstellen ließ. Seit den fünfziger Jahren überschwemmt der *Bic* den Weltmarkt und wurde als fast wertloses Gebrauchsobjekt zu einem Symbol unserer Konsumgesellschaft. Roland Barthes schrieb darüber einen berühmten Aufsatz.

Doch der kulturkritische Blick erkennt im Wegwerfkuli nicht bloß einen Niedergang der Gefühlsbeziehungen zu Schrift und Schreibgerät, sondern auch und vor allem eine phantastische Förderung des Schreibens, denn der Kugelschreiber hat das Schreiben leicht gemacht. Federn müssen geschnitzt, Bleistifte gespitzt und Füller immerhin gefüllt werden – bloß der Kuli ist jederzeit und unbedingt verwendungsfähig; es kommt nicht einmal wie beim Federhalter darauf an, ihn in einem bestimmten Neigungswinkel über das Papier zu führen. Die Kugel macht einfach alles mit, sofern man sie nach unten hält.

Die völlige Verfügbarkeit eines Apparates zur Verschriftlichung hat sicherlich die Bruttotextmenge auf dieser Welt um ein Erhebliches gesteigert. Indem der Kugelschreiber jedoch wesentlich geringere Anforderungen an Fingerfertigkeit und Sorgfalt stellt als andere Schreibgeräte, bewirkt er einen globalen ästhetischen Verfall der Handschriften: vorbei die Ebenmäßigkeit und Parallelität von Auf- und Abstrichen, die uns die Feder anerzog; vorbei der feindosierte Druck, zu dem die Bleistiftmine zwang. Der Kuli lädt zum Krakeln ein, er verzeiht den schludrigsten Umgang und bleibt dem wütendsten Wüterich zu Diensten; selbst der berserkerhafte Versuch, die Schrift in das Papier zu ritzen, unterbricht des Kugelschreibers Farbstrom nicht. Einen Tintenstrich von drei oder vier Kilometern Länge bringt er allemal zuwege, bis zu zwanzig Kilometer sind es bei einer Großraummine.

Wie bei allen modernen Errungenschaften hat sich auch gegenüber dem Kuli eine Traditionalistenpartei herausgebildet, die auf den Federhalter schwört. Für sie ist das Hinterlassen eines Schriftzuges ein metaphysischer Akt, der dementsprechend zelebriert gehört – im Kappenschrauben, Klecksen und dem Kratzen einer edlen Goldfeder. Der Kugelschreiber ist dagegen ein Vorbote zukünftigen Horrors; das erste Textverarbeitungssystem.

Heinrich Graf von Einsiedel
Luftkrieg

Luftkrieg, Kriegsführung in und aus der Luft durch Luftstreitkräfte, die Luftfahrzeuge als Waffen- und Geräteträger für Kampf- und Kampfunterstützungsaufgaben verwenden (→ Luftwaffe). Kampfhandlungen können so über die eigentl. Kampfzone hinaus und über natürl. Hindernisse hinweg auf das gesamte Territorium eines Gegners ausgedehnt werden.

Schon die alten Perser träumten von ihm. Sie sahen ihren Herrscher auf einem von vier Adlern gezogenen Thron, wie er seine »missiles« – Pfeile und Speere – auf die Feinde schleudert. Die antike Vorahnung einer Air-Force One. Anfang des Jahrhunderts wurden mit dem Motorflug diese Träume wahr. Es begann mit kleinen unbewaffneten zerbrechlichen Kisten, die einige Dutzend Kilometer in den Luftraum über dem feindlichen Heer eindringen konnten, um seine Truppenbewegungen auszuspähen. So soll die Marneschlacht – die Vorentscheidung des Ersten Weltkrieges – mit entschieden worden sein. Gegen die Aufklärer schickte man Jäger. Es folgten die Bomber und die Schlachtflugzeuge. Über 200 000 Kriegsflugzeuge wurden gebaut, die der Russen nicht mitgerechnet. Ein Fünftel davon deutsche – einer gegen vier!

In völliger Verkenntnis dieses Kräfteverhältnisses starteten die Deutschen den ersten Versuch eines strategischen Luftkrieges gegen das Hinterland des Gegners. Ein ekelhafter Kinderreim brachte die Sache auf den Punkt: »Zeppelin flieg, hilf uns im Krieg. Fliege nach Engelland. London wird abgebrannt. Zeppelin flieg!« So, hoffte man, könne der Wille der Engländer, den Krieg fortzusetzen, gebrochen werden.

London brannte ein bißchen, die Zeppeline aber auch. 80 gingen verloren mit über tausend Mann Besatzung. Fast 600 englische Zivilisten starben, und die Deutschen standen so vor aller Welt als »Baby-Killer« da. Militärisch wie psychologisch war das Ganze ein Desaster.

Doch die Idee war geboren. Seit 1915 dachten Generale wie der Italiener Douhet, der Amerikaner Mitchell und der Engländer Trenchard darüber nach, ob in einem zukünftigen Krieg nicht die Luftstreitkräfte die entscheidende, dominante Rolle spielen und durch Luftangriffe auf die Industrie des Gegners, auf seine gesamte Infrastruktur und seine Bevölkerung in den Ballungsgebieten, seine Fähigkeit und seinen Willen, den Krieg fortzusetzen, untergraben könnten.

Aber in der Zwischenkriegszeit war die Luftfahrttechnik noch nicht so weit, um die Generalstäbe der in Frage kommenden Industriestaaten von dieser Strategie zu überzeugen. Auch die 1935 als eigenständiger Wehrmachtsteil wieder aus der Versenkung aufgetauchte deutsche Luftwaffe war zunächst nur dafür konzipiert, den Panzern, die man für die Waffe der Zukunft hielt, den Weg in Feindesland freizubomben. Sie war die modernste ihrer Zeit und konnte darum 1939/40 verhältnismäßig leicht über den Schlachtfeldern von Polen und Frankreich die ihr zugedachte Rolle erfüllen. Doch als Hitler und Göring siegestrunken nach dem »Blitzkrieg« in Frankreich sich einbildeten, sie könnten durch einen strategischen Luftkrieg gegen die britische Insel die Engländer dazu bringen, klein beizugeben und ihnen für den Überfall auf die Sowjetunion freie Hand zu lassen, zeigte sich, daß die Luftwaffe damit total überfordert war.

Wieder brannte London. Es brannten viele englische Städte. »Dürfen wir Ihnen Feuer anbieten, Mr. Churchill?« fragte höhnisch im November 1940 der »Kladderadatsch« auf seiner Titelseite mit Bild der brennenden Silhouette Coventrys. (449 Bomber, 511 Tonnen Bomben, 554 Tote. Ein Zwölftel der Stadt zerstört.) Aber die englische Luftverteidigung hatte bereits gesiegt, und das höhnische Grinsen sollte den Angreifern bald vergehen. Die strategische Luftwaffe, mit der die Engländer und Amerikaner auf die deutsche Herausforderung antworten sollten, war schon im Entstehen. 1942 begann es mit den ersten schweren Flächenbombardements nord- und westdeutscher Städte. 90 000 Bomber – 50 000 davon viermotorig – bauten die Engländer und Amerikaner. Dazu rund 150 000 Jäger. Im Osten hatte überdies die Sowjetunion nicht nur am Boden, sondern mit einer monatlichen Produktion von drei- bis viertausend Flugzeugen auch in der Luft über den Schlachtfeldern die Oberhand gewonnen. Da konnten die Deutschen mit einer Produktion von insgesamt knapp über 100 000 frontverwendungsfähigen Flugzeugen nicht mithalten.

In diesem Luftkrieg verloren Deutsche, Engländer und Amerikaner je 80 000 Mann Flugzeugbesatzungen. Die Russen wahrscheinlich noch viel mehr. Fast 1,6 Millionen Tonnen Bomben fielen allein auf Großdeutschland, etwa das Zwanzigfache der »Bomben auf Engelland«. Zwischen 500 000 und 600 000 Zivilisten wurden getötet, fast 70 000 allein in Hamburg und Dresden. Über drei Millionen Wohnungen wurden zerstört, siebeneinhalb Millionen Menschen wurden obdachlos. Aber der deutsche Widerstand erlosch erst, als praktisch ganz Deutschland von den Alliierten erobert war.

Japan dagegen kapitulierte, ohne daß es besetzt werden mußte. Aber es waren erst die beiden Atombomben, die dort dem strategischen Luftkrieg zum entscheidenden Erfolg verhalfen.

Die Kriege in Korea und Vietnam allerdings beweisen, daß unterhalb des Einsatzes von Atombomben Luftherrschaft allein den Sieg nicht garantiert. Sieben Millionen Tonnen Bomben, dreimal soviel wie im Zweiten Weltkrieg, konnten Nord-Vietnam nicht in die Knie zwingen. Wieder starben Hunderttausende Zivilisten. Hunderttausende Kinder bleiben durch Entlaubungsmittel der Amerikaner für ihr Leben schwer geschädigt.

Raketen sind keine Luftfahrzeuge. Mit ihrer Entwicklung wurden die Möglichkeiten der Kriegsführung in den Weltraum hinaus ausgedehnt. Mit ihnen könnte dem potentiellen Gegner selbst im fernen Erdteil die Fähigkeit und der Wille, den Krieg fortzuführen, genommen werden. Aber der hätte wahrscheinlich noch Gelegenheit, vor seinem Untergang ähnlich vernichtend zurückzuschlagen.

Völkerrecht? Es scheint, nur das Gleichgewicht des Schreckens kann die Menschheit davon abhalten, sich selbst zu vernichten.

Richard Hey
Mafia

Mafia [ital., eigtl. ›Überheblichkeit‹, ›Anmaßung‹] *die, -/-s*, Eigen-Bez. ›Onorata Società‹, dt. ›Ehrenwerte Gesellschaft‹, kriminelle Macht in Sizilien, ähnlich der kalabr. ›N'drangheta‹ und der neapolitan. ›Camorra‹, Teil der → organisierten Kriminalität. Die M. entstand als Gegengewicht zur staatl. Macht. Um ihren Einfluss zu mehren, bildeten die Träger dieser Gegenmacht, die **Mafiosi**, immer stärker kriminelle Verhaltensweisen aus.

Das sizilianische Wort kommt möglicherweise aus dem Arabischen für: Anmaßung. Die neapolitanische Mafiaschwester Camorra, dunkler spanisch-italienischer Herkunft, könnte bedeuten: bewaffneter Haufen. Die kalabrische N'drangheta schließlich hat griechische Vorfahren. Da steckt drin: Mann. Und: tugendhaft.
Dieser anmaßende bewaffnete Haufen tugendhafter Männer ist seit rund zweihundert Jahren, wahrscheinlich länger, eine Gegengewalt zur Staatsmacht. Ursprünglich Schutztruppe feudaler Großgrundbesitzer, die einem schwachen Staat gegenüber Privilegien zu erpressen und zu sichern suchten, wurde die Mafia später zur Schutzgemeinschaft rechtloser Tagelöhner gegenüber ebenjenen ausbeuterischen Grundherren. Und dann, in logischer Entwicklung, ihrerseits zu einer Gemeinschaft von ausbeuterischen Grund- und Bankherren. So kennen wir sie heute. Sizilien als Metapher, sagt Leonardo Sciascia, sizilianischer Autor. Die Mafia als ungeschöntes, nur wenig verzerrtes Abbild einer bürgerlich-kapitalistischen Gesellschaft und deren Prinzipien: Gewinnmaximierung, Konkurrenz ausschalten, der Starke setzt sich durch, Gott mit uns. Und, ja: die Familie. Es gibt wohl keinen Mafia-Boß, der nicht zwischen zwei Mordaufträgen den Segen des Herrgotts für seine Familie erfleht.
Daher kann, wer zu einer Mafia-Familie gehört, auf Schutz und Hilfe rechnen. Der frühere italienische Staatspräsident Pertini und der neapolitanische Komödiendichter Eduardo De Filippo waren sich einig: Weil der italienische Staat unfä-

hig ist, einer immer größer werdenden Anzahl von orientierungslosen Jugendlichen Arbeit und Zukunftsperspektiven zu bieten, überläßt er sie gegebenenfalls der sozialen Obhut der Mafia. Das kommt ihn auch billiger, trotz der Kosten für Polizeieinsätze und Jugendknast. Der ehemalige Ministerpräsident Andreotti scheint das bedacht zu haben, als er Anfang der siebziger Jahre die Auflösung der Anti-Mafia-Kommission anordnete. Inzwischen ist er angeklagt, die Mafia begünstigt zu haben. Der Prozeß schleppt sich so dahin, seit Jahren. Pertini und Eduardo sind schon lange tot. Ihre Einsicht hat keine entscheidende Änderung bewirkt. Zwar deuten sogenannte »Pentiti«, reuige Mafia-Inhaftierte, entgegen den Gesetzen der »Omertà«, der absoluten Schweigepflicht, dunkle Spuren an, richtige oder falsche, wer weiß, und nach wie vor gibt es Staatsanwälte, Untersuchungsrichter, Polizei-Offiziere, die entschlossen die Mafia bekämpfen. Aber sie werden entweder ermordet oder vom eigenen Apparat behindert. Immerhin, allein in der Provinz Catania wurden 1998 Mafia-Gelder in Höhe von 443 Milliarden Lire (fast 500 Millionen Mark) beschlagnahmt. Und das monatliche Gehalt für jugendliche Killer ist von der Mafia empfindlich herabgestuft worden, auf umgerechnet 500 Mark. So entschwinden Lebensträume. Auf dem Friedhof von Catania liegen seit neuestem viele junge Männer um die zwanzig, einige getötet von der Polizei, die meisten von Mitgliedern rivalisierender Familien. Symbol für alle: an einem Grab anstelle des Engels ein Zement-Ferrari. »Nichts als Chaos, seit sie Nitto Santapaolo (oberster Boß von Catania) eingesperrt haben. Sie sollten ihn freilassen. Dann ist hier Ordnung wie früher.« So der Inhaber eines Restaurants der Stadt.

Vor wenigen Jahren hieß es, die Mafia könne ohne Schwierigkeit den italienischen Staat kaufen. Wahrscheinlich wäre sie dazu trotz finanzieller Einbußen und örtlicher Zwistigkeiten noch heute in der Lage. Sie dehnt sich unaufhörlich aus. An nachwachsenden Killern, welche die Preise drücken, fehlt es nicht. Vom Baugewerbe über Prostitution zu Waffen- und Drogenhandel, überall herrscht die Mafia. Kein Land, in dem sie nicht anzutreffen wäre. Von der amerikanischen

Cosa Nostra reden wir schon lange, von der Russenmafia seit kurzem. Von der Mafia, die korrupte Beamte nicht nur in Brüssel sorgfältig für ein Vereintes Europa vorbereiten, werden wir bald viel mehr zu reden haben. Nur von der Mafia, die einige Geldgeschäfte des Vatikans samt Liquidierung lästiger Mitwisser (Bankier Calvi) besorgt, reden wir nicht. Da sei Gott vor.

Meine Freundin Sara, ligurische Fischhändlerin, sagt: »Wenn du einen Beutel in der Hand hältst, und im Beutel hast du zwanzig tote Steine und drei lebendige Nüsse, und du schüttelst den Beutel, was hörst du? Fast nur tote Steine, die lebendigen Nüsse hörst du kaum. Es müßten fünf sein oder sechs, damit du sie deutlich heraushörst. Wenigstens ab und zu. Aber jetzt, du hörst keine lebendigen Nüsse mehr, keine mehr da, du hörst nur noch tote Steine, die sich bewegen, nur noch tote Steine.«

Claus Leggewie
Manipulation

Manipulation [frz., zu lat. manipulus, eigtl. ›eine Hand voll‹, von manus ›Hand‹ und plere ›füllen‹] *die, -/-en,* die Beeinflussung bzw. Lenkung eines Menschen, eines Sachverhalts oder eines sozialen Phänomens (z. B. der öffentl. Meinung) durch gezielte, aber für den Adressaten undurchschaubare Steuerungsimpulse bzw. Informationseingaben.

»Wir werden manipuliert!« lautete der erschrockene und empörte Ausruf rebellischer Studenten und Schüler in den sechziger Jahren. Ihr ärgster Feind war die »Springer-Presse«, Zeitungen des Verlages Axel Springer in West-Berlin, die sich die protestierende akademische Jugend aufs Korn genommen hatte und mit allen Mitteln gegen sie Stimmung machte. Eigentlich fand die außerparlamentarische Opposition, daß nicht sie manipuliert würde, sondern die Berliner und bundesdeutsche Bevölkerung von antikommunistischen Verlagshäusern im Bunde mit den Bonner Machthabern der Großen Koalition. Diese verabschiedete damals gerade die Notstandsgesetze, die keineswegs nur die akademische Jugend, sondern auch Teile der Gewerkschaften, der SPD-Mitglieder und des liberalen Bürgertums als gefährlichen Eingriff in das Grundgesetz werteten. Überdies nahm die Berichterstattung der Printmedien und auch von Rundfunk und Fernsehen über den Krieg der Vereinigten Staaten in Vietnam einseitig für die amerikanische Schutzmacht Partei, während die berechtigte Kritik daran kaum in die Massenmedien drang. So fand das Stichwort Pressemanipulation Eingang ins allgemeine Vokabular und wurde Gegenstand polemischer Diskussionen und Abhandlungen. Wurden wir informiert – oder durch politische Propaganda, Wirtschaftwerbung und kulturelle Leitbilder manipuliert, »hinterfragte« man das »falsche Bewußtsein« der angeblich für dumm verkauften Massen.

Das Fremdwort Manipulation (von lat. *manipulare*) machte damit wie viele andere sozialwissenschaftliche Begriffe Karriere in der Alltagssprache. Der Kritiker übernahmen damit ein Konzept aus ebenjener amerikanischen Kultur, die sie als Hauptbeeinflussungsmacht ablehnten. Dort wurden, wo der unmittelbare Zugriff der menschlichen Hand unmöglich war wie etwa in der Raumfahrt oder in Kernkraftwerken, technische *manipulators* eingesetzt; dort auch hatten Sozialpsychologen die Beeinflussung menschlicher Bedürfnisse, Einstellungen und Handlungsweisen durch gezielte Anreize, sozialen Konformitätsdruck oder Prestigesuggestionen untersucht. Ihre Ergebnisse wurden zum Teil für Werbekampagnen eingesetzt, und oft war die Einsicht in die Verführbarkeit der Versuchspersonen, wie sie unter anderem das berüchtigte, 1963 veröffentlichte Milgram-Experiment belegte, niederschmetternd. Daß sich freie Menschen nicht wie Marionetten manipulieren lassen sollten, war ein ebenso aufklärerisches Postulat wie die »Entlarvung« mehr oder weniger geheimer Verführer in Wirtschaft, Politik und Kultur. Auch daß man der Manipulation durch Sprache sensibler nachspürte, kann von heute aus nur begrüßt werden. Allerdings wuchs dieser Widerstand gegen Verschleierung zu einem generalisierten, gelegentlich paranoiden Manipulationsverdacht gegen jede Information aus, von dem nur die den »Verblendungszusammenhang« (Adorno) angeblich durchschauenden Virtuosen der Kritischen Gesellschaftstheorie ausgenommen waren. In dieser volkspädagogischen Haltung machte sich eine ausgesprochen elitäre Besserwisserei geltend, die etwa die Konsumwünsche der breiten Bevölkerung einzig als Ausfluß von »Konsumterror« verstehen konnte. In der verzweifelten Frage, warum das Volk so tümlich sein, kam eine Verachtung des populären Massengeschmacks zum Ausdruck, dessen unbegreifliche Neigung zu massenmedialen Kult- oder Quotenphänomenen in gebildeten Kreisen noch heute auf Unverständnis stößt. Über die Frage, ob der Erfolg der populären Massenkultur (von Rex Gildo bis Guildo Horn) der gezielten Manipulation durch die »Macher« oder Eigentümer der Kulturindustrie geschuldet ist, oder ob diese eher dem Instinkt des Massenpublikums folgen, läßt sich indessen trefflich streiten.

Manipulation ist, wie es ein Verhaltensforscher ausgedrückt hat, Schicksal und Bedrohung des Menschen. In der aufziehenden »Wissensgesellschaft« ist dies einer Erinnerung wert. Aber jeder pauschale Manipulationsverdacht ruiniert seine eigene aufklärerische Prämisse, nämlich die *andere* Möglichkeit des Menschen, sich trotz allem seines eigenen Verstandes zu bedienen und ein Leben in freier Entscheidung zu führen.

Rainer Michael Schaper
Massenmedien

Massenmedi|en [zu engl. mass media], seit der 2. Hälfte des 20. Jh. verwendeter Begriff zur Bez. der schriftl., bildl. und/oder akust. Träger und Vermittler von Informationen sowie sozialer Organisationen und Institutionen, die mithilfe von Vervielfältigungs- oder Übertragungstechniken bestimmte Botschaften an unspezifisch große Gruppen übermitteln können. Im Alltag gilt M. als Oberbegriff für Presseerzeugnisse, Hörfunk, Film, Fernsehen, Videos, Compactdiscs und andere prinzipiell allen Mitgl. der Gesellschaft zugängl. Informations- und Unterhaltungsangebote; auch Bücher, Schallplatten, Bild- und Tonträger werden hinzugerechnet.

Das Wort ist nicht auffindbar. Fünf Jahrzehnte nicht. Die Masse ist da, und die Medien sind es, Presse, Radio, Fernsehen, aber das Wort fehlt: Noch. Plötzlich klingt es herüber, ein Anglizismus, der Epoche macht, ein transatlantischer Bote, der am Ende des Jahrhunderts so vertraut sein wird wie die Dinge, die er bezeichnet. Ein abgründiges, vertracktes Kompositum: »mass media«, Massenmedien.
Im Pariser Hotel »Ritz« an der Place Vendôme observiert eine automatische Kamera die Drehtür zum Foyer. Auch zwei Männer und eine junge Frau sind es, die am Abend des 31. August 1997 hier gefilmt werden. Das Videoband mit eingedrucktem Time Code wird noch in dieser Nacht zum historischen Dokument, als das Leben der Frau und ihrer Begleiter am 13. Pfeiler des Pariser Alma-Tunnels endet. Eine Autofahrt mit Todesfolge auf der Flucht vor Paparazzi. Der Tod im Tunnel. Der Tod der Lady Diana Spencer.
»Je näher man ein Wort ansieht, desto ferner blickt es zurück«, sagt Karl Kraus. Mass media: die Masse und die Medien. Es gibt rund um den Erdball wohl kaum Bilder, die mehr Menschen erreicht haben als die stummen Szenen jener automatischen Hotel-Kamera. In Tagen und Wochen nach dem Ende auf der Seine-Autobahn wieder und wieder reproduziert, arbeiten sie mit an einer Legende, der Legende vom Mythos Diana.

Das Wort war schon erfunden, als ein Schmalfilm-Amateur in Dallas, Texas, seine Bedeutung erstmals erprobte. Sieben Sekunden und ein paar Meter Super-8-Film dauerte das Attentat auf der Elm Street im November 1963, das mit den Schüssen auf John F. Kennedy eine »Ära des Zweifels« einleitete, so der amerikanische Schriftsteller Don DeLilli: der Präsident im offenen Wagen, die Kugeln von schräg oben, Jacqueline, die sich über den getroffenen Körper beugt, unscharfe Schwarzweißbilder, in Zeitlupe unendlich wiederholt, weltweit tausendfach gesendet, millionenfach gesehen. Der Film ist heute im Museum, doch der Zweifel bleibt. Die Tode von Dallas und Paris, die Masse und die Medien, abgründige, vertrackte Zusammenhänge. Masse und Magie.

Nur ein knappes Jahr nach Kennedys Tod erscheint im Verlag McGraw-Hill das Buch eines kanadischen Literaturprofessors, der sich einen Ruf als Kenner von Joyce, Ezra Pound und T. S. Eliot erworben hatte: *Die magischen Kanäle/Understanding Media*. Der Autor: Herbert Marshall McLuhan. Die Medien verstehen, das ist sein Treibsatz eines Prozesses, der seither das Jahrhundert kennzeichnet. Es ist ein Prozeß der Selbstvergewisserung. Was geschieht mit uns, wenn wir Zeitung lesen, Radio hören, fernsehen, das Internet nutzen? Was sind die Mittel, die unser Interesse, unser Betroffensein durch eine Handlung hervortreiben? Was sind »mass media?«

»Das Medium ist die Botschaft«, lautet die ebenso paradoxe wie verwirrende Antwort, das Mittel selbst ist Inhalt, nicht nur Förderband für anderes, sondern selbst Mitteilung. Kurz: Die Form ist Teil der Sache. So die berühmte Formel, die selbst noch in Enzensbergers Rede vom »Nullmedium« Fernsehen nachklingt. All die papiernen Letternlandschaften, die akustischen Sensationen, die hell flimmernden Lichtzeilen der Braunschen Röhre sind Teil einer fortschreitenden technologischen Rückkoppelung, die auf das Sensorium und das Bewußtsein seiner Benutzer zurückwirkt. Das Werkzeug verändert seinen Hersteller, wenn es sich selbst verändert. Das ist der qualitative Sprung, der jene raumgreifende Entwicklung der kommunikativen Mittel definiert, für die das Wort erst spät gefunden wurde: Massenmedien.

»Ich bin keine Kamera«, schrieb der Dichter Wystan Hugh Auden. Und doch wirkt das Kamera-Auge auf die Wahrnehmung zurück. Es schult das Sehen. Bevor das Bild den Blick der Massen erreicht, ist es immer schon medial codiert. So sieht und hört das Jahrhundert anders als seine Vorgänger und wohl auch anders als seine Nachfahren, so gelangt das Medium in den Menschen. Die Masse und die Medien, ein magischer Akt. Der Tod auf der Straße und der Tod im Tunnel. Magic for masses und als solche nicht gänzlich zu decodieren. Keine Erklärung seither reicht an die Szenen selbst heran, an die Zeichen, Töne und Bilder, die in zahllosen Variationen Verbreitung fanden. Nichts wird klarer, nur dichter, rätselhafter, »ferner«, mit Kraus' Worten. Was bleibt, sind die kaum verwehten Spuren einer Erschütterung, die im Gedächtnis haften.

Vielleicht ist alles Fernsehen erinnern, ein Bilder-lesen, das alle je neuen Lektüren an ältere rückbindet, wie Barbara Sichtermann schreibt. Erst diese freiwillige Regression schafft mediale Gegenwart, und die ist zumeist allgemein und konventionell. So betrachtet, reimt sich Regression nicht auf Verdummung, die manche den Medien gern attestieren, sowenig wie auf all die anderen Theorien der Nachahmung, der Manipulation oder der Simulation. Das Lagerfeuer im globalen Dorf stillt die Angst, das ist es. Im Ritual der Texte, Bilder und Töne steckt Geborgenheit. Es stiftet Zusammenhalt, den stets gefährdeten Kontakt zur Außenwelt, der Welt der anderen, die angst macht und die doch unverzichtbar scheint. Im universellen Bild der Diana Spencer sind die Massenmedien zu sich selbst gekommen. Am unteren, unbewußten Ende ihrer Wahrnehmungsskala steht der Trost. So sind die Medien auch Mittel gegen die Einsamkeit. Medien gegen die »transzendentale Obdachlosigkeit«, die Georg Lukács der Moderne zuschrieb. Hier kann Identität gefunden werden, so die eigene ängstigt oder unauffindbar blieb. Im Umgang mit ihnen läßt sich Gemeinsamkeit finden, und sei sie noch so versteckt und unscheinbar, magische Kanäle.

In zwei Kapseln werden 1977 von Cape Kennedy aus Materialien ins All geschossen, die das Leben auf der Erde darstellen.

Wenn diese 100 Objekte die Welt repräsentieren, so sollten auch Radio und Fernsehen darunter sein, auch sie Worte des Jahrhunderts, Requisiten der Epoche, auf einer Reise durch die Zeit.

Peter Henning
Molotow-Cocktail

oder: Skrjabins letzter Kampf

Molotowcocktail [nach W. M. Molotov], behelfsmäßiges Brandkampfmittel: mit einem Öl-Benzin- oder Benzin-Phosphor-Gemisch gefüllte Flasche, die nach Anzünden des aus dem Flaschenhals hervorragenden Dochtes gegen ein Ziel geworfen wird; erstmals im Zweiten Weltkrieg von sowjet. Truppen zur Panzernahbekämpfung eingesetzt, danach u. a. bei Straßenkämpfen, Terroranschlägen oder militanten Aktionen verwendet.

Noch viele Jahrzehnte später flogen sie durch seine Träume. Und wenn er daran zurückdachte, wie sie sie den heranrollenden Panzern entgegengeschleudert hatten, stieg noch heute ein Gefühl der Genugtuung in ihm auf. Wie gesichtslose Dämonen waren die mächtigen, von einem vorauseilenden, immer mehr anschwellenden Vibrieren und Dröhnen angekündigten Panzer damals aus der Nacht aufgetaucht. Und dann hatten sie ihnen die Flaschen aus ihren Gräben entgegengeschmissen, eine Serie dumpfer Laute, und die Nacht wurde erhellt von zahllosen blauweißen Leuchtfeuern, und in der Luft trieb der beißende Geruch von Öl und Benzin.

Das war lange her, und längst war Skrjabin ein alter Mann. Doch wenn er seinen Blick über die vor ihm auf dem Tisch stehenden Flaschen wandern ließ, aus deren Hälsen die Dochte schlaff wie die welk gewordenen Blumenstiele auf Ljudmilas Grab heraushingen, kam es ihm vor, als sei es gestern gewesen: die Schreie, das Leid, der Tod, der Hunger, die Kälte, der Krieg.

Seine Frau Ljudmila war bereits vor ein paar Jahren gestorben. Dann hatte ihm das Alter den grauen Star und ein Raucherbein beschert, und sein Sohn Mischa, dieser Verräter, war nicht willens gewesen, die Scholle zu übernehmen.

Im Grunde war es gut, daß Ljudmila rechtzeitig gestorben war und das alles nicht mehr miterleben mußte. Es hätte ihr zweifellos das Herz gebrochen, mitansehen zu müssen, wie die Planierraupe auf das Geburtshaus ihres Vaters zurollte und nach zwei Stunden Arbeit alles dem Erdboden gleichgemacht war.

Mischa schrieb ihm noch manchmal eine Postkarte aus der Hauptstadt, doch die zerriß Skrjabin meist sofort und warf sie mit einer Drehung seines Handgelenks ins Feuer. Ebenso hatte Skrjabin auch die Schreiben des Bauamts ins Feuer geworfen. Die erste Aufforderung zur Grundstücksräumung hatte er wieder und wieder aufmerksam studiert, die folgenden dagegen las er nicht mehr. Statt dessen war er rüber zum Apotheker gehumpelt, um sich genügend Alkohol und Öl und Watte zu besorgen. Melnkow hatte ihn fragend angesehen und gesagt: »Skrjabin, wozu brauchst du denn das Zeug, du wirst doch keine Dummheiten machen?« Doch Skrjabin war seiner Frage ausgewichen, indem er ihm prätentiös das Geld hinblätterte. »Komm, sag schon!« hatte Melnkow insistiert, doch da war Skrjabin schon aus der Tür und draußen im dichten Schneetreiben verschwunden.

»Die können viel anordnen«, sagte ich Skrjabin. »Mich kriegen die hier nicht weg, und wenn, dann höchstens in einer Holzkiste, das schwör ich denen. Sollen nur kommen mit ihrer Raupe.«

Er war sich wie ein junger Mann vorgekommen, als er mit noch immer vertrauten Bewegungen das Benzin-Öl-Gemisch in die verschieden großen Wodka-Flaschen einfüllte und der scharf riechende Cocktail durch den roten Trichter lief. Und während er die Dochte in die Flaschenhälse einführte und mit der Watte fixierte, sah er das Kommende beinahe mit Vorfreude von seiner Phantasie wie auf eine imaginäre Leinwand projiziert vor sich: das Aufheulen der Motoren; das Zerbersten und Fallen der Außenmauer und das unausweichliche Näherrücken der Raupe. Und wie er sich eine Flasche nach der anderen von dem neben sich in den Schnee gestellten Schemel greifen und gegen die heranfahrende Furie schleudern würde. Schepilow hätte zweifellos an seiner Seite gekämpft, wenn er noch am Leben gewesen wäre. Skrjabin griff sich eine der Flaschen, die er zärtlich »molotow, mein Hämmerchen« nannte, strich mit der anderen Hand über ihren leicht gewölbten Bauch und murmelte: »Du wirst mich nicht im Stich lassen? Auf dich kann ich mich doch verlassen, was?«

In dem Schreiben hatte die Behörde den 8. November als ultimativen Räumungstermin genannt. Morgen früh würde es soweit sein. Und da er wußte, daß sie in aller Herrgottsfrühe mit ihrer Maschine anrollen würden, ging er an diesem Abend gegen seine Gewohnheit früh zu Bett.

Im Schein der Nachttischlampe standen die Flaschen auf dem Tisch aufgereiht wie Orgelpfeifen. Er stellte seinen Wecker auf halb fünf, sah noch einmal zu den Flaschen, auf denen alle seine Hoffnungen ruhten, und drehte sich in einen kurzen und wenig erholsamen Schlaf.

Immer wieder hatte er das Szenario in Gedanken durchgespielt. Und am nächsten Morgen ging er wie geplant vor: Um halb sechs drückte er den Schemel in den Schnee, holte die Flaschen eine nach der anderen aus der Küche und stellte behutsam darauf ab und baute sich vor seinem Haus auf.

Er trieb seine Krücken wie Markierungen neben sich in den hart gefrorenen Schnee und steckte sich eine Zigarre an. Der Rauch füllte seine Lungen und erzeugte einen leichten Schwindel in seinem Kopf.

Das Dröhnen der Planierraupe zerriß den Morgen. Er schnippte den Stumpen, an dem er eine neue Zigarre angezündet hatte, in den Schnee. Die Mauer fiel, wie er es sich vorgestellt hatte, die Raupe kam näher, wuchs und wurde größer und größer. Die Gläser seiner Brille beschlugen von der Wärme, die seinen Wangen entstieg. Er zündete den ersten Docht an und schleuderte die Flasche mit einem mächtigen Ruck gegen die herannahende Furie, derart heftig, daß er das Gleichgewicht verlor und nach hinten in den Schnee fiel. Die Brille glitt ihm von der Nase. Das Heulen der Motoren war zu ohrenbetäubender Lautstärke angeschwollen, und aus dem Grau, in das er auf dem Rücken liegend hinaufstarrte, fielen die Flocken auf sein erhitztes Gesicht, und ihr kaltes Lecken war ihm angenehm.

Und so hatte Skrjabin gar nicht mitbekommen, was wirklich geschah: daß die einzige Flasche, die er geworfen hatte, ihr

Ziel weit verfehlt hatte und der Docht im Schnee krepiert war und daß der Arbeiter die Führerkabine der Raupe verlassen hatte und gegangen war, um sich neue Instruktionen zu holen. Eine Ewigkeit, so schien es Skrjabin, lag er bereits so da. Ein leichter Schmerz im Kreuz zwang ihn liegenzubleiben und machte das Atmen schwer.

Zuerst hatte Skrjabin seinen Ohren nicht trauen wollen, als das Brummen der Motoren tatsächlich verstummte. Doch als nach einer Weile noch immer nichts zu hören war, da wähnte sich Skrjabin am Ziel. »Mein Hämmerchen hat mich nicht im Stich gelassen«, ging es dem Alten im Kopf herum. Und er war glücklich und fühlte sich seltsam beseligt, und als er an seine Frau Ljudmila dachte, sogar fast ein bißchen wie ein Held.

Als der Arbeiter gemeinsam mit dem Zuständigen vom Amt endlich zurückkehrte, da fanden sie den eingeschlafenen und in eine andere Welt entschwundenen Skrjabin bereits zur Hälfte vom Schnee zugedeckt.

Harro Zimmer
Mondlandung

Erste **Mondlandung** bei der Apollo-11-Mission, wobei am 21. 7. 1969, 3^h 56^{min} (MEZ) N. ARMSTRONG als erster Mensch die Mondoberfläche betrat (rd. 20 Minuten danach folgte E. ALDRIN). Mit Apollo 17 endeten nach sechs Mondlandungen 1973 vorerst bemannte Raumflüge jenseits der übl. Erdumlaufbahnen.

»Ein kleiner Schritt für einen Menschen, ein großer Sprung für die Menschheit.« Dieser Ausspruch Neil Armstrongs, der als erster Erdenbürger am Morgen des 21. Juli 1969 die staubige Oberfläche des Mondes betrat, schien die euphorische Stimmung rund um den Planeten prägnant zu treffen. Fast eine halbe Milliarde Fernsehzuschauer, ausgenommen jene in fast allen damaligen Ostblockstaaten und Chinas, verfolgten live den Höhepunkt der Mission Apollo 11, eines bis dahin beispiellosen technologischen Kraftakts, initiiert rund sieben Jahre zuvor durch Präsident Kennedy, der in seiner berühmten Rede am 25. Mai 1961 vor dem Kongreß unter anderem dazu erklärte:
»Ich glaube, diese Nation sollte sich dem Ziel verschreiben, noch vor Ende dieses Jahrzehnts einen Menschen auf dem Mond zu landen und sicher zur Erde zurückzubringen. Kein Raumfahrtprojekt wird eindrucksvoller für die Menschheit oder wichtiger für die längerfristige Erkundung des Weltraums sein, und keines wird schwerer oder mit mehr finanziellem Aufwand auszuführen sein.«
Zwei Motive veranlaßten Kennedy zu dieser historischen Entscheidung: Da waren die spektakulären Raumfahrtmissionen der UdSSR mit ihrem weltweiten Echo, gerade kulminierend im Erstflug eines Menschen durch Juri Gagarin, am 12. April 1961. Sie signalisierten aber auch, daß diese neue Technologie im »Kalten Krieg« der Sowjetunion anscheinend einen Vorsprung verschafft hatte, militärisch und auch ideologisch. Zum anderen aber galt es, dem eigenen Land eine visionäre Perspektive zu vermitteln, eine Herausforderung auf höchstem Niveau.

400 000 Menschen arbeiteten am Projekt Apollo, dessen Führungsteam Spezialisten aus der Alten und Neuen Welt vereinte: die Ex-Peenemünder um Wernher von Braun, nun unter amerikanischer Flagge segelnd, sowie eine wachsende Zahl hochqualifizierter Ingenieure und Wissenschaftler aus der Industrie und der Raumfahrtbehörde der Nasa.

Die Vision Kennedys wurde schließlich Realität. Insgesamt haben sechs amerikanische Expeditionen auf der Oberfläche des Erdtrabanten gearbeitet und geforscht. Ursprünglich waren noch drei weitere Missionen vorgesehen. Sie fielen jedoch dem Stimmungswandel in der Öffentlichkeit und den veränderten politischen Rahmenbedingungen, z. B. durch den Vietnamkrieg, zum Opfer.

So war es schließlich Eugene A. Cernan, der am 14. Dezember 1972 mit Apollo 17 als letzter Astronaut den Mond verließ. Dieses etwas abrupte Ende des Programms schien jedoch kaum auf allgemeines Bedauern zu stoßen. Die bemannte Erkundung des Mondes hatte auf den ersten Blick keine Sensationen gebracht. Sie schien vielmehr die gängige Meinung von einer extrem lebensfeindlichen Umwelt zu bestätigen, auf der es nichts zu holen, sondern nur mitzubringen gab. Der Rivale, die UdSSR, war auf diesem Feld ohnehin eindeutig geschlagen.

In den siebziger Jahren wurde es dann beinahe zur Gewohnheit, den Erfolg von Apollo auf die technischen und organisatorischen Aspekte zu reduzieren. Mehr noch: Damals wie heute wurde oft argumentiert, daß das Unternehmen unter dem Kosten-Nutzen-Aspekt unangemessen teuer war. Dazu sollte folgendes angemerkt werden: Alle Programme, die direkt oder indirekt mit den Mondlandungen zusammenhingen, haben insgesamt etwa 30 Milliarden Dollar gekostet, und das verteilt über einen Zeitraum von 14 Jahren. Das entspricht der Hälfte der Summe, die die USA 1975 in ihrem Ministerium für Gesundheit, Soziales und Erziehung ausgegeben haben. Noch deutlicher wird diese weitverbreitete Behauptung ad absurdum geführt, wenn man die Etats des US-Verteidigungsministeriums zum Vergleich heranzieht. Die Kosten für die Mondlandungen nehmen sich dagegen tatsächlich nur wie »Peanuts« aus.

Über die wissenschaftliche Ausbeute mag man streiten. Doch von den vielen Erstleistungen des Apolloprogramms sprechen drei zweifellos für sich: 1) die geologische und geophysikalische Exploration vor Ort an sechs Landestellen, 2) die Rückführung von 385 kg »handverlesenem« Gestein und Bodenproben von sechs verschiedenen Gebieten auf dem Mond, und 3) der Aufbau von sechs automatischen Meßstationen, die über Jahre hinweg eine Vielfalt von Informationen lieferten. Ohne Zweifel hat Apollo ein neues Bild unseres Begleiters geprägt.

Heute steht der Erdtrabant wieder im Brennpunkt: Die neuen Erkundungen mit vergleichsweise billigen, unbemannten Sonden, die u. a. zur Entdeckung von großen Mengen an Wassereis in seinen Polregionen führten, eröffnen ungeahnte Perspektiven über die zukünftige Rolle des Menschen auf dem Mond. Mit Sicherheit wird es im nächsten Jahrzehnt wieder bemannte Landungen geben, schwieriger und gefährlicher als die der Jahre 1969-1972. Doch der über die Zeiten ragende Meilenstein wird wohl immer Apollo heißen.

Roland Kaehlbrandt
Oktoberrevolution

Oktoberrevolution, die Machtübernahme der Bolschewiki im Jahre 1917 in Petrograd in der Nacht vom 25. auf den 26. Oktober (nach dem damals in Russland übl. julian. Kalender; nach dem heutigen gregorian. Kalender: 7./8. November). Nach dem Sturz des Zaren durch die → Februarrevolution war es der Provisor. Regierung nicht gelungen, die Kontrolle über das Land zu gewinnen.

Wohl keine andere Sentenz der marxistischen Vulgata bringt so deutlich das historische Sendungsbewußtsein des Marxismus zum Ausdruck wie das triumphierende und verächtliche Urteil, der Klassengegner sei »auf dem Müllhaufen der Geschichte« gelandet. Heute, über achtzig Jahre danach, scheint mit der kläglichen Auflösung des real existierenden Sozialismus die ehemals feierlich besungene »Große Sozialistische Oktoberrevolution« selbst zu den abgehakten Kapiteln der Geschichte zu gehören. Und wenn der Trotzki-Biograph Isaac Deutscher noch Anfang der siebziger Jahre schrieb, keine andere Revolution habe je eine solche Kontinuität gewahrt, so mag der eine wehmütig, der andere erleichtert diesen historischen Irrtum verzeichnen. Doch wurde die Selbstgewißheit marxistischer Geschichtsphilosophie schon beim ersten politischen Sieg des Kommunismus auf eine harte Probe gestellt. Denn die Oktoberrevolution, die nach unserem Kalender eine Novemberrevolution war, entsprach keineswegs dem Lehrbuch. Sie brach nicht etwa, wie eigentlich vorgesehen, im entwickelten industriellen Westeuropa aus, wo das historische Subjekt, das Proletariat, die Mehrheit oder jedenfalls einen großen Teil der Bevölkerung ausmachte, sondern in einem unterentwickelten Land, in dem nur drei Prozent der Bevölkerung der Industriearbeiterschaft zuzurechnen war. Der rote Oktober entsprach nicht der vorgesehenen Abfolge Sklavenhaltergesellschaft – Feudalgesellschaft – bürgerliche Gesellschaft – Sozialismus – Kommunismus, auch wenn Marx in seinem Todesjahr, 1883, für Rußland die Chance gesehen hatte, die kapitalistische Entwicklung zu umgehen. In der Nacht vom 25. auf den 26. Oktober 1917 stürzten einige tausend Bolschewisten, deren Partei sich auf nicht mehr als 100 000 bis 200 000 Parteimitglieder stützen konnte, in einem Staatsstreich die aus den Wirren der Februarrevolution hervorgegangene gemäßigte Kerenski-Regierung, die nur von einer Handvoll Soldaten verteidigt wurde. Am 25. Oktober war die Provisorische Regierung abgesetzt, und der seit Lenins April-Thesen ausgegebene bolschewistische Kampfruf »Alle Macht den Sowjets« schien politische Wirklichkeit. Doch der Staatsstreich entpuppte sich in seiner Folge als revolutionäre Umwälzung. Die Bolschewisten, und sie allein, besaßen die Entschlossenheit, in einem kompromißlosen Zugriff die radikalen Entscheidungen zu fällen, auf die die Mehrheit des ausgebluteten, ausgehungerten und führerlosen Landes wartete: Sie forderten einen sofortigen Frieden ohne Annexionen und Reparationen, nationalisierten Großbetriebe und Banken, leiteten die Enteignung des Großgrundbesitzes ein und verkündeten das Recht auf nationale Selbstbestimmung. Diese einschneidenden Maßnahmen waren historisch vorbereitet durch die wechselvollen Monate seit der Februarrevolution, die einer Radikalisierung wie im Zeitraffer den Boden bereiteten. Ausgedehnte Streiks und Verbrüderung zwischen Arbeitern und Soldaten führten im Februar 1917 zum Sturz des Zarismus, der längst die Kontrolle über das Land verloren hatte. Die folgenden Monate waren durch das Kräftemessen in einer Doppelherrschaft zwischen dem Rat der Arbeiterdeputierten (Sowjet) und der provisorischen Regierung bestimmt. Da sich die wechselnden gemäßigten Koalitionen der Provisorischen Regierung unfähig zeigten, den Krieg zu beenden und grundlegende Reformen zu beschließen, wuchs in den Sowjets die Zustimmung zu den radikalen Thesen der Bolschewisten, deren Urheber Lenin war. Er vertrat die Auffassung, daß die Revolution rasch von einer bürgerlichen in eine sozialistische umschlagen werde. Der Krieg war in einen Bürgerkrieg zu verwandeln. Anschließend war die politische Macht auf der Grundlage der Sowjets zu errichten. In der Folge einer weiteren schweren militärischen

Niederlage der russischen Armee und der mit Hilfe der Bolschewisten erfolgten Niederschlagung eines konterrevolutionären Putschversuchs des Generals Kornilow entschlossen sich die Bolschewisten, den darauffolgenden Linksruck in den Sowjets zu nutzen und den Umsturz zu wagen. Ohne eine schlagkräftige und zentralistische Partei wie die Bolschewiken wäre jedoch weder der Umsturz erfolgreich gewesen noch vor allem der nachfolgende Bürgerkrieg zwischen der Roten Armee und den »Weißen« zumindest militärisch siegreich ausgegangen – trotz der wider Erwarten ausbleibenden Revolution im Westen. In der Rückschau steht die Oktoberrevolution für die Möglichkeit des Umsturzes verkrusteter Regime und für den Versuch, eine radikale politische Utopie in ein Staatswesen zu übersetzen.

Friedrich Kittler
Panzer

Panzer [mhd. panzier ›Brustpanzer‹, von altfrz. pancier(e), zu lat. pantex, panticis ›Wanst‹], 1) ein *Körperschutz*: aus Fell, Leder, Stoffen oder Metallen hergestellter Oberkörperschutz des Kriegers. 2) ein *Waffensystem*; zusammenfassende Kurz-Bez. für alle Gattungen gepanzerter Ketten- und Radfahrzeuge (›P.-Fahrzeuge‹), deren konstruktive Auslegung und Ausrüstung jeweils auf eine bestimmte takt. Anforderung hin optimiert sind.

Für Thomas Macho

An einer Berliner Straße, die ausgerechnet den 17. Juni 1953 beruft, thronen zwei T 34, nostalgische Museumsstücke der Schlacht um Berlin. Das Jahr, an dem ihre heutigen Nachfahren den Heeresdienst quittieren, um in den Dienst gepflegter Memorialkulturen zu wechseln, scheint nicht mehr fern. Heiner Müllers Tragödie ist dem Weg der Panzer nur von der Wolokolamsker Chaussee über Berlin und Budapest bis nach Prag gefolgt. Aber er dürfte bei einem Leitfossil enden, das dieses unser Jahrhundert, wenn seine Schlachten vergessen sind, wenigstens noch auszugraben erlaubt.

Leitfossilien, ob paläontologische oder ontologische, brauchen harte Schalen. Von Säugetieren im allgemeinen und Menschen im besonderen, deren Härte ganz im Gegenteil in versteckten Knochen haust, haben denn auch nur Skelette überdauert. Deshalb war Kafkas Käferwerden (wie erst Deleuze und Guattari erkannt haben) eine Aufrüstung, die der Kriegstechnologie seiner Zeit auf der Spur blieb. Kein anderer als Sir Winston Churchill, der gescheiterte Kavallerist von Omdurman, hatte 1915 den wahrhaft anglo-amerikanischen Gedanken, das verblutende Heer Britanniens in amerikanische Landwirtschaftsmaschinen zu stecken, die Schützengräben überwinden und Soldatenkörper panzern können sollten. Bei Innentemperaturen von sechzig Grad rollten blinde Tankbesatzungen, deren Funkfernsteuerung den Zugriff von Stacheldraht auf Außenantennen nicht lange überlebte, also schleunigst durch Brieftaubenpost ersetzt werden mußte, dem Etappensieg von 1918 entgegen.

Aber ganz wie Brechts anarchischer Fatzer unmittelbar nach Weltkriegsende aus dem Mutterleib eines solchen Tanks kroch, so entsprang das Leitfossil dieses Jahrhunderts erst einer Etappenniederlage. Generalstäbe sind konservativ, wenn sie nicht eben geschlagen worden sind. »Die Tatsache, daß man ihnen diese Waffe verbot, überzeugte die Deutschen davon, daß die Panzerwaffe ein ausschlaggebender Faktor für den Sieg der Alliierten gewesen sein müsse.«[1] Hauptleute i. G. wie Heinz Guderian, ob aus gepanzerter Männerphantasie oder auch nicht, gingen also daran, den altehrwürdigen Traum namens Kavallerie wiederzuerwecken: Seit 1926 übte die Reichswehr mit Pkws, denen Panzertürme und Panzerkanonen aus Pappe aufgesetzt waren, eine moderne Reiterarmee.

Die Folgen sind bekannt. Aus dem Stellungskrieg von 1914, dessen Siege im Meterbereich gelegen hatten, wurden Blitzkriege als Überrollungen ganzer Länder oder Wüsten. Die gute alte Eisenbahn, auf die noch der alte Moltke seine brandneue Logistik gegründet hatte, blieb zur Freude angehender Partisanen links liegen, während beliebige Straßen, nicht nur bei Smolensk oder Wolokolamsk, zu Heerstraßen aufrückten. Jede »Volksdemokratie« Osteuropas war ein von der Roten Armee gesäuberter Panzerkessel, jeder israelische Sinaifeldzug ein »Blitzkrieg vom Weinjahrgang 1940«.[2] Und selbst wenn Guderians Taktik, seine motorisierten Divisionen über eine brandneue Funktechnik namens UKW fernzusteuern, mittlerweile einem Global Positioning System Platz gemacht hat, das noch südirakische Wüsten überdeckt, bleibt sie in Kraft. Nur dürfte die Fernlenkung, wie sie als kulturbefreites Autoradio mit Beachboy-Songs begann, mehr und mehr auf zivile Autobahnbenutzer übergreifen. Als Computer-Aufrüstung der Pkws, die schon lange keine Käfer mehr sind, kommt die Motorisierung des Krieges jedenfalls ans Ziel.

1 Len Deigthon, *Blitzkrieg*. Von Hitlers Triumphen bis zum Fall von Dünkirchen. 2. Aufl. München 1980, S. 166.

2 Vgl. Martin van Creveld, *The Sword and the Olive*. A critical history of the Israeli Defense Force. New York 1998, S. 160.

Diesseits des Zieles, wie immer, bleiben neue Todesarten zurück. Bei Kursk und Orjol, der letzten Panzeroffensive der Wehrmacht, hatten ihre Tiger-Besatzungen strikten Befehl, mit geschlossenem Turm in die Schlacht zu fahren. Die wenigen, die Watutins Gegenoffensive überhaupt überlebt haben, ließen ihre Panzertürme dagegen offen. Jede Waffe beschwört Antiwaffen herauf, die auch Leitfossilien eines Jahrhunderts in Stahlsärge aus brennendem Benzin verwandeln können. Rüstung macht nicht eben sehend; und wie die europäische Ritterschaft einst blindlings in Armbrüste oder Piken lief, blieb von der republikanischen Gardedivision Hammurabi, als sie ohne Nachtsichtgeräte die Wüsten südwestlich von Basra verteidigte, nur eine Reihe brennender Särge zurück.

Schon deshalb läuft es mit Panzern wie mit allen Ausgeburten des Terrors: Sie treten vorzugsweise gegen Unbewaffnete an. Bevölkerungen oder Aufständische, Regierungen oder Radiostationen sind klassische Ziele. Schon Guderians zehn Panzerdivisionen machten um gegnerische Truppenkonzentrationen elegante Bögen, um statt dessen (wie sonst nur noch im gleichzeitigen Orson-Welles-Radiospiel vom Radioweltkrieg) das Nachrichtensystem besagter Gegner zu zerschießen.[3] Das hat ihm jeder Putschist unter Medienbedingungen nachgetan. Panzer, die gegen Rundfunk- oder Fernsehstationen anrollen, versorgen Rundfunk, Fernsehen (und mich) mit jenem säkularen Stichwort, das seit Heideggers Ereignis Ereignis heißt. Panzer, die über Schützenlöcher oder auch Studenten mit systematischer Kettendrehung rollen, tun noch mehr: Sie taufen den Platz des Himmlischen Friedens um.

Aber alles hat nichts genützt. Wie vormals nur die See ihre Schiffe[4], so vergißt die Erde von heute ihre Panzer. Außer jenen zwei Berliner Schaustücken steht kein T 34 mehr, wohin er vorgestoßen ist. Selbst Marschall Tschuikows 52. Gardepanzerarmee, die bei Stalingrad die Entscheidung brachte und bei Magdeburg der europaweiten Fortsetzung entgegensah, ist auf ihre umgetaufte Ausgangsbasis zurückgeworfen.

3 Vgl. Deigthon, *Blitzkrieg*, S. 200 f.
4 Vgl. Friedrich Hölderlin, *Andenken*.

Von Stalingrad nach Wolgograd, Krieg ohne Schlacht – so hat es weder Alexander Kluge noch Heiner Müller erzählen können.

Wahrscheinlich haben Gorbatschows Ghostwriter recht: Während die Rote Armee noch dabei war, gegen Guderians zehn vernichtete Panzerdivisionen Unzahlen von Panzerarmeen aufzustellen, hat das Käferwerden neue Dimensionen erreicht. Im Jahrhundert der Panzer geht der Krieg ohne Schlacht um Panzerung selber. Jede integrierte Schaltung – anders gesagt: jeder Computerchip – umschließt einen Kern aus Silizium und Siliziumdioxid in einer Schale aus Epoxid- oder Siliziumharz.[5] Seine Innereien sind mithin nicht organischer oder verletzlicher als sein Panzer. Zudem isoliert die doppelte Panzerung nicht nur Leiterbahnen von Isolatoren, sondern auch Chips von jenen »Gesellschaften«, die besser Kohlenstoffsymbiosen hießen.

So enden mit dem Jahrhundert selber seine Träume, Säugetiere, Kohlenstoffsymbionten oder näherhin Soldaten zu ummanteln. Hitlers WK-I-Traum von schlechthin unverwundbaren Panzern, wie Porsche ihn mit einer Hannibal-Verballhornung namens Maus erfüllte[6], war schon als Fehlkonstruktion der letzte Charakterpanzer, den Wilhelm Reich noch hätte psychoanalysieren können. (Offenbar verschwinden Zwangsneurosen einfach dadurch, daß sie aus Leuten in Chromstahllegierungen wandern.) Todesarten von heute kommen dagegen aus gepanzerten, nämlich »eingebetteten« Siliziumchips, die jede bessere Granate und folglich auch jeden besseren Pkw steuern. Panzer, wie Porsche sie als Mäuse oder Elefanten tarnte, wogen hundert Tonnen; Mikroprozessoren samt Epoxid-Mantel haben höchstens Daumenbreite. Krieg und Panzerung laufen also weiter, aber weit unterhalb von Kohlenstoffsymbiosen, Wahrnehmungen usw. Erste Hubschrauber von Daumennagelgröße verlassen eben die

5 Vgl. etwa Hans-Martin Rein und Roland Ranfft, *Integrierte Bipolarschaltungen*. Berlin-Heidelberg-New York 1980, S. 30. Über die Notwendigkeit, Kohlenstoffverbindungen oder Sterblichkeiten durch Siliziumverbindungen oder Unsterblichkeiten zu ersetzen, vgl. aber schon Thomas Pynchon, *Die Enden der Parabel. Gravity's Rainbow*. Reinbek 1983, S. 905 f.

6 Vgl. Albert Speer, *Erinnerungen*. Berlin 1969, S. 248.

Labors; erste Mikropanzer werden folgen. Das Leitfossil des einundzwanzigsten Jahrhunderts erscheint nur mehr Elektronenmikroskopen.

Rolf Schneider
Perestroika

Perestroika [russ. ›Umbau‹, ›Umgestaltung‹, zu perestroit' ›umbauen‹, ›verändern‹] die, -, Schlagwort für die von M. S. Gorbatschow nach seinem Amtsantritt (1985) als Gen. Sekr. der KPdSU eingeleiteten polit. und wirtschaftl. Reformen in der Sowjetunion.

Das russische Verb *stroitj* bedeutet bauen. *Stroika* ist das Bauwerk, *perestroika* der Umbau. Wie im Deutschen könnten die letzten beiden Begriffe wörtlich und metaphorisch gebraucht werden. Die Karriere des Wortes Perestroika als Name für eine Umgestaltung erstarrter politischer Verhältnisse begann um das Jahr 1985 in Moskau.

Der ihn so verwendete, Michail Sergejewitsch Gorbatschow, war nach den in kurzer Abfolge verstorbenen Politikern Breschnew, Andropow und Tschernenko zum neuen Generalsekretär der KPdSU bestellt worden: ein dynamischer, intelligenter, mit beträchtlichem persönlichen Charme und Charisma ausgestatteter Mann jüngeren Jahrgangs, der das Regiment selbstgefälliger Greise nachdrücklich beendete. Das Erbe, das er übernahm, war hochproblematisch. Äußerlich die andere Weltmacht neben den USA und dominierend einen halben Erdteil von ihr abhängiger Staaten, wankte das sowjetische Riesenreich von einer inneren Schwierigkeit zur nächsten. Der Umstand, daß zu Zeiten der Romanows Rußland einer der großen Getreideexporteure Europas gewesen war, nun aber Jahr um Jahr gewaltige Weizenmengen einführen mußte, um die Bevölkerung zu ernähren, war bloß ein Indiz für das Elend der Zustände.

Gorbatschow war, als er sein neues Amt antrat, ein überzeugter Kommunist. Er hatte eine gewöhnliche Laufbahn als Apparatschik hinter sich, war von Hause aus studierter Jurist und ein Protegé von Juri Andropow, einem Manne mit besonders viel Herrschaftswissen, denn er leitete lange den Geheimdienst KGB, der, wie alle Geheimdienste in kommunistischen Staaten, sowohl Auslandsaufklärung wie Spionageabwehr wie Inlandsaufklärung betrieb. Wenn es seine Institution gab, der die ungeschminkte Wahrheit über das Land zufloß, dann diese.

Andropow und Gorbatschow kannten also die wahre Situation der UdSSR. Deren Industrie war überaltert und wenig produktiv, die Versorgung anfällig, die Landesverteidigung aufgebläht und ohne Effizienz, die Administration immobil und korrupt. Stimmung und Moral der Bevölkerung waren miserabel. Der Modernisierungsschub, den die Oktoberrevolution dem vordem rückständigen Rußland beschert hatte, war längst aufgezehrt. Stalins Terrorregime hatte die früheren Eliten abgeschlachtet und an deren Stelle unfähige Opportunisten gesetzt. Die auf dem XX. und dem XXII. Parteitag der KPdSU begonnene Entstalinisierung war auf halbem Wege versickert. Die Sowjetunion der achtziger Jahre erwies sich als eine zwischen Brutalität und Schlamperei dahintreibende Diktatur.

Gorbatschow wollte die Erstarrung aufbrechen. Er wollte dem Marxismus-Leninismus etwas von seinem einstigen Elan zurückholen. Seine Absicht war, Ökonomie und Gesellschaft auf die Höhe der Moderne zu heben und sein Land zu einem seiner selbst gewissen Partner im internationalen Spiel zu machen.

Wie das praktisch vor sich gehen sollte, blieb weitgehend ungewiß und würde bis zum Ende hin nicht ganz einsichtig sein, die dies betreffende Äußerungen des durchaus wortmächtigen Gorbatschow blieben da sonderbar allgemein. Ging es um ein Mehr an Demokratie? Sollte der autoritäre Druck gelockert oder aufgegeben werden? Eine einzige Maßnahme war von vornherein beschlossen und wurde nun praktiziert, ihr Name war das russische Wort *glasnostj*, was Durchsichtigkeit bedeutet, Transparenz.

Es ging um ein Mehr an Öffentlichkeit. Die berüchtigte Geheimnistuerei des sowjetischen Lebens sollte verschwinden, statt dessen sollte freimütig diskutiert, geschrieben und publiziert werden. Nur eine wohlinformierte und in ihren Äußerungen vorbehaltlose Gesellschaft, glaubte Gorbatschow, sei befähigt, ihre existentiellen Probleme zu erkennen und zu lösen.

Das Ergebnis war eine in der sowjetischen Gesellschaft seit den zwanziger Jahren nicht mehr erlebte Offenheit. Die Zeitungen wurden lesbarer, ein neuer Stil selbtkritischer Nachdenklichkeit zog ein, viele bislang unterdrückte Konflikte traten nun zutage, bis hin zu den gärenden Nationalitätenproblemen. Glasnostj wurde zur einzig wahrnehmbaren Realität von Perestroika.

Die stieß von Beginn an auf erhebliche Widerstände, welche waren:

- Die Gegnerschaft großer Teile des sowjetischen Machtapparats. Er sah sich durch die anstehenden Veränderungen gefährdet und unternahm alles, sie zu unterlaufen.
- Die Irritation in den Satellitenstaaten. Hier wurde, zumal in der DDR, die Resistenz von der Führungsspitze vorgetragen, mit dem Resultat, daß die Außenpolitik der Sowjetunion in erhebliche Unübersichtlichkeit geriet.
- Das Verhalten der sowjetischen Bevölkerung. Nach einem rasch vorübergehenden Aufatmen über die neuen Freiheiten kehrte die alte Apathie zurück. Gorbatschow selbst geriet durch verschiedene Unbedachtheiten, seine Antialkoholkampagne war eine davon, bei den Leuten immer mehr in Mißkredit.

Der alles überwölbende Fehler von Perestroika und eigentlicher Grund ihres Scheiterns freilich war, daß man auf die Reformfähigkeit einer Ordnung setzte, die sich nicht reformieren ließ. Das System hatte einzig durch blutigen Druck gehalten, und nun, da er fortgefallen war, zerbrach das System. Das Ende kam durch jenen Putsch, bei dem ein paar alte Stalinisten Gorbatschow stürzen wollten, mit dem Ergebnis, daß Gorbatschow schließlich durch Jelzin gestürzt wurde. Was heute als GUS und Rußland firmiert, mag sich vielfach ähnlich korrupt, unfähig und immobil zeigen wie die alte sowjetische Ordnung, leninistisch ist es nicht und wird es kaum mehr werden.

Cora Stephan
Pille

Pille, lat. **Pilula**, früher in Apotheken übl. Arzneizubereitung in Kugelform von meist 0,1 g Gewicht. – *Umgangssprachlich* wird P. oft auf empfängnisverhütende Arzneimittel (Ovulationshemmer, → Empfängnisverhütung) eingeengt.

Die Pille fürs ewige Glück ist ein Menschheitstraum. Und nie schienen die Menschen so nah dran an der Erfüllung dieses Traums wie damals, vor mehr als dreißig Jahren, als zum ersten Mal nicht eine weitere, sondern *die* Pille auf den Markt kam. Plötzlich war das Glück zum Greifen nah – und diesmal schien es ganz ohne die unerwünschten Folgen zu sein, vor denen die Märchen und Moraltraktate der Menschheit Glücksuchende stets miesepetrig warnten.

Glück ohne Nebenwirkungen, Genuß ohne Reue: Das Unmögliche versprach die Antibabypille, wie der erste chemische Ovulationshemmer mit entlarvender Feinddefinition hieß. Das Versprechen ging in Erfüllung. Aber ohne Folgen blieb das nicht.

Vielleicht hat es mit der Pille zu tun, daß Glück heute anders definiert wird als damals. Damals – ziemlich lange ist das schon her, und im Rückblick kommt einem albern vor, was sich vor dreißig Jahren alles mit der Tatsache verband, daß auf Geschlechtsverkehr nicht mehr »Strafe« im Sinne einer ungewollten Schwangerschaft stand. Eine Zeitlang symbolisierte »die Pille« die Erlösungshoffnung einer ganzen Generation – ob sie sich Blumenkinder, Antiautoritäre, Hippies, Verkündiger der sexuellen Revolution oder gar nichts besonderes nannten. Daß Sexualität, jederzeit und mit jedem Denkbaren, nun ohne Angst vor den Folgen möglich war – und mit Folgen meinte man damals Schwangerschaft, Aids lag noch in weiter Ferne –, verbindet heute kaum noch einer mit derartig weitreichenden Vorstellungen, wie es die jüngeren Generationen Ende der sechziger Jahre taten. »Make love, not war« – und Yoko Ono mit John Lennon zum friedenstiftenden Love-In im Bett: Der Sexualität, der befreiten, wurden Zauberkräfte zugeschrieben. Wenn jeder mit jedem schadstoffarm und nebenwirkungsfrei verkehren konnte – dann mußte die Welt einfach in Ordnung kommen.

Daß mit der Pille die Gesellschaft sich verändern werde, daß sie, indem sie Sexualität außerhalb der Ehe erlaube, damit die Keimzelle des Staates und letztlich also diesen selbst zum Einsturz bringen müsse, ja daß an der Wurzel der großen, befreienden Weltrevolution die befreite Sexualität liege – das alles klingt wie ein Märchen aus Olims Zeiten. Aber richtig gut erfunden kommt es einem heute nicht mehr vor.

Im Gegenteil: Der Glaube an »die Pille« und ihre paradiesischen Folgen erscheint uns heute nicht nur naiv, sondern dem Zeitgeist der tiefsten sechziger Jahre direkt entsprungen. Denn so radikal neu waren die Glückserwartungen ja gar nicht, die die Jungen damals an »die Pille« knüpften. Im Gegenteil: Sie paßten zur Vorstellungswelt der in den sechziger Jahren schon älteren Generationen, die nach dem Zweiten Weltkrieg das erste Mal die Segnungen der neuen chemotherapeutischen Wissenschaft erfahren hatten und nun glaubten, gegen alles gebe es ein Mittelchen. Seither standen im Spiegelschrank im Bad »mother's litte helpers«, war man der festen Überzeugung, nicht nur Krankheiten, sondern auch unerwünschte Gemütsregungen bekämpfen zu können, indem man die richtige Pille einwarf.

Und auch die Generation der sexuellen Befreiung warf alles ein, was der Markt hergab – auch anderes als »die« Pille. Es war die Zeit der Experimentierlust mit »bewußtseinserweiternden« Drogen – auch sie sollten, auf anderer Ebene, die Menschheitsbefreiung und die Weltrevolution befördern. Selten mag die spielerische Freude an den Segnungen der chemischen Industrie größer gewesen sein als zur Zeit der Pilleneuphorie. Die Pille in all ihren Formen, glaubten damals Apologeten und Warner zugleich, müsse die Menschheit einfach verändern – zum Guten. Oder zum Schlechten.

Nichts dergleichen ist eingetreten. Die Menschen haben sich als verblüffend resistent erwiesen – und das, obwohl heute Pillen auf dem Markt sind, die in ihren Wirkungen alles übersteigen, was man damals von ihnen zu erhoffen gewagt hat. »Die Pille« ist längst ein Verhütungsmittel unter anderen geworden – und das Dogma von der nichts als wünschenswerten Folgenlosigkeit der Sexualität hat ausgedient. »Die Pille« nimmt der Sexualität nur eine, in der Tat oft hinderliche Seite. Alles andere aber hat sie nicht revolutioniert, es ist so kompliziert wie eh und je: die Gefühle und die komplexen Lebenslagen der Menschen. Sexualität ohne Folgen gibt es nicht – ja, zum Glück gehört womöglich sogar, daß sie Folgen *hat*.

Also hätte sich nichts geändert? Mitnichten. Die sexuelle Befreiung mit eingebautem Tabubruch hat die Gesellschaft zwar nicht aus den Angeln gehoben – verändert aber hat sie sie schon. Das einstmals Intimste ist das am meisten Veröffentlichte geworden. In den Quasselshows und Softpornos, die man jeden Abend im Fernsehen sehen kann, ist die damals versprochene Revolution auf den Begriff gekommen.

Gefällt das wem nicht? Verständlich – andererseits: Wohl selten war eine Revolution so unblutig, so unschädlich und so belanglos. Das muß ein Fortschritt sein.

Tilo Köhler
Planwirtschaft

Planwirtschaft, Wirtschaftsordnung, in der alle Wirtschaftsprozesse (Produktion, Investitionen, Allokation und Konsumtion) eines Landes von einer zentralen Instanz entsprechend allg. Zielvorgaben der staatl. Führung mithilfe gesamtwirtschaftl. Pläne gesteuert und überwacht werden.

»Ja, mach nur einen Plan
Sei nur ein großes Licht!
Und mach dann noch 'nen zweiten Plan
Gehn tun sie beide nicht.«

Nun, daß der alte Dialektiker von der Ästhetik der Penunsen seinen Teil verstanden hat, wenn nicht sogar als ihr Erfinder gelten muß, ist unumstritten. Anders allerdings als sein Kollege Becher, der die Wirtschaft inbrünstig als »Großen Plan« besang, sah Brecht sich stets als Skeptiker, der nur von einem restlos überzeugt war: von der Unzulänglichkeit menschlichen Planens. Selbst dem aufgeklärten Lichtenberg verschlugen Überlegungen zur Planbarkeit das Schandmaul, wenn sie ihn in einem Aphorismus lediglich zum Ratschluß führten, stets die ganze Anlage des gut geplanten Tuns zu wahren und den Mut nicht einfach zu verlieren. Auch der Berghauptmann Novalis ließ die blaublumige Träumerei zu Hause, wenn er unromantisch räsonierte, nur ein fester Plan, ein aufmerksamer Vorsatz könne über die verräterische Schwäche allen untätigen Grübelns siegen. Schließlich schwadronierte sagar Kraus mit telepathischem Vermögen, daß die Menschheit nur drauflos wirtschafte und wohl keinen Plan als offenkundig den habe, ihr bißchen Kapital so eilig aufzubrauchen, bis der Fortschritt auch den letzten menschlichen Betrieb zerstöre.
Mithin weniger verträumten Temperamenten blieb es vorbehalten, sich den Phantasien der Planwirtschaft zu überlassen, in der jeder alles hatte, aber niemandem etwas gehörte. Planstrategen dieser Art gingen beherzter und auf umgekehrtem

Wege vor – sie kamen erst durch radikale Praxis und verträumte Analyse ihrer streng geplanten Wirtschaft zu poetischen Befunden.

Legendär ist Walter Ulbrichts luziferisches Bonmot, demnach ein Überholen möglich sei, ohne die vorderen erst einmal einzuholen. Das verstand sich immerhin als nationalwirtschaftliches Gesetz und galt als unumstößlich, und so ist es sicher kaum ein Zufall, daß selbst der Verzehr von Speisefisch sowie die Regelung der leiblichen Bewegung unter solcher Federführung zu Poemen normativer Kraft gerinnen mußten: »Jedermann auf jeden Tisch zweimal in der Woche Fisch« bzw. »Jedermann an jedem Ort zweimal in der Woche Sport« sind Klassiker der hochfliegenden Pläne aus den Jugendjahren einer dirigistisch angelegten Wirtschaft. Solche Riesenopfer wie die wilden Pläne seines großen Vorbilds Stalin forderten die kleinen, metrisch unanfechtbaren, Gebilde Ulbrichts gottlob nicht mehr, eher machten sie schon von Beginn an klar: Es ging bei aller Planwirtschaft um – Lacherfolge.

Wimmelte es in den frühen Jahren noch von fortschrittlichen Aktivisten und spontanen Bestarbeitern, freiwilligen Normerhöhern und beseelten Schrittmachern, so wurden mit der Zeit die volkseigenen Wundertäter offenkundig seltener, wenn sich auch die Erfolge sehen lassen konnten. So belieferte zum Beispiel eine führende Textilfabrik noch in den fünfziger Jahren jede durchschnittliche Kleinstadt mit der gleichen Sommerbluse in derselben großzügigen Stückzahl. Klar, daß da zugleich auch Tausende von Männerblicken schärfer wurden, erst einmal natürlich für den Leistungswillen einer volkseigenen Planwirtschaft – zugleich auch für die Individualität der eigenen Partnerin.

Es nimmt daher kaum wunder, daß der Pferdefuß der Planwirtschaft noch heute gern an Damenballen, namentlich am beispielhaften Ungemach eben der Frauen festgemacht wird, welche seinerzeit den halbseidenen Lockungen von Nylonfabrikanten in Legionen folgten. Allzu häufig nämlich wechselte die planwirtschaftlich ausgelegte Mode damals zwischen Strümpfen mit und ohne Naht, und unwägbar blieb meist, ob man gerade jetzt den Nahtlosen mit einer schwarzen Schummellinie auf die Beine helfen mußte oder ob es eben angezeigt erschien, ihn wieder auszuwaschen. Denn im Osten waren immer gerade die anderen zu haben, und so manches junge Mädel setzte alles auf die eine Desperadokarte – auf den individuellen Sockenschmuggel. Damals grummelten selbst nette Schriftsteller über das Phänomen der raren Fußbekleidung, Prosa vollsynthetischer Natur verzischte all die Wunder der Chemie aus volkseigenen Alchimistenküchen flugs zur »Dame Perlon«, und im Kabarett sorgten »Nahtlose Trümpfe« seinerzeit für Frohsinn. Heute aber setzt hier niemand der Jeanne-d'Arc-Bewegung vor dem Strumpfregal von damals einen Stein, obwohl der Unmut über eine unerwünschte Masche seinerzeit mehr Lebensweichen eingerichtet hat als alle planwirtschaftlichen Verheißungen, die Männerbünde sockengremienfest ersannen. Selbst die Stützstrumpfhose Form-Fit, die noch schnell erdacht wurde, vermochte es nicht zu verhindern, daß das Rückgrat mancher Bürgerin sich patriotisch weiter leicht verschliß; denn zwar verkaufte sie sich gut, doch auch die Bürgerinnen setzten sich noch immer fleißig ab. Und so erfüllte sich der Slogan »Mit der Zeit geht auch die Frau« ganz unerwartet schnell und überraschend oft, die feingerippten Unterhemden aber hatten immer öfter durchgeschwitzte Träger.

Die Planwirtschaft blieb Opfer ihrer eigenen Androgynität: *der* Plan, *die* Wirtschaft – sie konnten einander nicht finden, und so endete die Planwirtschaft wie jede gute Dichtung schließlich doch nur als sich selbst erfüllende Prophezeihung: Schade, schade um so manche gut gebaute Frauenbrigade.

Andreas Neumeister
Pop

Pop → Popmusik, Sammel-Bez. für zahlr. Erscheinungsformen populärer Musik, die sich speziell im 20. Jh. in den westl. Industriegesellschaften als Bereich zw. ursprüngl. Volksmusik und Kunstmusik entfaltet haben. I. w. S. gehören hierzu z. B. die Unterhaltungs-, Song- und Schlagermusik, weite Teile der Filmmusik und des Musicals, aber auch folklorenahe Formen wie Country und Western oder Popadaptionen aus Klassik und Jazz.

»all your dreams will become true
all of my dreams became true
but now I got a bunch of other dreams«

1. Das Wort Pop kennt keinen Artikel
2. Zu Pop hatten wir von Anfang an ein ausgesprochen gutes Verhältnis. Zu Pop hatten wir von Geburt an das beste Verhältnis. Zu Pop hatten wir von dessen Geburt an, die auch unsere Geburt war, das beste Verhältnis. Zu allen Popfarben hatten wir vom ersten Tag an ein positives Verhältnis. Zu Pop-Art hatten wir vom ersten Tag an das denkbar beste Verhältnis. Ohne Pop wäre die zweite Hälfte dieses Jahrhunderts unerträglich geworden, ohne Pop, behaupte ich mal, gäbe es kaum Luft zum Atmen
3. Die erste selbstgekaufte Zeitschrift hieß Pop. War so was wie Bravo, drehte sich aber nur um Musik. Die Zeitschrift Pop ging später mit der Zeitschrift Rocky zusammen und hieß in der Folge Pop Rocky. Gibts die noch?
   Felix meint, nein. 1973: Disco 73 sehn. 1974: Disco 74 sehn. Hecks Hitparade sehn oder Richters Disco sehn. Das waren entscheidende Jahre, die alles entscheidende Frage
4. Zu Plastik, zu Hartplastik, zu Lego und Vinyl for example, hatten wir von Anfang an das beste Verhältnis. Zu den Grundfarben hatten wir dank Lego von Anfang an ein enges Verhältnis. Auch zu Plastikmusik, zu synthetischer Musik hatten wir von Anfang an das beste Verhältnis

5. Pop sagt: Ich stehe zu meinem selbstzerstörerischen Drogenkonsum, ich stehe zu meiner latenten Homosexualität, zu meiner angeblich proletarischen Herkunft, zu meiner lächerlichen Glamoursucht, ich stehe zu meinen wirren politischen Vorstellungen und zu was sonst nicht noch allem
6. Als ob das rasende Fortschreiten der Zeit irgendwas Bedauernswertes wäre. Die Gegenwart als Alles. Die Gegenwart als Alles und als Nichts. (Die Gegenwart dauert nur den Bruchteil einer Sekunde.) Als ob es kein Privileg wäre, in einem Zeitalter zu leben, das in kürzester Zeit gleich mehrere Epochen durchläuft! Pop sagt: Sei froh, daß du nicht im Zeitalter der Bandkeramik aufwachsen mußtest, sei froh, daß du nicht im Zeitalter der Schnurkeramik aufwachsen mußtest, sei froh, daß du nicht im schier endlos währenden Zeitalter der Glockenbecherkultur aufwachsen mußtest. Sei froh, daß du nicht in Zeiten irgendeiner sicher todeslangweiligen Klassik aufwachsen mußtest
7. Das Wort Pop braucht keinen Artikel
8. Pop ist Kommunikation. Selbst noch das introvertierteste Popgedicht will kommunizieren. Pop ist Kommunikation, die sich über Kommunikationsverbote lässig hinwegsetzt. Pop ist Kommunikation, die Inhalte kommuniziert, die sonst nicht kommuniziert werden würden. Pop als ästhetische Kraft ist ähnlich mißbrauchbar wie Sex. Im Idealfall ist Pop als ästhetische Kraft subversiv. Im Idealfall ist Pop auch populär. Im Idealfall ist Pop populär und subversiv zugleich. (Im Idealfall ist Pop subversiver, als man auf den ersten Blick ahnt.) Im Idealfall tritt der Idealfall tatsächlich ein. Im Idealfall kommt klasse Musik in die Charts. (Ich freue mich immer, wenn klasse Musik in die Charts kommt)
9. Pop sagt: Pop-Geschmacklosigkeiten sind noch immer das beste Mittel gewesen, deine Umgebung zu testen. Alle Pop-Neuerungen wurden erst als Geschmacklosigkeiten verstanden. Mit Recht. Die meisten Pop-Neuerungen waren als Geschmacklosigkeiten gemeint. Strategisch eingesetzte Pop-Geschmacklosigkeiten waren die längste

Zeit die beste Waffe von allen. Pop-Strategien sind noch immer das beste Mittel gewesen, deine unmittelbare Umgebung in deinem Sinn zu manipulieren

10. Die erste Jahrhunderthälfte dieses Katastrophenjahrhunderts war unerträglich. Die zweite Jahrhunderthälfte, die letzten Jahrzehnte dieses 20. Jahrhunderts, wurden allenfalls durch Pop erträglich. Sei froh, daß du erst in der zweiten Jahrhunderthälfte aufgewachsen bist. Sei froh, daß du nicht ohne Pop-Art, Glamrock, Punk und Disco aufwachsen mußtest. Sei froh, daß du nicht früher geboren bist. Sei froh, daß du nicht ohne Andrew Warhol und William Seward Burroughs II aufwachsen mußtest. Pop sagt: Dieses vergehende Katastrophenjahrhundert hat auch jede Menge Brauchbares hervorgebracht, dieses Katastrophenjahrhundert hat neben allem Katastrophendreck auch mehr Großartiges hervorgebracht als je ein Jahrhundert zuvor

11. Für wen haben Robert Wyatt und Phil Ochs eigentlich gesungen? Musik für Straßenschlachten, Musik für verdeckte Aktionen. Zu wem helfen die Sozialdemokraten, und zu wem hilft David Bowie wirklich? Eine gescheite Agit-Prop-Band ist eine Band, deren Agit nicht nur gut propt, sondern deren Musik noch dazu was taugt. Wenn Grönemeyers Weltrettungsding die Dinge ändern würde, sagt Dagmar, wäre es längst schon verboten

12. Uschi Obermaier als Peggy in Rote Sonne. Uschi Obermaier als Monika in der Pop-Kommunen-Broschüre. (Die für den Schutzumschlag verwendete Collage wurde von der Pop-Kommune erstellt und von Wolf Mein unter Drogeneinfluß koloriert.) Uschi Obermaier als Uschi in Bravo und Twen. (Bravo und Twen miteinander vergleichen. Uschi und Nico miteinander vergleichen.) Uschi Obermaier, so heißt man hier in der Gegend, wenn man zu spät den Kontinent gewechselt und sich nicht wie Nico rechtzeitig einen Künstlernamen zugelegt hat

13. Das Leben zu einer einzigen Abschweifung machen. Das Leben zu einer einzigen Ausschweifung machen. Je glänzender der Glamour, je größer der Pump. Behaupte ich

mal. Pop als Droge zu bezeichnen ist nicht unbedingt falsch

14. Das Wort Pop setzt sich aus drei Buchstaben zusammen. Das Wort Pop besteht aus einer einzigen Silbe. Auch das Wort Sex setzt sich aus drei Buchstaben, die eine einzige Silbe bilden, zusammen. Das genügt. Das Wort Sex setzt sich aus drei verschiedenen Buchstaben zusammen. Das Wort Pop setzt sich aus nur zwei verschiedenen Buchstaben zusammen. Das genügt. Das Wort Pop setzt auf Wiederholung. Und Klang

Reimut Reiche
Psychoanalyse

Psycho | analyse, auf S. FREUD zurückgehende Gruppe von Theorien und Behandlungsverfahren, die sich mit den Auswirkungen unbewusster Intentionen auf das Denken, Fühlen und Handeln in den Gegenstandsgebieten psych. Erkrankungen, Kunst und Literatur sowie Geschichte und Kultur beschäftigen.

Die Psychoanalyse ist eine Methode zur Erforschung des Unbewußten und seiner Derivate, eine Reise in die Innenwelt, ein anerkanntes Heilverfahren im Sinne der Reichsversicherungsordnung, eine Theorie der Befreiung, eine Therapie der Anpassung an das Bestehende, die Krankheit, die zu heilen sie behauptet, eine Wissenschaft, keine Wissenschaft, eine kulturelle Bewegung, ein elitärer Zirkel ... und außerdem ist sie noch der schönste Beruf, den ich mir vorstellen kann.
Es ist noch nicht lange her, da fingen alle Arbeiten in psychoanalytischen Fachzeitschriften mit der Berufung auf Freud an. Darauf folgte die Berufung auf die zweite Generation, die zu diesem Thema geforscht hat: Ferenczi, Abraham, Helene Deutsch ... danach die Berufung auf die dritte Generation: Eissler, Greenson, Margret Mahler ... Und dann erst wurde das eigentliche Thema selbst ausgearbeitet. Die Berufung auf den Begründer, auf Genealogie und Orthodoxie hat demnach eine viel größere Bedeutung als in den anderen Wissenschaften. Das befremdet außenstehende Wissenschaftler bis heute. Die wechselvolle Geschichte der Psychoanalyse zeigt, warum dies so ist: Sie ist in vielen totalitären Regimes verboten worden, ihre Vertreter wurden im Nationalsozialismus verfolgt, sie ist von der Schulmedizin und der akademischen Psychologie nirgends über längere Zeit ganz anerkannt worden, selbst in den Vereinigten Staaten nicht. Eine Wissenschaft wie die Psychoanalyse kann offenbar nur überleben, wenn sie sich als Bewegung mit einer starken inneren Loyalität organisiert. Das bringt eine besondere Dialektik mit sich:

Solange sie so sehr Bewegung ist, kann sie niemals eine normale Wissenschaft werden, aber wenn sie sich als normale Wissenschaft organisieren würde, würde sie sich in die vielen vollmundigen Psychotherapien, modischen Selbsterfahrungen und obskuren Heilslehren auflösen, die um sie herum existieren und die natürlich alle behaupten, sie hätten die Psychoanalyse erneuert.

Ihre Methode und ihre Resultate können wissenschaftlich ebenso aufgezeichnet und objektiviert werden wie die anderer Wissenschaften. Dafür sind in den letzten Jahren komplexe meßtechnische Verfahren entwickelt worden. Man darf aber von der Psychoanalyse ebensowenig verlangen, daß sie tierpsychologischen oder demographischen Meßtechniken gehorchen soll, wie man von der Astrophysik erwartet, daß sie einfachen erdgeographischen Meßtechniken gehorchen soll. Dennoch steht sie zu den anderen Wissenschaften in einer existentiellen Spannung. Ihren Kern bildet nämlich eine Kunstlehre. Die Psychoanalyse ist die Kunst der systematischen Erschließung unbewußter Bedeutungen. Das Unbewußte gibt sich nur über Abkömmlinge zu erkennen. Es selbst bleibt definitionsgemäß immer unerkennbar, eben unbewußt. Mit diesem Paradox muß die Psychoanalyse leben. In der therapeutischen, der sogenannten psychoanalytischen Situation werden diese Abkömmlinge in der Form von Szenen oder Beziehungssequenzen sichtbar und erlebbar. Verstehen und Heilung finden entlang der Deutung dieser sich in einer Psychoanalyse tausendfach wiederholenden Szenen und Sequenzen statt. Die Kunstlehre ist eine Lehre der richtigen Deutung; sie wird als Methode und als Technik gelehrt, gelernt, von Generation zu Generation weitergegeben.

Die Couch als Darreichungsform des Medikamentes Psychoanalyse ist eine der genialen Erfindungen Sigmund Freuds, des Begründers der Psychoanalyse. Im Bild der Darreichungsform bleibend: Die Couch sorgt für eine besonders gute Resorption des Medikamentes, ja sie ist selbst Bestandteil des Medikamentes. Darum findet die Behandlung bis heute auf der Couch statt, jedenfalls im Normalfall. Die Analysandin oder der Analysand liegt, und dahinter sitzt die Analytikerin oder der Analytiker. Wie mit jedem anderen Medikament kann auch mit der Psychoanalyse schwerer Mißbrauch betrieben werden – von gänzlich unausgebildeten Hochstaplern ebenso wie von schlecht ausgebildeten Psychotherapeuten oder von Psychoanalytikern, die, aus welchen Gründen auch immer, in die Verantwortungslosigkeit abgeglitten sind. Eine Analyse ist ein sehr intimes Unternehmen. Immer wenn jemand in einer Unterhaltung »in meiner Analyse« sagt, kann man sicher sein, daß das, wovon er jetzt gleich sprechen wird, einen schweren persönlichen Konflikt verbirgt, der noch nicht richtig analysiert, bearbeitet und verstanden ist.

Da die Psychoanalyse aus all diesen Gründen von einer geheimnisvollen Aura der Allmacht umgeben ist, wird sie vielfach idealisiert. Alles Idealisierte unterliegt aber Zyklen der Verachtung und Entwertung. Die Psychoanalyse lebt schon immer mit dem Vorwurf, sie sei jüdisch, zersetzend, pansexualistisch, nutzlos, elitär. Sie wird auch mit dem Vorwurf leben lernen, veraltet zu sein. Über den Nationalsozialismus hinaus gibt es, aus der deutschen Perspektive betrachtet, eigentümliche Wellen der Attraktivität der Psychoanalyse: Erfindung (etwa 1893), Isolation (bis 1908), Etablierung, Mode (um 1925), Verbot, Vertreibung und Zerstörung (1933-1945), Renaissance (ab 1956), neuerliche Mode (ab 1968), neuerliche Entwertung und Bekämpfung (ab 1985). Der nächste Attraktivitätsschub zeichnet sich schon ab.

Helmut Fleischer
Radar

Radar [engl. Kw. aus radio detecting and ranging, eigtl. ›Funkermittlung und Entfernungsmessung‹] *der* oder *das, -s/-e*, mit Funkwellen kleiner Wellenlängen (Dezimeter- bis Millimeterwellen) arbeitendes Ortungsverfahren bzw. -system, für das charakteristisch ist, dass die Abstrahlung gerichtet erfolgt und die empfangene Strahlung die Antwort (direktes oder indirektes Echo) auf die ausgesandte Strahlung ist.

Die Zoologen wissen es schon lange: Fledermäuse senden im Fluge Laute im Ultraschall-Bereich aus. Trifft die Schallwelle auf eine Beute, zum Beispiel auf einen Schmetterling, wird der Schall reflektiert und der fliegende Gegenstand oder das Hindernis erkannt und umflogen. Das ist besonders bei Nacht oder während der Dämmerung wichtig. Der Versuch, die Radar-Einrichtung der Fledermäuse auszutricksen, indem man einen dünnen Faden von einem Gebäudeteil zum anderen aufspannte, scheiterte. Selbst in stockdunkler Nacht schlugen die Fledermäuse einen Haken um das dünne Hindernis. Natürlich arbeiten Radargeräte nicht mit Schall – sondern mit elektromagnetischen Wellen, wenngleich das Prinzip: Senden und ein Echo empfangen das gleiche ist.

Der Urvater des Radar-Prinzips, Christian Hülsmeyer, kannte das Kürzel Radar natürlich noch nicht. Dieser Begriff entstand erst im Zweiten Weltkrieg. Man schrieb das Jahr 1899, als der 18jährige Hülsmeyer seine Ausbildung in den Siemens-Schuckertwerken aufnahm und es zum Betriebsingenieur brachte. Sein Interesse galt den radiotechnischen Versuchen von Professor Heinrich Hertz. Hülsmeyer wiederholte viele seiner grundlegenden Experimente. Dabei machte er die entscheidende Entdeckung, daß elektrische Wellenimpulse von metallischen Objekten in der Ferne zurückgeworfen werden. Ein Gönner schoß ihm 5000 Mark vor, so daß er mit dem Bau von Versuchsapparaten beginnen konnte. Am 30. April 1904 wurde sein »Telemobiloskop« zum Patent angemeldet. Das war nicht anderes als das Ur-Radar. Doch bekanntlich gilt der Prophet im eigenen Lande nichts. Die Presse nannte es »eine technische Spielerei«, und weder Reedereien noch Industriefirmen oder das Reichsmarine-Ministerium interessierten sich für die Erfindung. 30 Jahre später entsann sich der englische Physiker Robert Watson-Watt der deutschen Erfindung und fand in der britischen Regierung großzügige Förderer. Etwa zeitgleich hatte auch die deutsche Kriegsmarine mit Versuchen begonnen.

Der Zweite Weltkrieg war auf deutscher wie auf alliierter Seite der Schrittmacher der Radar-Technik. Die deutschen Freya- und Würzburg-Geräte orteten die nach Deutschland einfliegenden Bomberverbände schon auf eine Entfernung von 120 Kilometern. Die Engländer kamen bei einem Kommandounternehmen im Februar 1942 in den Besitz eines deutschen Radargerätes an der Kanalküste. Die deutschen Nachtjäger erkannten mit ihren Lichtenstein-Radargeräten die Bomber sehr früh, ohne sie zu sehen.

Doch die Engländer waren in der Entwicklung weiter. Im Februar 1943 wurde bei Rotterdam ein englischer Bomber abgeschossen, in dem man ein Radargerät entdeckte, das mit 9-cm-Wellen arbeitete. Dieser entscheidende Fortschritt führte unter anderem zum sehr schnellen Orten deutscher U-Boote, unter denen es dadurch zu hohen Verlusten kam.

Nach dem Zweiten Weltkrieg ist die Radar-Technik in einem unglaublich schnellen Tempo vorangekommen. Den Nutzen durch größere Sicherheit hatte vor allem die Luftfahrt. Jeder Flugreisende kennt die sich drehenden Radarantennen auf den Flughäfen. Sie senden hochfrequente Impulse aus, die vom Flugzeug reflektiert werden. Der Radarlotse kann an seinem Bildschirm Flugrichtung, Höhe und Geschwindigkeit des Flugzeuges erkennen und den Sicherheitsabstand der Flugzeuge untereinander regeln. Die Piloten verfügen, um schwere Unwetter zu erkennen, über ein Wetter-Radar, das bis zu 300 km weit reicht. Von Grün über Gelb nach Rot kann man auf dem Bildschirm die Gewitter, die im Wege stehen, erkennen.

Die Meteorologen in Deutschland verfügen über 16 Radarstationen, die bis zu 400 km Reichweite haben. Die 4-cm-

Wellen des Wetter-Radars erfassen noch Wassertropfen von einem halben Millimeter Durchmesser. Feiner Nieselregen ist mit Radar nicht mehr meßbar. Uwe Wesp vom Deutschen Wetterdienst: »Ohne Radar und Satellit ist eine genaue Wetter-Prognose nicht mehr vorstellbar.«

Der Kraftfahrer macht seit Anfang der sechziger Jahre mit der für ihn unangenehmen Geschwindigkeitsüberwachung der Polizei Bekanntschaft.

Fragt man einen Schiffskapitän nach dem Nutzen des Radars, kommt meistens die Antwort: »Auf hoher See sieht man selten auf den Radarschirm. Aber im englischen Kanal, wo die Fähren zwischen England und Frankreich unseren Kurs kreuzen und die vielen Sportboote aus Kunststoff vor dem Bug fahren, muß man höllisch aufpassen. Ohne Radar keine Sicherheit.«

Auf dem meistbefahrenen Schiffsweg der Welt mit 60- bis 65 000 Bewegungen pro Jahr fahren die Schiffe zwischen Cuxhaven und Hamburg auch bei dickem Nebel, von elf landseitigen Radarstationen geleitet, sicher die Elbe rauf und runter.

Der technisch allerneueste Schrei ist ein Bio-Radar. Es wird zur Auffindung von verschütteten Personen eingesetzt. Das hochempfindliche Gerät ist in der Lage, unter den Trümmern eines eingestürzten Hauses etwa, die Kontraktionsbewegungen eines Herzmuskels oder die Bewegung einer Brust beim Atmen zu erkennen.

Manfred Rexin
Radio

Radio [Kurzform von engl. radiotelegraphy ›Übermittlung von Nachrichten durch Ausstrahlung elektromagnet. Wellen‹] *das, -s/-s,* gebräuchl. Bez. für Hörfunk und Hörfunkempfänger.

Der Obrigkeit mißfiel das Wort – es klang so undeutsch: Radio. Zur »Bekämpfung der Fremdwörter im Funkdienst, insbesondere der Ausdrücke ›Radio‹ und ›Broadcasting‹« rief der Staatssekretär im Reichspostministerium, Hans Bredow, im Januar 1924 auf. Da hatte sich der »Verband der Radio-Industrie« bereits in »Verband der Funk-Industrie« umbenannt. Andere folgten seinem Beispiel. Nur der linke »Arbeiter-Radio-Club Deutschlands« mochte von seinem Namen nicht lassen. Die Radio-Fans bastelten begeistert an ihren preiswerten Detektor-Empfängern – solange die mit Röhren ausgestatteten Rundfunkgeräte für sie zu teuer waren.

Was im Ersten Weltkrieg als drahtlose Telegrafie erprobt worden war, sollte in den zwanziger Jahren zum Massenmedium werden. Die amerikanische Medien-Geschichte vermerkt die erste Rundfunk-Sendung einer Versuchsstation in Massachusetts am Weihnachtsabend 1906: Zwei Musikstücke, ein Gedicht, ein kurzes Gespräch konnten Schiffsfunker im Umkreis von einigen hundert Meilen empfangen. Vier Jahre später übertrug ein kleiner Sender aus der New Yorker Metropolitan Opera die Stimme Enrico Carusos.

In Deutschland notierte das Reichspostministerium Anfang Juni 1922: »In der Presse – namentlich der des Auslands – mehren sich neuerdings die Nachrichten über eine ganz ungewöhnliche Ausbreitung einer Abart der drahtlosen Telephonie in Nordamerika in der Form, daß von einer oder mehreren Sendestellen funktelephonisch allgemein interessierende Vorträge, Gesang- und Musikübertragungen usw. verbreitet und von jedermann, der in der Lage ist, sich die – verhältnismäßig nicht große – Ausgabe für einen einfachen Empfangsapparat zu leisten, in seinem eigenen Heim mitgehört werden.«

Da wollten die Deutschen nicht stumm und taub bleiben: Am Abend des 29. Oktober 1923 war erstmals ein Rundfunksender aus dem Berliner Vox-Haus mit seinem regelmäßigen Programm zu vernehmen. Eine Funkgebühr wurde erhoben – zwei Reichsmark im Monat, etwa der zweifache Stundenlohn eines gelernten Arbeiters.

»Rundfunkarbeit kann nur gedeihen dort, wo ein guter Geist herrscht.« Dieses Motto Hans Bredows, des Rundfunkvaters, versagte in einer Zeit der Demokratie-Krise.

Die Techniker hätten »wahre Demokratie« erst möglich gemacht, schwärmte Albert Einstein noch bei der Eröffnung der Berliner Funkausstellung 1930: »denn sie erleichtern nicht nur des Menschen Tagewerk, sondern machen auch die Werke der feinsten Denker und Künstler, deren Genuß noch vor kurzem ein Privileg bevorzugter Klassen war, der Gesamtheit zugänglich und erwecken so die Völker aus schläfriger Stumpfheit. Was speziell den Rundfunk anlangt, so hat er eine einzigartige Funktion zu erfüllen – im Sinne der Völkerversöhnung.«

Doch davon wollten jene nichts mehr wissen, die sich 1933 des Radios in Deutschland bemächtigten – Reichspropagandaminister Goebbels: »Wir machen gar keinen Hehl daraus: Der Rundfunk gehört uns, niemandem sonst! Und den Rundfunk werden wir in den Dienst unserer Idee stellen, und keine andere Idee soll hier zu Worte kommen.«

Daß man das Radio auch in den Dienst von Bürgerfreiheit und sozialer Demokratie stellen konnte, bewies zur selben Zeit – vom Frühjahr 1933 an – ein US-Präsident, Franklin Delano Roosevelt: »Recently the most notibly public question that has concernd us all have had to do with industrie and labor.«

In seinen bald legendären Kamin-Plaudereien aus dem Weißen Haus warb Roosevelt für den öffentlichen Disput über Industrie- und Arbeitspolitik.

Hitlers Drittes Reich fürchtete den Einfluß ausländischer Sender. Nach Kriegsbeginn galt im NS-Staat das Abhören feindlicher Sender als »Rundfunkverbrechen«, bedroht mit Zuchthaus und Tod. Hermann Göring, zweiter Mann des Regimes nach Hitler, im September 1939: »... in dieser Zeit des Krieges ist es ehrlos, wenn man das Geschwätz dieser Leute anhört, die erstens mal miserabel lügen, und zweitens sind da ja nur Schimpftiraden und gemeine Beschimpfungen unseres Führers. Das muß unter uns als ehrlos gelten, wer absichtlich solche Sachen anhört.«

Die Paukenschläge des Londoner Rundfunks – sie hörte man in Hitlers Reich besser unter der Bettdecke: »This is London. London calling in the Home, Overseas and European Services of the BBC and through United Nationes Radio Mediterranium.«

Nach Hitlers Tyrannei und Krieg wollten Programm-Macher Lehren ziehen: Der Rundfunk sollte öffentlich-rechtlich sein, unabhängig von Regierungen, staatsfern, wie die Karlsruher Verfassungsrichter das später nannten. Vor Kungeleien im Parteien-Proporz allerdings konnten Richter-Sprüche die Sender kaum bewahren. Immerhin verbreiteten westliche Radiowellen eine Vielfalt von Stimmen – und gewannen damit bei Hörern, nimmt man alles in allem, mehr Glaubwürdigkeit als ostdeutsche Radio-Sender, wenn sie in blindem Partei-Glauben verharrten.

Gerhard Zwerenz
Reißverschluß

Reißverschluß alias Zippergate

Reißverschluss, Verschlussvorrichtung für Kleidung, Taschen u. a., bei der an zwei Bändern befestigte Schließketten (Zähne, Spiralen, Rillen) durch einen Schieber wechselseitig ineinander und beim Öffnen auseinander gehakt werden, wobei Endstücke das Herausrutschen des Schiebers verhindern.

Hillary, vom neuesten Tanz ihres Bill auf dem Reißverschluß hörend, konstatierte kühl: »Die männliche Liebe ging immer durch den Magen und die Hosentür. In Südamerika nennen sie so was Tango.«

Das beeindruckte die Ostküsten-Intellektuellen, in den Feuilletons hieß es, Hillary habe Woody Allen zitiert: »Früher sprach die Liebe durch Sonette, heute zirpt der Zipper.«

Als Bill, gerade in China auf Staatsbesuch, seine illustren Lustbarkeiten dementierte, sagte der Washingtoner Sittenanwalt Starr, Reißverschlüsse förderten den HIV-Virus genauso wie »Blut, Samen, Scheidensekrete, Muttermilch«, was Starr wörtlich aus einem »Bloody-German-Nachrichtenmagazin« entnahm. (Nr. 7/98, Seite 6)

Jetzt drohte Mike Sund, Enkel des Reißverschlußerfinders Erik Sund, im Lexikon direkt vor *Sünde* aufgeführt, beide Clintons und Starr wegen Geschäftsschädigung anzuklagen und erläuterte die schuldlose Technik des Reißverschlusses, der aus »zwei Reihen vieler kleiner versetzt angeordneter Metallzähnchen (Krampen) bestehe sowie einem keilförmigen Metallteil (Herzstück) in einem Schieber, der die beiden Verschlußreihen klammerartig umgreift. Beim Ziehen des Schiebers werden die beiden Verschlußreihen durch die geraden Schieberkanten ineinandergedrückt; beim Zurückziehen, d. h. Öffnen des Reißverschlusses werden sie durch das Herzstück auseinandergedrückt.«

Sund, telefonisch, aber amerikanisch direkt zu Hillary: »Der Präsident bringt mit *Zippergate* die ganze Reißverschlußwirt-

schaft in Verruf. Entweder poliert das Weiße Haus unser Image wieder blank, oder ich klage auf Schmerzensgeld.«
Bill meldete sich aus China: »Mein Zipper streikt, Herzstück und Metallzähne streben ständig auseinander.« Darauf die patente Ehefrau: »Steck das Ding mit einer Sicherheitsnadel fest.«
Das Staatsoberhaupt, von Sicherheitsdienstlern umgeben, fand keine Sicherheitsnadel. Sollte man die roten Gelben danach fragen? Die hatten längst das Telefon angezapft und hielten mehrere Exemplare in Schwarz und Silber bereit. Aber durfte das reiche Amerika das arme rote China um eine Sicherheitsnadel bitten?
Sardonisch lächelnd ordnete Hillary an, bei Bills Hosen den Reißverschluß durch Lochleisten mit extrem dicken Knöpfen zu ersetzen. Kaum waren die Schneiderlein fertig, hieß es: Knöpfe ab, Reißverschlüsse wieder dran. Denn bei einem zugeknöpften Präsidenten stand die Klage des Zipper-Erfinder-Enkels noch drohender im Raum. Wer wagt schon, sich mit einem milliardenschweren Patent-Erben anzulegen?
Hillary blickte in den Washingtoner Bleihimmel. Im Flur Schritte. Die Tür flog auf. Der Wachoffizier versuchte vergebens, den erbosten Woody Allen zu bändigen, der Hillary einen Packen Zeitungen hinhielt: »Reißverschlußsex! Bill beklaut mich! Hat erst Paula Jones offen empfangen und angeherrscht: *Kiss it*. Das gleiche mit Monica Lewinsky, 36mal im ›oval office‹, die Presse nennt es ›oral office‹, und der Bonner Kohl meint, da gibt's was zu essen ... Alles aber aus meinem Buch *Portnoys Beschwerden* abgekupfert. Wo bleibt die Achtung vor der Roman- und Filmkunst?«
Hillary beschwichtigend: »Bei dir, lieber Woody, las ich den schönen Satz: ›Wer kann schon mit einem Ständer argumentieren?‹ Zugegeben, das könnte auf den Präsidenten gezielt sein. Schürzenjäger waren sie alle, außer Reagan, der Kalknudel.«
»Und das Kapitel, in dem der Reißverschluß klemmt?« erboste sich der Humorist: »Meine weltberühmte Masturbationsszene bei der Busfahrt durch den Tunnel? Das Weiße Haus profaniert mich durch freche Plagiate.« Allen warf einen

durchdringend verzweifelten Blick auf der First Lady gerötete Wangen. »Mein neuer Film ›Die Kunstküsserinnen‹ hat übermorgen Premiere. Wer wird noch überrascht sein, spielt Bill vorher alles durch, daß die Medien platzen?« Bekümmmert, wie ihn jeder kennt, trollte sich Woody, eine todernste Lady zurücklassend, die innerlich triumphierte.

Dem Schrank entstieg Marc Flexus, ihr oberster Medienberater. »War ich gut?« fragte Hillary. »Und ich erst«, jubelte der Troublemaker: »Der Präsident in den Schlagzeilen der Weltpresse. Die Reißverschlußaktien im starken Aufwind. Wer fragt noch nach Politik und Moral, wenn die Wirtschaft brummt?«

Hillary, die Sphinx aus der Anwaltskanzlei, sprach zu sich: »Kennedy benötigte 1000 Marilyn Monroes, wir schaffen das mit Allens geklautem Drehbuch!«

Bill, aus China zurück, wunderte sich: »Gut, wir realisierten Woodys Drehbuch. Warum aber will der *Portnoys Beschwerden* gedichtet haben, das stammt doch von Philip Roth?«

»Sei nicht so naiv«, wies seine Frau ihn zurecht. »Ein Streit ums Copyright bringt beiden Schlagzeilen. Mediengeil, wie amerikanische Künstler sind ...«

Per Fax kam ein Dank von Mike Sund – die Zippernachfrage erreichte Rekorde. Besonders verlangt wurden ferngelenkte Reißverschlüsse, die sich von daheim elektronisch öffnen und schließen lassen. Die Frau hatte den Mann immer in der Hand. Hillary erstand sofort ein dickes Zipperaktienpaket, und alle Welt blickte neidvoll auf die USA, wo Kunst, Politik, Wirtschaft und Frauenpower nahtlos ineinandergriffen.

Albrecht Fölsing
Relativitätstheorie

Relativitätstheorie, die von A. Einstein begründete fundamentale Theorie von → Raum und → Zeit; neben der Quantentheorie eine der bedeutendsten physikal. Theorien des 20. Jh. Die in sich geschlossene und durch experimentelle Erfahrung gesicherte **spezielle R.** (1905) mit der ihr zugrunde liegenden Wandlung des Verständnisses von Raum und Zeit ist zur Voraussetzung der gesamten modernen Physik geworden, insofern als jede allg. gültige physikal. Theorie ihren Prinzipien genügen muss. Die **allgemeine R.** (1915) knüpft als Theorie der → Gravitation die Eigenschaften von Raum und Zeit an das Vorhandensein von Materie; sie nimmt einen zentralen Platz in der Kosmologie ein. Nach ihr bestimmt die Masseverteilung im Weltall die Geometrie der vierdimensionalen → Raum-Zeit.

»Diese Welt ist ein sonderbares Narrenhaus«, beschrieb Albert Einstein im September 1920 eine Situation, in deren Mittelpunkt er sich selbst befand: »Gegenwärtig debattiert jeder Kutscher und jeder Kellner, ob die Relativitätstheorie richtig sei. Die Überzeugung wird hierbei bestimmt durch die Zugehörigkeit zu einer politischen Partei.« Der Anlaß des Lärms war 1905 entstanden, als Einstein »Experte III. Klasse« im Schweizerischen Patentamt zu Bern war, dem »weltlichen Kloster, wo ich meine schönsten Gedanken ausgebrütet habe«. Dazu gehörten Arbeiten zur statistischen Physik, zur Quantentheorie und auch die Abhandlung »Zur Elektrodynamik bewegter Körper«, die in kanonischer Form das enthielt, was später von anderen »Relativitätstheorie« genannt wurde. Darin hatte Einstein fundamentale Diskrepanzen in den Grundlagen der Physik beseitigt und die Einheit seiner Wissenschaft durch das regulative Prinzip der Relativität hergestellt.

Dieses Prinzip drückt die Erfahrung aus, daß die Bewegung eines gleichförmig dahingleitenden Zuges oder Flugzeugs von den Passagieren nicht wahrgenommen wird, oder in schärferer Formulierung, daß die Gesetze der Physik in allen Systemen, die sich mit konstanter Geschwindigkeit geradlinig gegeneinander bewegen, die gleiche Form haben müssen.

Während die Mechanik diesem Prinzip seit Galilei genügte, traten im 19. Jahrhundert in der Optik und Elektrodynamik schwerwiegende Probleme auf, insbesondere durch einen ruhenden »Äther«, der als Träger der elektomagnetischen Erscheinungen angenommen wurde. Einstein waren diese Komplikationen »unerträglich«. Er konnte sie beseitigen, indem er zusätzlich zum Relativitätsprinzip die universelle Konstanz der Lichtgeschwindigkeit postulierte. Nach diesem zweiten Prinzip ist die Geschwindigkeit des Lichts für jeden Beobachter die gleiche, ob es nun von einer ruhenden oder einer bewegten Quelle ausgesendet wird. Es ist dieses Prinzip, das aller überlieferten Physik ebenso zu widersprechen schien wie der Alltagserfahrung oder dem »gesunden Menschenverstand«.

Mit diesen beiden Prinzipien konnte Einstein die Elektrodynamik auf eine neue, formal vollendete Grundlage stellen. Insbesondere erwies sich der »Äther« als überflüssig. Dazu mußte Einstein allerdings die überlieferten Vorstellungen von Zeit und Raum in tiefgreifender Weise verändern: Uhren werden mittels der Lichtgeschwindigkeit synchronisiert, bewegte Uhren zeigen gedehnte Zeitintervalle an, bewegte Maßstäbe erscheinen verkürzt; Geschwindigkeiten werden nicht einfach addiert, sondern so zusammengesetzt, daß die Lichtgeschwindigkeit niemals überschritten wird, und schnell bewegte Körper nehmen an Masse zu.

Die berühmteste Konsequenz, die in der Formel $E=mc^2$ ausgedrückte Äquivalenz von Masse und Energie, folgte zwei Monate später in einem Nachtrag von nur zweieinhalb Seiten. »Die Überlegung ist lustig und bestechend«, schrieb er einem Freund, »aber ob der Herrgott nicht darüber lacht und mich an der Nase herumführt, das kann ich nicht wissen.«

Die Physiker wurden auf Einstein aufmerksam, und bald machte der »Patentierknecht« akademische Karriere, bis er sich 1914 an der Preußischen Akademie in Berlin nur noch seinen Forschungen widmen konnte. Dabei begleitete ihn ständig das Problem, wie die Gravitation in die Relativitätstheorie zu integrieren sei. Den zündenden Gedanken hatte er bereits 1907 in seinem »weltlichen Kloster« gefunden, aber er brauchte acht Jahre, bis er nach unendlichen Mühen im November 1915 die definitive Lösung fand. Die überragende Bedeutung dieser »Allgemeinen Relativitätstheorie« liegt in ihrer formalen Struktur. Einstein vereinte, was in der überlieferten Physik streng unterschieden war: Raum-Zeit und Schwerkraft, Geometrie und Gravitation. Die Massen treten nicht mehr durch ein Kraftgesetz in Wechselwirkung, sondern bestimmen durch ihre Verteilung die Geometrie des nunmehr »gekrümmten« Raumes und damit zugleich ihre Bewegung auf »kürzesten Bahnen«, den Geodäten. Mit dieser Geschlossenheit des inneren Aufbaus der Theorie war eine neue Stufe im Nachdenken über die Natur erreicht. Sie gilt seither als großes Vorbild, konnte aber nicht wiederholt werden. Die wohl eindrucksvollste Anwendung dieser Theorie war eine neue, von inneren Widersprüchen freie Kosmologie, in der das Weltall zwar als unbegrenzt, aber endlich dargestellt wird.

Das alles blieb eine Angelegenheit für Physiker, bis 1919 eine Vorhersage der Theorie, nämlich die Ablenkung des Lichts im Schwerefeld der Sonne, auf spektakuläre Weise bestätigt wurde. Viele Menschen fühlten sich urplötzlich von der »gekrümmten« Raum-Zeit, dem endlichen, aber unbegrenzten Kosmos und der »vierten Dimension« heftig angeweht, was am allerwenigsten Einstein selbst verstehen konnte. Denn merkliche Effekte treten nur bei kosmischen Massen oder bei sehr großen, mit der des Lichts vergleichbaren Geschwindigkeiten auf; bei den kleinen und gemütlichen Verhältnissen des Alltagslebens war von den Auswirkungen der relativistischen Konzepte nichts zu bemerken. Erst 1945 machte die Explosion der Atombombe über Hiroshima klar, wie abstrakte Theorie zur materiellen Gewalt werden kann. Mittlerweile sind Anwendungen aber bis ins tägliche Leben vorgedrungen. Die Satellitennavigation, mit der Schiffe und Autofahrer ihren Weg finden, setzt voraus, daß die Uhren nach Einsteins Vorschriften synchronisiert und zugleich zwei weitere Effekte der Theorie korrekt berücksichtigt werden.

Was von der früheren Aufregung um die Relativitätstheorie

geblieben ist, ist auf die verbreitete Behauptung zusammengeschnurrt, das »alles relativ« sei. Das aber ist das Gegenteil dessen, was die Theorie wirklich bedeutet: Sie stellt nämlich heraus, was »relativ« zu jedem Beobachter in der Natur unveränderlich oder »invariant« ist. Somit ist das mit der bedeutendsten physikalischen Theorie einhergehende populäre Schlagwort nichts weiter als ein Mißverständnis, und dabei wird es wohl auch im nächsten Jahrhundert bleiben.

Marcus Hammerschmitt
Rock'n'Roll

Randbemerkungen zu einem Unding

Rock'n'Roll [engl. rock and roll, eigtl. ›wiegen und rollen‹] *der, -(s)/-(s), Musik*: um 1955 in den USA aus dem (schwarzen) Rhythm and Blues und der (weißen) Countrymusic entstandener Musikstil, zu dessen Merkmalen ein schnelles Tempo, ekstat. Offbeatphrasierung, Lautstärke sowie eine standardisierte Besetzung (Gesang, elektrisch verstärkte Solo-, Rhythmus- und Bassgitarre, Saxophon, Schlagzeug) gehören.

Plugging in

Wie über alle wichtigen Dinge kann man über den Rock'n'Roll alles sagen und immer recht haben. Rock'n'Roll ist schmutzig, billig, verlogen, kraftvoll, schön, poetisch, kitschig, hysterisch, lächerlich, heilend, genußvoll, kreativ. Wenn man alles über Rock'n'Roll gesagt hat, was man ungestraft sagen darf, drängt sich der rhetorische Kunstgriff auf, mit dem man das Unfaßbare unter Dach und Fach zu bringen versucht: »Rock'n'Roll *ist*«. In dieser blasphemischen Formel schießen eine Wahrheit und eine Lüge zusammen. Die Wahrheit lautet: Der Rock'n'Roll ist ein notwendiger Bestandteil unserer kulturellen Entwicklung. Er wird überleben, weil er in seiner Eigenschaft als Bandleader der *zweiten Kultur*, auf der unsere Hochkultur schwimmt wie Rahm auf der Milch, unverzichtbar ist. Die Lüge will uns glauben machen, der Rock'n'Roll sei ein unhinterfragbares, uns in den Schoß gefallenes Stück Himmel von quasigöttlicher Natur. Es ist selbstverständlich, daß der Markt eher auf die Lüge baut als auf die Wahrheit, weil jene den Fetischcharakter des Medienprodukts stützt und diese ihn auflöst.

Das Vorzeigen der Instrumente

Man hat die Wichtigkeit des Schlagzeugs für den Rock'n'Roll übertrieben. Man kann Rock'n'Roll gerade noch so ohne Schlagzeug machen, aber wenn man aus einer Band alle Gitarren entfernt, bleibt außer Gesang nur das rhythmische Herumgeballer auf einer besser oder schlechter klingenden Keksdose. Das kann übrigens sehr innovativ sein, wie der Rap beweist, aber es ist kein Rock'n'Roll. Die Geschichte der elektrifizierten Gitarre klärt darüber auf, was der Rock'n' Roll ist. Wie mag man darauf gekommen sein, die Gitarre elektrisch zu verstärken? Die »Frying Pan«, die erste kommerziell verwertbare elektrisch verstärkte Gitarre, befriedigte das Bedürfnis des Steel-Gitarristen George Beauchamp nach einem Instrument, das sich gegen die anderen Instrumente einer Jazzband durchsetzen konnte. So die Legende aus dem jahr 1931. Rock'n'Roll, der erst durch die elektrisch verstärkte Gitarre möglich wurde, ist also die siegreiche Emanzipationsbewegung der Gitarre gegen Schlagzeug und Blasinstrumente. Die größte Waffe im Kampf dieser Emanzipationsbewegung ist die elektrische Verstärkung. Die Baßgitarre in der Rock'n'Roll-Band versöhnt hingegen das gezähmte Schlagzeug mit dem Hegemonieanspruch der Gitarre, indem sie die Brücke zwischen beiden darstellt.

The body electric

Rock'n'Roll ist elektrisch. Eine banale Aussage, die viel erklärt, nicht nur die Bereitwilligkeit, mit der der Rock'n'Roll den Computer in seine Produktions- und Distributionsabläufe aufgenommen hat. Ohne Radio kein Rock'n'Roll. Das frühe Radio beruhte auf Röhren, und diese Röhren waren die Kernelemente der ersten funktionierenden Computer. Ohne elektrische Verstärkung kein Rock'n'Roll. Auch die frühen elektrischen Verstärker beruhten auf Röhren, manche nutzen sie heute noch. Elektrizität ist eine Bedingung für die Entstehung der Rock'n'Roll-Industrie und die Erzeugung ihrer Produkte. Die größten Bands, die die größten Anlagen um die Welt bewegen, verbrauchen am meisten Elektrizität, für den Privatkonsum ihrer Produkte gilt das noch einmal. Es ist gesagt worden, daß heute jede Garagenband mehr Equipment hat als die frühen Pink Floyd beim Aufbruch zu einer Welttournee. Dieser Zug zur Technisierung ist dem Rock'n' Roll inhärent. Der Rock'n'Roll *ist* der Triumph der Elektrizität auf dem Gebiet des Klangs.

Rock'n' Roll here to stay

Rock'n' Roll ist am Ende dieses Jahrhunderts eine gigantische Klangskulptur als Mensch-Maschinen-Schnittstelle, ein soziales Gesamtwerk, das fast wie Kunst aussieht, aber weniger Erkenntnis vermittelt und gleichzeitig mehr gesellschaftliche Anknüpfungspunkte hat als wirkliche Kunst. Wie die ständig steigenden Umsätze der Musikindustrie beweisen, begleitet der Rock'n' Roll die Gesellschaft bei ihrer Verwandlung in eine Rock'n' Roll-Gesellschaft, in demselben Sinn, in dem die Science-fiction und die Comics die Gesellschaft mitverwandelt haben. Da die Gesellschaft in Lüge lebt, ist der Rock'n' Roll ihre Wahrheit.

Rock'n' Roll kann, allen öffentlichen Förderungsanstrengungen zum Trotz, nie Hochkultur sein. Er will es ja auch gar nicht. Er ist die industrialisierte Ekstase. Rock'n' Roll ist eine technisch gesteuerte Naturgewalt, die die wichtigsten Themen der Menschheit zum Verkauf undurchdringlich maskiert. Liebe wird durch Sex maskiert, Gewalt durch Lautstärke, die Sehnsucht nach Transzendenz durch zuckende Körper und die Metapher des Engels, die Frage nach der Gerechtigkeit durch das marktförmig inhaltsleere Rebellentum des Sängers als Volkstribun. Man nimmt die Masken herunter, und der Rock'n' Roll verschwindet.

Wo geht die Reise hin? Weil wir Trost brauchen, weil wir Fetische wollen, weil wir bewundern müssen, werden wir uns belügen lassen. Die Stimme einer Welt, zu der der Rock'n' Roll geworden ist, werden wir hören wollen. Rock'n' Roll ist der brodelnde Hexenkessel unserer Sehnsüchte, um die uns die Gesellschaft in ihrem eigenen Interesse betrügt, und weil diese Sehnsüchte nicht verschwinden, wird der Rock'n' Roll nicht verschwinden. Wir dürfen uns in Ekel und Genuß damit abfinden: Rock'n' Roll is here to stay.

Walter Konrad
Satellit

Satellit [frz., von lat. satelles, satellitis ›Leibwächter‹] *der, -en/-en,* 1) *Astronomie*: **Trabant**, umgangssprachlich **Mond** [in Anlehnung an den die Erde umlaufenden ›Erdmond‹], ein Himmelskörper, der einen Planeten umläuft und dynamisch an ihn gebunden ist. 2) *Raumfahrt:* durch eine Trägerrakete oder (ab 1982) einen wieder verwendbaren Raumgleiter in das All gestarteter und dort auf ellipt. oder kreisähnl. Umlaufbahnen von Planeten (meist die Erde) oder Planetensatelliten gebrachter, i. d. R. unbemannter Raumflugkörper.

In einer 1611 erschienenen Schrift verwendet Johannes Kepler den Begriff erstmals, um einen Planeten begleitenden Himmelskörper zu bezeichnen. Der Ausdruck entwickelt sich danach vornehmlich zu einem Begriff der Astronomie. In der zweiten Hälfte des 20. Jahrhunderts dient das Wort überwiegend zur Bezeichnung der künstlichen Himmelskörper, die den Erdball zu wissenschaftlichen oder nachrichtentechnischen Zwecken umkreisen. Gleichzeitig hat in diesem Jahrhundert die alte, auch abschätzige Bedeutung »Handlanger, Spießgeselle« zur Bezeichnung der von einer Großmacht abhängigen Staaten in totalitären Staatensystemen eine Reinkarnation erfahren.

Der Begriff Satellit ist notwendigerweise relationaler Natur. Er setzt in all seinen Bedeutungen ein Bezugsobjekt bzw. -subjekt voraus und statuiert dabei eine hierarchische Beziehung. Der Satellit hat dienende Funktion. Als Handlanger oder Beschützer dient er (mit unterschiedlicher – moralischer – Wertung) einem Größeren als er selbst, in seinem astronomischen Sinngehalt umkreist er ein jeweils bedeutenderes Objekt. Es gibt einen Bezugspunkt, ein Zentrum, das mehrere Satelliten verträgt. Nicht möglich ist der umgekehrte Fall des Bezugs auf mehrere Zentren. Es ist ein Begriff, der auf festgefügte Ordnung gründet, also Anarchie oder Regellosigkeit ausschließt. Nach antiker griechischer Auffassung kommt ihm damit ein ästhetischer Wertgehalt zu. Pythagoras bezeichnet als erster die Harmonie der Himmels*ordnung* als Kosmos und verweist damit auf die Schönheit als harmonische Ordnung. Bis zum mittelalterlichen Weltbild ist die Erde Sinnbild des Wandels, des Flusses und der Unsicherheit, der Himmel aber Beständigkeit und Berechenbarkeit. Eine Dualität, die nach oben zur Perfektion, zum Ewigen und nach unten auf Unbeständigkeit und Verderblichkeit verweist.

In letzterem Sinne ist es interessant, die Parallelen zu der astronomischen und den sonstigen Bedeutungen zu ziehen. Als astronomischer Begriff, den physikalischen Gesetzen unterworfen, ist Satellit in der Tat ein Begriff der Harmonie, der Balance zwischen den ausgleichenden, seine Stabilität wahrenden Zentripetal- und -fugalkräften. In den weiteren modernen – wenn auch nicht mehr heutigen – Bedeutungsinhalten reduziert sich das Verständnis auf das Hierarchische und verliert ganz den ästhetischen Bezug. Der Satellitenstaat, die Satellitenstadt, der Satellitenrechner etc. verweisen nur noch auf Abhängigkeit. Die Ordnung bleibt, aber ohne »Schönheit«.

Als Satelliten*fernsehen*, Satelliten*übertragung*, Satelliten*müll* findet sich das Abhängigkeitsmoment nur noch als Funktionszuweisung bzw. Charakterisierungsmerkmal. Die Beziehungsebene drückt sich nur darin aus, daß es sich um zusammengesetzte Wörter handelt, also immer noch in gewissem Sinne relational, aber bereits abstrahiert vom Hierarchischen. Der Satellit wird zunehmend Mittel zum Zweck, zum Medium, und rückt von der Peripherie ins Zentrum, wird selbst zum Bezugsobjekt, zum Dreh- und Angelpunkt. Die bloße Bezeichnung Satellit ist unvollständig ohne Präzisierung des Zwecks: *Beobachtungs*satellit, *Kommunikations*satellit, *Spionage*satellit, *Navigations*satellit, *Wetter*satellit etc.

In dieser Wandlung zeigt sich die epochale Bedeutung des Begriffs, die ihn als einen für das Jahrhundert prägenden ausweist. Im Altgriechischen wird mit *epoché* (der Einhalt) eine Zäsur gekennzeichnet. Genau dies ist der Fall! Mit dem heutigen Bedeutungsgehalt als technisches Gerät wird der Satellit zum Medium, zum Motor der Globalisierung, zum Schlüssel des Eintritts in ein neues Zeitalter. Schlagwörter wie vom Ende der »Gutenberg-Galaxis«, dem Global Village und von der dritten industriellen Revolution sind von ihren Voraussetzungen hier eng an die Möglichkeiten der Satellitentechnik gebunden.

In besonderer Weise brechen sich Zuspitzungen moderner Kulturtheorien an Möglichkeiten moderner Satellitentechnik. Satelliten sind, wie Marshall McLuhan in anderem Zusammenhang statuierte, »extension of man«, Erweiterungen der physischen, sinnlichen Möglichkeiten des Menschen. Sie sind Auge, Ohr und Mund des Menschen. Durch sie wird ein neuer Blick auf die Erde und auf das Universum, globale Kommunikation und weltweiter Datentransfer in »Echtzeit« ermöglicht. GPS (Global Positioning System), GSM (Globalsystem for Mobile Communication), IRIDIUM, ASTRA mögen als hierzulande bekannteste Beispiele dieser Entwicklung dienen. Der Satellit wird damit zu einem der Ausgangspunkte der Cyberkulturen, die von der Überwindung der physischen Grenzen des Menschen, die von einer Art elektronischem Weltgeist träumen. Vorstellungen eines Künstlers wie Stelarc, der etwa behauptet, daß angesichts dieser überlegenen technischen Möglichkeiten der menschliche Körper mangels Eignung der biologischen Hardware für die Datenfülle der Infosphäre überholt sei, finden hier eine ihrer Wurzeln. Ebenso lassen sich die Gottesmetaphern der »Internetkultur«, nämlich Allgegenwärtigkeit, Allwissenheit und Körperlosigkeit, in ihren Voraussetzungen auf Möglichkeiten der Satellitentechnik übertragen bzw. zurückführen. Nicht ohne Beziehung zu diesen Träumen stellen sich die »Weltraumbestattungen« von Timothy Leary oder Gene Roddenberry, dem Schöpfer von »Star Treck«, dar. Als Satellit verglüht die Kapsel mit der Asche der Verstorbenen nach kurzer Umlaufbahn im All.

Jenseits jeglicher Metaphysik, aber ebenso existentiell bedeutsam sind die praktischen und gesellschaftlichen Auswirkungen.

Die antike und mittelalterliche Perfektionsvorstellung des Himmels etwa ist schwerlich mit dem inzwischen dringlich

werdenden Müllproblem im All in Einklang zu bringen. 93 % der über 9 000 sich in Erdumlaufbahn befindlichen künstlichen Satelliten sind außer Funktion und geraten zunehmend zur Gefahr für andere Objekte.
Das CNN-Phänomen, die totale Informations- und Medienwelt mit all ihren einhergehenden Implikationen, ist ein Ausfluß der Satellitentechnik. Da alle Informationen gleichzeitig und global zur Verfügung stehen, sind einschneidende Auswirkungen auf die bestehenden gesellschaftlichen Systeme und Teilsysteme nicht auszuschließen. Es ist sehr fraglich, ob lokale Sonderentwicklungen, d. h. unabhängig vom Rest der Welt sich entwickelnde Teilkulturen, noch möglich sind. Die von der »Gutenberg-Galaxis« geprägten linearen, logischen und sequentiellen Kommunikations- und Denkstrukturen zerfallen in den rhizomatischen Strukturen der Allgegenwärtigkeit jeglicher Information. Texte und Informationen lösen sich in unzählige Bezüge auf und damit auch bisher vorgegebene lineare Strukturen.
Aber auch in bescheidenerem Maße können Satelliten Lebenswirklichkeiten prägen: Die Satelliten verfolgen mich bis in die derzeitige berufliche Funktionsbezeichnung. Im Ernst, ein Programm wie 3sat, für das ich neben ARTE im ZDF verantwortlich bin, verdankt seine Existenz ebender Satellitentechnik. Es wurde 1984 zur Erprobung und Ausnutzung freier Satellitenkanäle gegründet und stand in Deutschland am Anfang der Entwicklung zum dualen System. Es ist ein heute nicht mehr wegzudenkender Bestandteil der Fernsehkultur.
Schon schießen private Unternehmen zivile Spionagesatelliten ins All. Via Kreditkarte kann sich jedes Individuum etwa über Bautätigkeiten oder sonstige vom All aus beobachtbare Gepflogenheiten seines Nachbarn informieren. Auch der Big Brother gehört zu den eröffneten Möglichkeiten. Der alte Wortsinn »Beschützer« oder eben auch »Handlanger« lebt zu auch hier neuer Aktualität auf. Vom Diener könnte sich der Satellit zum Herrn aufschwingen. Das vielbeschworene neue Zeitalter, die neue technisch bedingte kopernikanische Wende ist eben mit den allen Zukunftsvisionen zu-

gehörigen Unwägbarkeiten, Hoffnungen wie auch Ängsten behaftet.
In den Wechseln der Bedeutungsschwerpunkte, des Verständnisses des Wortes lassen sich die jeweiligen Zeitbefindlichkeiten herausdestillieren. Niemals jedoch sind sie so einschneidend und charakteristisch lesbar wie am Ende des 20. Jahrhunderts. Unmöglich, an diesem Wort zu diesem Zeitabschnitt vorbeizugehen.

Wolfgang Kasack
Säuberung

Säuberung, in autoritären oder diktator. Reg.-Systemen die Entfernung politisch missliebiger Personen in großer Zahl aus leitenden, aber auch nachgeordneten Stellen in Staat und Gesellschaft; ein Disziplinierungsmittel, das die polit. Unterordnung unter den Willen der herrschenden Gruppe erzwingen soll.

Als »Säuberungen« bezeichnete man in der Sowjetunion zunächst parteiinterne Überprüfungen der Mitglieder der Kommunistischen Partei mit dem Ziel des Ausschlusses bei Abweichungen von der vorgegebenen Linie. Diese Maßnahmen waren nicht geheim. Aufgrund der von Lenin auf dem 10. Parteikongreß 1921 angekündigten »Säuberung« wurden in knapp einem Jahr 140 000 Mitglieder ausgeschlossen. Im Sommer 1930 wurden 116 000 »ausgesäubert«. Ein Ausschluß konnte Folgen (Entlassung, Verhaftung, Lager) haben, aber das war nicht zwangsläufig. Stalins Plan, die Führungsriege der Partei auszumerzen, um alleiniger Diktator zu werden, führte 1935 bis 1938 zur »Großen Säuberung«, die in der Hand des Volkskommissars des Inneren der UdSSR Nikolaj Jeshow lag. Nun bedeutete Verhaftung fast immer Verurteilung. Rechtsmittel gab es nicht. Der »Großen Säuberung« fielen nach einer Liste Stalins 383 führende Funktionäre zum Opfer, von denen die bekanntesten in Schauprozessen öffentlich verurteilt wurden. Als Vorwand diente die wahrscheinlich von Stalin veranlaßte Ermordung des Leningrader Parteisekretärs Sergej Kirow, einem Gegner der Terrorpolitik, im Dezember 1934. Die Verfolgung der »Verschwörer« gegen Kirow löste eine Kettenreaktion von Denunziationen und Verhaftungen aus. Bei den Verhören wurden die Nennung potentieller »Volksfeinde«, die dann auch verhaftet wurden, und die Geständnisse nie begangener Verbrechen mit unvorstellbar grausamer Folter erpreßt. Viele namhafte Vertreter aus Polizei, Kirche, Wissenschaft, Kultur, Literatur, Verwaltung wurden mit der Masse der »Volksfeinde« in fünf- bis zehnminütigen Gerichtsverfahren oder auf dem Verwaltungswege zum Tode oder zu Lagerhaft verurteilt. Jeshow selbst kam in gleicher Weise 1938 zu Tode. Man schätzt die endgültige Zahl der Opfer der »Großen Säuberung« auf 20 Millionen Menschen.

Nach der »Großen Säuberung« 1938-1953 lag die Polizeigewalt in Händen von Lawrenti Berija, der Foltertechnik, Fabrikation fiktiver Anschuldigungen und Provokationen systematisierte und vervollkommnete. Die nunmehr geheimen »Säuberungen« dienten auch als Abschreckungsmaßnahme, um durch die Angst systemkritische Äußerungen oder Tätigkeiten im Keime zu ersticken. Die Zahl der zu Verhaftenden wurde meist vorher willkürlich festgelegt. Die Verhafteten wurden – von wenigen Ausnahmen abgesehen – zu langjähriger Lagerhaft oder zum Tode verurteilt. Der Einsatz der Verhafteten als Arbeitssklaven im Bergbau, Kanalbau u. ä. hatte wesentlichen Einfluß auf die Zahl der aufzuspürenden »Volksfeinde«. Der Bedarf bedingte auch die häufige Zweitverurteilung nach mehrjährigen Lagerstrafen.

Alexander Solschenizyn gab mit seinem Buch *Archipel GULag* (1973) der Welt und Millionen Russen die erste klare Vorstellung von der »Säuberung«, auch von Verhörmethoden und Reaktionen in den Zellen:

»Es gibt keinen Ausweg! Gestehe, es geht nicht anders!«

»Es ist eine einfache Rechnung: Schone deine Gesundheit!«

»Die Zähne gibt dir niemand wieder!«

»Verurteilt wirst du ohnehin, daran ändert dein Geständnis nichts mehr.«

»Wer nicht unterschreibt, wird erschossen! ... Um sich zu rächen. Um die Spuren zu verwischen: über die Verhöre.«

»Wenn du beim Verhör draufgehst, sagen sie den Verwandten: ›Lager ohne Brieferlaubnis.‹ Da können sie lange suchen.«

Linientreue unter sich: »Es ist unsere Pflicht, die sowjetische Untersuchungsbehörde zu unterstützen. ... Auch hier, um uns herum sind Feinde, hörst du, wie sie reden? ... Wenn sie es verlangen, müssen wir unterschreiben.«

Boris Chasanow veranschaulicht 1993 in *Unten ist Himmel* die entsetzlichen Auswirkungen der falschen Beschuldigungen im Familienbereich.

Enkeltochter zum Großvater über ihren Vater:
»Er ist ein Volksfeind. Der Schuft.«
»Wir wollen annehmen, daß es so ist. Laß uns Tee trinken ...«
»Er wollte uns verkaufen.«
»Wen – uns?«
»Alle – unser Land.«
»Davon weiß ich nichts. Um eine Sache zu verkaufen, muß man sie erst einmal besitzen. (...) Du mußt wissen, daß Menschen nicht ... ä-äh ... ausgesondert werden, weil sie etwas tun, obwohl das auch vorkommt, sondern aus Staatsräson.«

Franz-Josef Hutter
Schauprozeß

Schauprozesse, Gerichtsverfahren mit polit. Demonstrationseffekt in diktator. Staaten, meist im Rahmen von polit. Säuberungen. Sie dienen dazu, propagandist. Wirkungen in der breiten Öffentlichkeit zu erzielen, politisch missliebige Personen zu beseitigen und zugleich die Bev. einzuschüchtern.

Die Welt erschauderte, als am 15. August 1936 die Nachricht verbreitet wurde, daß vier Tage später vor dem Militärkollegium des Obersten Gerichtshofes der Sowjetunion ein Prozeß gegen ein »terroristisches Zentrum« beginnen werde. Ihm wurde zur Last gelegt, die Ermordung Stalins geplant zu haben. Grigorij Sinowjew und Leo Kamenew sollten vor Gericht gestellt werden; vor allem aber war Leo Trotzki angeklagt, der bereits im norwegischen Exil lebende Gründer der Roten Armee. Drei alten Weggefährten Lenins und herausragenden Protagonisten der russischen Oktoberrevolution sollte der Prozeß gemacht werden! Viele Menschen, beileibe nicht nur Kommunisten, hatten mit dieser Revolution die Hoffnung auf eine bessere, gerechtere Gesellschaft und ein menschenwürdigeres Leben verbunden. Und nun präsentierte ihnen dieser neue Staat die Farce eines Gerichtsverfahrens, in dem sich Sinowjew, Kamenew und 14 weitere Angeklagte der ungeheuerlichsten und unglaublichsten Verbrechen gegen die Sowjetmacht bezichtigten.
Heute weiß man, was damals bereits vermutet wurde: Diese Geständnisse waren durch grausame Folter erreicht worden. Am 24. August verkündete das Gericht, das in seiner Entscheidung den Wortlaut der Anklageschrift übernommen hatte, das Todesurteil gegen alle 16 Angeklagten, tags darauf die vollzogene Hinrichtung. Zwei weitere Schauprozesse folgten 1937 und 1938. Angeklagt und damit automatisch zum Tode verurteilt waren neben anderen die prominenten Revolutionäre Jurij Pjatakow, Karl Radek, Nikolaj Bucharin und Alexej Rykow. Nur der »Hauptfeind«, Leo Trotzki, konnte nicht in Moskau vor Gericht gestellt werden. Doch

auch ihn ereilte das tödliche Verdikt: Am 20. August 1940 schlägt ihm ein von Stalin gedungener Mörder mit einem Eispickel den Schädel ein, keine 24 Stunden später erliegt er den ihm zugefügten Verletzungen. Die Tschistka, die »Große Säuberung«, hatte ein Ende gefunden.

Der Grundgedanke dieser Schauprozesse war es, einen echten oder vermeintlichen politischen Gegner vor Gericht und das Verfahren wie die Angeklagten, die durch Folter zu den haarsträubendsten Geständnissen gezwungen worden waren, öffentlich zur Schau zu stellen. Damit sollte einerseits der Anschein von Rechtmäßigkeit geweckt werden, andererseits die Öffentlichkeit nachhaltig eingeschüchtert und diszipliniert werden. Außerdem diente das Verfahren auch der Beseitigung »politischer Gegner«, mögliche Anhänger wurden mundtot gemacht.

Dieses einmal erfolgreich erprobte Vorgehen fand nach dem Zweiten Weltkrieg in fast allen Satellitenstaaten der Sowjetunion erneut Anwendung. Nachdem Titos Jugoslawien von Moskau »abgefallen« war, erfaßte auf der Suche nach – echten oder vermeintlichen – Abweichlern eine Säuberungswelle Mittel- und Osteuropa. Georg Hermann Hodos, in den USA wohnender Überlebender des ungarischen Rajk-Prozesses, hat dies in seinem Standardwerk *Schauprozesse. Stalinistische Säuberungen in Osteuropa 1948-54* bilanziert. War der abwesende Trotzki der eigentliche Hauptangeklagte der Moskauer Prozesse, so mußte nun Tito diese Rolle spielen. Ihn freilich konnten Stalins Schergen nicht ermorden.

Traitscho Kostow in Bulgarien, Lászlo Rajk in Ungarn und Rudolf Slánský in der Tschechoslowakei hießen die Hauptangeklagten und prominentesten Todesopfer. Alle waren führende Kommunisten ihrer Länder, alle waren sie eingefleischte Stalinisten. Und G. H. Hodos wie auch Hermann Weber haben mehrfach nachgewiesen, daß nur Stalins Tod im März 1953 einen Schauprozeß in der DDR verhinderte, der bereits geplant war und in Paul Merker den Protagonisten gehabt hätte. Auch in Polen verhinderte Stalins Tod den geplanten großen Gomulka-Prozeß, statt dessen gab es zahlreiche nicht weniger schlimme Ersatzprozesse.

Jeder dieser Schauprozesse, in der Sowjetunion wie in deren Satellitenstaaten, war von einer großen Anzahl von Geheimprozessen und -verfahren nach ähnlichem Muster begleitet – deren prominenteste Angeklagte waren Koči Xoxe in Albanien, Lucretiu Patrascanu und Vasile Luca in Rumänien –, in denen Tausende zum Tode und noch viel mehr zu meist tödlich endender Zwangsarbeit in Straflagern, den sogenannten GULags verurteilt wurden. Im Ergebnis hat, nach einem Wort H. Webers, der stalinistische Kommunismus selbst mehr Mitglieder, Funktionäre und Führer der eigenen Bewegung umgebracht, als das seine Feinde taten.

Nicht nur im Herrschaftsbereich der Sowjetunion kam es in diesem Jahrhundert zu Schauprozessen – erst jüngst ereilte dieses Schicksal den nigerianischen Dichter vom Volk der Ogoni, Ken Saro-Wiwa, und acht seiner Gefährten. Im Stalinismus allerdings erreichten sie ihre furchteinflößende Perfektion und forderten die meisten Opfer. In Moskau wurde das Wort »Schauprozeß« in seiner krassesten Bedeutung geprägt, die noch heute bei jedem, der es hört, die Gedankenverbindung hervorruft: Schauprozeß – unschuldig angeklagt – Folter – Todesurteil – von vornherein nicht die geringste Chance auf Entkommen. Irgendwie hat man sich als politisch aktiver Mensch – oft in führender Funktion in der Partei der Macht – der Herrschaft eines diktatorischen Regimes mißliebig gemacht, und nun gab es keinen Ausweg mehr. Irgendwie war man zum angeblichen politischen Gegner der Herrscher geworden. Und weil das zu Ende gehende Jahrhundert nicht zuletzt ein Jahrhundert der Diktaturen war, die über ihre Untertanen nicht nur herrschen wollten, sondern auch eine ideologische Übereinstimmung der Beherrschten mit ihren Herrschern verlangten, konnte man leicht zum »politischen Gegner« einer Staatsmacht werden. Dafür, daß sich dies im neuen Jahrhundert ändert, lohnt sich das Engagement.

Gustav Seibt
Schreibtischtäter

Schreibtischtäter, Begriff, der mit der Verfolgung natsoz. Kriegsverbrecher aufkam; bezeichnet Menschen, die sich durch ihre Tätigkeit in Spitzenfunktionen von Staat und Gesellschaft an der Ausführung von Straftaten mitverantwortlich gemacht haben.

Das Wort »Schreibtischtäter« verbreitete sich nach dem Zweiten Weltkrieg im Gefolge der Nürnberger Prozesse. Es notiert die bürokratische Organisationsform der großen Massenverbrechen des Jahrhunderts, vor allem der Judenvernichtung, dann aber auch der viel weniger genau erforschten kommunistischen Säuberungen. Die Einrichtung der Konzentrationslager radikalisierte Funktionsweisen der neuzeitlichen Institutionen Armee, Gefängnis und Fabrik. Die Lager konnten überhaupt nur im Umfeld der modernen Bürokratie entstehen, sie setzten die Techniken von Volkszählung, Steuererhebung und Einberufung voraus, allerdings auch den Ausnahmezustand des Krieges mit der Möglichkeit der Geheimhaltung. Um die Opfer der Todesfabriken zu separieren, gefangenzunehmen und zu deportieren, mußte die ganze Maschinerie des Staates, vom Einwohnermeldeamt bis zur Eisenbahn, in Gang gesetzt werden. Der Gesamtvorgang war hochgradig arbeitsteilig und brachte seine eigene Routine hervor. Durch diese Verwaltungsförmigkeit entstand ein scheinbar moralfreier Raum, in dem das Böse zum Normalen und Gebotenen, also banal wurde, weil ihm der Charakter der Abweichung genommen war. Die Todesfabrik von Auschwitz bezeichnet eine extreme Konsequenz jener Spezialisierung, die in der modernen Gesellschaft zum Aufbau autonomer Sonderwelten führte. Der Kosmos Auschwitz war wirklich jenseits von Gut und Böse, in einem ganz anderen Sinn, als die Philosophie es konzipiert hatte.

Der Menschentypus, der hier tätig wurde, war durch die Großorganisationen von Staat und Wirtschaft bereits gezüchtet worden. Das Verwaltungshandeln, das bei der Planung und dem Aufbau der Vernichtungslager zum Einsatz kam, zeichnet sich durch eine leidenschaftslose, »sachliche«, instrumentelle Tüchtigkeit aus, deren Beziehung zum Gegenstand der ergriffenen Maßnahmen abstrakt ist. Der Schreibtischtäter muß keineswegs ein abnormer Sadist sein, er muß sich nicht einmal mit den Zielen, für die er tätig wird, vollständig identifizieren. Sein Verhältnis zur Wirklichkeit, zu seinen Opfern, ist abstrakt. In der Regel hat er diese in seinem Inneren längst aus der Menschheit herausdefiniert; damit aber ist die Befassung mit ihnen vielfach auch schon abgeschlossen. Der Schreibtischtäter leistet entfremdete Arbeit, das heißt eine Arbeit, die von der Mühsal des Mitleids, der Phantasie, vor allem aber der Verantwortung entlastet ist.

Die Normalität, in der der Schreibtischtäter handelt, ist gleichwohl pathologisch. Bevor das Grauen in Normalität verwandelt und das Leiden abstrakt werden konnte, mußte die Wirklichkeit umdefiniert werden. Den Tätern in den Planungsbüros, den ministeriellen Stäben, bei Polizei und Heer sind intellektuelle Täter vorangegangen, gefolgt vom Fußvolk der Journalisten und Propagandisten. Sie teilten die Menschen in lebenswertes und lebensunwertes Leben ein, sie entwickelten Klassendefinitionen und entwarfen ethnische Landkarten. Im zwanzigsten Jahrhundert ist der kollektive Irrsinn nicht mehr religiös; er kommt als Wissenschaft daher. Die einen verwirklichen einen Geschichtsplan, die anderen ein biologisch-medizinisches Programm. Der hochentwickelte Stand der technisch-organisatorischen Mittel erlaubt es, Utopien, die in früheren Epochen Denkspiele geblieben wären, fast umstandslos und über Nacht in die Wirklichkeit umzusetzen. Kennzeichnend ist ein deformiertes Verhältnis zum Lebendigen. Der Arzt, der Kinder totspritzt oder Behinderte in die Gaskammer schickt, ist kein Schreibtischtäter mehr, sondern einfach ein Mörder. Aber er zeigt die äußerste Steigerung jenes abstrakten Verhältnisses zur Wirklichkeit, ohne das die systematische Tötung ganzer Bevölkerungsgruppen nicht ins Werk zu setzen ist. In der Welt dieser Täter hat der hilfesuchende Blick aus Todesangst keine Geltung mehr. Und diese Grausamkeit ist feinverteilt auch in

den arbeitsteiligen Apparaten zu finden, in denen das Böse scheinbar banal geworden ist. Hinter aller kalten Gleichgültigkeit muß auch mit einer eigentümlichen grausamen Lüsternheit gerechnet werden.
Daher darf auch die Rationalität der Vernichtungsvorgänge, in denen Schreibtischtäter ihre Arbeit verrichten, nicht überschätzt werden. Der Schreibtischtäter sitzt vielmehr an einem Schnittpunkt von Rationalität und Irrsinn. Ohne Sprachregelungen, die die Sache lügenhaft zudecken, geht es im Alltag nicht. Wörter wie »Sonderbehandlung«, »Evakuierung«, »Endlösung« müssen für die unvorstellbar grausame Wirklichkeit stehen, in der Menschen nackt ins Gas gehen und die Leichen verbrannt werden. Das zwanzigste Jahrhundert hat den unblutigen Massenmörder hervorgebracht, der treusorgender Familienvater, sentimentaler Blumenliebhaber und Musikfreund ist; es hat gezeigt, wie die Effizienz der bürokratischen Großorganisationen utopische Ideen zu monströser Wirklichkeit werden ließ. In einem ganz neuen Sinn hat die Menschennatur dabei ihre Unschuld verloren.

Marion von Haaren
Schwarzarbeit

Schwarz|arbeit, allg. eine selbstständige oder unselbstständige Tätigkeit, die unter Missachtung der gesetzl. Melde- und Anzeigepflichten verrichtet wird. Keine S. ist bei Dienst- oder Werkleistungen gegeben, die auf Gefälligkeit oder Nachbarschaftshilfe beruhen.

»Freitag nach eins ist alles meins«, denken immer mehr Menschen und stürzen sich mit wachsendem Vergnügen in die Schwarzarbeit.

Der ehrgeizige Schaffensdrang am Finanzamt vorbei hat zwei simple Gründe: In keinem Industrieland der Erde haben die Arbeiter so früh Feierabend wie in Deutschland. Und: Schwarzarbeit ist eine Reaktion auf den Staat, der die Steuer- und Abgabenschraube in den vergangenen Jahren immer höher gedreht hat.

Wir erinnern uns: In den sechziger Jahren – das waren noch Zeiten! –, da mußten wir gerade mal ein Drittel des Lohns an den Fiskus und die Sozialkassen abzwacken. Und heute? Der Staat kassiert munter mit – durchschnittlich 42 Pfennig jeder verdienten Mark sackt er inzwischen ein.

Kein Wunder, daß sich immer mehr Menschen der modernen Steuerrebellion anschließen. Denn mit dem sagenhaften Anstieg der Abgabenquote stieg auch die Schattenarbeit. 1975 waren es noch geschätzte 5 Prozent des Bruttosozialprodukts, von denen der Fiskus nichts erfuhr und schon gar nichts abbekam. 1980 waren es schon 10 Prozent, und 1998 werden es sogar 15 Prozent sein.

Dienstleistungen im Wert von rund 560 Mrd. Mark – also 100 Mrd. mehr, als der gesamte Bundeshaushalt umfaßt – sind es, die hinter dem Rücken von Vater Staat, ohne Rechnung und ohne Quittung zwischen Kunde und Auftraggeber wechseln. Das sind natürlich alles Schätzungen, denn wüßte man's genau, wäre Schwarzarbeit ja nicht mehr schwarz.

Die Statistik dieser neuen Art von »Freizeitindustrie« führt die Favoriten auf: Am besten gedeiht die Schwarzarbeit am

Bau – dort wird fast die Hälfte aller Dunkeljobs vergeben. Beliebt sind auch die sogenannten schwarzen Perlen – Hausfrauen, die beim Putzen, Saugen und Staubwischen diskret für den nächsten Urlaub schwitzen. Die Hitparade der Lieblingsbeschäftigungen an Staat und Sozialkassen vorbei setzt sich fort mit Übersetzer- und Schreibtätigkeiten, mit Fahrdiensten und Klempnerarbeiten, Elektroinstallationen, Nachhilfe- und Musikunterricht sowie Gartenarbeit und Ernteeinsätzen.

Nun sollte nicht der Eindruck entstehen, daß nur manuelle Tätigkeiten zu Schwarzarbeit verlocken. Auch die »White-collar«-Kaste hat ihren Anteil am schwarzen Geschäft mit der Arbeit. Programmierer, Cutter, Steuerberater und Makler fragen ebenso gern: Geht's auch ohne Rechnung? Und immer mehr Kunden sagen ja. Damit beginnt der kleine Kontrakt auf Kosten Dritter. Denn ohne Rechnung kein Nachweis der Arbeit und daher keine Steuern, keine Abgaben.

Die Ersparnis für beide Seiten ist so groß, daß wer einmal die Vorteile der Schwarzarbeit auskosten konnte, kaum mehr von Steuermoral zu überzeugen ist. So kostet heute eine offizielle Autoreparatur-Stunde ca. 75 Mark. Der Kfz-Mechaniker, der am Feierabend den durchlöcherten Auspuff repariert, verlangt gerade mal die Hälfte für die dann ausschließlich eigene Tasche.

So sind die Meinungen geteilt, ob eine rigide Verfolgung der Schwarzarbeit den offiziellen Arbeitsmarkt entlastet. Zweifellos richtig ist, daß sich viele kleine Leute das bißchen Luxus nebenbei nicht mehr leisten könnten, gäbe es sie nicht mehr, die Schwarzarbeit.

Da sie überdies vor allem von Vollbeschäftigten verrichtet wird, blieben die Auswirkungen bei Wegfall der Schattenarbeit vermutlich eher gering. Sicher müßten dann aber zahlreiche Kneipen schließen, geriete mancher Baumarkt in die roten Zahlen, und ein paar Reiseveranstalter blieben allein auf ihren Fliegern sitzen.

Daher wiegeln manche Experten ab. Natürlich würden bei Schwarzarbeit Steuern und Sozialversicherungen hinterzogen. Aber mindestens 70 Prozent des schwarzen Geldes flös-

sen sofort wieder in den offiziellen Wirtschaftskreislauf zurück. Dann werden wieder Lohnsteuer, Umsatzsteuer und Sozialabgaben fällig.
Pardon! Betrug bleibt Betrug, sagen die Vertreter der Interessenverbände aus Industrie und Gewerbe, und recht haben sie. Doch was hilft's – bei allen Geldstrafen von bis zu 1 Mio. Mark –, der Staat hat den Kampf gegen die Schattenwirtschaft längst verloren. In Zeiten knapper Kassen und bei fortschreitendem Personalabbau in den öffentlichen Verwaltungen: Wer soll da noch kontrollieren?
Es führt also kein Weg vorbei: Wer ehrliche Steuerbürger heranziehen möchte, muß sie von überzogenen Abgabenlasten befreien. Die geplanten Senkungen von Steuern und Sozialabgaben gerade bei unteren und mittleren Löhnen sind ein notwendiger Schritt in die richtige Richtung.
Und noch eins: Statt teure Steuerfahnder und Detektive auf die Pirsch zu schicken, rechnet sich ein weiterer Vorschlag am Ende vielleicht mehr: den Zuverdienst am Feierabend legalisieren – mit hohen Freibeträgen und einem Steuersatz von 15 bis 20 Prozent für den Rest des Salärs.
So entstünde aus der Steuernot am Ende sogar mehr Steuertugend.
In den Industrienationen werden gut dotierte Vollzeitjobs mehr und mehr abgebaut. Zweitjobs müssen für's nötige Auskommen beim Einkommen sorgen. Festangestellte Arbeit, kombiniert mit einem Freiberufler-Job am Feierabend, führen zwar nicht ins gesellschaftliche Paradies. Sie machen aber den Weg frei in die Selbständigkeit – *ein* Schlüssel zu einem ausgeglicheneren Arbeitsmarkt.

Wilhelm Hankel
Schwarzer Freitag

Schwarzer Freitag, Bez. für einen Tag, an dem die Aktienkurse erheblich sinken (Kurssturz, Börsenkrach); urspr. Bez. für Freitag, den 24. 9. 1869, an dem durch Manipulationen amerikan. Spekulanten auf dem Goldmarkt viele Anleger ruiniert wurden, und Freitag, den 9. 5. 1873, mit dem der Beginn der → großen Depression verbunden wird. In Dlt. begann eine Bankenkrise, die in Zusammenhang stand mit den Kursstürzen an der New-Yorker Börse im Oktober 1929, wobei der 25. 10. 1929 als s. F. bezeichnet wird (→ Weltwirtschaftskrise).

Ein Gruselmärchen aus längst entschwundenen Zeiten ist wieder quicklebendig und in aller Munde: fast jeden Freitagabend, wenn die Weltbörsen von Tokio, Frankfurt, London und New York neue Crashs und Tiefstände melden, seit im Fernen Osten ein Halbdutzend einst ebenso bewunderter wie gefürchteter Tigerstaaten ins wirtschaftliche Taumeln geriet. Seitdem wird er wieder beschworen, der »Schwarze Freitag« des 25. Oktober 1929, als an der New Yorker Wallstreet der Aktienkursindex einbrach – vor genau 70 Jahren. Wie jeder Mythos lebt er nicht in seinen Fakten weiter, sondern seinen Folgen. Die Fakten von damals sind heute eher uninteressant. Schwarz war nicht der Freitag, sondern die ganze Woche. Zwischen dem 24. und 29. Oktober 1929 wurden tagtäglich zwischen 12 und 16 Millionen Aktien auf den Markt geworfen, fast ebensoviel, wie die Amerikaner in den vier Jahren zuvor in einem wahren Kaufrausch erworben hatten. Doch niemand konnte genau sagen warum. Der US-Wirtschaft ging es prächtig. Die Industrieproduktion hatte im Sommer 1929 ihr höchstes Niveau seit Gründung der Vereinigten Staaten erreicht, die Zahl der neu produzierten und zugelassenen Autos war damals mit über 5 Millionen fast ebenso hoch wie nach dem Zweiten Weltkrieg. »Kein Kongreß«, verkündete US-Präsident Coolidge, habe »günstigere Verhältnisse gefunden als die, die sich uns gegenwärtig bieten.« Lediglich die Armen, wie üblich, Bauern, Farbige und

die Bewohner der Slums am Rande der großen Städte hatten keinen Anteil am damaligen Wirtschaftswunder Amerikas. Aber sie spekulierten ja auch nicht an der Börse.
Niemand im Lande oder sonstwo in der Welt sah das Unheil heraufkommen: kein Guru, Präsidentenberater oder Forschungsinstitut. Alle verfügbaren wirtschaftlichen Wetterdaten standen auf dauerhaft »schön«. Entsprechend niedrig waren die Zinsen. Zwei Jahre zuvor hatte das Federal Reserve System (die US-Notenbank) seinen Diskontsatz für Bankenkredite auf das historische Tief von 3,5 Prozent gesenkt. Nicht ganz aus eigenem Antrieb. Prominente Europäer wie die Chefs der Notenbanken von England, Frankreich und Deutschland hatten das den US-Kollegen dringend empfohlen. Sie wußten warum. Ihre Länder, vor allem England und Deutschland, waren hoch in US-Dollar verschuldet. England hatte seine Rüstungsimporte im Ersten Weltkrieg, Deutschland seine Nachkriegsschulden und Reparationen mit billigem Geld aus den USA finanziert. Jetzt sollten diese Schulden nochmals verbilligt werden. Was die Herren aus Europa, unter ihnen immerhin ein so kundiger Fachmann wie der damalige Reichsbankpräsident Hjalmar Schacht, offenkundig übersahen, war, daß damit auch die Spekulation in den USA kräftig angeheizt wurde: der Aktienverkauf auf Kredit. Noch nie in der langen Börsengeschichte und -tradition der USA war es so billig gewesen, Aktien, die »todsicher« stiegen – um 20 bis 30 Prozent im Jahr –, mit Geld zu kaufen, das man zwar nicht hatte, das aber spottbillig auszuleihen war. Die Aktienkäufe an der New Yorker Wallstreet erreichten von Monat zu Monat neue Rekorde. Denn an billige Kredite kam jeder heran, nicht nur die Profis des Berufshandels: Banker, Broker, Manager. Mit Ausnahme der ganz Armen kaufte jeder zweite Amerikaner Aktien auf Kredit: der Taxifahrer wie sein Fahrgast. Ein Thema beherrschte alle: Wie steht der Dow Jones heute, und um wieviel steigt er bis zum Wochen- oder Monatsende? Ganz Amerika verwandelte sich in eine einzige Wett- und Lottogemeinschaft. Man kalkulierte nur noch den Profit und nicht mehr den Einsatz und das Verlustrisiko. Das Erwachen aus diesem Traum von einem alle

beglückenden »Volkskapitalismus« war ebenso jäh wie brutal. Bis zum 29. Oktober 1929, dem Mittwoch nach dem Schwarzen Freitag, dem schwärzesten Tag der Unheilswoche, hatten Amerikas Aktienbesitzer weit über ein Drittel ihres Privatvermögens verloren. Es hatte sich buchstäblich in Nichts aufgelöst. Der Berufshandel verlor noch mehr – einige renommierte Investment- und Brokerhäuser bis zu 90 Prozent ihres Kapitals. Dennoch ist es ein Märchen, daß sich damals Dutzende verzweifelter Makler und Banker aus dem Fenster gestürzt hätten. Die Selbstmordstatistik jener Tage weist keinen sensationellen Anstieg aus.

Doch die politischen und wirtschaftlichen Folgen des damaligen Börsencrashs in New York waren verheerend – für die Welt wie für Europa. Dagegen wurden die USA mit dem Desaster, das sie selber ausgelöst hatten, überraschend schnell und pragmatisch fertig. Es sieht im nachhinein so aus, als ob der Ausbruch des Vesuv nicht Pompeji und das benachbarte Herculanum vernichtet hätte, sondern weitentfernte Regionen jenseits von Mittelmeer und Alpen.

In den USA stellte ein neuer Präsident, Franklin D. Roosevelt, Banken, Börsen und Anlagefonds kurzerhand unter Kuratel und errichtete die ob ihrer Strenge gefürchtete Stock-Exchange-Control-Behörde (SEC). Die US-Notenbank erließ harte Vorschriften für den Aktienkauf auf Kredit und verdonnerte die Geschäftsbanken zum Halten einer ursprünglich für den Verlustausgleich gedachten Mindestreserve. Entscheidend war jedoch, daß Roosevelt dazu überging, die an der Börse verspielte Kaufkraft seiner Landsleute zu ersetzen: durch staatlich finanzierte Konjunktur- und Beschäftigungsprogramme, seinen in die Geschichte eingegangenen »New Deal«.

Schließlich wertete er den US-Dollar kräftig ab, um der US-Wirtschaft das Exportieren zu erleichtern und ihr die lästige Auslandskonkurrenz vom Binnenmarkt fernzuhalten. Bis zum Jahre 1937 waren die Spuren des Crashs von 1929 im Dow Jones Index nicht mehr zu erkennen.

Europa und den Rest der Welt trafen die Folgen des US-Börsendebakels sehr viel härter. Die damaligen Rohstoffländer verloren mit den USA ihren wichtigsten Markt. Sie mußten auf Einnahmen und Arbeitsplätze verzichten und bei sich zu Hause hinnehmen, was die USA so erfolgreich bekämpften – die Massenarbeitslosigkeit. In England wie Deutschland brachen mit dem Rückzug und der Verteuerung der bisherigen Kredite aus den USA verheerende Schuldenkrisen aus. England mußte im Herbst 1931 die Golddeckung seines Pfundes Sterling aufgeben und abwerten – ein Abwertungswettlauf rund um den Globus war die Folge. Die Welt hatte mit der Abdankung des Pfundes als Weltwährung ihr Stabilitätszentrum verloren. In Deutschland mußte im Frühjahr 1932 die Creme der führenden Groß- und Privatbanken ihre Zahlungen einstellen. Der damalige Reichskanzler Heinrich Brüning sah sich gezwungen, die Banken zu verstaatlichen und die Reichsmark für inkonvertibel zu erklären; Auslandszahlungen und -überweisungen wurden verboten. Die Sperrung der Konten erlaubte es nur wenige Monate später Hitler und dem NS-Regime, jüdische Vermögen zu beschlagnahmen und die enteigneten Besitzer in KZs zu deportieren! Mit der aus der Weimarer Republik übernommenen Devisenbewirtschaftung war es für den NS-Staat ein leichtes, die Notenpresse anzuwerfen und Autobahnen und Kriegsvorbereitung über die »Inflationssteuer« zu finanzieren. Am Ende stand, wie man weiß, die völlige Entwertung des Geldes, der zweite Inflationsbetrug am deutschen Volke in diesem Jahrhundert! Damals lernte die Menschheit, daß und wie ein dramatischer Kurssturz an einer führenden Weltbörse erst die Weltwirtschaft ruinierte und dann den Weltfrieden zerstörte. Ohne den »Schwarzen Freitag« an der Wallstreet hätte es weder die Pfundkrise noch den Bankenzusammenbruch in Deutschland gegeben. Letzterer führte geradewegs zu Hitler, denn die Bankenkrise ließ die Arbeitslosigkeit auf sechs Millionen anschwellen – jeder dritte Deutsche war 1933 ohne Arbeitsplatz und -einkommen!

Seitdem muß jeder Politiker wissen: Einen zweiten »Schwarzen Freitag« können wir uns in der Welt von heute, vernetzt und globalisiert, wie sie inzwischen ist, nicht mehr leisten. Weder dürfen internationale Finanzkrisen, wo immer sie ausbrechen, tatenlos hingenommen noch zu Lasten anderer Nationen bekämpft werden. Deswegen muß heute und morgen aus Roosevelts genialem »New Deal«, der gut für die USA, aber weniger gut für den Rest der Welt war, ein »Global Deal« gemacht werden. Denn wechselseitiger Beistand der über die gemeinsame Weltwirtschaft verflochtenen Nationen ist weder Caritas noch unzumutbares Opfer. Er ist eine Investition in Selbstschutz und die Sicherung der eigenen nationalen Stabilität, politisch wie sozial.

Das ist die eigentliche Lehre des »Schwarzen Freitags« vom 25. Oktober 1929.

Volkmar Sigusch
Schwul

schwul → Homosexualität [griech., lat.], **Homophilie**, Homo|erotik, Sexual|inversion, sexuelle Anziehung durch Angehörige des eigenen Geschlechts sowie sexuelle Beziehungen mit gleichgeschlechtl. Partnern. I. e. S. wird der Begriff H. für die Beziehungen zw. erwachsenen Männern verwendet.

Schwule im Sinne von selbstbewußt auftretenden Homosexuellen gibt es erst seit den siebziger Jahren. Damals hatten eine sexuelle Revolution, eine Studenten-, Frauen- und Homosexuellenbewegung kulturelle und psychosoziale Erschütterungen erzeugt, die in diesem Jahrhundert ihresgleichen suchen. Recht und Moral fielen nicht mehr umstandslos zusammen. Der »abscheuliche Homosexuellenparagraph« (Adorno) wurde zwar erst 1994 gestrichen, bahnbrechend aber waren die Liberalisierungen von 1969 und 1973.

Nach Steinigung und Folter, nach Zuchthaus und KZ, nach Verachtung und Denunziation durch die Spießer aller Lager hatten männerliebende Männer historisch zum ersten Mal die Chance, ihre Eigenart kollektiv und öffentlich ohne Gefahr für Leib und Leben zu bekennen und zu einer gewissen Bewußtheit ihrer selbst zu gelangen. »Bewußte« Homosexuelle drehten damals den Spieß der Spießer einfach um, indem sie das Schimpfwort »schwul« mit erhobenem Kopf zum öffentlichen Kampfwort machten und dadurch zu einem guten Teil seines pejorativen Charakters beraubten.

Das Hochdeutsche kennt das Adjektiv »schwul« seit dem 17. Jahrhundert. Es meinte »drückend heiß« wie heute das Wort »schwül«, das dem Adjektiv »kühl« zur Seite gestellt worden ist. Seit dem 19. Jahrhundert wird »schwul« umgangssprachlich für jenes Verhalten verwandt, das wir heute homosexuell nennen, ein Wort, das der Schriftsteller Karl Maria Kertbeny 1868 erfand, das sich aber erst Jahrzehnte später allgemein durchsetzte.

Auf die erste deutsche Homosexuellenbewegung, die sich im Kaiserreich und in der Weimarer Republik formierte, war Anfang der siebziger Jahre nicht nur die zweite Homosexuellenbewegung gefolgt, sondern etwas Neues: die Schwulenbewegung. Sie veränderte das Selbstverständnis jener Männer gravierend, die die Medizin seit dem Ende des 19. Jahrhunderts aufgespürt und staunend als Konträrsexuale, Invertierte oder Perverse pathologisiert hatte. Dabei werden Männer von Männern seit Jahrtausenden begehrt – irgendwie.

Wie dieses Begehren jedoch erlebt, bewertet und bezeichnet wird, bestimmt die jeweilige Kultur. So ist beispielsweise die Differenz zwischen dem antiken mannmännlichen Eros, der zur platonischen Staatskunst aufstieg, und unserer gegenwärtigen Homosexualität enorm. Was immer Sokrates, Wittgenstein und Roland Barthes, Tschaikowski, Benjamin Britten und Cole Porter, Charles Laughton, James Dean, Cary Grant und Anthony Perkins, der Ökonom John Maynard Keynes, der FBI-Chef J. Edgar Hoover oder der Kolonialist Cecil Rhodes (»Rhodesien«) gefühlt und praktiziert haben mögen – schwul waren sie mit Sicherheit nicht, wie heute unhistorisch gesagt wird. Und auch bi-straight, bi-bi oder bi-gay, wie es neuerdings heißt, können sie nicht gewesen sein, weil es das noch gar nicht gab. Selbst Magnus Hirschfeld war nicht schwul, weil er vor der historischen Geburt »des« Schwulen gelebt und sich nicht zu seinem Liebesleben offen bekannt hat.

Im Rückblick könnte jene Lebensart schwuler Männer, die der Aufbruch der siebziger Jahre ermöglicht hat, als kulturell vorgezogenes Modell der heutigen Sexualformen angesehen werden: Assoziation bisher als unvereinbar angesehener seelischer und sozialer Modalitäten, egoistische Suche nach dem schnellen, umstandslosen sexuellen Thrill bei vorhandener Liebesfähigkeit in Dauerbeziehungen, hohe Besetzung der Autoerotik sowie eine enorme Flexibilität an den gesellschaftlichen Zirkulationsfronten.

Heute ist »schwul« beides: ein Emanzipations- und ein Schimpfwort. Einerseits gehören die Schwulen nicht mehr generell zu den Infamen, die Foucault so sehr am Herzen lagen, gibt es »Gay Pride Parades« und »Gay Games«, werden schwule Paare kirchlich gesegnet, gibt es sogar Bestrebungen, das einst heilige Institut der Ehe für dessen einst unheilige Zerstörer zu öffnen. Andererseits werden sie als solche von Normopathen »geklatscht« und ermordet, fragt eine kirchliche Akademie zum hundertsten Mal, ob Homosexualität angeboren oder erworben, ob sie gleichwertig sei, suchen Forscher das Homo-Gen, das es gar nicht geben kann.

Vor allem aber ist es nach wie vor eine Tatsache: daß sich keine Mutter und kein Vater wünscht, das eigene Kind möge homosexuell werden. Darauf aber spekulieren jene, die die Homosexualität verhüten wollen. Vor wenigen Jahren, in Aids-Zeiten und auf homosexuelle Männer gemünzt, sagte der immer noch amtierende Kultusminister des Freistaates Bayern: »Diese Randgruppe muß ausgedünnt werden, weil sie naturwidrig ist.« Solche Sätze präsentieren schlagartig das Kontinuum der Barbarei. Nahmen in der Vergangenheit soziale Probleme überhand, bekam immer jenes Meinen Auftrieb, in dem sich Verhüten und Ausmerzen verschränken. Offenbar ist für Saubermänner und Sauberfrauen nichts befriedigender als das Operieren am Volkskörper.

Der Haß der Normalen auf die Homosexuellen ist unabstellbar wie die Angst vor ihnen, solange beide für die Heterosexualität konstitutiv und dazu noch weitgehend dem Bewußtsein entzogen sind. Solange es Hetero- und Homosexualität als abgezirkelte gesellschaftliche Sexualformen gibt, so lange wird das so sein. Um so verständlicher, daß immer mehr Homosexuelle nur noch normal leben wollen, gleichgestellt und amtlich registriert. Denn normal zu sein ist noch immer das Schönste auf der Welt. Den homosexuellen Frauen steht diese Möglichkeit des Abschieds von Subversivität und Eigensinn historisch noch bevor. Denn die Schwulenbewegung war (und ist) eine Männerbewegung. Ein Wort des Jahrhunderts, das für eine Lesbenbewegung stünde, hat die Jury offenbar nicht entdecken können. Ich auch nicht.

Reinhold Messner
Selbstverwirklichung

Selbstverwirklichung [zu engl. ›self-realization‹ und ›self-actualization], die erstrebte Entfaltung und Ausschöpfung persönl. Möglichkeiten, ein Begriff, der den Menschen in seinem Selbstverständnis und seiner Zielorientierung im Hinblick auf sein Menschsein und seine Individualität bezeichnet.

Von der Terrasse eines jener Straßenrestaurants in Kapalu, wo neben Lastwagenfahrern aus Baltistan vereinzelt auch Touristen Lammfleisch mit Tschapati aßen, sah ich plötzlich weit im Norden, irgendwo im Grau der Schneewolken, die perlweiße Spitze eines Berges aufglänzen. Als ich im Fernglas in den Umrissen dieses schwebenden Gipfels mein Ziel erkannt hatte, bestellte ich noch ein Bier. Dann, bevor ich mich auf den Weg ins Ungewisse machte, vergewisserte ich mich, ob alles im Rucksack war, was ein Mensch brauchte, wenn er für eine oder zwei Wochen die Menschenwelt zurückließ, um seinem Ziel entgegenzusteigen. – Es war Juli und kurz vor der Jahrtausendwende.
Über den flachen Lehmhäusern im weiten Talkessel wuchsen Staub- und Rauchfahnen empor, und der Wind aus den Bergen trieb die Sommerhitze durch die Gassen. Hinter all diesem gelblichen Staub aber erschien nun nach und nach, eine Fläche aus dunklen Felsen mit schimmernden Schneestreifen dazwischen, ein Gebirge: der Karakorum! Diese hintereinander geschichteten Felskämme, von Nebelbänken gestreift, verschmolzen unter Schneeschauern und vor dem Grau des Himmels so miteinander, daß sie mir als Rand der Welt erschienen: eine unüberwindliche Barriere!
Den Schlafsack stopfte ich ganz unten in den Rucksack, dann kam der Proviant, ein Gaskocher und ein Topf voller Kleinigkeiten wie Löffel, Zucker, Salz, Kaffee in Döschen. Gletscherbrillen, Taschenmesser, Sonnencreme und eine Landkarte der K6-Gruppe steckte ich in die Deckeltasche. Steigeisen, Eispickel und die Schlafmatte schnürte ich zuletzt außen an den Rucksack.

Durch hitzeflirrende Täler, vorbei an einzelnen Dorfoasen mit ihren in Terrassen angelegten Gerste- und Aprikosengärten, ließ ich mich am Nachmittag im Jeep nach Hushe fahren, von wo ich anderntags losging, immer weiter in die Tiefe des Gebirges hinein. Erst nachdem ich die letzten von Menschen bewohnten Nomadencamps und damit die letzte Zuflucht hinter mir gelassen hatte, führten mich meine Sehnsucht und das Gehen zur Mitte der Welt.

Zwei Bergkämme hinter Hushe, zwischen wüstenhaft aufsteigenden Granitwänden, fand ich am Abend eine verlassene Almhütte, die entweder nie fertiggebaut oder schon wieder Ruine war, von der ein Strauß heller Streifen ausging, Steigspuren, die sich höher oben im felsigen Gelände verloren. Dahinter erst begann die wirkliche und die mögliche Welt!

Als ob mir dieser Ort vertraut wäre, schlug ich zwischen den Mauerresten und dem letzten Stück Steindach mein Lager auf. Ich wußte, welchen Steig ich am anderen Morgen wählen würde, und die Bilder, die der Traum nachts in kurzen Schlafphasen nachformte, waren deutlicher als die Tagträume und Erinnerungen untertags.

Ein alter Mann – Jäger oder Hirte? –, der mich am Morgen mit seiner Neugierde weckte, zeichnete mit der Hand eine Bergspitze in die Luft, als wollte er fragen, in diese Höhe, ohne Träger und mit so wenig Ausrüstung? Während ich dann losstapfte, starrte er mir nach, und als ich eine halbe Stunde später innehielt, um Atem zu schöpfen, stand er immer noch im Talgrund: ein winziger Punkt, verloren im Flußtal. Auch wenn er mir nachgestiegen wäre, wir wären allein geblieben, jeder für sich, weil in der dünnen Luft jeder nur seinem Rhythmus folgen konnte: Jeder kam nach seinen Kräften, seiner Ausdauer, seiner Geschicklichkeit voran. So blieb im Hochgebirge immer jeder mit sich allein und verwirklichte nichts als seine Sehnsüchte, wenn er einmal die ausgetretenen Wege verlassen hatte.

Über eine Schlucht, die ich auf abgewaschenen Granitplatten nach rechts verließ, kletterte ich – in der Sonne jetzt – stundenlang aufwärts. Nicht einmal Steinbocklosung war zu finden und nirgendwo Spuren von Menschen. Die Felsen im schattigen Schluchtgrund, von einem gefrorenen Wasserfall überglast, waren nicht kletterbar. Mit der Tageswärme oben wurde es dort lebendig und laut. Also gab es höher oben Wasser.

Wer jahrelang durchs menschenleere Hochgebirge gestiegen ist, weiß mehr, als er sieht: Erfahrung aus Wirklichkeit geschöpft, nicht aus Sprache geformt.

Als ich mich am späten Nachmittag unter einer alleinstehenden Krüppelkonifere auf einer Felskanzel niederließ, freute ich mich über das Feuerholz, das Wasser daneben und vor allem die Zuflucht unter dieser vereinzelten Baumkrone.

Der Lufthauch, der mich am Morgen im Schlafsack unter meinem Baum weckte, war von einer Leichtigkeit wie mein Befinden, der von Felskanten und Geäst gerahmte Bildausschnitt zu großartig, um wirklich zu sein: diese Tiefe weit unten im Land und nur die Wölbung des Himmels darüber!

Trotzdem, hier konnte ich nicht bleiben, der Gipfel war jetzt Ziel und Ende einer selbstgewollten Aufgabe, die es zu verwirklichen galt.

Über Felsstufen und Firnfelder stieg ich bis zum Nachmittag aufwärts, immer weiter in eine Welt in Schwarzweiß hinauf: Weißer Dunst über den Tälern; im Osten Eispyramiden, höher als mein Standort; im Westen die gleißenden Gletscherflächen des Masherbrum. Keine Gerüche, keine Farben, keine Wärme, nur Fallgeräusche: Steinschlag, Schneerutsche, Fallwind. Und keinerlei Zuflucht! Über mir nur noch das unerträgliche Schwarz des Himmels.

Also zurück zu den Dörfern, zurück in die Vergangenheit und Zukunft der Menschen!

Aus der Verlassenheit dieses vertikalen Labyrinths aus Fels und Eis brauchte ich zwei Tage zurück in die sonnenverbrannten Täler, aus denen ich gekommen war, und als wäre ich der Beobachter meiner selbst, stieg ich jetzt mit tastenden Schritten zu Tal: Ein glücklicher Mensch ging seine Bergtour zu Ende wie ein Ritual. Die Linie seines Weges war real und doch am Berg nicht sichtbar, wirklich nur in ihm selbst. Die senkrechten Wüsten, aus denen er kam, paßten ebenso zu ihm wie diese ausgeglühten Landschaften, durch die er heimkehrte.

Das Tal war aschgrau und stumpf, das kleine Dorf wenig überm Flußtal von weit oben nur an seinen geometrischen Mustern zu erkennen: Lehmhäuser mit Innenhöfen, aufgereiht an schlängelnden Wegen. Als ich ein letztes Mal zu jenem einzigen Baum hinaufschaute, unter dem ich eine Nacht lang Schutz gefunden hatte, erschien mir die Welt dort oben unwirklich. Wie konnte dieser einzelne Baum so hoch in den Felsen nur lebendig sein? Wie war er dort hingekommen, und warum war er allein stehen geblieben? Durch einen Zufall der Natur oder den Aberglauben der Menschen? Die Bergbewohner, die nie und nimmer in die Felsenwelt über der Jagdzone aufstiegen, hatten alles Holz sonst geholt. Nun, dieser eine Baum in dieser unwirklichen Welt über den Tälern entsprach in seinem Verlassensein jener inneren Landschaft, die ich als unmittelbare Erfahrung vom Berg ins Tal zurückbrachte. Ob sie mir auch weiter zur Verfügung stand? Oder paßten diese Wirklichkeit und die Mitte meines Selbst nur hier und jetzt zusammen?

Am anderen Morgen zog ich unter einem strahlenden Himmel weiter, und ich wußte: Auch wenn die silbrig schimmernden Umrisse der Berggipfel hoch in den Dunst des Himmels gezaubert zu unwirklich schienen, um noch zu mir zu gehören, sie würden für immer Teil meiner Wirklichkeit bleiben.

Matthias Altenburg
Sex

Hier aufreißen!

Sex [engl., von lat. sexus ›Geschlecht‹] *der, -(es), umgangssprachlich* für: 1) Geschlechtlichkeit, Sexualität; 2) Geschlechtsverkehr; 3) Sexappeal.

Ich bin für Euch durch die Hölle gegangen oder den Himmel ich weiß nicht ich habe die Dezemberhefte von *Marie Claire* und *Elle* und *Cosmopolitan* und *Vogue* und *Amica* aus dem Altpapier meiner Nachbarin gefischt und allesalles gelesen und das sind eintausenddreihundertachtundsiebzig Seiten und sieben Pfund Papier und alles ist so voll mit Sex daß man sich fragt was mit den Frauen los ist und alle haben Horoskope für das neue Jahr außer *Amica* wo es einen Adventskalender gibt mit lauter halbnackten Coverboys wo dann steht daß Jon Bon Jovi ein *knackiger Kuschelrocker* ist und Eros Ramazotti ein *Tiramisu fürs Ohr* was man sich mal vorstellen muß aber nur *Elle* hat auch noch einen *Fashion Guide* für jedes Sternzeichen und *Vogue* hat die zehn *Beauty-Gebote* für meine *Problemzonen* und jetzt weiß ich daß das Gegenteil einer alten Frau nicht eine junge Frau ist sondern eine *neue Frau* aber sonst weiß ich kaum noch was weil mir ganz schwindlig ist von all den *neuen Frauen* die alle so *stark* sind und *sinnlich* und *faszinierend erotisch* vor allem aber so *stark* und ich muß daran denken wie beim letzten Ingeborg-Bachmann-Wettbewerb in der schönen Faschistenstadt Klagenfurt eine junge Autorin angekündigt wurde mit den Worten *starke Frauen die nicht jammern sondern handeln* so daß sofort alle wußten daß es schlimmer nicht mehr würde kommen können aber am meisten fertiggemacht hat mich die *Anlage-Betreuerin* Gabriele Grundler von der *Hypo-Bank* auf Seite 213 der *Cosmopolitan* die so irrwitzig verkniffen aus der Wäsche lächelt als sei sie versehentlich in eine Pakkung Exquisa Frischkäse getreten und man ihr gerne einen

Bon Chauvi für zwischen die Beine schenken möchte damit sie auch mal was Schönes hat aber es gibt auch Models die so hohläugig und supertraurig aus ihren tollenteuren Kleidern schauen und so krankhaft leptosom sind daß man auf ihren Rippen Klavier spielen könnte und ihnen am liebsten die Adresse der Bahnhofsmission geben möchte und die *Mexx*-Anzeige auf Seite 173 von *Cosmopolitan* ist bestimmt ein wahnsinniger Skandal weil es aussieht als würde dort ein nackter Typ eine nackte Minderjährige von hinten ficken die noch nicht einmal Schamhaare hat oder vielleicht hat sie sich mit dem *Silk-epil-body-system* von *Braun* epiliert und bestimmt gibt es da noch Ärger mit dem Werberat oder der katholischen Kirche oder Alice Schwarzer von *Emma* oder solchen Kinderschutzgruppen wie Zartbitter und Wildwasser und in *Vogue* gibt es die *Body News* wo es diesmal um Brustkrebs geht und wo das Foto einer Frau abgebildet ist die eine so wunderschöne Titte in die Kamera streckt daß man sich wünscht sie möge niemals befallen werden von dieser Geißel der Menschheit wie man den Krebs mit Fug und Recht nennt aber sie sagen nicht Titte hier und statt Schwanz sagen sie hier Penis und statt Votze sagen sie Bikini-Bereich obwohl doch selbst Mutter Teresa schon Schwanz und Votze sagt aber die Texte die hier stehen sind alle ausnahmslos eine so hypertrashige obszöne Scheiße daß ich nicht anders kann als mir vorzustellen wie die jungen Redakteurinnen an Weihnachten ihren Omas erzählt haben daß sie jetzt junge Redakteurinnen bei der *Vogue* und der *Elle* und der *Marie Claire* und der *Cosmopolitan* und der *Amica* sind und wenn die Oma noch halbwegs bei Groschen ist hat sie einfach geschwiegen und gelächelt und gedacht daß von ihr Gott sei Dank niemand mehr verlangen kann diese Scheiße zu lesen weil sie ja mich hat und ich für sie durch die Hölle oder den Himmel gehe ich weiß nicht ich werde das alles jetzt noch einmal lesen damit man mir nichts vorwerfen kann und dann werde ich mich ins Bett legen und werde Eva Herzigova ficken und werde Nadja Auermann ficken und werde Claudia Schiffer ficken und werde Jeremy Irons ficken und Jon Bon Jovi den *knackigen Kuschelrocker* nur die Minderjährige werde ich nicht fikken und auch nicht Bianca Jagger weil die auf dem Foto von der Party in der neuen *Location von Valentino* in New York die dreimal so groß ist wie die alte *Location von Valentino* in New York also weil Bianca da aussieht als habe sie gerade einen Schlaganfall gehabt weshalb ich sie wirklich nicht fikken will und eigentlich würde man am liebsten überhaupt *nie mehr ficken* in einer Welt die so voll mit Ficken ist und am Ende rieche ich wie eine ganze Parfümerie nach *Eternity* und *Ocean dream* und *Havana pour elle* und *Havana the fragrance for men* weil ich immer diese Pröbchen und Duftstreifen aufgerissen habe auf denen steht *Hier aufreißen!*

Monika Sandhack
Single

Single [engl., eigtl. ›einzeln(e)‹, von lat. singulus ›einzeln‹], 1) *der, -(s)/-(s), allg.:* jemand, der ohne feste Bindung an einen Partner lebt. Der Begriff kam in den 1970er-Jahren in den USA auf und fand zum Ende des Jahrzehnts auch in den dt. Sprachgebrauch Eingang. Gemeint war zunächst v. a. jene Gruppe der großstädt., gut ausgebildeten und vornehmlich am berufl. Erfolg orientierten 25-bis 40-jährigen S., für die in den 1980er-Jahren der Begriff → Yuppies geprägt wurde.

Keiner liebt ihn.

Im Restaurant besetzt er allein einen Tisch. Mit seinem Auto verstopft er die Innenstädte. An der Wohnungsmisere ist er ebenso schuld wie an den leeren Rentenkassen. Irgendwie scheint er sich in den letzten Jahren rasant zu vermehren. Seine Kennzeichen: erfolgsverwöhnt, selbstbewußt, unabhängig, aber auch egozentrisch, eitel, beziehungsunfähig – und vor allem einsam. Der moderne Einzelgänger, bei dem sich alles um Konsum, Fitneß und Schönheit, also um das eigene Wohlbefinden dreht. Süchtig nach seinem Ebenbild, ist Perfektion für ihn oberste Pflicht.

Der Kult ums Ich, das Klischee vom Single: als Repräsentant einer Gesellschaft von Hedonisten oder als Vorreiter neuer Lebensformen, bei denen der einzelne sich niemandem mehr verpflichtet fühlt. Nur die eigene Person zählt. Die massenhafte Abkehr von der alten Bürgerlichkeit hat sich in rasendem Tempo vollzogen. Was einst als Metapher für innere Befindlichkeit stand, ist inzwischen zum Synonym für Wohlstand und Erfolg, für ein starkes Ich geworden. Ein narzißtisches Zeitalter ist angebrochen, das mehr Freiheit, aber auch mehr Fremdheit bringt. Es lebe der moderne Single! Bedürfnisbefriedigung um beinah jeden Preis, der einzelne ständig auf der Suche nach Lustgewinn.

Doch während die Illusionsmaschine auf Hochtouren läuft, hält der Solo-Genuß nicht immer, was er verspricht. Es bleiben Leerstellen und Sehnsüchte – nach Liebe, Nähe, Sex, danach, im Leben eines anderen die wichtigste Rolle zu spielen. Draußen in der Welt, im Job und im Alltag zählt die Fassade, zählen Erfolgsgeschichten. Der Wunsch nach beruflicher Selbstverwirklichung und Autonomie verlangt intelligentes Management auch im Privatleben. Bewundert wird, wer sich nimmt, was er braucht. Und kein Mitleid mit dem, der als frustriert oder unglücklich gilt. Swinging Single: für den einen Lebensmotto, für den anderen Schicksal.

Die Lebensgeschichten der Singles sind bunt gemischt. Egoisten, die sich selbst der Nächste sind, Beziehungsgeschädigte und Risikoflüchtige, unterwegs zwischen dem Nicht-Mehr und Noch-Nicht, klagende Witwen und besessene Workaholics, die von Krise zu Krise schwanken, Einsame und Kontaktscheue, an den Rand gedrängt und von einer Konsumgesellschaft ausgetrickst, die ohne Konkurrenz nicht auskommen mag. Und bei vielen die Angst, Erfolg und Karriere zu opfern und womöglich zurückzufallen hinter die Kollegen.

Single-Sein umfaßt alles das und wieder auch nicht. Denn den Single gibt es nicht – es sei denn, als statistische Größe. Single-Sein meint vielmehr einen Lebensstil, eine Haltung zu den Dingen. Während die einen das Alleinsein nur schwer ertragen, erleben es die anderen als große Freiheit, auch als Freisein von sich selbst wie den Zwängen der anderen. Wer den freudigen Single spielt, muß noch lange nicht dem Bild entsprechen, das er nach außen hin abgibt. Singles, ob aus freier Wahl oder nicht, reden ungern darüber: Selbst bekennenden Solisten glückt nicht immer der Ego-Trip. Einsamkeit ist das Schattenbild in der schönen Welt des Egoismus. Alleinleben als Philosophie kann kaum lustvolle Erfüllung bringen; wenn man es will, muß man es nur für sich wollen. Ansonsten verpaßt man die Chance, im Alleinsein sich selber zu gewinnen.

Als Single leben heißt, sensibel sein für das Temporäre aller zwischenmenschlichen Beziehungen. Dauerhaft dagegen sind Trennungen und Wechsel – mit ständig neuen Perspektiven, sich wandelnden Milieus und flüchtigen Kontakten, begleitet von Auflösung, Widerruf und Neubestimmung. Das bedeutet zugleich den Zerfall von Gruppen in lauter Einzelwesen, die von Zeit zu Zeit aufeinandertreffen. Wer sich begehrt fühlt, braucht das Alleinsein nicht zu fürchten; keine Sonntagsdepression schleicht sich ins Elfenbeintürmchen. Dennoch: Auf feste Bindungen zu verzichten kann immer auch die Enttäuschung als Möglichkeit einschließen. Das süße Leben ohne partnerschaftliche Verpflichtung bekommt nicht selten einen bitteren Beigeschmack. Diesen Balanceakt auszuhalten ist die Kunst im Single-Leben. Die Liebe als Prinzip der Partnersuche vollzieht sich heute im Wettbewerb von Angebot und Nachfrage. Übrig bleibt, wer sich nicht zu verkaufen versteht. Unversehens verkommt die Liebe zur »ganz normalen Unwahrscheinlichkeit« (Niklas Luhmann).

Besser allein bleiben? Wer als Single leben will, stellt sich diese Frage nicht mehr. Er träumt ab und zu von glücklichen Paaren und denkt: Am schlimmsten ist die Einsamkeit zu zweit.

Heiner Geißler
Soziale Marktwirtschaft

Soziale Marktwirtschaft, Leitbild einer Wirtschaftsordnung, die eine → Marktwirtschaft mit staatl. Maßnahmen verbindet, um sozial nicht vertretbare Folgen einer solchen Marktwirtschaft zu verhindern oder wenigstens abzumildern. Das Prinzip des freien Marktes sollte um die Idee des sozialen Ausgleichs ergänzt werden.

Die Soziale Marktwirtschaft ist die erfolgreichste Wirtschafts- und Sozialordnung, die es in der Wirtschaftsgeschichte je gegeben hat. Ihr Schöpfer Ludwig Erhard wußte, daß der soziale Friede ein wesentlicher Produktionsfaktor ist. Deutschland ist deshalb das Land mit den wenigsten Streiktagen in der Welt, nicht weil wir eine freie, sondern weil wir die Soziale Marktwirtschaft haben. Ludwig Erhard hat den Königsweg zwischen Kapitalismus und Sozialismus begründet. Marktwirtschaft war ihm nicht catch-as-catch-can, reine Wettbewerbswirtschaft oder Kapitalismus pur, sondern geordneter Wettbewerb. Sein Kampf galt auch den Monopolen und Oligopolen. Er begründete die Kartellgesetzgebung. Nicht Margaret Thatcher ist die Patin unserer Wirtschaft, sondern Ludwig Erhard heißt der Pate. Das Modell der Sozialen Marktwirtschaft ist der erfolgreiche Versuch, Wettbewerb und soziale Gerechtigkeit auf einen Nenner zu bringen, und gründet auf der Erkenntnis, daß eine vernünftige Wirtschaftsordnung einen geordneten Wettbewerb voraussetzt, schon weil die Reibungsverluste sonst viel zu groß wären. Dieser geordnete Wettbewerb setzt wiederum einen funktionsfähigen Staat voraus, vom Wirtschaftsrecht über das Arbeitsrecht bis hin zum Tarifrecht. Heute befinden wir uns in einer Situation, in der sich die Wirtschaft globalisiert, die Unternehmen global wirtschaften und sich von dieser staatlichen Ordnung emanzipieren. Sie entziehen sich diesem Ordnungsgefüge und vagabundieren mit ihren wirtschaftlichen Entscheidungen. Das bedeutet, daß der Sozialstaat, der nationalstaatlich organisiert ist, plötzlich ohne wirtschaftliches Fundament dazustehen droht und auf der ökonomischen Seite plötzlich Regeln gelten, die an die Anfänge des Kapitalismus erinnern: Die Shareholder-Value-Philosophie und Börsenindizes beherrschen Unternehmen und Manager. Konstitutiv für die Soziale Marktwirtschaft ist ein starker und ordnungspolitisch handlungsfähiger Staat, der in der Lage ist, den Kontext der Marktwirtschaft zu anderen wichtigen gesellschaftspolitischen Entscheidungen herzustellen. Die Voraussetzungen hierfür waren unproblematisch, solange die Nationalökonomie im Rahmen des Nationalstaates identisch mit dem Sozialstaat war. Das hat sich geändert, und deswegen tendiert die Wirtschaft dazu, sich zu verselbständigen, sich vom ordnungspolitischen, sozialstaatlichen Korsett ihrer solidarischen Einbindung zu befreien und sich im Sinne ihrer eigengesetzlichen Entwicklung weltweit zu verbreiten. Mit dem Hinweis auf globale ökonomische Sachzwänge, auf Standortprobleme und Wettbewerbsfähigkeit können die konkreten Nationalstaaten unter Druck gesetzt und deren Sozialordnungen in eine Lizitation nach unten getrieben werden. Das Resultat wäre dann unter Umständen nicht mehr nur ein Umbau des Sozialstaates, sondern dessen Abbau. Dies würde gleichzeitig das Ende der Sozialen Marktwirtschaft bedeuten und verschärft die Frage aufwerfen, wie die Würde des Menschen, die als Folge dieser Entwicklung bedroht wäre, bewahrt werden kann. Die Globalisierung der Ökonomie erfordert daher eine globale Antwort auf diese neue soziale Frage: Wir brauchen eine internationale soziale und ökologische Marktwirtschaft.

Die Soziale Marktwirtschaft ist ein Bündnis zwischen Marktwirtschaft, Sozialstaat und Demokratie. Deswegen ist die westliche Verbindung von Marktwirtschaft und politischen wie sozialen Rechten kein Luxus, auf den man verzichten kann, wenn es schwierig wird. Das »Soziale« ist kein Kostgänger der Wirtschaft, sondern es hat auch einen wirtschaftlichen Wert: Unser System der sozialen Sicherung hat großen Anteil am sozialen Frieden in Deutschland. Es ist weit mehr wert, als es kostet. Die Soziale Marktwirtschaft, dieses moralische Bündnis von Marktwirtschaft und sozialer Gerechtigkeit, ist vielmehr die Grundlage der modernen Demokratie. Sie muß zu einer Ökologischen und Sozialen Marktwirtschaft fortentwickelt werden, deren Ziel in Zukunft sein wird, eine Synthese von Ökonomie, sozialer Gerechtigkeit und Ökologie zu schaffen. Ein Erfolg wird diese Strategie nur, wenn die Europäer und die G-8-Staaten einschließlich Rußlands internationale Sozialstandards vereinbaren.

Die Quelle der sozialen Sicherung wird auch in der Zukunft die Erwerbstätigkeit sein. Gerade wenn die Arbeitswelt mehr Flexibilität verlangt, muß die soziale Sicherung mehr Stabilität schaffen. Es ist ethisch begründet, die Wirtschaft immer wieder auf ihr eigentliches sozialethisches Telos hinzuweisen, das heißt auf ihre Gemeinwohlfunktion. Früher konnte die Soziale Marktwirtschaft in ihren sozialen Auswirkungen relativ leicht finanziert werden, weil wir sechs- bis achtprozentige Wachstumsraten verzeichnen konnten. Das ist heute vor allem in den Industriestaaten vorbei. Diese müssen sich mit niedrigeren Wachstumsraten abfinden. Was unsere Gesellschaft im 21. Jahrhundert daher dringend benötigt, ist eine Ökologische und Soziale Marktwirtschaft, die jedoch nur dann wirklich zu erreichen ist, wenn wir erkennen, daß ein Ende der Verschwendung geboten ist. Eine alte Weisheit Epikurs sollte die Leitlinie für die Politik von morgen sein: »Nicht die Vermehrung der Habe, sondern die Verminderung der Wünsche ist angezeigt.«

Rainer Vollmar
Sport

Sport [engl., urspr. ›Zeitvertreib‹, ›Spiel‹, Kurzform von disport ›Vergnügen‹, dies von gleichbedeutend altfrz. desport, zu (se) de(s)porter ›(sich) vergnügen‹], Sammel-Bez. für die an spieler. Selbstentfaltung sowie am Leistungsstreben ausgerichteten vielgestaltigen Formen körperl. Betätigung, die sowohl der geistigen und körperl. Beweglichkeit als auch dem allgemeinen Wohlbefinden dienen sollen.

Mit sieben Jahren startete ich meine Karriere als Sportler. Offenkundig waren genetische Anlagen dafür verantwortlich, daß ich mir ein weiteres Leben ohne die Liveübertragung des Fußball-WM-Spiels BRD gegen Schweden nicht vorstellen konnte. Es war das erste, alles entscheidende und somit unverzichtbare Sportereignis meines Daseins. Viele weitere sollten folgen.

Die apodiktische elterliche Vorschrift lautete, daß um acht Uhr geschlafen werden mußte. Das Spiel begann um acht Uhr. Erst nach zähen Friedensverhandlungen konnte eine Einigung erzielt werden: Ich ging schon um sieben Uhr zu Bett, schlief bis neun Uhr und saß pünktlich zur zweiten Halbzeit auf dem Sofa. Ja, ich schlief, und meine Mutter hat mich geweckt, denn fair geht vor. Sicher ein Grund, warum Deutschland das Spiel nach der Pause noch umdrehen konnte.

Aber nicht nur im Düsseldorfer Rheinstadion, auch auf dem Schulhof wurden die wichtigsten Spiele ausgetragen. Klasse 7 bA gegen Klasse 7 bB, vor dem Unterricht, in den kleinen Pausen, in den großen Pausen, nach dem Unterricht. Jedes Spiel ein Sieger, ein Verlierer, Depression oder Übermut.

Die schönsten Intermezzi der Schulzeit aber waren die Sportstunden, in denen ich das meiste und Wesentliche lernte. Ich begriff, daß sechs Meter im Weitsprung viel sind, im Kugelstoßen wenig. Bei der Leichtathletik lernte ich, was ein Flop ist, im Schwimmunterricht alles über die Wende. Den Unterschied zwischen Delphin und Schmetterling habe ich nie verstanden. Große Schwächen hatte ich im Fach Geschichte,

aber mein Vater gab mir Nachhilfe und vermittelte mir das Wunder von Bern und die historische Bedeutung Max Schmelings.
Ich erfuhr auch, was ein Vorbild ist.
Meine Vorbilder waren Gerd Müller und Bernard Hinault, mein größtes Vorbild war mein großer Bruder. Mein großer Bruder trat dem örtlichen Volleyballverein bei. Wenig später trat ich dem örtlichen Volleyballverein bei. Ich radelte als Bernard Hinault von der Schule nach Hause, trank wie Bernard Hinault isostar zum Abendbrot und radelte als Bernard Hinault zum Volleyballtraining. In der Schule hatten wir für Olympia trainiert, abends trainierten wir für die Welt. Wir spielten in der Kreisliga, und der Kreis war die Welt.
Mein Training für Olympia hat sich gelohnt, sowohl 1984 in Los Angeles als auch 1988 in Seoul war ich dabei, an die acht, neun Stunden Zeitverschiebung habe ich mich rasch gewöhnt. Ich sprang bei Ulrike Meyfarths zweiter Goldmedaille aus dem Sessel und rannte vor Ben Johnsons vermeintlichem Fabelweltrekord auf die Toilette, um nichts zu verpassen.
Wenn weder Volleyballtraining noch Olympische Spiele waren, saß ich mit meinem Vater auf dem Sofa und verfolgte die Europacupauftritte von Bayern München und die Boxkämpfe von Muhammad Ali. Jedes Spiel, jeder Kampf war von großer Bedeutung, und wenn Bayern oder Ali gewannen, ließ mich mein Vater zur Belohnung an seinem Whisky nippen. Er ließ mich zum Trost nippen, wenn sie verloren.
Seit dieser Zeit hat sich viel verändert.
Zwar nehme ich noch heute an allen entscheidenden Spielen teil, aber zur Arbeit radle ich als Jan Ullrich.

Rüdiger Vaas
Sputnik

Sputnik [russ., eigtl. ›Weggenosse‹, ›Reisegefährte‹] *der, -s/-s,* Name des ersten künstl. Erdsatelliten, der wie die S.-Trägerrakete unter Leitung von S. P. KOROLJOW entwickelt wurde. Mit dem Start von S. 1, einer Kugel mit vier Stabantennen, am 5. 10. 1957 um 0^{50} Uhr Ortszeit vom Kosmodrom Baikonur (4.10. nach MEZ) begann die Ära der Weltraumflüge.

Der erste künstliche Satellit hat bereits im Jahr 1687 die Erde umlaufen – eine Bleikugel, die Isaac Newton als Gedankenexperiment diente, um seine Gravitations- und Bewegungsgesetze zu erläutern. 1869 folgte »Der Backsteinmond« in der gleichnamigen Science-fiction-Erzählung des britischen Pfarrers Edward Everett Halte. Bis aus der Phantasie Realität wurde, mußte aber noch lange Zeit vergehen. Am 4. Oktober 1957 um 22.50 Uhr und 34 Sekunden Moskauer Zeit begann auf Kasachstans Weltraumbahnhof Baikonur mit dem Start des ersten Sputnik das Weltraumzeitalter.

Sputnik 1 war eine 83,6 Kilogramm schwere Aluminiumkugel mit vier über zwei Meter langen Teleskopantennen, die die berühmten Piepstöne als Radiosignal von 15 und 7,5 Meter Wellenlänge über den Erdball funkten. In der 58 Zentimeter großen Hohlkugel befanden sich neben Sender und Batterien nur noch ein Ventilator und ein paar Meß- und Regelinstrumente. Trotzdem sorgte der Satellit, der die Erde alle 96,17 Minuten einmal auf einem elliptischen Orbit in 228 bis 947 Kilometer Höhe und 65,6 Grad Bahnneigung zum Äquator umrundete, weltweit für Aufsehen – auch ganz wörtlich, denn am Morgen- und Abendhimmel konnte er mit Ferngläsern beobachtet werden, bis er am 4. Januar 1958 nach 1400 Erdumkreisungen in der Atmosphäre verglühte. Seine Funksignale waren 21 Tage lang zu hören gewesen.

»In den Vereinigten Staaten ließen sie den unsichtbaren Sendboten einer potentiell feindlichen Nation sehr real und nahe erscheinen«, schrieb die »New York Times«, die dem Kunststern am 5. Oktober eine dreizeilige Headline widmete. Die

»Prawda« dagegen hatte den Start in ihrer Ausgabe vom selben Tag nur in einer kleinen Kolumne auf der ersten Seite erwähnt – nicht einmal mit einer eigenen Überschrift. Man beschränkte sich auf einige technische Daten sowie eine Reminiszenz an den russischen Raumfahrtpionier Konstantin Ziolkowski und wagte einen Blick in die Zukunft: »Künstliche Erdsatelliten werden den Weg zu interplanetarischen Reisen ebnen.« Am 6. Oktober, als KPdSU-Chef Nikita S. Chruschtschow Sputniks Propaganda-Wert erkannt hatte – nach dessen Start hatte er sich nach späterer Aussage »ruhig ins Bett« gelegt –, war die Titelseite der »Prawda« fast ganz dem Satelliten gewidmet.

Über Nacht hatte sich das Ansehen der Sowjetunion drastisch verbessert. Auch wenn die in den USA vielbeschworene Technologiekluft eine Übertreibung war, mußte der Sowjetunion berechtigterweise die Führerschaft in einem wichtigen technologischen Bereich zugestanden werden. Denn die USA hatten schon 1955 angekündigt, im Rahmen des Internationalen Geophysikalischen Jahres 1956/57 einen Erdbeobachtungssatelliten zu starten, nahmen gleichlautende sowjetische Verlautbarungen aber nicht besonders ernst. Doch Sputnik – gebaut »in einem Monat und mit dem einzigen Grund, die Ersten im Weltraum zu sein«, so der Ingenieur und spätere Kosmonaut Georgij Gretschko – war nicht nur schneller im All als der amerikanische Vanguard (»Vorhut«), sondern auch fünfzigmal schwerer. Das bedeutete, daß die Sowjetunion mit ihrer Trägerrakete R-7 (später Wostok oder SS-6 genannt) in der Lage war, Nuklearwaffen über Tausende von Kilometern zu verschießen. In dieser Demonstration lag die eigentliche Bedeutung des Raumfahrt-Erfolgs. Die USA, die sich bislang abgeschieden und unverwundbar dünkten, waren plötzlich in der Reichweite verheerender Bomben, ohne noch selbst über entsprechende Raketen zu verfügen. In dieser Erkenntnis bestand der eigentliche Sputnik-Schock. Zwar sah Dwight Eisenhower die nationale Sicherheit nicht »um ein Jota« stärker gefährdet, doch wurden gegen den angeblich bloß Golf spielenden Präsidenten schwere Vorwürfe erhoben, so daß er sich 1958 zur Gründung der National Aeronautics and Space Administration NASA gezwungen sah.

Günter Berg
Star

Star [engl., eigtl. ›Stern‹] der, -s/-s, berühmte, gefeierte Persönlichkeit v. a. in Theater, Film, Fernsehen und Sport; seit etwa 1920 planmäßiger Aufbau eines S.-Kults mittels Werbung und Öffentlichkeitsarbeit durch die amerikan. Filmindustrie. Als **Starlet (Starlett)** bezeichnet man die Nachwuchsschauspieler beim Film.

Star ist ein Wort dieses 20. Jahrhunderts. Und was damit gemeint ist, da darf man sich nicht täuschen lassen, ist nicht älter als das Wort. Vermutlich hatte es vorher bereits Menschen gegeben, die man ihrer außergewöhnlichen Talente wegen bewunderte, doch kein Mensch wäre früher auf die Idee gekommen, es handele sich um einen *Star.* Wir haben es mit einem typischen »Fremdwort« aus dem Englischen zu tun. Ende des 18. Jahrhunderts soll es davon im Deutschen gerade einmal 12 gegeben haben, darunter Mops, Park, Pudding, Dogge oder, man staune: Jury. – Hundert Jahre später zählte der Allgemeine Deutsche Sprachverein exakt 148 derart inkriminierte Vokabeln, und schon gegen die Jahrhundertwende glaubte niemand mehr, »der Überflutung unserer Sprache Einhalt zu gebieten. Englisch ist Trumpf! Wie der Deutsche früher der Affe des Franzosen war, so äfft er jetzt den Engländer nach«. Ob tatsächlich, wie nachzulesen in Heft 12 des XIV. Jahrgangs der *Zeitschrift des Allgemeinen Deutschen Sprachvereins*, »die Sozialdemokraten« maßgeblich daran beteiligt waren, daß wir eine »hervorragende Bühnenerscheinung« nicht schlicht Stern, sondern *Star* nennen, das kann auf diesem knappen Raum nicht geklärt werden.
Jedenfalls: Der Begriff ist modern, und die Sache ist es auch. Denn Mozart und Goethe oder auch Richard Wagner waren gewiß keine Stars! Nein, sie waren Götter, wie es sie lange nicht mehr gibt. Denn: In metaphysisch obdachlosen Zeiten bevölkern nur mehr Sterne den Himmel.
Alle »kennen« die ganz großen Stars und die Gründe ihrer herausgehobenen Existenz: Sie sind bei Lebzeiten prominent,

sei es qua Geburt, sei es, weil sie besonders schnell laufen können oder ausnehmend skrupellos boxen. Sie erringen mit ihren Hits Goldene Schallplatten, oder einer ihrer Leinwandküsse (oder -tode) wegen werden fünfzig oder hundert Jahre lang Millionen und Abermillionen von Tränen vergossen. So etwas prägt sich ein! – Und: Wir brauchen unsere Stars! Und sie brauchen uns, ihre Fans. Die Medienpräsenz haben sie zum Leben so nötig wie wir unseren Stammtisch oder den Verein. Zu irgendwem muß man ja aufblicken können. Es braucht die prominenten Vorbilder.
Exklusivität bestimmt den Raum, in dem jeder Star agiert. Da geht es Lassie nicht anders als Madonna, Michael Jackson nicht anders als Henry Maske. Unserer gewöhnlichen Existenz entrückt, produziert der Star auf seinem Gebiet Einmaligkeit. Wenn wir das geschminkte Gesicht, den tadellosen, geölten Körper im Fernsehen oder in den Magazinen zu Gesicht bekommen, dann strahlt der Stern bereits in hellem Glanz, und seine unerreichbare Ferne mahnt uns zur Demut. Wenn die Scheinwerfer angehen, wenn der Vorhang sich hebt, dann haben er/sie die Bühne, die Leinwand, den Laufsteg, die Manege, die Arena, den Boxring für sich, wenn das Spektakel beginnt, breitet sich Glanz aus, die Aura der Einzigartigkeit, die den wahren Stern gebiert. – Natürlich ist das teuer, aber schnöde, wer nur daran denkt, daß es in jedem Showbusiness auch um eine ganze Menge Geld geht. Das sind wir doch gerne bereit zu zahlen.
Nicht ausgemacht ist, welche Idole unser 20. Jahrhundert überdauern werden. Unsicher, welchen Gesetzen sich die organisierte Erinnerung unterwirft, um in hundert Jahren die unverwechselbaren Persönlichkeiten unseres Jahrhunderts zu bewahren. Sicher werden es nicht die Starlets mit den Starallüren sein. Starmannequins werden irgendwann 33, Star-Anwälte verlieren ihren ersten Fall, und Star-Journalisten kennt bei fünfzig Tageszeitungen und ebenso vielen TV-Stationen sowieso keiner. Die gängigen Komposita vom Gast-Star, der eine Star-Gage beziehen muß, vom Star-Tenor, dem Musical-Star, dem Opern- oder Pop-Star, vom Super-Star des Mega-Kinos bis hinunter zum Alt-, Nachwuchs- oder

gar Busen-Star sind werblich einsetzbare Etiketten, nicht mehr. Heute, am Ende des 20. Jahrhunderts, weiß jeder Bescheid: In einer aufgeklärten, medienorientierten Welt haben Kultur und Unterhaltung längst global fusioniert; und der Star, in dem Erfolg und Kasse zusammenfließen, ist austauschbar, beliebig und auch flüchtig. Ja, das wissen wir doch alle, die wir den großen Stars (nicht) hinterherlaufen. Wir Kulturmenschen sind gefeit vor den Verführungen durch die kleinen Starlets, die für eine Weile auf der Welle des Durchschnittsgeschmacks tanzen. Und wenn dann wieder einmal der Ruhm verblaßt, wenn gemunkelt wird, daß die Kulturindustrie am Profit interessiert war und gar nicht am Star, dann bemitleiden wir den armen untergehenden Abendstern nicht lange, selbst wenn sein Niedergang wie eine persönliche Tragödie wirkt – die gehört doch dazu! Zarah Leander, ein Leinwandstar ihrer Zeit, hat unsere Vorstellungen und ihre eigenen Erfahrungen in ein paar Verse gefaßt: »Kinostar, du Opfer dieses Jahrhunderts. Jeder wünscht an deiner Stelle zu sein. Doch das grelle Scheinwerferlicht verhüllt der Welt dein wahres Gesicht. Im Grunde meines Herzens bin ich allein!« – Nur gut, daß nicht jeder ein Star werden muß.

Joseph von Westphalen
Stau

Stau, *Verkehrswesen*: Kurz.-Bez. für → **Verkehrsstau**, im Straßenverkehr Bez. für einen dauerhaften oder zeitweiligen Stillstand des Verkehrsflusses (stockender Verkehr), der durch Streckenüberlastung (= hohes Verkehrsaufkommen) sowie baustellenbedingte Engpässe oder Unfälle verursacht sein kann. V. sind eine typ. und zunehmende Erscheinung im innerstädt. Verkehr oder im Verkehr zw. dicht besiedelten Regionen während des Berufsverkehrs (Rushhour) sowie im Fernreiseverkehr, v. a. auf bestimmten Autobahnabschnitten.

Der Zivilisation ist nicht zu trauen. Auch dies hat uns das Jahrhundert gelehrt. Über Nacht wird der Zivilisierte zur Bestie. Er plündert, mordet, foltert, vergewaltigt, erschießt und vergast bevorzugt Ungleichgesinnte und Andersfarbige – und will es nachher nicht gewesen sein. Ausgerechnet da, wo er seine Fassung wirklich verlieren müßte, bewahrt sie der Zivilisierte: im Stau.
Man rechnet mit dem Stau wie mit einer Krankheit. Auch vollinformierte Profis können ihm nicht entgehen. Plötzlich ist er da, und schon ist man mittendrin. Eine unübersehbare Schlange stehender Autos. Ist er zehn oder fünfzig Kilometer lang? Zwei, drei, vier Stunden kann es dauern. Man weiß nichts. Die kollektive Ahnungslosigkeit ist ein Trost.
Dieselben Menschen, die ohne ersichtlichen Grund Ausländer zum Teufel jagen und Achtjährige zum Sex zwingen, verhalten sich nun völlig gesittet. Es wäre zu erwarten, daß sie Anfälle bekämen, sich schreiend am Boden wälzten, in die kohlenmonoxydhaltigen Grasnarben des Grünstreifens bissen, sich entleibten oder übereinander herfielen und sich erwürgten und erschlügen. Das wäre verständlich. Ich tue es nicht, aber mir ist so zumute. Wer in den späten sechziger, frühen siebziger Jahren die Filme *Weekend* von Godard und *Traffic* von Tati sah, der hätte mit einer solchen Eskalation gerechnet. Schließlich wird einem Lebenszeit geraubt.
Statt dessen öffnen sich nach einigen Minuten die Türen.

Männer mit Hemden entsteigen ihren Autos. Anstatt Amok zu laufen, räkeln sie sich friedlich wie gut ausgeschlafene Camper am Zeltplatz. Sie lockern ihre Schlipse, gehen ein paar Schritte hin und her und statten dem Vorder- oder Hintermann einen Besuch ab. Sie kommen sich im Handumdrehen nah, fachsimpeln lässig, studieren Landkarten. Wenig später folgen Frauen und bieten Männern Getränke an. Die tyrannischsten Väter werden zuvorkommend, lösen Koffer von Autodächern und holen Spielzeug für die Kinder hervor. Der Sinn des Lebens wird durch den Stau in Frage gestellt, zumindest die Worte, die von infantilen Polit- und Industriebossen in Fragebögen mit eingelerntem Optimismus als Lebensmotto angegeben werden: »Geht nicht, gibt's nicht.« Von wegen! Nichts geht. Diese endlos, geradezu anal verstopfe Straße! Typische Naziidee, so eine Autobahn. Kein Zurück. Man kommt sich vor wie ein Stück Dreck. Ein Barockdichter würde daraus den richtigen Schluß ziehen: Was ist der Mensch in seinem glänzenden Gefährt, ein Klümpchen Kot in einem Darm, der nicht entleert.

Tiere brauchen Jahrtausende, um sich neuen Umweltbedingungen anzupassen. Der Mensch aber ist in wenigen Jahrzehnten stauresistent geworden. Der Typus, der den Stau nicht hinnehmen kann, der hysterisch gegen den Wahnsinn des kollektiven Stillstands rebelliert, ist längst ausgestorben, hinweggerafft von Nervenzusammenbrüchen.

Unheiliger Zorn packt den zivilisierten Autofahrer, wenn ihm ein anderer nicht rasch genug ausweicht. Im Stau aber sind ihm Aggressionen fremd. Selbst der temperamentvolle Südländer, der sonst schnell zum Messer greift oder wenigstens in ein wütendes Hupkonzert einfällt, um gegen den Wahnsinn des Stillstands zu rebellieren, legt im Stau eine geradezu fernöstliche Gelassenheit an den Tag. Klar hilft Toben nicht. Trotzdem ist solche Fügsamkeit ins scheinbar Unvermeidliche verdächtig.

Mittlerweile gibt es analog zum Stau auf der Straße den digitalen Stau, auf der Datenautobahn bei überlasteten Leitungen. Es gibt den Informationsstau, den Gefühlsstau und den Reformstau. Es ist anzunehmen, daß die Menschheit den Stau will.

Der Stau hat viele Vorteile. Im Stau kann nichts passieren. Der beim Fahren ständig drohende Unfalltod ist fern. Stau zeugt zudem vom Überfluß. Wenige Autos erzeugen keinen Stau auf der Straße, ein Mangel an Ideen keinen Reformstau. Der Stau ist ein Beweis für Wohlstand und guten Willen. Außerhalb der Ferienzeiten ist er nicht berechenbar und wird weithin als Ausrede für Verspätungen und geplatzte Termine akzeptiert. Selbst harte Geschäftsleute beschleicht das wohlige Gefühl von schulfrei – und auch die heilsame Ahnung, nicht unersetzlich zu sein. Im juristischen Sinn ist Stau »höhere Gewalt«. Er hat etwas Schicksalhaftes.

Der Stau ist die vollkommenste Form der Demokratie, in der Trabbifahrer nicht anders dran sind als Dandys im Jaguar. Es herrschen Gleichheit und Brüderlichkeit. Auch Mobiltelefone helfen nicht gegen den Stau. Herkunft und Einkommen sind einerlei. So viel Völkerverständigung schafft kein Erwachsenenbildungsprogramm: Türken, Kurden, Rechtsradikale – im Stau vertragen sich alle.

Der Stau entsteht, weil die Menschen nicht auf ihren Hintern sitzenbleiben können, wozu Blaise Pascal einst riet. Sie haben nicht auf Pascal gehört, sie wollten freie Fahrt, nun sitzen sie zwangsweise fest, vereint im Warten auf das erlösende Ende der befreienden Gefangenschaft.

Christiane Schmidt
Sterbehilfe

Sterbehilfe, begriffl. Zusammenfassung für Handlungen, die von der Hilfe und Unterstützung im Sterben bis hin zur aktiven Tötung Sterbender oder Schwerstkranker reichen. Die internat. für diesen Begriff gebräuchl. Bez. → Euthanasie wird in Dtl. mit Rücksicht auf ihren Mißbrauch während der nat.-soz. Zeit vermieden.

Dem individuellen Leben, das von Vielfältigkeit geprägt ist, steht in unserer Kultur ein Ende gegenüber, das mit einem tabuisierten Prozeß beginnt, dem »Sterben«. Dieser Vorgang läßt sich prototypisch nicht beschreiben, er ist individuell. Dennoch versucht unsere Gesellschaft den Tod und das Sterben ausschließlich als empirische Größe zu behandeln.

Nur in einer naturwissenschaftlichen Definition ließen sich die drei Begriffe »Leben«, »Sterben« und »Tod« eindeutig voneinander abgrenzen. Metaphysisch sind sie sehr eng miteinander verknüpft, da ihre Wertigkeit von Weltanschauung, Kultur, Religion, Erziehung und Erfahrung abhängig ist.

Allein der Umstand, daß der international gebräuchliche Name »Euthanasie« (griech. »leichter Tod«) in Deutschland aus guten Gründen in der Alltagssprache vermieden wird, zeigt, wie unterschiedlich mit den Vorstellungen von Leben und Tod umgegangen wird. Mit Bezug auf die sozialdarwinistisch geprägte Humangenetik, die sog. »Rassenhygiene«, tarnten die Nationalsozialisten im »Dritten Reich« unter dem Namen der Euthanasie systematisch angelegte Menschenvernichtungen. Es ging – in nationalsozialistischer Terminologie – um die »Vernichtung lebensunwerten Lebens«, um die Tötung »leerer Menschenhülsen« und »Ballastexistenzen«.

Heute bezeichnet »Sterbehilfe« eine Tätigkeit, die im Sinne des Sterbenden den Tod herbeiführt oder das Sterben erleichtert, und ist trotz der Abgrenzung zur »Euthanasie« problematisch. Allein die fehlende Stellungnahme der Rechtsprechung verdeutlicht diese Schwierigkeit. Fest steht, daß aktive

Sterbehilfe strafbar ist. Die »Tötung auf Verlangen« (§216 StGB) wird mit einer Freiheitsstrafe von sechs Monaten bis zu fünf Jahren geahndet. Nicht strafbar ist die Verabreichung schmerzlindernder Mittel, die als Begleiterscheinung lebensverkürzende Eigenschaften haben können.

Im Zentrum der Diskussion um die Sterbehilfe steht heute die Frage nach dem Recht auf den eigenen Tod, nach einem würdigen Sterben und nach dem schleichenden Übergang zwischen »Tötung« und »sterben lassen« als ärztlichem Handeln.

Der Traum der Unsterblichkeit, den die Menschheit schon immer träumt, kann auch durch den medizinischen Fortschritt nicht erfüllt werden. Vielmehr scheint der eigentlich humane Ansatz, das Leben um jeden Preis zu verlängern, der Anfang eines Alptraums zu sein. Bemerkenswert in diesem Kontext ist auch, daß sowohl die Medizin, dem Eid des Hippokrates verpflichtet, als auch die Vertreter der aktiven Sterbehilfe einer Auseinandersetzung mit dem Tod ausweichen.

Die verschiedenen Todeskonzeptionen, die sich im Laufe der Geschichte und der kulturellen Entwicklungen ausgeprägt haben, waren immer *lebens*bestimmend – entweder in der Verneinung eines irdischen Glücks oder in der Überbewertung des menschlichen Daseins. Der Sterbehilfe liegt die Idee zugrunde, daß es Situationen gibt, in denen der Tod dem Leben vorgezogen wird.

Zu hinterfragen ist aber, wie sich diese Werte ausbilden, die ein Leben lebenswert oder unlebenswert erscheinen lassen. Ist es nicht das Umfeld, das die eigene Akzeptanz und die Bewertung der Lebensqualität zum größten Teil mitbestimmt? Das Umfeld sieht sich in unserer Gesellschaft, in der das Sterben nicht mehr im öffentlichen Raum stattfindet, durch die Begegnung mit dem Tod der eigenen begrenzten Existenz ausgeliefert.

Welches Ausmaß die Integration der aktiven Sterbehilfe in unser alltägliches Leben hätte, kann nur andeutet werden. Statt die ersehnte Entscheidungsfreiheit im Todeszeitpunkt zu erhalten, befände sich der Mensch in einer neuen, viel verhäng-

nisvolleren Zwangslage. Resultiert daraus eine gesellschaftliche Verpflichtung, das Dasein unter bestimmten Bedingungen (welchen?) zu beenden?
In diesem Zusammenhang hat mich persönlich am meisten die Auseinandersetzung mit der Schweizer Ärztin Elisabeth Kübler-Ross geprägt. Sie hat die Hospizbewegung in den achtziger Jahren mitbegründet und spricht sich für aktive Sterbe*begleitung* aus. Die aufgezeichneten Gespräche mit krebskranken Kindern verdeutlichen, wie zahlreich die Bedingungen sind, von denen »sterben können« und »sterben lassen« abhängt.
Ein Schicksal ist mir besonders im Gedächtnis geblieben: Ein junges, sterbendes Mädchen, das sich quälend mit aller Kraft am Leben festhält, wird von Kübler-Ross nach den Gründen ihres Festhaltens am Leben gefragt. Die Antwort ist erschütternd. Das religiöse Mädchen erklärt, daß es ihre Mutter mehr liebe als Gott und daher glaube, es käme in die Hölle. Kübler-Ross erklärt ihm daraufhin die große Anerkennung, die ihr Gott mit der Auferlegung dieser Krankheit wohl hat zuteil werden lassen. Das Mädchen stirbt – nach langem Kampf – friedlich am nächsten Tag.

Frederic Vester
Streß

Unsere Chance zu überleben

Stress (engl. ›Druck‹, ›Anspannung‹, gekürzt aus distress ›Sorge‹, ›Kummer‹, letztlich zu lat. distringere ›beanspruchen‹, ›einengen‹) *der, -es/-e*, Sammelbegriff für eine Vielzahl unterschiedlicher Einzelphänomene, für die ein Zustand erhöhter Aktivierung des Organismus kennzeichnend ist.

Wollen wir das Phänomen Streß in seiner Widersprüchlichkeit begreifen, so müssen wir seinem Ursprung nachgehen, seiner biologischen Aufgabe für das Einzelwesen wie für die soziale Gruppe. Denn es ist keine Frage, daß dieses Bioprogramm heute immer noch ebenso lebenswichtig wie eh und je ist, wenn auch zunehmend entartet. Eines der Probleme unserer hochtechnisierten Industriegesellschaft ist jedenfalls, daß sie zunehmend in Kollision mit der Biologie der Spezies Mensch gerät. Eine Kollision, die uns im wahrsten Sinne unter die Haut geht. Denn unser psychobiologischer Organismus ist nicht nur geistig, sondern – weit über die Nahrungsaufnahme und die Atmung hinaus – auch körperlich eng mit unserem Lebensraum verflochten. Vorgänge in unserer Umwelt lösen über die Wahrnehmungsimpulse unserer Sinnesorgane ständig handfeste materielle Vorgänge in unserem Inneren aus. Sie bringen Hormondrüsen zum Arbeiten, setzen elektrische oder chemische Prozesse in Gang, stoppen Enzymsynthesen und wirken über unsere dadurch veränderte Psyche entsprechend zurück auf die Umwelt. Gesundheit und Wohlbefinden sind in großem Maße Ausdruck dieses ständigen und vielfältigen Wechselspiels des Menschen mit seiner Umwelt.
Lange Zeit konnten wir die Mechanismen dieses Wechselspiels nur ahnen und an ihren – oft dramatischen – Folgen spüren. Durch die unselige künstliche Trennung unserer Wissenschaften in einzelne Fachdisziplinen, die das Ineinandergreifen der verschiedenen Realitätsbereiche übersah, konnte es geschehen, daß der Medizin ein ganz wesentlicher Zusam-

menhang lange Zeit entging: die enge Verflechtung des Hormonsystems mit einem der in seinen Auswirkungen bedeutendsten Phänomene unserer Leistungsgesellschaft, dem Streß.

Erst der ungarisch-kanadische Mediziner Hans Selye hat diesen Zusammenhang aufgedeckt und dem Phänomen den Namen »Streß« gegeben. Er hat nachgewiesen, daß die genetische Verankerung des Streßmechanismus in dessen lebensrettender Funktion in Momenten der Gefahr begründet liegt, wo ein Streßreiz den Organismus augenblicklich auf Höchstleistung, etwa spontane Flucht oder Angriff, präpariert. Er basiert auf einem uralten, in alle höher entwickelten Tierarten einprogrammierten Ablauf. Lange bevor sich menschliche Kulturen entwickelten, spielte er seine bedeutende Rolle schon im vorgeschichtlichen Menschen. Hier hatte er sich dann über mehr als zwei Millionen Jahre in der freien Wildbahn zu seinem ausgeklügelten System entwickelt und genetisch eingeprägt. Das gilt auch für den Dichtestreß, der eine unkontrolliert wachsende Population ab einer riskanten Dichteschwelle entweder zu einer neuen Organisationsform motiviert oder ihre Bevölkerungszahl dezimiert – brutal für das Einzelwesen, aber lebensrettend für die Art.

Wenn die Streßreaktion und ihre Folgen etwas im Grunde Natürliches sind und unseren Organismus auch heute noch wie bei unseren Urahnen reagieren lassen, so liegt doch ein großer Unterschied unserer heutigen Streßsituation darin, daß es sich nicht mehr wie in alten Zeiten oder wie in der freien Wildbahn um einen kurzfristigen Alarmzustand handelt, um eine vorübergehende Notbereitschaft mit langen Erholungs- und Entspannungsphasen dazwischen, sondern immer mehr um einen Daueralarm. Die Streßreize, die sogenannten Stressoren, haben nicht zuletzt durch unsere zunehmende Bevölkerungsdichte sowohl an Zahl als auch an Stärke und Dauer so zugenommen und summieren sich derart, daß die Anpassungsfähigkeit unseres Organismus überfordert wird. Die Erholungsphasen werden immer kürzer, und die summierte Spannung läßt unsere körperlichen und seelischen Funktionen kaum mehr zur Ruhe kommen.

Ein weiterer Unterschied: Unsere Vorfahren hatten die Möglichkeit, die Alarmreaktion grundsätzlich durch Flucht, Angriff oder einen anderen Energieeinsatz wie Schreien oder Toben körperlich umzusetzen. Tiere reagieren immer noch so. Wenn jedoch der moderne Mensch sich bedroht fühlt, kommen zahlreiche zivilisatorische Auflagen zum Zuge, die diese instinktiven Impulse abklemmen. Unser Organismus ist auf Aktion präpariert, der Körper verharrt aber trotz dieser Vorbereitung auf Höchstleistung meist bewegungslos. So sind wir zum Beispiel nirgendwo immobiler als im Auto*mobil*, wo wir trotz ständiger Streßsituationen bewegungslos hinter dem Steuerrad verharren: Das Fahrzeug bewegt sich, wir selbst nicht. In unserem Inneren sind dafür die Folgen um so schlimmer. Die ungenutzten Brennstoffe müssen ja irgendwo hin. So werden die überschüssigen Fettsäuren in Cholesterin umgewandelt und in die Gefäßwände eingebaut. Das beschleunigt später die Arteriosklerose. Durch die Verschiebung des Hormonhaushalts entstehen Störungen im vegetativen System. Das bedeutet weitere Kreislaufbelastung und Erhöhung des Infarktrisikos. Unsicherheit, Nervosität und verhaltene Agressionen regen über den Sympathikus den Magen zu erhöhter Salzsäureproduktion an und den Darm zu Verkrampfungen. Als Gesamtfolge der nicht abgebauten Streßreaktionen stellen sich dann all die sattsam bekannten Fehlsteuerungen ein: Bluthochdruck, Herzerkrankungen, Magen- und Darmgeschwüre, verminderte Immunabwehr und Infektanfälligkeit, Stoffwechselstörungen, Konzentrationsschwäche, Aggressionen, Neurosen, Impotenz und erhöhte Krebsdisposition.

Es unterliegt keinem Zweifel, daß alle Bemühungen, eine stärkere Humanisierung des Lebens auf dem bisherigen technokratischen Wege, das heißt gegen die biologische Natur zu erreichen, bislang gescheitert sind oder zum Scheitern verurteilt sind. Es gilt also, die Streßfolgen in unserem Inneren besser verstehen und auf richtige Weise interpretieren und verarbeiten zu lernen. Mit anderen Worten: Es wird vergebliches Bemühen bleiben, unsere tief einprogrammierte Biostruktur an die Forderungen dieser kurzlebigen Konsumgesellschaft anzupassen. Wir sollten vielmehr alles daran setzen, jene sich ohnehin laufend wandelnde technisch-soziale Welt mehr im Einklang mit unserer vorgegebenen psychobiologischen Struktur zu gestalten.

Wenn der Streß in unserer angespannten sozialen und ökonomischen Situation dadurch eine weitere Aufgabe erfüllt, daß er uns, bevor unser sozio-ökonomisches System zusammenbricht, zu einer neuen Orientierung an den biologischen Grundbedingungen des Menschen führt, uns die Abhängigkeit von einer intakten Biosphäre bewußt macht und uns so zu einer neuen Lebens- und Wirtschaftsweise, ja, zu einer neuen Technik nach Menschenmaß verhilft – die letztlich auch immer die ökonomischste ist –, dann dürften wir sogar alles, was der Streß uns bis heute angetan hat, noch rückwirkend ins Positive umfunktioniert haben.

Uwe Wesel
Terrorismus

Terrorismus *der,-*, politisch motivierte Form der Gewaltkriminalität; die Androhung und Anwendung von Gewalt gegen staatl. oder gesellschaftl. Funktionsträger im Rahmen längerfristiger Strategien, um mit der Verbreitung von Furcht und Schrecken bestehende Herrschaftsverhältnisse zu erschüttern. T. ist ein Produkt extremist. Denkens.

Mord, Geiselnahme, Bombenanschläge, zuletzt auch Giftgasanschläge (in Japan durch die Aum-Sekte 1995), Flugzeugentführungen und Anschläge auf Flugzeuge, das sind die wichtigsten Erscheinungsformen von Terrorismus, durchgeführt von Untergrundorganisationen. Die Begriffe Terrorismus und Terrorist stammen aus der Französischen Revolution und bezeichneten – teilweise sogar im positiven Sinn – die Schreckensherrschaft der Jakobiner. Im 20. Jahrhundert weiteten sie sich so sehr aus, daß es heute mehr als hundert – vergebliche – Versuche von Definitionen gibt, weil die Erscheinungen völlig verschieden sind. Man spricht von Staatsterrorismus und Terrorismus von unten, unterscheidet Terrorismus von rechts und links, ethnischen, politischen und religiösen Terrorismus, begreift ihn als »städtisch« im Gegensatz zur »ländlichen« Guerilla.

Systematischer Terrorismus moderner Prägung beginnt am Ende des 19. Jahrhunderts. Bekanntestes Beispiel ist die russische Narodnaja Wolja, deren Aktionen 1881 endeten mit der Ermordung des Zaren Alexander II. Bis zum Ende des Ersten Weltkriegs war er ein linkes Phänomen. Danach entsteht auch der von rechts, dessen Höhepunkt in Deutschland damals die Ermordung Walter Rathenaus war, durch Mitglieder der Organisation Consul 1922. Internationaler – durch ausländische Regierungen unterstützter – Terrorismus ist bekannt seit 1934, als der französische Außenminister Barthou in Marseille ermordet wurde und der Völkerbund danach eine »Genfer Konvention zur Verhütung und Bekämpfung des Terrorismus« beschloß, ohne Einigung auf eine Definition

und – natürlich – auch ohne Wirkungen. Wie alle späteren internationalen Vereinbarungen.
Nach dem Ende des Zweiten Weltkriegs kämpften jüdische und griechische Terroristen gegen die Engländer in Palästina und auf Zypern, die algerische FLN gegen die Franzosen und seit den fünfziger Jahren die irische IRA gegen die englische Regierung und die baskische ETA gegen die spanische. 1964 entstand die PLO als Dachorganisation mehrerer palästinensischer Organisationen im Kampf gegen den Staat Israel und in den sechziger Jahren städtischer Terrorismus auch in Südamerika, etwa die Tupamaros in Uruguay oder ERP und Montoneros in Argentinien. Letzte große Aktion dort war die Besetzung der japanischen Botschaft 1996 in Peru durch die Tupac Amaru.
Seit den siebziger Jahren meint die westliche Welt, der Terrorismus sei eine der wichtigsten Erscheinungen des 20. Jahrhunderts. Offensichtlich im Gegensatz zu seiner bisherigen tatsächlichen Bedeutung. Eine Wahrnehmung, die auch damit zusammenhängt, daß »der Journalist und die Fernsehkamera die besten Freunde der Terroristen« sind (Walter Laqueur). In der Bundesrepublik führt die RAF von 1970 (Baader-Befreiung) bis 1998 (Selbstauflösung) einen verzweifelten Kampf gegen Kapitalismus und Imperialismus, mit dem Höhepunkt im »deutschen Herbst« 1977 (Ermordung Bubacks, Pontos, Schleyers usw.). Ebenfalls seit 1970 sind in Italien die Brigate Rosse aktiv, mit sehr viel mehr Unterstützung, die nach der Ermordung Aldo Moros 1978 stark zurückgeht. In den Vereinigten Staaten sind es die Black Panthers von 1966 bis Mitte der siebziger Jahre, von 1970 bis 1975 die Weathermen und – ebenso ohne Bedeutung, aber mit großer Publicity wegen der Entführung und Wandlung von Patty Hearst – die Symbionese Liberation Army von 1973 bis 1975. Ähnlich schwache Organisationen gab es in Japan und Frankreich.
Ebenfalls seit den siebziger Jahren spielt der internationale Terrorismus seine Rolle, unterstützt u. a. von Libyen, Syrien, Iran, Sudan, zuletzt wohl auch Afghanistan, zum Beispiel 1975 mit der Geiselnahme von Mitgliedern der Opec durch eine Gruppe um »Carlos«, 1986 der Anschlag auf die Disko-

thek La Belle in Berlin, 1988 der Absturz eines amerikanischen Jumbos über dem schottischen Lockerbie oder die Anschläge auf US-Botschaften in Nairobi und Daressalam 1998. Auch der rein fundamentalistische islamische Terror nahm zu, seit den achtziger Jahren, etwa die Anschläge auf Touristen in Kairo und am Hatschepsut-Tempel in Luxor 1996/1997, ebenso der rechtsextremistische, z. B. der Bombenanschlag auf das Regierungsgebäude in Oklahoma 1995.

Die Ursachen von Terrorismus sind ebenso umstritten wie seine Definition. Auch das hängt zusammen mit der Vielfalt seiner Erscheinungsformen. Sicher ist nur, daß er sich nicht ausbreiten konnte in den sozialistischen Staaten des Ostblocks und in China, wahrscheinlich weil hier die soziale Kontrolle sehr viel dichter war als in den offeneren demokratischen Ländern der westlichen Welt. Auch gibt es nicht den »Typ« des Terroristen. Die von links scheinen – international gesehen – eher »normale« Menschen zu sein, die von rechts eher psychopathologisch. Die oft genannten Ursachen wie soziale Ungerechtigkeit, nationale Unterdrückung, allgemeine Aggressivität oder Werteverlust sind als Erklärungen unzureichend, weil sie zu verschiedenen Zeiten und an verschiedenen Orten auch ganz andere Wirkungen haben. Die genauesten Untersuchungen dazu sind für die Bundesrepublik gemacht worden (Fritz Sack, Heinz Steinert), wo möglicherweise auch staatliche Überreaktion eine Rolle gespielt hat. Nur eines steht fest. »Terroristen sind jung. Das ist das einzig verbindende Merkmal aller terroristischen Bewegungen«, mit wenigen Ausnahmen (Walter Laqueur). Aber wie alles andere ist natürlich auch dies keine ausreichende Erklärung. Eine nicht unbeträchtliche Gefahr bleibt für die Zukunft, nämlich der Besitz von Massenvernichtungswaffen in der Hand von Terroristen oder Computermanipulationen im empfindlichen Bereich des Luftverkehrs oder der Finanzmärkte. Wie groß sie ist, weiß keiner genau. Und auch nicht, wie man sich dagegen schützen kann.

Lothar-Günther Buchheim
U-Boot

U-Boot, Abk. für → **Unterseeboot,** *Militärwesen:* zur Unterwasserfahrt geeignetes Kriegsschiff. Es besitzt einen wasserdichten, mehrfach unterteilten, i. d. R. zigarrenförmigen Rumpf (Druckkörper), nach dessen Festigkeit sich die erreichbare Tauchtiefe richtet. Der Druckkörper enthält die Aufenthalts- und Versorgungsräume der Besatzung, die Operationszentrale mit den Ortungs-, Navigations- und Kommunikationseinrichtungen, Unterwasserhorchgeräten u. a., ferner die Antriebs- und Hilfsmaschinenanlagen, die Betriebsstoff-, Sauerstoff- und Drucklufttanks sowie die Waffenvorräte (Torpedos, Raketen).

Die Schiffe auf allen Meeren der Welt erfüllen ihr Leben an der Oberfläche des Wassers. Das Wasser, das sie mit ihren runden Bäuchen verdrängen, gibt ihnen Auftrieb. Ihr Auftrieb macht sie dem Menschen dienstbar. Ihr Auftrieb ist ihr Leben. Wenn er zunichte wird, verschwinden sie von der Oberfläche und werden von der Tiefe hinabgerissen. Ein Schiff, das seinen Auftrieb verliert, kann ihn nicht wiedergewinnen. Es wird aus der Liste der lebenden Schiffe gestrichen: gesunken – verschollen. Der Moment des Versinkens in die Tiefe ist der gefürchtetste im Leben der Seefahrer, er bedeutet den Tod für Schiff und Besatzung. Das Unterseeboot ist das einzige Schiff, das in die Tiefe eindringen kann, ohne von ihr vernichtet zu werden. Ein kompliziertes System hochentwickelter Maschinen gibt der Besatzung die Herrschaft über seinen Auf- und Untertrieb in die Hand. Mit ein paar geübten Griffen kann die Luft, die das Boot an der Oberfläche des Wassers trägt, aus den Tauchtanks entweichen. Dadurch wird es schwerer als das von ihm verdrängte Wasser und verschwindet von der Oberfläche. Die Festigkeit der Stahlhülle des Schiffes bietet dem Druck des Wassers in der Tiefe keinen Einlaß. Von der Luft im Boot und dem Vorrat an reinem Sauerstoff kann die Besatzung geraume Zeit unter Wasser leben.
Um den Auftrieb zurückzugewinnen, läßt man in Stahlflaschen zusammengepreßte Luft in die Tauchtanks strömen.

Das Boot wird leichter als das von ihm verdrängte Wasser, wird emporgehoben, durchbricht die Oberfläche und ist wieder ein Schiff, das vom Wasser getragen wird, eins, das seetüchtig ist wie kein anderes Schiff. Es bietet den Wogen keine Aufbauten, die sie zertrümmern, keine Luken, die sie einschlagen könnten. Die tobenden Seen können es schütteln: Überwältigen können sie es nicht. Selbst nach den schwersten Wogenschlägen richtet sich das U-Boot wieder auf, schüttelt den Gischt von seinen Flanken und läuft gegen die nächste Woge an. Wenn es mit der Kraft seiner Maschinen nicht mehr gegen die entfesselten Seen ankommt und taucht, schützt es das Wasser dann selbst vor der Wucht seiner Wellen an der Oberfläche.

Mit dem Unterseeboot haben Schiffs- und Maschinenbaukonstrukteure der Seefahrt ein vollkommenes Schiff gegeben, das der Gewalttat der See auch über Wasser den uralten Schrecken genommen hat.

Schon im Ersten Weltkrieg stand freilich der Faszination, die von dem U-Boot als solchem, dem Nimbus, der von der ganzen U-Boot-Waffe ausging, ihre schreckliche Wirklichkeit gegenüber. Seine Unsichtbarkeit machte das U-Boot tückisch, schwer aufspürbar und schwer zu bekämpfen. Seine Torpedos waren eine Art Minen mit Eigenantrieb. Fast immer war es Absicht des Kommandanten, einen im Augenblick des Angriffs ahnungslosen Gegner zu treffen.

Der U-Boot-Krieg des Zweiten Weltkriegs ist Historie. Die U-Boote von heute sehen ganz anders aus als die von ehedem, auch die U-Boot-Strategie hat nur noch den Namen mit der Waffe und der Strategie des Zweiten Weltkriegs gemein. Aus den Torpedoträgern sind Atomraketenträger geworden. Die Strategie hat sich zur Abschreckungsstrategie gewandelt. Ihre Heimtücke haben die U-Boote aber behalten, ja sie sogar in einem erschreckenden Ausmaß vervielfacht.

Darüber, wie viele Seeleute der Alliierten ihr Leben in der Atlantikschlacht verloren haben, gibt es keine genauen Statistiken. Schätzungsweise waren es mindestens 50 000.

Aber als ich in der New York Times im Juni 1975 las – mein Buch *Das Boot* war gerade in Amerika erschienen –, daß von den 40 000 deutschen U-Boot-Leuten, die freiwillig ausgezogen seien, um totalen Krieg gegen unschuldige Zivilisten zu führen, die 30 000 Toten ihren schrecklichen Tod in den Tiefen reichlich verdient hätten, empörte mich die Kälte des Verdikts. Mag es einen auch erschrecken, daß es jenen mit allen Mitteln der Propaganda verführten und aufgeputschten jungen Menschen fast gelungen wäre, ein Imperium zu Fall zu bringen, so ist es doch gerade nicht der in sein Verderben geschickte einzelne Mann, der diese gnadenlose Verurteilung verdiente.

Thilo Bode
Umweltschutz

Umweltschutz, zu Beginn der 1970-er Jahre aufgekommener Begriff für die Gesamtheit der Maßnahmen und Bestrebungen, die darauf abzielen, die natürl. Lebensgrundlagen des Menschen zu sichern, den Naturhaushalt (d. h. die Gesamtheit der Bestandteile Boden, Wasser, Luft, Klima, Tiere und Pflanzen sowie das Wechselgefüge zw. ihnen) zu schützen und eingetretene Schäden zu beheben.

Als 1971 ein Beamter des Innenministeriums, Mitverfasser des Umweltprogrammes der damaligen Bundesregierung, »environmental protection« aus dem Amerikanischen mit »Umweltschutz« übersetzte, ahnte er nicht, welche Karriere dieser Begriff in den folgenden 30 Jahren durchlaufen sollte. Zunächst startete der Umweltschutz mit einer Flut von einschlägigen Gesetzen, vom Fluglärmgesetz und Benzinbleigesetz Anfang der siebziger Jahre bis hin zum Grünen Punkt in den neunziger Jahren. Heute regeln mehrere tausend Gesetze und Verordnungen den Umweltschutz. Ein zusammenfassendes Umweltgesetzbuch gibt es noch nicht. In diesem Gesetzgebungssalat sind Ziele und Visionen des Umweltschutzes nicht mehr sichtbar.
Im Verlauf seines kurzen Daseins ist der Begriff Umweltschutz gleichsam vom Rande des politischen Spektrums in dessen Zentrum gewandert. Willy Brandt ging es bei seiner Vision vom »blauen Himmel über der Ruhr« in erster Linie noch um die Gesundheit des Menschen, nicht um den Himmel. Heute steht Umweltschutz für den Schutz der gesamten natürlichen Lebensgrundlagen und Ressourcen, wie Boden, Wasser, Luft, Wälder und Artenvielfalt. Als Wissenschaftler 1976 das Ozonloch entdeckten, erhielt der Umweltschutz seine globale Dimension. Die Spraydose mit ozonschichtzerstörenden Fluorchlorkohlenwasserstoffen wurde zum umweltpolitischen Negativsymbol der achtziger Jahre. Seit Beginn der neunziger Jahre wird die weltweite Gefahr einer Klimaerwärmung durch das exzessive Verbrennen von fossi-

len Energieträgern diskutiert und zunehmend als real angesehen. Damit geht es beim Umweltschutz vor allem um die Frage: Wie verbrauchen wir unsere Ressourcen, welchen Lebensstil können wir uns leisten? Umweltschutz ist im politischen Zentrum angelangt, ist Teil der Wirtschafts- und Sozialpolitik. Aber auch der Außenpolitik, denn die Ozonschicht können nur internationale Abkommen schützen. In den politischen Entscheidungsstrukturen der Bundesrepublik hat sich diese Erkenntnis noch nicht niedergeschlagen. Die wesentlichen umweltpolitischen Entscheidungen fällt nicht das Umweltministerium, vielmehr die klassischen Ressorts, z.B. das Wirtschafts-, Finanz- und Verkehrsministerium.

1992, auf dem Umweltgipfel der Vereinten Nationen in Rio de Janeiro, erfuhr die Weltöffentlichkeit, daß Umweltschutz auch das Problem der Aufteilung der Ressourcen zwischen Nord und Süd lösen muß. Das Schlagwort von Rio lautete: nachhaltige Entwicklung (sustainable development), eine Aufteilung der Ressourcen zwischen jetzigen und zukünftigen Generationen sowie zwischen Nord und Süd, in einer Weise, die die natürlichen Lebensgrundlagen nicht zerstört.

Der Himmel über der Ruhr ist längst wieder blau – und doch nimmt die globale Umweltzerstörung zu, wie die Vereinten Nationen auf der Rio-Nachfolgekonferenz 1997 konstatierten. Die Prinzipien der nachhaltigen Entwicklung stehen nur auf dem Papier. »Nachhaltige Entwicklung« ist zum Allgemeingut, ja zum Werbegag besonders umweltverschmutzender Industrien geworden, und die Politik tut nicht das ihre, das zu ändern. Am Sonntag beschwören die Politiker zwar den Schutz der natürlichen Lebensgrundlagen, am Montag bestimmen aber Arbeitsplätze, wirtschaftliches Wachstum und kommerzielle Interessen »business as usual«. Eine Überlebensfrage immer wieder zu verschieben aber heißt, sich und die Gesellschaft zu belügen. Es fehlt der Druck, Umweltschutz beherzt anzugehen. Die globale Zerstörung der Umwelt ist (bei uns) kaum fühlbar, nicht sichtbar. Am meisten leiden noch die Armen in der Dritten Welt unter Luftverschmutzung und verseuchtem Trinkwasser. Umweltkatastrophen treffen sie am härtesten. Seit 1994 hat Umweltschutz in der Bundesrepublik immerhin Verfassungsrang (Art. 20a). Neben den klassischen Funktionen, Schutz der territorialen Integrität und sozialem Ausgleich, hat der Staat damit als zusätzliche Funktion den Schutz für zukünftige Generationen übernommen. Dieser kommt er jedoch bisher nicht nach und untergräbt damit auch seine eigene Legitimation.

Am Ende des 19. Jahrhunderts stand die soziale Frage ganz oben auf der politischen Agenda. Die soziale Frage, die zunehmende Ungleichheit und die Arbeitslosigkeit dominieren auch am Ende des 20. Jahrhunderts wieder die Diskussion und haben Umweltschutz als wichtiges Thema verdrängt. Doch nur eine Gesellschaft, die im sozialen Frieden lebt, kann Engagement für idealistische Ziele produzieren. Damit wird ironischerweise auch zu Beginn des neuen Jahrhunderts die Lösung der sozialen Frage Voraussetzung für die Bewältigung der Zukunft – und damit für den Schutz der Umwelt.

Jürgen Moltmann
Urknall

Urknall, Big Bang (engl. Großer Knall), **kosmologische (kosmische) Singularität,** *Kosmologie*: Bez. für den in kosmolog. Standardtheorien angenommenen physikalisch singulären Zustand, in dem das gesamte Weltall ein unendlich kleines Volumen mit einer unendlich hohen Energiekonzentration (und damit unendlich hoher Temperatur) einnahm und von ihm ausgehend explosionsartig mit zunächst unendlich hoher Geschwindigkeit expandierte (Chaosära).

Die Weltentstehungslehre des 20. Jahrhunderts wird mit den Namen »Urknall«, »Big Bang«, »Urblitz«, »Blitzstart« und »Explosion« bezeichnet. Was soll damit wissenschaftlich beschrieben werden? Und: Warum ausgerechnet die Gleichnisse und Symbole? Was sagen sie im Vergleich mit den Ursprungssymbolen früherer Zeiten und anderer Kulturen aus?
Das uns bekannte Universum hat einen Anfang und stellt darum eine Einheit dar. Es ist kein Wunder, daß der erste, der auf die Idee des Ursprungs als »Urknall« kam, der katholische Theologe Georges Lemaître 1931 war. Pius XII. fand sie gut und machte ihn zum Präsidenten der päpstlichen Akademie der Wissenschaften. Lemaître nahm die Erkenntnis von Edwin Hubble auf, daß sich alle Galaxien im Weltall immer weiter voneinander entfernen proportional zu ihrer Entfernung von uns (Hubble-Konstante). Läßt man diesen Film der auseinanderstrebenden Galaxien rückwärts laufen, dann kommt man logisch auf den einen Anfangspunkt, in dem das Weltall bei unendlich hoher Temperatur und unendlich großer Dichte auf einen unendlich kleinen Raum konzentriert war. Aus dieser Verbindung von Null und Unendlich muß das Weltall entsprungen sein. Es ist von kosmologischer Singularität und darum unvergleichbar. Ein explosionsartiger Vorgang muß diesen Urpunkt aufgesprengt haben, wobei die Temperatur schnell abnahm und sich Energiestrahlen und Materieteilchen bildeten. Die Zentrifugalkräfte waren stärker als die Schwerkräfte, so daß es nicht wieder zum Kollaps, sondern

zur Ausbreitung kam. Das mit »Urknall« bezeichnete »Standardmodell« beschreibt, was aus einer mindestens 10-43 Sekunden alten Welt (Planck-Zeit) dann wurde. Die Zeit davor ist unbekannt, weil mit physikalischen Gesetzen aus der Zeit danach nicht beschreibbar. Es gibt auch keine überzeugenden Erklärungen für die kosmische Ur-»Explosion«, aber diese erklärt, wie und warum es in den Phasen danach zur Ausbildung von Energie- und Materieformen und den vier kosmischen Grundkräften gekommen ist. Die Voraussetzung für das, was nachweisbar ist, ist selbst nicht beschreibbar. Gegenüber anderen Weltentstehungsmodellen hat sich dieses Standardmodell weithin durchgesetzt. Es fanden sich in unserer Zeit zwei Bestätigungen: die »kosmische Hintergrundstrahlung«. Das aus dem Weltall zu uns kommende Licht und die unsichtbaren Strahlungen teilen uns die Geschichte des Weltalls mit, denn sie brauchen ihre Zeit, um zu uns zu kommen. Was wir aus weiter Entfernung sehen, ist vor Jahrmillionen geschehen. Wir sehen in die Vergangenheit, wenn wir den Sternenhimmel sehen. Ein »Nachleuchten« des »Urblitzes« sieht man heute als »Drei-Kelvin-Strahlung«. Da sie aus allen Richtungen gleichmäßig kommt, wird sie durch die Annahme eines »Urknalls« logisch erklärbar. Die andere Bestätigung liegt in der Menge an Helium, die astronomisch im Weltall gemessen wird. Das Problem des Ur-sprungs bleibt offen. Geht man von einer einheitlichen Raumzeit aus, dann kann man nur auf einen Ur-punkt zurückschließen. Geht man von einer Unterscheidung von Materie und Raum aus, dann könnte man Kontraktion und Explosion unterscheiden und den Vorgang beschreiben, aus dem der Urknall entstanden ist. Gab es aber Raum und Zeit vor dem Ursprung der Raumzeit?

Warum haben wir für die Weltentstehungslehre des 20. Jahrhunderts die Symbole von »Knall«, »Blitz« und »Explosion« gewählt? Warum haben sie Verständnis gefunden und sich durchgesetzt? Die Bombe ist seit den beiden Weltkriegen und Hiroshima 1945 unser Schicksal geworden. Sie ist aber Inbegriff der Zerstörung, des Endes mit namenlosem Schrekken. Als Fred Hoyle für die Theorie den Namen »Big Bang« erfand, meinte er das ironisch für etwas Unerklärbares und wandte unbewußt das Bild der Hiroshima-Bombe mit dem sich entfaltenden Atompilz an. Wir können natürlich auch an ein wunderbares, symmetrisch sich entfaltendes Feuerwerk denken, wenn wir an den »Urknall« denken. Ob wir aber negative oder positive Assoziationen mit jenen Symbolen für den Anfang verbinden, sie beschreiben nur das Plötzliche, Unerwartete, Unableitbare, Überraschende. Sie beschreiben genau das, was die deterministischen Naturwissenschaften als ärgerliches »Wunder« eliminiert hatten. Sie beschreiben, was sonst als Restrisiko des »Zufalls« möglichst auszuschließen war. Sie sagen aber dasselbe: Das Weltall ist nicht notwendig, sondern kontingent. Es ist, aber es muß nicht sein. Es ist endlich und nicht unendlich. Es hat einen anfangslosen Anfang. Es ist ein Universum, nicht ein Pluriversum. Ein sich ausdehnendes Universum mit einem Urknall-Anfang ist eine unwiederholbare, einmalige Welt-Geschichte mit zunächst irreversibler Zeitstruktur. Die Frage nach dem Ziel oder Ende des Universums ist mit der These seines Anfangs gestellt, kann aber aufgrund der Übersicht nur eines ganz kleinen Zeitraums nicht beantwortet werden. Wenn dieses in etwa die Eigenschaften des Universums nach dem Standardmodell der Urknall-Theorie sind, sind wir nicht weit von der theologischen Schöpfungslehre entfernt, an die sich Georges Lemaître erinnerte.

Vergleichen wir die Symbole dieser Theorie mit früheren Weltentstehungssymbolen, dann fällt das Gewaltsame unserer modernen Sprache auf: Warum Ur-»knall« und nicht Ur-»sprung«? Es klingt mechanistisch, nicht so menschlich, wie man früher von einer »Geburt der Welt« aus ihrer göttlichen Mutter oder von einer »Schöpfung der Welt« aus Wort und Geist des göttlichen Vaters gesprochen hatte. Es klingt kriegerisch und männlich. Eigentlich gibt es doch nichts Geistloseres als »Knall«, »Blitz« und »Explosion«. Sollen wir im Ernst sagen: »Am Anfang war der Knall«?

Tilmann Moser
Verdrängung

Verdrängung, *Psychologie*: ein psych. Mechanismus, der darauf zielt, unangenehme Vorstellungen aus dem Bereich bewusster Empfindungen fernzuhalten. Der Begriff wurde von J. F. Herbart eingeführt. S. Freud verankerte das Konzept in seiner Tiefenpsychologie und belegte es im Laufe der Entwicklung der Theorie mit unterschiedl. spezif. Bedeutungen. Die moderne psychoanalyt. Theorie sieht in der V. einen von vielen → Abwehrmechanismen des Ichs zum Schutz vor bedrohl. Triebregungen oder Impulsen, peinl. Vorstellungen oder unerträgl. Affekten. Der Begriff wurde mit zunehmender Popularisierung der Psychoanalyse auch als (unsystemat.) Bez. für selektive Wahrnehmungs-, Gedächtnis- und Denkprozesse verwendet.

Verdrängung ist ein zentraler Begriff der Freudschen Analyse, der sich bis in die Alltagssprache durchgesetzt hat. Der Nachweis der unterschiedlichen Definitionen und Anwendungsgebiete des Begriffs Verdrängung bei Freud umfaßt im Stichwortverzeichnis des riesigen Gesamtwerks acht Seiten oder sechzehn Spalten. Die Hinweise durchziehen alle Bände, und meistens handelt es sich um Beschreibungen oder Präzisierungen neuer Anwendungsformen, vor allem im therapeutischen »Kampf um die Erinnerung« (Margarete Mitscherlich) und die »Aufhebung« der Verdrängung beim Patienten. Verdrängung ist eine unter vielen Abwehrmechanismen, in sich neutral, erst in einem Übermaß der Anwendung neurotisierend. Die »Wiederkehr des Verdrängten« in entstellter Form ist sozusagen die Rache des verdrängten primären Erlebens. Aber zu wenig Verdrängung kann ebenfalls bedrohlich sein, zum Beispiel bei Traumatisierungen, die sich nicht mehr vergessen lassen. In den behandlungstechnischen Schriften wie in den Fallgeschichten überwiegen die kriegerischen Konnotationen des Begriffs: Kampf, Widerstand, Abwehr, Sieg oder Niederlage der Wächter auf der Schwelle zum Bewußtsein, aber auch des Therapeuten. Der Sieg im analytischen Ziel ist nie endgültig, es gibt die Wiederverdrängung, wenn die Kräfte der Angst wie des Widerstandes überwiegen. Vernunft und Aufklärung, Einsicht und Veränderung müssen errungen werden, es braucht starke Motive wie den Leidensdruck oder ein starkes Bündnis mit dem Wahrheitswillen und der Achtung des Therapeuten.

So weit so gut, beließe man es bei den Definitionen einer rein klinischen Wissenschaft über das Seelenleben des einzelnen. Aber schon früh war Freud und wichtigen Nachfolgern deutlich, daß die Motive der Verdrängung, also zur Verbannung von ängstigenden oder mißliebigen Inhalten aus dem Erleben wie dem ordnenden Bewußtsein, stark gesellschaftlich geprägt sind. Für Freud waren es vor allem die drohenden Tabus der viktorianischen Sexualmoral, in umfassenderem Sinn die Kultur als Gegenmacht zu den Trieben. Andere Forscher analysierten die Gebote der Kirche als kollektive Schubkraft der Verdrängung, auch sie gestützt durch die Wirkfaktoren der sozialen Umgebung des einzelnen, die die inneren Wächter verstärkten.

Durch den Nationalsozialismus, den Krieg und den Holocaust entfalteten politische Macht- und Terrorfaktoren einen solchen kollektiven Druck auf die indoktrinierende oder traumatisierende Erziehung, auf kollektive Erlebnisformen der überlebenden Täter, Mitläufer und Opfer, daß der Begriff der Verdrängung sich sozialpsychologisch ausweitete zur Bestimmung der psychischen Reaktionsformen von Großgruppen und Völkern, besonders der Deutschen. Denn echte Scham und Schuld, aber auch Beschuldigung und Beschämung können zur fast epidemisch zu bezeichnenden Form der Verdrängung führen, nicht nur einer Triebgefahr, sondern der gemeinsamen Erinnerung an Schrecken und Verbrechen. Verdrängung kann zum Lebensstil, ja zum Lebensprinzip einer schuldigen Generation werden, ebenso wie die kämpferische Aufhebung der Verdrängung zum Lebensprinzip der nächsten Generation werden kann, wie etwa bei den 68ern. Spätestens hier wird deutlich, wie weit der Begriff Verdrängung heute den Rahmen einer inneren Abwehrleistung des geschichtslosen einzelnen gegen seine Triebe übersteigt. Verdrängung läßt sich kollektiv organisieren, so weit, bis zunächst einmal alle Anzeichen getilgt sind, die ans Verdrängte erinnern könnten. Der Kampf um Erinnerungssymbole erklärt zum Teil die Leidenschaft der publizistischen Schlachten um das Berliner Mahnmal für den Holocaust: Den einen erscheint es, von den ästhetischen Erwägungen einmal abgesehen, als Monument gegen das Vergessen, also der Aufhebung oder Behinderung der Verdrängung. Den anderen, die sich mehr dem Verdacht auf allgemeine Verleugnung hingeben, als der Beginn der Entsorgung der Erinnerung und damit der endgültigen Verdrängung durch die Zentrierung auf einen einzigen, alles aufsaugenden Gedächtnis-Ort. Aber Verdrängung ist nichts Statisches, etwas, das für immer geleistet wäre. Im Gegenteil, wohl kaum ein Begriff taucht in psychologischen Untersuchungen über die seelischen Nachwirkungen von NZ-Zeit und Holocaust so häufig auf wie der der Wiederkehr des Verdrängten: in Alpträumen, seelischen Störungen, Erstarrung, aber auch in Taten und ideologischen Irrläufern. Und die Wächter an den Toren der Erinnerung verbrauchen viel Energie. Noch immer ungelöst ist die Frage während und nach politischen Katastrophen und Verbrechen: Wieviel Erinnerung ist möglich und nötig; wieviel Verdrängung führt in erneute Schuld oder ist gar heilsam, weil nur sie einen Neuanfang ermöglicht?

Veronika Bock und Ulrich Biermann
Vitamin

Vitamine (v-; lat. vita, Leben und Amine), Sg. **Vitamin** *das, -s,* zusammenfassende Bez. für eine Gruppe chemisch sehr unterschiedl., v. a. von Pflanzen und Bakterien synthetisierter Substanzen, die für den Stoffwechsel der meisten Tiere und des Menschen unentbehrlich sind, aber vom tier. und menschl. Organismus i. d. R. nicht synthetisiert werden können und daher entweder ständig mit der Nahrung oder durch Symbiose mit Darmbakterien zugeführt werden müssen.

Unentbehrliche Substanzen, die das Leben leichter, schöner, unbeschwerter – einfach lebendiger – machen (sollen).
Die meisten Vitamine sind Scheiben, Kapseln, Pillen, flach, rund, oval, weiß oder orangefarben, erhältlich in verschiedenen Packungsgrößen, Glasbehältern, Plastikröhrchen, und wenn man sie in Wasser wirft, dann sprudeln sie.
Selbst kann der Körper sie nicht bilden, deshalb müssen Vitamine regelmäßig zugeführt werden: in Form von Scheiben, Kapseln, Pillen, flach, rund, oval, weiß oder orangefarben, erhältlich in verschiedenen Packungsgrößen, Glasbehältern, Plastikröhrchen, und wenn man sie in Wasser wirft, dann sprudeln sie.
Das Wort Vitamine nuschelte sich 1920 Sir Jack Drummond im Rahmen einer elisabethanischen Lautverschluckung (vielleicht aufgrund von Vitaminmangel?) aus der seit 1912 gebräuchlichen Bezeichnung »vitale Amine« zusammen.
Gleichzeitig fand er 13 wichtige heraus, die jetzt von der chemischen Industrie in Form von: Scheiben, Kapseln, Pillen, flach, rund, oval, weiß oder orangefarben, hergestellt werden. Sie sind erhältlich in verschiedenen Packungsgrößen, Glasbehältern, Plastikröhrchen, und – was Sie vielleicht noch nicht wußten – wenn man sie in Wasser wirft, dann sprudeln sie, was bisweilen zu Verwechslungen mit Fichtennadelbadesalztabletten führt.
Vitamine, 13 an der Zahl, zum Ende des 2. Jahrtausends wurden sie klassifiziert, gebannt, in Gruppen gepackt, benannt

nach Buchstaben. Zunächst von A bis P, dann reduziert auf A bis K, minus FGH, I und J, was Vitamine allerdings nicht beeindruckt: z. B. jenes ominöse Vitamin F beweist außerordentliche Vitalität und zeigt erstaunliche Haltbarkeit auf und angeblich auch in Salatöldosen. (Verantwortlich zeichnet hierfür wahrscheinlich die nahrungsmittelchemische Industrie, die bisweilen Vitamine nicht nur in Form von Scheiben ...)

Das erstaunlichste unter den Vitaminen ist das Vitamin B, gleich mit vier Unterziffern macht es sich im Vital-Alphabet dicke und sorgt dafür, daß die Nerven nicht blank liegen und Stoffwechselprozesse reibungslos ablaufen – auch in ökonomischen und gesellschaftspolitischen Dimensionen. Ob in Markt- oder Planwirtschaft, Demokratie oder Diktatur, das vielgerühmte Vitamin B sorgt für die Deckung des täglichen Bedarfs an Seilschaftsbildung und Vetternwirtschaft. (Bisher noch nicht synthetisierbar, doch die chemische Industrie arbeitet daran, Vitamin B in Form von Scheinen, Schecks, Scheingeschäften ... Forschungsprojekte hierzu werden traditionell besonders von der CSU gefördert.)

Letzteres ist das einzige Vitamin, was auch ohne tätige Mithilfe der chemischen Industrie immer in ausreichenden Mengen vorhanden war, alle anderen erreichten ihre Berühmtheit eher durch Abwesenheit – die wir der Industrie verdanken. (Allerdings nicht der chemischen!)

Durch jahrelange Verfeinerung von Nahrungsmittelproduktion und -zubereitung gelang es Ende des 19. Jahrhunderts, fast sämtliche natürliche Nahrungsmittel von Vitaminen zu befreien. Was erstens zu ihrer Entdeckung führte, denn was nicht da ist, kann ja bekanntlich leichter entdeckt werden, und zweitens zum Triumph der Wissenschaft über den gesunden Volksgeschmack. Endlich konnten Herr und Frau Doktor erklären, was die alten Griechen und selbst die jungen Hausfrauen in der tiefsten Wallachei schon längst wußten, nämlich daß: Rettich gut, Rübensaft gesund, Kleiebrühe grandios und eine von Lebertran durchtränkte Kindheit zwar garstig, aber garantiert auch großartig ist. Leider halfen die Erklärungen wenig, nicht jeder hatte immer Rettich und Rübe dabei, und bekanntlich mangelte es ja an Vitaminen. Was drittens zu ihrer synthetischen Herstellung führte, denn was künstlich hergestellt ist, kann ja bekanntlich besser/teurer vermarktet werden (siehe hierzu auch die Forschungsrichtlinien der Firmen Nestlé, Bayer, Sandoz, etc).

Handlich, allzeit verfügbar, rundum verwendbar, Vitamine werden heute für alle Zweifelsfälle in Sachen Körper, Leib und Seele angepriesen. Das Konto braucht eine Vitaminspritze, jede Fußgängerzone hat eine Vitaminbar, auf dem Land lockt die Vitaminquelle, der Raucher kriegt einen Vitaminschub mit Rauchervitaminen, nur Trinker haben noch keine Trinkervitamine. Es sei denn der Schluckspecht ist ein Auto, dann braucht auch er im Winter eine von der Kfz-Werkstatt empfohlene Vitaminkur. (Natürlich in Scheibenform, 4fach und bitte nicht wasserlöslich, denn sprudelnd hatten wir die Winterreifen nicht bestellt.)

Vitamine gehen nicht mehr nur durch den Magen, auch Haut und Nagel wollen mit Vitaminen gecremt und gepinselt werden, ins Haar kommt gleich die ganze Vitaminpackung. Drei Vitamine schäumen auf dem Kopf derer, die es sich wert sind. Drei Vitamine, die unersetzlich sind, auch für Adams Erguß. Drei Vitamine braucht der Mann, ohne sie kein Samen. Sollten Sie wissen wollen, welche, fragen Sie doch einfach Oliver Bierhoff, der schmiert sich die täglich ins Haar – weil er es sich wert ist.

Jochen R. Klicker
Völkerbund

Völkerbund, frz. Société des Nations, engl. League of Nations, 1920-46 eine Vereinigung von Staaten zur Sicherung des Weltfriedens, Sitz war in Genf. *Ziele*: Hauptanliegen des V. war die Förderung der Zusammenarbeit unter den Nationen und die Gewährleistung des internat. Friedens und der internat. Sicherheit (→ Friedenssicherung, → kollektive Sicherheit). Die Mitgl. waren verpflichtet, ihre Streitigkeiten friedlich zu lösen und bei Nichteinigung den Völkerbundsrat (VR) anzurufen, der ohne die Stimmen der streitenden Parteien eine Lösung vorschlagen konnte, die bei Einstimmigkeit für beide Parteien bindend war.

Die Idee und das Ideal beschäftigte die nachdenkliche Menschheit ausdauernd, seit Sir Thomas More alias Thomas Morus seinen Staatsroman von der »Insel Utopia« geschrieben hatte: eine gerechte Weltregierung zu schaffen, die einer Gesellschaft von Gleichen vorsteht, in der Konflikte durch Schiedssprüche gelöst werden; den Krieg als »anderes« Mittel der Außenpolitik zu ächten und abzuschaffen; Politik ihrer Aufgabe und Funktion nach nur noch als Weltinnenpolitik zu begreifen. In diesem Sinne drückte der britische Premier David Lloyd George die Friedenssehnsucht vieler Menschen und Völker aus, als er am Ende des Ersten Weltkrieges die Bedingungen für den Waffenstillstand zwischen den Siegermächten und dem Deutschen Reich mit dem Wort kommentierte:
»Ich hoffe, wir dürfen sagen, daß nun, an diesem schicksalhaften Morgen, alle Kriege ein Ende gefunden haben!«
Doch die Verhältnisse, sie waren nicht so, wie Thomas Morus sie im Jahre 1516 eingefordert und Lloyd George sie an diesem 11. November 1918 beschworen hatte. Als der Völkerbund 1920 in Genf seine Arbeit aufnahm, konnte weder von Gleichen die Rede sein noch von Gerechtigkeit. Denn schon allein Europa war dreigeteilt in die Siegermächte, die besiegten Staaten und die Sowjetunion; von den drastischen Unterschieden der Existenzbedingungen in der restlichen

Welt ganz zu schweigen. Und die Institution, die sich da nach den Plänen von US-Präsident Woodrow Wilson anschickte, Weltgeschichte zu beeinflussen, wenn nicht gar zu machen, war alles andere als eine Weltregierung. Vielmehr trat da ein Parlament der Nationen zusammen, in dessen Gremien die Gegensätze nationaler Politiken ausgetragen und daraus resultierende internationale Konflikte friedlich gemanagt werden sollten.

Doch nutzten die europäischen Siegermächte – und allen voran Frankreich und England – die Genfer Gremien (die Vollversammlung aller Mitgliedstaaten und der Rat der Großmächte mit permanentem Sekretariat) fast ausschließlich als Instrumente zur Durchsetzung ihrer eigenen weltweiten nationalen Interessen. Zumal die USA als vorgesehener großer internationaler Schiedsmann dem Völkerbund fern blieben, nachdem die republikanische Mehrheit in Kongreß und Senat dem demokratischen Präsidenten die Gefolgschaft verweigert und weder die Pariser Vorortverträge (Versaille mit Deutschland, Saint Germain mit Deutschösterreich, Neuilly mit Bulgarien, Trianon mit Ungarn und Sèvres mit der Türkei) noch die Völkerbundsatzung ratifiziert hatte. So wollten von Anfang an – und erst recht nach dem Beitritt des Deutschen Reiches von 1926 – auch des Nazismus unverdächtige deutsche Stimmen nicht verstummen, die meinten:

»Der Völkerbund ist ein völlig überflüssiger internationaler Debattierklub.« – »Eine Institution zur Bemäntelung und Befestigung der britischen Weltherrschaft.« – »Ein französisches Instrument zur Niederhaltung Deutschlands.« – »Die schlimmste Knebelungsanstalt nationaler Rechte und Ansprüche.«

Doch war die Arbeit des Völkerbundes in einigen Bereichen durchaus besser als ihr Ruf. Denn erstmals bündelte und konzentrierte sich in einer internationalen Institution eine politische Entwicklung, die auf eine vernünftigere Weltordnung, eine rationaler begründete Außenpolitik, eine ehrlichere Abrüstung, eine regelmäßigere zwischenstaatliche Konsultationspraxis, umfangreichere internationale Verkehrs- und Handelsbeziehungen und last but not least eine effektivere, völkerrechtlich wirksame Schiedsgerichtsbarkeit zielte.

So hatte der Bund denn auch nicht nur seine nennenswerten Erfolge in den Bereichen der Hygiene und des Flüchtlingsschutzes, sondern zum Beispiel auch in der Frage strittiger Grenzziehungen nach dem Ersten Weltkrieg – etwa zwischen Griechenland und Bulgarien oder Polen und Deutschland. Diese vermochte er ebenso zu lösen wie die Aufgaben einer neutralen Verwaltung in internationalisierten Gebieten wie in Danzig oder dem Saarland. Und seine Entscheidung schließlich, die koloniale Erbmasse der besiegten Staaten nicht einfach unter den anderen Kolonialmächten zu verteilen, sondern sie lediglich befristeten Mandaten zu unterstellen, um sie dann in die Selbstregierung zu entlassen, markiert den Anfang der Dekolonisierung und Entwicklungspolitik.

Doch überwiegen die Fehlschläge in der Genfer Politik, deren Kette von der gescheiterten Welt-Abrüstungskonferenz über die Hilflosigkeit gegenüber dem sowjetischen Überfall auf Finnland oder der französischen Besetzung des Ruhrgebietes bis zu den vergeblichen Versuchen reicht, den besiegten Deutschen, Ungarn und Türken die rachsüchtigen und ungerechten Bestimmungen der Friedensverträge wenigstens erträglicher zu machen.

Ganz besonders untauglich jedoch erwies sich der Völkerbund als Instrument eines liberal-demokratischen Grundkonsenses von mehr als 45 Nationen gegenüber der Gewaltpolitik, wie sie in den 20 autoritär und totalitär geführten Mitgliedsstaaten zwischen den Weltkriegen weiter oder erneut betrieben wurde, die bis 1942 den Bund wieder verließen: die Sowjetunion noch per offiziellem Ausschluß; Hitler-Deutschland, die anderen von faschistischen Bewegungen geführten Staaten und das kaiserliche Japan per Austritt. Sie alle führten den Völkerbund höhnisch als Plattform eines sinnlosen »Demokratismus« vor, der an seiner vornehmsten Aufgabe gescheitert war: der dauerhaften Friedenssicherung per gewaltfreiem Interessenausgleich. Die Hoffnung auf einen ewigen Frieden in Gerechtigkeit, wie sie der Völkerbund und übrigens auch die Vereinten Nationen jedenfalls bei ihrer Gründung getragen hatten, dauern an.

Beate Ziegs
Völkermord

Völkermord, Genocid, Genozid, Handlungen gegen die Mitgl. einer nat., ethn., rass. oder religiösen Gruppe, die in der Absicht begangen werden, die Gruppe als solche ganz oder teilweise zu zerstören: Tötung von Mitgl. der Gruppe; Verursachung von schweren körperl. oder seel. Schäden an ihren Mitgl.; der V. ist in der Konvention der Vereinten Nationen vom 9. 12. 1948 zum international geächteten Verbrechen erklärt worden.

Nur wenige Historiker, Soziologen oder Politologen wollen erkennen, daß Völkermord über den gesamten Verlauf der Geschichte in allen Teilen der Welt ausgeübt wurde. Statt dessen gibt es vor allem in deutschen Geschichtsbüchern nur einen Völkermord: den an den Juden – allenfalls noch den an den Sinti und Roma. Daß aber zum Beispiel die Gründung des modernen türkischen Nationalstaats u. a. auf einem Völkermord beruht (den an den Armeniern), scheint sich aus dem Bewußtsein der meisten Holocaust-Forscher verflüchtigt zu haben.

Auch wenn Völkermord ein uraltes Verbrechen ist, so hat sich sein Gesicht im 20. Jahrhundert gründlich verwandelt. Geschah er in früheren Zeiten vor allem im Zuge oder in Folge eines Krieges (zum Beispiel Rom gegen Karthago), so ist er angesichts des wachsenden Risikos konventioneller Kriegsführung in der derzeitigen postnuklearen Periode in vielen Ländern zum Hauptereignis geworden, dessen Häufigkeit zunimmt: Nach dem Zweiten Weltkrieg wurden dreieinhalbmal mehr Menschen von ihren eigenen Regierungen getötet als von feindlichen Staaten; weit mehr als die Hälfte aller Flüchtlinge fliehen heute weltweit vor den Verbrechen oder den Folgen der Verbrechen ihrer eigenen Staaten.

»Niemals wieder«, hieß es vollmundig 1945. Unter dem Schock der Erschütterung, den die Verbrechen der Nazis in der Weltöffentlichkeit ausgelöst hatten, wurde am 9. Dezember 1948 im Pariser Palais de Chaillot die »Konvention zur Verhütung und Bestrafung von Völkermord« einstimmig von der UN-Vollversammlung angenommen. Im Mittelpunkt des Blitzlichtgewitters der internationalen Presse stand damals allen voran ein gewisser Raphael Lemkin, ein 1900 in Litauen geborener Jurist, dessen Eltern in Auschwitz umgebracht worden waren, während er selbst über Schweden in die USA hatte fliehen können.

In seinem 1944 erschienenen Buch *Axis Rule in Occupied Europe* hatte er ein ganzes Kapitel, das neunte, darauf verwendet, einem in der Geschichte der Menschheit alten Verbrechen einen neuen Namen zu geben: Genozid, Völkermord.

Der Begriff machte Furore, das Buch gehörte zum Standardnachschlagewerk während der Nürnberger Kriegsverbrecherprozesse. Aber Raphael Lemkin wollte mehr. Er wollte ein universales Gesetz schaffen, das Völkermord zum internationalen Verbrechen erklärt. Damit auf der Grundlage dieses Gesetzes Anklage erhoben werden kann, sollte jeder Staat seine Souveränität verlieren, sobald er des Verbrechens des Genozids verdächtigt wird. Kurzum: Raphael Lemkin wollte das Völkerrecht revolutionieren, auf daß sich Verbrechen wie der Völkermord an den Mauren, den Armeniern oder den Juden nicht ungestraft wiederholen können.

Am 9. Dezember 1948 schien er sein Ziel erreicht zu haben. Die pakistanische Delegation schlug sogar vor, das neue Gesetz »Lemkin-Konvention« zu nennen. Alles lachte, alles klatschte. Raphael Lemkin selbst jedoch ahnte, daß sein Gesetz auf dem besten Wege war, ein zahnloser Papiertiger zu werden. So sieht Artikel VI der Konvention vor, daß Personen, die des Völkermords beschuldigt werden, entweder vor die zuständigen Gerichte jenes Staates gestellt werden, auf dessen Gebiet die Handlung begangen worden ist, oder – und das ist hier der entscheidende Punkt – vor den Internationalen Strafgerichtshof, der für jene vertragschließenden Parteien zuständig ist, die seine Gerichtsbarkeit anerkannt haben.

Doch wie kann eine »vertragschließende Partei« jemals in die Verlegenheit kommen, die Gerichtsbarkeit eines Strafgerichtshofes anzuerkennen, wenn dieser gar nicht existiert? Bis heute nicht, wenn man von der Verabschiedung eines ersten Statuts im Juli 1998 absieht.

Mit ihrem Verzicht, parallel zur Konvention eine Instanz zu schaffen, die über deren Einhaltung wacht, hatten die Vereinten Nationen das durch die Nürnberger Kriegsverbrecherprozesse in Frage gestellte Dogma der nationalen Souveränität wiederhergestellt. Dieses Dogma schützt eine Souveränität, die einem Staat das Recht verleiht, innerhalb seiner eigenen Grenzen beliebig zu verfahren. Auch mit dem Leben seiner Bürger. Wenn die Völkermordkonvention das meistratifizierte Abkommen in der Geschichte des internationalen Rechts ist, so wohl nur deshalb, weil sie bislang kaum jemandem weh tut.

Zwar wurden der UN-Vollversammlung seit dem Inkrafttreten der Völkermordkonvention am 12. Januar 1951 mehrere Beschuldigungen des Genozids vorgelegt. Aber entweder wurden diese Beschuldigungen – wie im Falle Biafras oder Kambodschas – erst gar nicht behandelt, oder sie galten mangels unverzüglicher Nachforschungen durch ein unparteiisches Organ als »nicht nachweisbar«. Wenn sie dann doch einmal als »beweisbar« galten, waren die Völker bereits tot. Wie in Ruanda, wo der Völkermord – obwohl er ausgiebig vorbereitet, massiv propagiert und schließlich konsequent ausgeführt wurde – angeblich erst als solcher erkannt werden konnte, nachdem er vollzogen worden war.

Erst knapp 50 Jahre nach der Annahme der Völkermordkonvention wurde am 4. September 1998 der erste Schuldspruch wegen Völkermords gefällt: Die Erste Kammer des internationalen UN-Tribunals für Ruanda verurteilte den ehemaligen Ministerpräsidenten Ruandas, Jean Kambanda, zu lebenslanger Haft. Aber was wird mit Augusto Pinochet, was mit Slobodan Milosevic?

Und was ist mit der Absicht der Konvention, Völkermord nicht nur zu bestrafen, sondern vor allem zu verhüten? Seit über einem Jahrzehnt versucht eine kleine Gruppe internationaler Genozidforscher ein Frühwarn-Institut zu errichten (»Genocide-Watch«). Aber solange die Verhütung von Genozid nicht zum nationalen Interesse erklärt wird, wird die kleine Gruppe auf verlorenem Posten stehen. Die Einsicht, daß der Holocaust weder ein einzeln stehendes »Zivilisationsunglück« war, noch daß die bisherigen Genozide Einzelereignisse bleiben werden, mag zwar drängend sein; ein Wir, das zum Handeln verpflichtet ist, ist trotzdem heute ebensowenig sichtbar wie während der Nazi-Verbrechen. Bis auf weiteres muß es also um der Wahrheit willen statt »Nimmer wieder« weiterhin »Immer wieder« heißen.

Oliver Vogel
Volkswagen

Und plötzlich ist die Welt wieder rund

Volkswagen, Abk. VW: Die Konstruktion und Produktion eines preiswerten Massenautomobils war eine Idee F. PORSCHES, die von HITLER aus wirtschaftl. und propagandist. Gründen gefördert wurde. 1937 erteilte dieser der Dt. Arbeitsfront (DAF) den Auftrag für den Bau des Volkswagens, des Volkswagenswerks und einer dazugehörigen Stadt (heute Wolfsburg). Der später als Käfer bezeichnete Volkswagen wurde aufgrund seines erfolgreichen Absatzes im In- und Ausland zum Symbol des dt. Wirtschaftswunders (→ Kraftwagen). Mit (1996) über 21 Mio. Stück ist der Käfer nicht nur das meistgebaute Auto der Welt, sondern auch das mit der längsten Produktionsdauer: in Dtl. in Serienfertigung 1945-78 und heute noch in Mexiko.

Sie erinnern sich doch noch, oder fahren Sie etwa kein Auto? Schließlich hat jeder Geschichten von dieser seltsamen Kugel, die man VW-Käfer nennt, zu erzählen. Es ist jenes Auto, dessen Form unmerklich vom modernen zum anachronistischen überging, in gewisser Weise immer schon zeitlos war und dennoch veraltet. Jeder weiß von der ersten Autofahrt oder dem ersten Auto zu berichten – es war immer ein Käfer –, von Familienausflügen, bei denen der Kleinste hinten ins Körbchen mußte, vom Winter, der mit dem Gebläse überstanden werden mußte, das für andere Jahreszeiten ausgelegt schien. Jeder wird den Klang erkennen, das regelmäßige Tuckern mit dem Klingeln in den oberen Lagen, und jeder kennt den Geruch nach Kunstleder und Öl. Aber der Käfer ist nicht nur ein Allerweltsauto, das irgendwie zu jeder Biographie gehört, nicht nur ein Fahrzeug, dem der Name Volkswagen alle Ehre macht. Der Käfer ist eine kulturelle Ikone, Metapher für den Wiederaufbau in der Bundesrepublik und als solche zu deren Auslöser erklärt. Mit Kraft und Freude in unnachahmlicher Weise von seiner Geschichte erlöst, wurde der Exportschlager der fünfziger und sechziger Jahre in der Welt zum Ausdruck deutscher Tugenden, in Deutschland zum Inbegriff des Autos schlechthin. Der Käfer ist das Ei des Autos, seine Herkunft, sein Ursprung und Anfang, sein Ziel. Im Ausland provinziell, international in der Heimat: Für uns ist der Käfer das Auto, und das Auto ist die Welt.

Wenn sich im Jahr 2999 Archäologen mit diesem Jahrhundert beschäftigen, werden sie bei ihren Ausgrabungen seltsame Hinkelsteine auf Rädern entdecken und sich fragen, was das für Blechgehäuse gewesen sein mögen, mit denen man sich damals fortbewegt hat. Sie werden sich wundern, warum man mitten durch die damals noch erhaltenen Wiesen und Wälder diese Wege gebaut hat, die alles, was darunter war, erstickt haben. Sie werden darüber rätseln, warum diese Gehäuse meistens nur für relativ kleine Verbände vorgesehen waren und nicht für größere Gruppen, obwohl doch, nach den Erkenntnissen der Wissenschaft dieses späteren Zeitalters, im zwanzigsten Jahrhundert meist große Gruppen den gleichen Weg hatten. Aber sie werden auch Anzeigen entdecken und kaum noch entzifferbare Plakate, auf denen ein kugelförmiges Exemplar dieser selbstbeweglichen Gefährte abgebildet ist, versehen mit einem Satz, der ihnen unverständlich bleiben oder sie an eine rätselhafte Verschwörung glauben lassen wird. Von dem Fahrzeug wird dort nicht nur behauptet, es stelle einen verlorenen und vermißten ursprünglichen Zustand wieder her, der Satz bezeichnet das Automobil gar als Synonym und Essenz alles Seienden: »Und plötzlich ist die Welt wieder rund.«

Wir wissen, was das heißt, und stimmen zu: Der Käfer ist das Auto, und das Auto ist die Welt. Nur etwa vier Kubikmeter Raum sind von ihr übriggeblieben, und die sind versehen mit zwei Sitzen, einer Bank und einem Lenkrad. Das Auto ist das letzte Eigene, das letzte verbliebene Refugium, in dem man mit niemand anderem reden muß als mit sich selbst. Dort beschränkt sich der Kreislauf der Kommunikation auf das Hin und Her zwischen Gesicht und Windschutzscheibe, und die ist, anders als ein Spiegel, durchsichtig. Dort prallt alles ab, was man so gemeinhin mit dem eigenen Namen anspricht, alles, was vertraut ist und geliebt, und alles kehrt sicher zurück zu dem, der sich selbst zuhört. Und doch ist kein Gespräch so gut wie das im Auto, wo man weiß, wohin mit den Händen, und sich Blicke leicht vermeiden lassen. Hier kann man das offene Wort mit dem Blick aus dem Fenster noch erleichtert aussprechen. Das ist die glücklich reduzierte Welt auf das schüchterne Ich, das mit dem Steuer in der Hand glaubt, es habe den feindlichen Teil der Existenz im Griff. Der bewegte Mensch lebt nur sicher in dieser begrenzten Welt (und keine bietet so viel Heimat wie der Käfer): frei auslebbare Aggression allein im Auto (und kaum eine ist so hoffnungslos unterlegen wie die des kleinen VW), betretener Rückzug im Vorwärtsgang. Die angebliche Annäherung des Fahrens ist Flucht mit nur dem einen Ziel, das Bremsen zu vermeiden. Die Wege sind frei, man verläßt immer schneller. Was zurückbleibt, holt einen nie wieder ein. Wer Gas gibt, der kann vergessen, wer niemals ausschert, dem wird vergeben. Der Rest von dem, was einmal die Welt war, scheint reduziert zu sein auf rasende Fahrbahnbegrenzung und Gegenverkehr. Jeder ist allein im Zentrum des Ganzen, ein Leben im Auto, da gehört einem alles, soviel ist sicher, und jeder gehört dazu. So bricht sich der Wahn seine Bahn, und der Fahrer versteinert, obwohl keiner sich umdreht. Der Bewohner des Automobils ist im Stillstand so schnell, wie kein Tier es je sein kann. Nur der Käfer hält da noch mit. Im Auto kommt das zwanzigste Jahrhundert auf den Begriff: Könnte man es bitten, eine typische Handbewegung zu machen, es würde lenken.

Bernd Neuefeind
Währungsreform

Währungsreform, die Neuordnung des Geldwesens eines Landes nach einer vollständigen Zerrüttung durch die Wiederherstellung einer funktionsfähigen Geldwirtschaft mit Stabilität des Geldwertes (und voller Konvertibilität der Währung). Die notwendigen Maßnahmen richten sich nach der Ursache der Währungszerrüttung, also auch danach, ob eine zurückgestaute oder offene Inflation vorliegt. Zu jeder W. gehört die Ablösung des alten und die Einführung des neuen Geldes (Währungsschnitt).

Als Thomas Lieven aus Johannes Mario Simmels Roman *Es muß nicht immer Kaviar sein* 1948 den 20. Juni auf sich zukommen sieht, ohne das genaue Datum zu kennen, kauft er sich von seinen (ergaunerten) Reichsmark Ware in den USA und läßt sie auf hoher See hin und her kreuzen. Als dann am 20. Juni die Reichsmark ihre Gültigkeit verliert, hat er heiß begehrte Ware, wo andere nur 40 Deutsche Mark besitzen.

So kalkulieren 1948 einige Bürger. Ihre auf dem Schwarzmarkt oder durch dubiose Geschäfte erworbenen Reichsmark werden rechtzeitig in Konsumgüter investiert. Glücklich der, der diese Möglichkeiten nutzen kann. Denn das meiste Bargeld über 40 Reichsmark wird am 20. Juni 1948 wertlos.

Das Bändigen der Inflation nach dem Zusammenbruch von 1918 ist die erste Währungsreform des 20. Jahrhunderts. Die zweite folgt 1948. Sie ist Beginn einer neuen Ära, Grundstock für das Wirtschaftswunder, Beginn der freien, sozialen Marktwirtschaft in den Westzonen, Trennung aber auch von Ost- und Westdeutschland, von Ost- und Westeuropa. Sie ist Beginn des Kalten Krieges. 50 Millionen Bürger können damals für 40 Reichsmark 40 D-Mark eintauschen, egal wie alt sie sind, ob Säugling oder bettlägeriger Greis.

Jede Reform ist auch Aufbruchstimmung in eine neue Ära. Vielen gelingt damals der Neubeginn, andere vegetieren noch jahrelang am Rande des Existenzminimums. Die

Gleichheit des gemeinsamen »Kopfgeldes« verliert sich schon schnell. Alte und neue Rechte wie Immobilien, Aktiendepots, Sparkonten oder Waren trennen die von denen, die nur kaufen können, um zu überleben. Auch die Arbeit ist nicht gleich verteilt. Die »Alten« hocken auf ihren Privilegien, Ärzte überlassen den jungen Kollegen mit ihren Familien ausschließlich die (wenigen) Privatpatienten; sie selber behandeln die Pflichtversicherten.

Das Jahr 1948 ist revolutionär. Es bringt den endgültigen Abschied von der Reichsmark und damit das Ende vom Deutschen Reich. Das alte Bargeld wird wertlos, das neue verspricht Kaufkraft und Stabilität. Aber nicht nur Deutschland liegt am Boden; auch die Sieger haben abgewirtschaftet. Der Krieg hat auch sie zerstört, hinterläßt bei allen Ruinen, Schutt, Leid, Tod, Armut. Die geistigen Strukturen des christlichen Abendlandes sind erschüttert; die Wirtschaftsmächte, die Kolonialherren, der Reichtum Europas an wirtschaftlichen und geistigen Schätzen sind weitgehend zerstört. Die Menschen leiden unter den gnadenlosen und unmenschlichen Erinnerungen der letzten Jahre. Der Wiederaufbau eines Denkmals oder Marktplatzes täuscht nicht darüber hinweg, daß es niemals wieder so sein wird wie vorher.

Die Menschen dieser Zeit nennen die Jahre ab 1945 »die Jahre Null«. Mit der Gründung der Bank Deutscher Länder am 21. Juni 1948 heißt alles Neubeginn, Hoffnung, Aufbruch in eine Zeit, die Altes verblassen, die eigene Schuld vergessen läßt, die den Glauben an Fortschritt so tief einbrennt, daß die Menschen heute oft erwarten, daß es immer so weitergeht, daß das Bruttosozialprodukt und der Lebensstandard weiter nach oben zeigen, daß Wohlstand normal ist. So normal, daß der Sozialhilfeempfänger oft netto mehr hat als der, der dafür arbeiten muß.

So beginnt mit der Währungsreform ein grundlegender Wandel in allen Lebensbereichen des westlichen Europas. Die Leere der Zeit von 1933 bis 1948 wird abgelöst durch die Kultur von Vorgestern. Sie wird zur Grundlage für die Jahre nach Null. Die Kultur von 1948 ist die Moderne. Sie wurde einst von Mies van der Rohe oder Gropius während der Weimarer Zeit im Bauhaus erdacht. Aber die Menschen der Nachkriegszeit saugen das vergessen Geglaubte auf, weil es lange verboten war.

Und doch täuscht es die Menschen nicht darüber, daß die Moderne etwas Altes ist. Der Bruch, den das Dritte Reich hinterläßt, zerschneidet alte Traditionen. Dieser Verlust führt zu vielen neuen Lebensformen: naiver Deutschtümlichkeit, hemmungslosem, ausschweifendem Leben, Arbeiten bis zum Umfallen, zerrütteten Familien, aber auch demokratischer Haltung durch Zurückstellen eigenen Wollens zugunsten demokratischer Willenserklärung, dem Suchen nach aufgeklärten Lebensformen und kultureller Eigenentwicklung. Nur mühsam bildet sich Moderne um zu Modernität.

Das neue Lebensgefühl des Machbaren läßt dem Aufschwung freien Lauf. Der Verfall christlicher Traditionen entschuldigt den eigenen Reichtum. Überlieferungen werden umgekehrt, zeigen den Verfall menschlicher Werte, geprägt durch den Glauben an die häufig synonym gebrauchten Begriffe Geld, Macht und Sex. Die neue Deutsche Mark macht es möglich. Modern ist jetzt das, was ich gerade lebe.

So sind Währungsreform und Wirtschaftswunder eng miteinander verknüpft. Das Zusammenwachsen der Ideen eines gemeinsamen Europas, das gerade die Kriegsheimkehrer als das einzige Ziel eines europäisch lebbaren Miteinanders empfinden, gipfelt heute in der Währungsunion zum Euro, einer Reform, die das kommende 21. Jahrhundert prägen wird.

Henning Burk
Weltkrieg

Weltkrieg (erstmals 1814 von F. L. Jahn mit Bezug auf die Befreiungskriege gebraucht), engl. **World War**, frz. **Guerre Mondiale**, ein globaler, zahlreiche Staaten und Völker einbeziehender militär. Konflikt, bei dem die Kampfhandlungen sich auf fast alle Kontinente und Weltmeere erstrecken und (wie in den beiden W. des 20. Jh.) auch den Luftraum erfassen können.

»Laß mich gehen, Mutter, laß mich gehen.
All das Weinen kann jetzt nichts mehr nützen.
Denn wir geh'n das Vaterland zu schützen.
Laß mich gehen, Mutter, laß mich gehen.
Deinen letzten Gruß will ich vom Mund Dir küssen.
Deutschland muß leben, und wenn wir sterben müssen.«

So wie der deutsche Dichter Heinrich Lersch im August 1914 schwärmt, fühlten viele seiner Zeitgenossen. Krieg, das hieß damals noch: heldenhafte Schlacht, kurze Dauer. Und: Endlich wieder was los. Die langweilige, eingefrorene Zivilisation kommt in Bewegung! Die Glut der Masse, die Kommunion des Blutopfers naht! Künstler zogen hoffnungsfroh in die Schlacht, um die Authentizität des Lebens wiederzuentdekken.

Doch was kam, war kein begrenzter Krieg, sondern seine völlige Entfesselung. Nicht mehr der heldenhafte Einzelkämpfer bestimmte das Geschehen, sondern die Industrie. Neue Abwehrwaffen machten jeglichen Durchbruchsversuch aussichtslos. Trotzdem bliesen die Generäle aus alter Gewohnheit und unter Erfolgsdruck immer wieder zum Angriff. Manchmal starben 20 000 Soldaten am Tag im Kugelhagel der Maschinengewehre. Ansonsten wurde es ein jahrelanger, quälender Stellungskrieg.

Materialschlacht hieß das neue militärische Zauberwort. Bis zu einer Million Granaten pro Tag wurden abgefeuert, um einen gegnerischen Frontabschnitt »einzutöten«. Neue Techniken wurden ausprobiert, wie das »Vergasen« von Schützengräben oder das Ausbrennen mit Flammenwerfern. Ein variantenreiches Sortiment von Handgranaten sollte den eingebuddelten Feind gezielt kampfunfähig machen. Man versuchte es mit Bomben von oben oder mit dem Überrollen durch Panzer. Jedes Mittel war recht, um den Gegner zu dezimieren.

Für das Leben der Soldaten hatten die Generäle kein Interesse. Der Gedanke der materiellen Abnutzung, ob Mensch oder Kriegsgerät, beherrschte die militärische Planung. Vier Jahre dauerte das Gemetzel. Immer mehr Männer wurden ins Feuer geschickt. Am Ende waren es fast 10 Millionen Tote und über 30 Millionen Kriegsbeschädigte. Der Krieg hatte ganz Europa erfaßt und reichte bis in die Kolonien.

Ein neuer Begriff von Krieg entstand: der Weltkrieg. Hatte man bis dahin die Vorstellung gepflegt, Krieg sei die Fortsetzung der Politik mit anderen Mitteln, so mußte man jetzt seine Entgrenzung feststellen. Krieg bedeutete nun prinzipiell: totaler Krieg. Pazifisten mehrten sich, die den Krieg grundsätzlich ächteten. »Nie wieder Krieg!« steht bis heute auf ihren Transparenten. Für sie ist die Vorstellung einer militärischen Auseinandersetzung nicht mehr denkbar. Auf militärische Konflikte, wie im ehemaligen Jugoslawien, reagieren sie wie gelähmt.

Heute wird der Erste Weltkrieg in den verschiedenen Ländern Europas unterschiedlich memoriert. In Frankreich, Belgien, Polen ist der 11. November 1918, der Tag des Waffenstillstandes, ein Nationalfeiertag, ein Feiertag des Sieges, der Befreiung, des Gedenkens an die Gefallenen. Man trägt Anfang Juli, zur Zeit der großen Sommer-Offensive der Engländer, rote Mohnblumen im Knopfloch. Die Briten, die in Frankreich eine halbe Million Soldaten beerdigt haben, reisen massenweise zu den organisierten Gedenkstunden auf den ehemaligen Schlachtfeldern und Soldatenfriedhöfen.

In der kleinen belgischen Stadt Ieper, die nahezu verwüstet war, wird seit 70 Jahren jeden Abend, das ganze Jahr hindurch, das monumentale Menin-Stadttor, in das die Namen von 60 000 britischen Soldaten eingraviert wurden, für eine Gedenk-Zeremonie geschlossen. Abend für Abend wird der

Autoverkehr für eine halbe Stunde eingestellt, eine Rede gehalten, und die örtliche Feuerwehr bläst den Zapfenstreich. In Deutschland würde eine solche Aktion des Militarismus verdächtigt. Hierzulande hat sich der Bruch mit der Tradition der Armee völlig durchgesetzt. Die Ereignisse beider Weltkriege haben im »kollektiven Gedächtnis« nur schwache Spuren hinterlassen. Dennoch gilt festzuhalten: Den Ersten Weltkrieg haben alle Kriegsparteien gewollt. Die Deutschen begannen ihn schließlich, aus Bündnistreue für Österreich und aus strategischen Gründen (mit einem Überfall auf Belgien und Frankreich), um nicht in einen Zweifrontenkrieg zu geraten. Von den Kriegsgegnern wurden sie dafür 1919 als Aggressor beschuldigt und behandelt. Den Zweiten Weltkrieg rechtfertigte Hitler als Revanche für die Schmach nach dem Ersten. Geplant hatte er ihn aber als Vernichtungskrieg. Im »kollektiven Gedächtnis« steht nun geschrieben: Man hat zwei Weltbrände verursacht, jeder zukünftige militärische Einsatz kann wieder ein Weltbrand werden, eine Katastrophe. Um die Ächtung des Krieges zu bekräftigen, erinnert man sich nur an die Vernichtungsabsichten des Zweiten Weltkrieges, an den Holocaust und an die angeblich hitlertreuen Landser. Letzteres ist in Wirklichkeit nur eine Übernahme der damaligen Propaganda, die man negativ gegen die Soldaten ausspielt. In Wirklichkeit waren 1939 nur wenige kriegsbegeistert. Die Aufgabe, der gefallenen Soldaten beider Weltkriege zu gedenken, wird in Deutschland unauffällig durchgeführt. Der »Volksbund Deutsche Kriegsgräberfürsorge« organisiert allsommerlich das Kreuzeputzen durch Jugendliche im Dienst des Weltfriedens. Gedenkstunden für deutsche Gefallene mit dem Bundespräsidenten werden in der Öffentlichkeit nicht wahrgenommen.

Jamal Tuschick
Wende

In der Paris Bar über die Wende gelacht

Wende, *Politik:* einschneidende Veränderung, gesellschaftl. Umbruch, i. e. S. häufig gebrauchte Bez. für die Ereignisse in der DDR zw. Oktober 1989 und März 1990 (→ deutsche Geschichte)

Lauter letzte Mohikaner sehen ihre Felle davonschwimmen. Ihre Rankűne entäußert ein Wispern hinter antiken Stores. Wieviel Mühe sich Leute mit Topfpflanzen geben, und dann gehen sie doch ein. Das Nachtleben wird für Deutsche immer weniger, behauptet eine, die als Tänzerin im Crazy Horse ihre große Zeit hatte. Ausländische Frauen, sagt sie, machen das Geschäft kaputt. Wie Schwestern auf Plastikstühlen verbringen die Ausländerinnen Freizeit in einem Laden mit Glasfront. Der International Phone Call offeriert den billigsten Draht in jede Heimat. Man sieht, daß die Frauen warten gelernt haben. Kein Aufhebens um die eigene Person. Niemals. So ist die Studentin nicht. Sie verachtet die unbewaffneten Typen in den Cafés. Um die kleine Münze individueller Lösungen will sie nicht spielen. Ihren Urgroßvater, Funktionär der kurzlebigen Aserbaidschanischen Republik, haben neunundzwanzig die Russen erschossen. Bitter war das Jahr ihrer Geburt, klangvoll seit Jahrhunderten ist der Name ihrer Familie in Gandsche und darüber hinaus. Einundneunzig kam sie nach Berlin. Seither schreitet sie täglich Wege ihres früheren Lebens in Gedanken noch einmal ab. Ihr Quartier liegt in einem höheren Haus: zwei Stockwerke unter Parterre. Feixende Jungen lungern bei jedem Wetter vor dem Speicher.
Seit der Professor über Nacht manchmal bei ihr bleibt, nennt sie ihn Pipik. Ein Pipik kann zwar allerhand, kommt aber nie weit. Spott ist ihm sicher. Ihm erzählt die Studentin von improvisierenden Leuten, die eine Macht in Bewegung setzte, deren Konturen sie bloß ahnten. Von Pogromen und Notlandungen in Schneestürmen. Er fährt mit ihr dafür durch halb-

zerfallene Dörfer und redet über den Todesstreifen, dieses nun aufgegebene Biotop. Die Bewohner vormals grenzunmittelbarer Ortschaften begeistern ihn als Helden eines Romans, den er fortspinnt. In dieser von relevanten Entwicklungen lange abgeschnittenen Region hatte er bis zur Wende ein Leben geführt, das wie ein andauernd ungestörtes Nachdenken über sich selbst gewesen war, mit stillen Nachmittagsräuschen, ganzjähriger Skigymnastik im Göttinger Institut für Lebenserziehung und Doppelkopfabenden, zweimal die Woche im Maßkrug, oben auf der Weender Landstraße.

Als Raconteur und Connaisseur verdankt der Professor Stacheldraht allerhand. Er ist Spezialist für Studentinnen aus Osteuropa und den GUS-Staaten; ein Verfechter der These, daß der beste Sex auf deutschem Boden zu Gaus Zeiten in Ostberlin stattfand. In der Paris Bar zieht er den braven Zafer Senocak in ein Gespräch über Tische hinweg. Der Schriftsteller soll wiederholen, was schon in der taz stand: Die Aufhebung der deutschen Teilung habe nur eine neue Teilung der deutschen Gesellschaft vorbereitet und den auf ethnische Vielfalt ausgelegten Status quo vor neunundachtzig in der BRD entwertet, so wie, illustriert der Professor, der Automat das Billett automatisch. Der Senocakbeitrag gibt ihm Gelegenheit, sich mit Vehemenz vor der Studentin aus Aserbaidschan aufzuspielen. Wegen ihr ist er mit uns in der Bar. Schon hat er genug von Völkerverständigung zwischen Männern. Er faßt die Studentin an die Brust, um ihre Aufmerksamkeit zu gewinnen. In einem Treck verzweifelter Frauen kam er als Kind an der Hand seiner Mutter an geplatzten Pferdekadavern und zerschossenen Stellungen vorbei. Russische Marinesoldaten sah er in Kirchspielen Schützenfeste veranstalten. Später, als er schon zur Schule ging, trug er ein Kalininabzeichen, am Revers festgemacht mit einer Sicherheitsnadel. Drei Molotowkonterfei tauschte der junge Pionier gegen ein Bild von Stalin. Als in Berlin die Mauer hochgezogen wurde, machte er einen Satz darüber. Den Sprung überliefern diverse Versionen. Die Wirkung drastischer Fassungen studiert der Professor an Studentinnen.

Jean Christoph Ammann
Werbung

Werbung (zu ahd. hwerban sich drehen, sich umtun, sich bemühen), jede Darbietung von Botschaften mit dem Ziel, Einstellungen und Handlungen der Adressaten zum Vorteil des Werbetreibenden zu steuern. Früher wurde W. meist in der Bedeutung um eine Frau werben oder zum Militärdienst (an-) werben verstanden und erst im 20. Jh. auch im Sinne von Kunden werben gebraucht. Kunden-W. bzw. Die Kurzform W. verdrängte den Begriff Reklame.

Eigentlich bin ich süchtig nach Werbung, denn ich bin immer auf der Suche nach Bildern, an die ich mich erinnern kann. Über Werbung im Fernsehen kann ich wenig sagen, denn zum Fernsehen fehlt mir die Zeit. Was ich manchmal in Sportsendungen sehe, ödet mich an. Die Moderatoren denken wohl auch so, denn sie bitten fast um Entschuldigung für die Unterbrechung. (In Amerika heißt es pragmatisch: »We are right back.«)

Die beste Werbung ist jene, an die man sich erinnert!

Vor drei Jahren stand ich in der U- und S-Bahn-Station der Frankfurter Hauptwache vor einem monumentalen *Esprit*-Plakat. Fassungslos staunte ich die junge Frau mit den hohen, ausgeprägten Backenknochen an. Sie hatte schrägsitzende blaue Augen, und das dunkle Haar fiel ihr seitlich über eine banale grüne Jeansjacke, die sie locker auf der nackten Haut trug. Keine Spur von Busen, nur ein wunderbares, frontales Gesicht mit einem großen schöngeformten Mund. Der Hintergrund war orange, die Schrift links oben gelb. Schlagartig wurde mir bewußt, daß hier ein Paradigmenwechsel stattgefunden hatte. »Von nun an«, sagte ich mir, »rennen die Klamotten hinter den Frauen her.«

Fast gleichzeitig setzte die Calvin-Klein-Werbung mit Kate Moss ein. Ich kaufte die Zeitschriften nur der einen Schwarzweiß-Seite wegen. Zuerst kam die Obsession-Serie. Kate Moss, nackt, bäuchlings auf dem Kanapee liegend, die Beine mit den zu großen Füßen leicht gespreizt. Der androgyne, wie ein Wellenband geformte Körper und der mädchenhaft-verführerische Blick mit dem leicht geöffneten Mund waren nicht wegzudenken von der grandiosen Typographie. *Obsession* auszusprechen wurde in der Ausformung des Schriftbildes selbst zur Obsession. Es gab dann noch u. a. jenes vertikale Bild, wo Kate Moss mit nacktem Oberkörper posiert, die eine Hand wie zögerlich vor dem Mund haltend. Die Schrift in Versalien lief auf Schulterhöhe horizontal durch das Bild. Die im Duplexverfahren gedruckten Schwarzweißbilder zeigten alle die Schrift in einem satten Grauton.

Hier wurde mir klar, *daß nicht das Produkt Inhalt der Werbung ist, sondern die Werbung Inhalt des Produktes.* Der Besessenheit suggerierende Duft eines Toilettenwassers oder eines Parfums wurde auf allen Ebenen der formalen, »farblichen« und inhaltlichen Ebene dergestalt durchgespielt, daß der Betrachter eine Vorstellung dessen bekam, was Besessenheit in ihm auslösen könnte.

Die zweite Serie, es handelt sich wieder um Schwarzweißfotos, zeigte ein völlig anderes Bild von Kate Moss. Sie trägt ein schwarzes Top, das den Bauch freiläßt. Die Hände hat sie über der einen Schulter verschränkt. Bei gleichbleibender Körper- und Gebärdenhaltung ist der Gesichtsausdruck einmal ein lachender, einmal ein melancholischer. Kate Moss' Lachen ist das völlige Gegenteil von einem »Cheese«, zeigt die Unregelmäßigkeit ihrer Zähne, und der melancholische Blick macht deutlich, daß sich die Augen nicht auf gleicher Höhe befinden. Die Typographie spielt hier eine untergeordnete Rolle. Der schwarze Rand, der die Bilder umgibt, ist nicht nachträglich geschaffen, sondern liegt dem fotografischen Verfahren zugrunde. Er meint etwas Unmittelbares, das was nämlich der Text festhält: »be good. be bad. just be.« Der ins Bildfeld gerückte Calvin-Klein-Flacon unterscheidet nicht mehr zwischen Eau de toilette und Parfum. Die beiden verschiedenen Stimmungsmomente, die, im Unterschied zur *Obsession*-Werbung, eine bewußt private Kate Moss zeigen – die zu schildern meine Möglichkeiten übersteigt –, wollen deutlich machen, daß der Duft eben nicht stimmungsabhängig ist und daß das Duftwasser, das ich verwende, meiner Gelassenheit Vorschub leistet. Die Erkenntnis daraus ist, *daß es nicht richtig ist zu sagen, über ein Produkt Werbung zu machen, weil das Produkt die Werbung selbst ist, insofern es deren Sprache verwendet.*

Das letzte Beispiel gilt der Werbung von *Benetton*, jener im besonderen, in welcher Oliviero Tuscani Reportagefotografien mit dem grün-weißen Logo »United Colors of Benetton« versah. Aus meiner Sicht wurden diese gigantischen Plakate, nicht nur in Deutschland, völlig zu Unrecht verboten. Wir haben im Museum für Moderne Kunst Frankfurt am Main diese Plakate in drei, über sechs Monate dauernden Perioden im *Leseraum* von Siah Armajani im Sinne eines »anschaulichen Lesematerials« gezeigt. Toscani hat mit diesen Plakaten Geschichte geschrieben. Durch die intelligente Auswahl der Motive (Kriege, Katastrophen, Krankheiten, Ausgegrenzte, Flüchtlinge, Armut) hat er auf etwas für uns alle Verbindliches, Existentielles hingewiesen. Daß dies, quer durch die Kontinente, über eine global agierende Bekleidungsfirma geschah, fanden viele Menschen anstoßend. Jedoch haben sie offensichtlich die Allgegenwart der uns täglich konditionierenden Werbung vergessen oder verdrängt. Sie konnten die unerhörte Stärke der Bilder und deren Kraft nur als Ausdruck einer nackten Instrumentalisierung, als reinen Zynismus empfinden. Da keine Zeitung, kein Fernsehkanal ohne Werbung existieren kann, hat Toscani schlicht und einfach Bild und Firmenlogo kurzgeschlossen, hat uns deutlich gemacht, daß wir ohne Werbung die täglichen Nachrichten und Hiobsbotschaften aus nahen und fernen Ländern gar nicht zur Kenntnis nehmen könnten und wir in unserer heilen Welt unbescholten ein friedliches Dasein fristen würden. Was Toscani ausdrücken wollte: Das Benetton-Logo steht *stellvertretend* für Werbung überhaupt. Er wollte den Stellenwert von Werbung in unserer heutigen Gesellschaft dramatisch über herausragende Bilder deutlich machen.

Die Erkenntnis daraus: *Die beste Werbung trifft immer den Nagel auf den Kopf*. Das hat mit einer intuitiven Intelligenz zu tun, die stärker ist als alle auf Marktforschungen beruhenden Strategien, aus denen in der Folge ein diffuses Kondensat herausgefiltert wird. Die intuitive Intelligenz der Werbung ist in hohem Maße künstlerisch!

Friedrich Dieckmann
Wiedervereinigung

Wiedervereinigung, politisch-histor. Begriff, bezeichnet die Bemühungen zur Wiederherstellung der staatl. Einheit eines (in der Folge eines Krieges) gespaltenen Landes. Der Ost-West-Konflikt und innere Gegensätze führten nach dem Zweiten Weltkrieg in Europa zur Teilung von Dtl. und zum Aufbau der Bundesrepublik Dtl. und der DDR (1945-49; → deutsche Geschichte, → deutsche Nation), in Asien zur Spaltung des zuvor von Japan beherrschten Korea (1945) und des aus frz. Kolonialherrschaft sich befreienden Vietnam (1954).

Das Wort hat viele Bedeutungsfelder; der 1960 in Leipzig erschienene 14. Band des Deutschen Wörterbuchs führt die meisten von ihnen auf, beginnend mit jener staatlich-politischen Bedeutung, die Wiedervereinigung als Wort der zweiten Jahrhunderthälfte konstituiert hat. Staatliche Teilung als Voraussetzung ihrer Aufhebung, der Wiedervereinigung, ist im 20. Jahrhundert nicht nur ein deutsches Problem gewesen. Der Taschenbuch-Meyer, Mannheim 1987, bestimmt Wiedervereinigung als »die Wiederherstellung der staatlichen Einheit eines (in der Folge eines Krieges) gespaltenen Landes« und verweist auf das dem deutschen entsprechende Schicksal Vietnams und Koreas. Der Hinweis bringt Gefahren in Sicht, die auch über dem geteilten Deutschland schwebten: daß, wie in Vietnam, ein Krieg zum Mittel der Wiedervereinigung werden könne (in Mitteleuropa hätte er das Pulverfaß der nuklearen Weltzerstörung gezündet) oder daß, wie in Korea, die staatliche Teilung bei wechselseitiger Hochrüstung zu völliger Isolation der Teile geführt hätte. Nicht das erstere, die Hochrüstung, aber das letztere ist uns erspart geblieben.

Das Lexikon von 1987 denkt für die deutsche ebensowenig wie für die koreanische Frage an eine »Lösung im Sinne einer Wiedervereinigung«. Der kleine Knaur, München 1954 und 1972, hielt es anders; er bestimmte Wiedervereinigung als »die im Potsdamer Abkommen 1945 von den Siegermächten zugesagte, durch Gründung von BRD 1948 und DDR 1949 sowie Anschluß dieser an westliche bzw. östliche Machtblöcke erschwerte Beseitigung der Spaltung des Deutschen Reichs 1945«. Das ist insofern präzis, als die Einteilung des verbliebenen Landes (ein Viertel des deutschen Staatsgebietes war zuvor abgetrennt worden) in einzeln verwaltete Besatzungszonen der grundlegende Akt der deutschen Teilung war. Alles Weitere – die Zusammenschlüsse der Westzonen zur Bi- und zur Trizone und dann die Umwandlung der letzteren in eine deutsche Teilrepublik mit der Folge einer zweiten Staatsgründung in der sowjetischen Besatzungszone – hatte den Charakter der Vertiefung und Zementierung, schließlich Betonierung der damals vollzogenen Zonenaufteilung und des im September 1945 von der französischen Regierung erzwungenen Verzichts auf eine Zentralverwaltung.

Hatte aber das Potsdamer Abkommen wirklich die Beseitigung der deutschen Spaltung zugesagt? Es konnte das schon deshalb nicht, weil es, ohne französische Beteiligung zustande kommend, die Verselbständigung der Besatzungszonen nicht voraussetzte. Im Juni 1945 hatten sich die vier Mächte das Recht vindiziert, auf dem Gebiet ihrer Zonen nach Gutdünken Staatsgründungen vorzunehmen, doch wußten sie bei ihren Potsdamer Beratungen noch nicht, wie weitreichend sie dieses Recht in Anspruch nehmen würden. Der Abschlußtext vom August 1945 stellte dem deutschen Volk in Aussicht, daß es ihm bei fortdauernden Anstrengungen möglich sein werde, »zu gegebener Zeit [in due course] einen Platz unter den freien und friedlichen Völkern der Welt einzunehmen«. Diese Perspektive war erfüllt, als die beiden deutschen Staaten 1973 in die Vereinten Nationen aufgenommen wurden; zuvor war ihnen die friedliche Regelung ihrer wechselseitigen Beziehungen geglückt. Im Verlauf dieses Prozesses hatte sich das westliche Deutschland von der Vorstellung gelöst, daß die deutsche Westrepublik mit dem 1945 von den Siegermächten suspendierten Deutschen Reich rechtlich identisch sei; die politische Außenseite dieser Vorstellung hieß Alleinvertretungsanspruch.

Auch die DDR hatte Mühe gehabt, sich als deutscher Teilstaat zu definieren. Achtzehn Jahre lang hatte sie eine unmittelbar gesamtdeutsche Verfassung gehabt und sich Ende der sechziger Jahre schließlich als »sozialistischer Staat deutscher Nation« bestimmt. Nachdem das Karlsruher Verfassungsgericht 1973 beide Republiken als »Teile eines noch immer existierenden, wenn auch handlungsunfähigen ... Staates Gesamtdeutschland« erkannt hatte, strich die ostdeutsche Republik jene Bestimmung aus ihrer neuen Verfassung und ersetzte sie durch die drastisch-läppische Wendung »sozialistischer Staat der Arbeiter und Bauern«. Sie betrachtete das Deutsche Reich als untergegangen und die beiden deutschen Staaten als seine Auflösungsprodukte, so wie nach 1806 die Königreiche Bayern und Sachsen Auflösungsprodukte des alten deutschen Reiches gewesen waren. Diese Anschauung fand Verfechter auch im westlichen Deutschland; sie war irreal nicht nur in rechtlicher Hinsicht und führte fünfzehn Jahre später erst zum Untergang des in dieser Verfassung verkündeten Partei- und Klassenherrschaftsprinzips und dann zu der Auflösung des ihm unterworfen gewesenen Staates: in Gestalt seiner Vereinigung mit dem westlichen Nachbarn, dessen Grundgesetz sich als tauglich erwies, zur Rechtsbasis eines Bundes aller deutschen Länder zu avancieren. Zur Verfassung fehlt ihm bis heute die Grundlage einer Volksabstimmung.

Alles dies war auf revolutionärem Wege erreicht worden: durch eine Volkserhebung im östlichen Deutschland, die, begünstigt durch eine veränderte weltpolitische Konstellation, in einem ersten Schritt Volkssouveränität und in einem zweiten Staatsvereinigung durchsetzte. »*Wir* sind das Volk« war die Losung der ersten Stufe, »wir sind *ein* Volk« die der zweiten, die nichts weniger als nationalistisch gemeint war. Volk als eine durch Sprache, Kultur und Geschichte verknüpfte Gemeinschaft und Volk als ein seine Rechte einforderndes Staatsvolk gingen darin untrennbar zusammen.

Am Ende des so angestoßenen Prozesses fanden sich die vier Mächte dazu bereit, jenen deutschen Staat, den sie kraft einer Deklaration im Juni 1945 eingezogen hatten, wieder herauszurücken vermöge eines Vertrags, den sie mit den beiden in voller Gleichberechtigung eingesetzten Teilstaaten schlossen. Deren so besiegelten Verbund nannten sie »das vereinte

Deutschland«; der 1866 unter preußischer Vorherrschaft gegründete Staat, welcher erst Norddeutscher Bund und später Deutsches Reich geheißen hatte, war, nun mit rheinbündischer Dominanz, wieder in Existenz gesetzt. Man kann diesen Vorgang Wiedervereinigung nennen; nicht die Vereinigung der beiden Partialstaaten, aber die Wiederherstellung des 1945 aufgeteilten Staatswesens hatte diesen Charakter. Sie war nur möglich durch die vorherige Anerkennung einer nur zu real gewordenen Teilung. *Reconciliatio* gibt Veneronis Kayserliches Wörterbuch von 1700 als lateinische Entsprechung des Wortes Wiedervereinigung an; reconciliatio bedeutet sowohl Wiederherstellung wie Versöhnung. Das eine kann nicht ohne das andere bestehen. Die bedenklichste Übersetzung von Wiederherstellung heißt Restauration. Die deutsche Geschichte zeigt es drastischer als die anderer Völker: Der Versuch, Geschichte im Rückgang statt im Vorangehen zu überwinden, bewirkt Spaltung, nicht Vereinigung.

O. M. Ungers
Wolkenkratzer

Wolkenkratzer, Hochhaus, ein viel geschossiges Gebäude, in dem der Fußboden mindestens eines Aufenthaltsraumes mehr als 22 m über der natürl. Geländeoberfläche liegt. H. wurden zunächst als Bürohäuser, dann als Hotels, Krankenhäuser und auch Wohnhäuser errichtet. Nach Verbesserungen der Materialeigenschaften und Konstruktionsmethoden wurden Wolkenkratzer (die engl. Bezeichnung *skyscraper* entstand um 1880 in den USA) errichtet (Empire State Building in New York von W. F. Lamb, 1931, 381 m Höhe; World Trade Center ebd. von M. Yamasaki, 1962-75, 412 m Höhe; Sears Tower in Chicago von Skidmore, Owings & Merill, 1969-74, 443 m Höhe).

In seinem Buch *Die unsichtbaren Städte* beschreibt Italo Calvino einen imaginären Gang des venezianischen Entdeckers Marco Polo durch die Geschichte der Städte, der gleichzeitig ein Gang durch die Geschichte der menschlichen Kultur und Zivilisation ist. Marco Polo erzählt seinem Gastgeber, dem Kaiser Kublai Khan, von 55 Städten, Erfindungen seiner Imagination, die zugleich Geschichte menschlicher Existenzformen sind. Als Geschichtsetappen entstehen und vergehen die Städte im Dialog. Jede spätere negierte die vorangegangene. Sie sind in ihrer Gesamtheit wie ein Zyklus von Geschichten in einem Geflecht bestürzender Vielfalt und poetischer Evidenz, das man mit Wißbegierde und Aufmerksamkeit durchforscht.
Historisch gewachsene Städte sind Orte kontinuierlicher Formation und Transformation, sie sind Verwirklichungen von Konzepten und Ideen, Realitäten und Bedingungen, die sich in sinnlicher Erfahrung darstellen. Sie sind wie Gestalten in einer Metamorphose, die sowohl aus Regeln und Gesetzen, aber auch aus Zufällen, Wünschen und Träumen bestehen. Städte sind Plätze, in denen die Spuren verschiedener kultureller Epochen und architektonischer Auffassungen festgehalten werden. Sie sind Zeugnisse intellektuellen Geistes und physischen Leistungsvermögens in dem Maße, in dem politische, soziale und ästhetische Ideen, Überzeugungen

und Utopien mit der Geschichte der Architektur und Stadtplanung übereinstimmen.
Zu der Auseinandersetzung mit Stadt, mit zukünftiger Entwicklung, mit Stadtgestalt und Lebensform, gehört in den europäischen Städten auch die Auseinandersetzung zwischen alt und neu, zwischen erhaltenswerter historischer Bausubstanz und neuen Forderungen und Möglichkeiten der wirtschaftlichen und technischen Entwicklung. Neben den bisherigen flächenintensiven traditionellen Bauwerken und Methoden gibt es durchaus sinnvolle Argumente für intelligente Baustrukturen. Sie sind nicht nur eine Frage des wirtschaftlichen Umgangs mit knappem städtischen Grund und Boden, sondern auch eine Antwort auf die effiziente Ausnutzung öffentlicher Infrastrukturen und darüber hinaus eine Möglichkeit der Schaffung integrierter und komplexer Nutzungskonzepte.
Befreit von unnützem ideologischen Ballast oder unnötigem symbolischen und psychologischen Überfrachten sind Hochhäuser – im Volksmund »Wolkenkratzer« genannt – ein unverzichtbares Medium einer modernen, an den Fakten und an der Vernunft orientierten Stadtplanung. Wenn man davon ausgeht, daß nicht alle Betriebe in das Land, auf das freie Feld, ausgelagert werden können, weil es soviel Freifläche und »Parks« bald nicht mehr geben wird, und weil eine mit großem finanziellen Aufwand an öffentlichen Mitteln finanzierte Infrastruktur in den Zentren nur schlecht genutzt bleiben kann und damit Fehlinvestitionen sichtbar würden, scheint es nicht einmal so unvernünftig zu sein, die Bau- und Funktionsmasse da zu konzentrieren, wo die Voraussetzungen dafür geschaffen wurden, also in den Stadtzentren und an den Hauptentwicklungslinien.
»Wolkenkratzer« sind eigentlich besser als ihr Ruf. Sie müssen nur richtig plaziert, gut geplant und von einer hohen ästhetischen Qualität sein. Natürlich ist es naheliegend, aber auch zu einfach, das Hochhaus mit »Machtstreben« zu identifizieren, vom sozialen »Phalluskomplex«, von »Kathedrale der Wirtschaft« oder von der »Gigantomanie« der Architekten und Ingenieure zu faseln und immer wieder das Menetekel

Babylon zu beschwören. Nichts ist billiger als dieses dumpfe Gerede vom Verfall und Untergang der Sitten und Gewohnheiten. Nur Demagogen und Ideologen verdammen – denn sie profitieren von der Angst und dem Schrecken, den sie verbreiten.

Aus der heutigen Bau- und Stadtkultur läßt sich das Hochhaus weder wegdiskutieren, noch kann man es auf den Index setzen. Wenn von Baukultur, von Stadt, von Metropole die Rede ist, muß auch der »Wolkenkratzer« diskutiert werden – nicht zuletzt seit Mr. Otis in einer spektakulären Darbietung auf der New Yorker Weltausstellung 1857 zum Beweis der absoluten Sicherheit seiner Erfindung das Kabel der freischwebenden Plattform, auf der er stand, in einem theatralischen Akt vor den Augen der erschrockenen Zuschauer mit einer Axt zertrennte. Seit diesem inszenierten Spektakel ist die lange Kette der Entwicklungen im Hochhausbau ein Beweis für die gestalterische und technologische Ingenuität der Konstrukteure und Entwerfer.

Ein solch empfindliches Instrument der Planung erfordert nicht nur eine sorgfältige integrierte Plazierung, sondern auch ein hochentwickeltes Bewußtsein für die Stadt und die urbane Umgebung. Hochhausplanung, die sich nur am Bedarf orientiert und rein zweckmäßigen Überlegungen folgt, sollte ausgeschlossen sein.

Hochhäuser haben nicht nur einen Orientierungs-, sondern auch einen Symbolwert für die Stadt. Ihre Planung sollte sich an strategischen und nicht an Nutzungsüberlegungen orientieren. Nicht jeder beliebige freie Platz eignet sich für ein Hochhaus, sondern nur solche Plätze, denen durch den Hochhausbau besondere Bedeutung gegeben werden kann. Das Setzen von bestimmten Akzenten und ihre Referenz für das Stadtbild wie die Betonung von Blicklinien, die Hervorhebung besonderer Situationen, sei es als Tor, als Begrenzung oder Stadtkante, die Verbindung mit Plätzen und Straßen oder Grünzügen, die Stellung am Wasser oder Reihungen, eröffnet der Planung neue stadtgestalterische Möglichkeiten. Im städtischen Kontext kommt es darauf an, dem Hochhaus ein Thema zu geben, es zu gliedern, einprägsame Bilder, identifizierbare Akzente im Stadtbild zu schaffen.

Neben den technischen Möglichkeiten wird hier die Phantasie der Architekten herausgefordert. Die Größe allein ist nicht genug. Phantasielosigkeit wird nur noch unerträglicher, je öfter sie sich wiederholt, und Mangel an Phantasie ist in großen Dimensionen völlig unerträglich. Gerade wegen seiner Größe und Zeichenhaftigkeit ist das Hochhaus eine besondere Herausforderung an den Entwerfer, aber auch gleichzeitig eine einmalige, wenn auch unwiderrufliche Chance. Sie zu nutzen ist auch die Chance einer Stadt, auch der europäischen, die sich im Zentrum oder an der Peripherie – gewollt oder ungewollt, mit Enthusiasmus oder zaghaft, früher oder später – mit dem Problem des Hochhauses auseinandersetzen muß, wenn die Entwicklung der Stadt so weitergeht wie bisher. Aber wenn dies auch nicht der Fall ist, bleibt das Hochhaus eine nicht mehr wegzudenkende Komponente der Planung – sowohl als Einzelobjekt als auch im städtischen Kontext. Natürlich nur in der Stadt der Ausnahmen, der Ausschließungen und Gegensätzlichkeiten. Mit anderen Worten: in einer besonderen Stadt, wie sie in den Visionen Italo Calvinos sichtbar wird.

Die Wortwahl

Verfahrenstechnische Nachbemerkung

100 Wörter des Jahrhunderts, nämlich dieses zu Ende gehenden zwanzigsten Jahrhunderts nach Christi Geburt – der Titel ist von angemessener Bescheidenheit, und so war es die einer siebenköpfigen Jury von der Redaktion Kulturzeit des Senders 3sat gestellte Aufgabe: nicht etwa die hundert wichtigsten Wörter dieser hundert Jahre ausfindig zu machen (wer wollte sich dessen vermessen!), sondern hundert signifikante Wörter des deutschen Sprachgebrauchs, die sich in der Verbindung der a priori differierenden Ansichten von sieben Autoren verschiedener Herkunft, Generation und Profession herausstellen würden.

Das Verfahren war keineswegs vorgegeben; es entwickelte sich zum nicht geringen Erstaunen des Auftraggebers im Verlauf von zwei Klausurtagungen, zwischen denen jedes Jurymitglied so viele ihm wichtig scheinende Wörter aller Sprachbereiche und Sachgebiete notieren konnte, als ihn sinnvoll dünkte, mit Ausnahme von Orts- und Personennamen, die nach lebhafter Diskussion ausgeschlossen wurden; so wird man weder Einstein noch Hiroshima, weder Stalin noch Stalingrad auf der definitiven Liste finden. Die signifikantesten Orts- und Personennamen des Jahrhunderts herauszufinden wäre eine eigene – und gewiß reizvolle – Aufgabe gewesen, ebenso wie die Findung von hundert wichtigen *Worten* qua Redewendungen und Redensarten des Jahrhunderts. Ausgenommen wurden auch Wörter, die schon vor 1900 allgemeine Geltung erlangt hatten; so blieben *Kommunismus* und *Demokratie, Eisenbahn* oder *Photographie* bereits der Vorschlagsliste fern, obschon die Bedeutung dieser Wörter und der von ihnen bezeichneten Dinge tief ins zwanzigste Jahrhundert reicht.

Als diese Vorschläge alphabetisch geordnet waren, standen der Jury 830 Wörter zur Auswahl, die im zwanzigsten Jahrhundert aufgekommen und bedeutungsvoll geworden waren.

Diese Wörter einzeln zu erörtern wäre ebenso unmöglich wie unfruchtbar gewesen; die Verdichtung konnte sich nur auf dem Weg schriftlicher Abstimmung ergeben, bei der, so die Übereinkunft, Zustimmung mit zwei Punkten, Ablehnung mit null und unentschieden mit einem Punkt gezählt wurde. Ein Wort, das acht und mehr Punkte erhielt, hatte mithin die Jurymehrheit gefunden: acht Punkte entsprachen vier von sieben Ja-Stimmen. Wie eigentümlich zielgenau die Mitglieder ihre Stimmen auf die 830 Vorschläge – darunter auch Verben und Adjektive, die aber auf der Strecke blieben – verteilt hatten, ergab sich am Vorabend der zweiten Jury-Sitzung beim Zusammenzählen: nur 107 Wörter hatten die Sieben-Punkte-Hürde überstiegen.

Nicht alle dieser hundertsieben differierten hinlänglich untereinander; es galt, eine Entscheidung zwischen Wörtern zu treffen, deren Bedeutungsfelder sich kenntlich überschnitten, also etwa zwischen *digital* und *Computer*, zwischen *Pille* und *Geburtenkontrolle*, zwischen *Auto* (als *Automobil* schon ein Wort des späten neunzehnten Jahrhunderts) und *Volkswagen*, einem Wort, das die Geschichte eines Massenprodukts mit in Sicht bringt. Die Verdichtung geschah auf dem Weg der Beratung und anschließenden Abstimmung, und am Ende waren aus hundertsieben Wörtern einundneunzig geworden; so galt es zuletzt, neun Wörter hinzuzufügen. Um sie zu finden, wurde jedem der fünf bei dieser zweiten Sitzung anwesenden Jurymitglieder zwei Vorschläge freigestellt, über die dann in geheimer Abstimmung entschieden wurde. So kamen der *Reißverschluß* und die *Manipulation* (beide merkwürdigerweise nicht auf der ersten Vorschlagsliste), der *Sport* und die *Planwirtschaft* auf die endgültige Liste, der *Werktätige* aber unterlag der *Demokratisierung*.

Jedem Leser der am Ende dieses Verfahrens feststehenden und dann von dem Auftraggeber bestätigten Wörterliste wird es so gehen wie einem jedem der Jurymitglieder: ihm wird Wichtiges fehlen, für das er anderes dreingegeben hätte. Das endgültige Verzeichnis konnte nichts anderes sein als das Ergebnis eines bedachten Übereinanderlegens der Vorschläge von sieben Einzelpersonen aus verschiedenen Bereichen gesell-

schaftlicher Erfahrung in einem Sprachraum, der lange vier Staaten umfaßte und seit 1990 deren drei; nur im Bewußtsein der kollektiven Subjektivität des Ergebnisses ist diese Wörterliste aufzufassen. Aber Subjektivität bedeutet nicht Willkür, und wer sich beispielsweise (Fragen dieser Art wurden bei einer öffentlichten Debatte im Rahmen eines Symposions der *Gesellschaft für deutsche Sprache* laut) über das Fehlen von *Sexismus* und *Frauenbewegung* und über die Präsenz von *Bikini* wundert, der möge bedenken, daß das auf der Liste stehende neudeutsche Wort *Sex* die kommentierende Einbeziehung von Sexismus nicht nur ermöglicht, sondern geradezu fordert, so wie es unmöglich ist, bei dem zuhandenen Wort *Emanzipation* nicht zugleich von Frauenbewegung zu sprechen. *Bikini* aber ist primär kein zweiteiliger Badeanzug, sondern eine bei einem Wasserstoffbombenversuch in die Luft gesprengte pazifische Insel, nach der der sich gleichzeitig durchsetzende Badeanzug benannt wurde; das furchtbare Wort *Sexbombe* verknüpfte beides miteinander. Gerade Bikini also ist ein Jahrhundertwort par excellence.
Nicht erwünscht, aber unvermeidlich war es, daß Wortbildungen aus der zweiten Hälfte dieses zu Ende gehenden Jahrhunderts ein Übergewicht über die der ersten Hälfte gewannen; man hätte sonst jedem Jahrzehnt des Jahrhunderts zehn Wörter vindizieren müssen, ein die Kompetenz einer Jury übersteigendes sprach- und begriffsgeschichtliches Verfahren. Wer die Liste als empirischen Befund eigener Art auffaßt und etwa nach Fremdworten aufschlüsselt, allgemeinen wie *Psychoanalyse* und *Vitamin* oder englischsprachigen wie *Jeans* und *Beat*, wird zu interessanten statistischen Relationen gelangen. In all seiner un-willkürlichen Relativität ist diese Liste eine Fundgrube der Interpretation, im Ganzen wie an jedem einzelnen Wort.

F.D.

Autorinnen und Autoren

Heribert Adam ist Professor für Soziologie an der Simon Fraser University in Vancouver, Kanada. Seine neueste Veröffentlichung ist: *Comrades in Business. Post Liberation Politics in South Africa* (International Books, 1998).

Jürgen Ahäuser, Jahrgang 1954, geboren in Merenberg (Kreis Limburg-Weilburg), Studium: Politik, Öffentl. Recht, Volkswirtschaftslehre und Sport, M. A. TH Darmstadt, Volontariat bei der Wetzlarer Neuen Zeitung, seit 1989 Sportredakteur der Frankfurter Rundschau.

Matthias Altenburg, geboren 1958, lebt als freier Schriftsteller in Frankfurt am Main. Zuletzt erschien sein Roman *Landschaft mit Wölfen* (Köln 1997).

Jean Christoph Ammann, Prof. Dr., Leiter des Museums für Moderne Kunst, Frankfurt am Main, Lehrbeauftragter der Universitäten Frankfurt und Gießen.

Janka Arens, geboren 1971 in München, studierte Humangenetik, Immunologie, Biochemie und Neurobiologie in München und Triest. Tätigkeit in der Wissenschaftsredaktion des Südwestfunks Baden-Baden und seit 1997 in der 3sat-Redaktion Kulturzeit.

Joachim Baumann, 1954 in Weimar geboren, hat ein Studium als Diplom-Physiker abgeschlossen und arbeitet seit 1984 als Wissenschaftsredakteur bei verschiedenen Rundfunkanstalten, z. Zt. beim DeutschlandRadio in Berlin.

Ulrich Beck ist Professor für Soziologie an der Universität München, Herausgeber der »Edition Zweite Moderne« im Suhrkamp Verlag, zahlreiche Veröffentlichungen, u. a. *Risikogesellschaft* (1986), *Was ist Globalisierung?* (1997).

Wolfgang Benz, geboren 1941, Historiker, Professor an der TU Berlin und Leiter des Zentrums für Antisemitismusforschung, zahlreiche Veröffentlichungen, Geschwister-Scholl-Preis 1992, Mitherausgeber der Dachauer Hefte und der Zeitschrift für Geschichtswissenschaft.

Günter Berg, geboren 1959, lebt und arbeitet als Verlagsmitarbeiter in Frankfurt am Main.

Ulrich Biermann, geboren 1960, Journalist, Moderator, Musiker.

Schreibt/spricht für DLR, SWR, WDR, BR u. a. Komponiert für Hörspiel, Werbung und Schauspiel, lebt in Dortmund.

Veronika Bock, geboren 1959, Journalistin, Moderatorin, Dipl. Päd., arbeitet für Rundfunk, Fernsehen, Verlage und Zeitschriften, lebt in Dortmund.

Thilo Bode, Dr., Volkswirt und Soziologe, seit 1989 bei Greenpeace, zunächst als Geschäftsführer von Greenpeace Deutschland und seit 1995 als Exekutivdirektor bei Greenpeace International in Amsterdam, davor Berater und Gutachter in internationalen Entwicklungsfragen sowie Manager eines Industrieunternehmens.

Michael Braungart, geboren 1958, Chemiker, Prof. Dr., Studium in Konstanz, Lehrtätigkeit in Suderburg, Pittsburgh, Charlottesville. Er war Koordinator des Chemiebereiches bei Greenpeace und ist heute Leiter der Internationalen Umweltforschung GmbH (EPEA) und wissenschaftlicher Leiter des Hamburger Umweltinstituts.

Lothar-Günther Buchheim, geboren 1918 in Weimar, Dr. phil. h.c., Prof., Schriftsteller, Verleger, Maler, Kunstsammler (Expressionismus), sein 1973 erschienener Roman *Das Boot* ist ein internationaler Bestseller.

Bernhard E. Bürdek ist Professor, Designer und Publizist. Er lehrt an der Hochschule für Gestaltung in Offenbach, leitet das Büro Vision & Gestalt in Obertshausen/Frankfurt am Main.

Henning Burk, Filmautor und -regisseur beim Hessischen Rundfunk und anderen öffentlich-rechtlichen Fernsehanstalten. Letzter Film: »Blutopfer – Der 1. Weltkrieg im Gedächtnis Europas« (arte/BR, 60 min.).

Daniel Cohn-Bendit, 1945 in Montauban in Frankreich geboren. 1968 als Wortführer der französischen und der deutschen Studentenrevolte bekannt geworden, amtierte er von 1989 bis 1997 als Dezernent für Multikulturelle Angelegenheiten der Stadt Frankfurt am Main. Seit 1993 ist Cohn-Bendit für die deutschen Grünen Mitglied des Europaparlamentes. 1999 zieht er als Spitzenkandidat der französischen Grünen in den Europawahlkampf.

Armin Conrad, 49 Jahre alt und seit 25 Jahren Journalist bei Tageszeitungen, öffentlich-rechtlichen Radio- und Fernsehprogrammen, Zeitungsreporter, Moderator und Autor zahlreicher Filmbeiträge, Gründungsmitglied des ZDF-Morgenmagazins in

Berlin. 1994 Dokumentation *Gnadenlos und Unverschämt – neues Betteln in Deutschland*. Seit 1995 Leiter des 3sat-Magazins Kulturzeit.

Martin Dannecker hat nach verschiedenen Berufstätigkeiten Philosophie, Soziologie und Psychologie an der Universität Frankfurt am Main studiert. Nach der Promotion trat er in das Institut für Sexualwissenschaft des Klinikums der Johann Wolfgang Goethe-Universität Frankfurt ein. Dort arbeitet er inzwischen als Professor für Sexualwissenschaft.

Friedrich Dieckmann, geboren 1937, lebt als Schriftsteller und Publizist in Berlin-Treptow. 1972-1976 Dramaturg am Berliner Ensemble. Vizepräsident der Sächsischen Akademie der Künste. Neuere Buchveröffentlichungen: *Temperatursprung. Deutsche Verhältnisse* (1995); *Der Irrtum des Verschwindens. Zeit- und Ortsbestimmungen* (1996).

Kurt Drawert, geboren 1956 in Brandenburg, lebt in Darmstadt. Zahlreiche Publikationen: Lyrik, Prosa, Essay und Dramatik. Zuletzt: *Wo es war. Gedichte* (1996); *Steinzeit. Lustspiel* (UA 1999). Zahlreiche Preise, u. a. Ingeborg-Bachmann-Preis, Uwe-Johnson-Preis, Rom-Stipendium der Villa Massimo.

Peter Ehmer, geboren 1960 in Hanau/Main. Studium in Marburg und Berlin: Politologie, Wirtschaftswissenschaften, Germanistik. Seit 1988 Redakteur bei RIAS Berlin bzw. Deutschland-Radio Berlin, Redaktion Wissenschaft und Kultur (Schwerpunkt Medizin).

Heinrich Graf von Einsiedel, Jahrgang 1921, Publizist, Drehbuchautor und Übersetzer, war Luftwaffenoffizier im Zweiten Weltkrieg. Er lebt in München.

Erhard Eppler, geboren 1926 in Ulm, Dr. phil., SPD-Politiker, Mitglied des Bundestags 1961-1976, Bundesminister für wirtschaftliche Zusammenarbeit 1968-1976, Mitglied des Landtags von Baden-Württemberg 1976-1982. Zahlreiche Veröffentlichungen, zuletzt erschienen *Komplettes Stückwerk. Erfahrungen aus fünfzig Jahren Politik* (1996), *Die Wiederkehr der Politik* (1998).

Heinrich Fink, geboren 1935 in Kornthal/Bessarabien, Dr. theol. et habil., Professor, MdB.

Helmut Fleischer, Jahrgang 1924, Luft- und Raumfahrt-Fachjournalist. Mitarbeiter mehrerer Rundfunkanstalten und Fachzeitschriften. Mitglied im Luftfahrt-Presse-Club, der Berufsvereinigung der Luft- und Raumfahrtjournalisten in Deutschland. Lebt in Berlin.

Albrecht Fölsing, geboren 1940, studierte Physik in Berlin, Philadelphia und Hamburg. Seit 1973 arbeitet er als leitender Redakteur für Wissenschaft beim Norddeutschen Rundfunk/Fernsehen in Hamburg. Er schrieb vielbeachtete Biographien über Galilei, W. C. Röntgen, Heinrich Hertz sowie über Albert Einstein.

Christian Gasser, geboren 1963, lebt in Basel. Redaktor beim Schweizer Rundfunk DRS3, Mitherausgeber des Comic-Magazins »Strapazin« und freier Autor (u. a. Hrsg. von »Comix Art – M. S. Bastian«, 1996). 1994 erhielt er den Zürcher Radiopreis, 1997 eine Auszeichnung am Prix Europa, Berlin.

Heiner Geißler, geboren 1930, Studium der Philosophie, dann Rechtswissenschaft in München und Tübingen, 1960 Promotion, seit 1965 MdB, 1977-1989 Generalsekretär der CDU, 1982-1985 Bundesminister für Jugend, Familie und Gesundheit, 1991-1998 stellvertretender Vorsitzender der CDU/CSU-Bundestagsfraktion, zahlreiche Veröffentlichungen, zuletzt: *Zeit, das Visier zu öffen* (1998).

Marion von Haaren, geboren 1957, ist Volkswirtin und arbeitet als TV-Chefredakteurin für Politik und Zeitgeschehen beim WDR. Schwerpunkt ihrer Arbeit ist die Arbeitsmarkt-, Steuer- und Wirtschaftpolitik. Sie ist verheiratet und lebt in Köln.

Marcus Hammerschmitt, geboren 1967, lebt als freier Schriftsteller in Tübingen. Buchveröffentlichungen: *Der Glasmensch und andere Science-fiction-Geschichten* (1995), *Wind. Zwei Kurzromane* (1997), *Target. Roman* (1998). 1997 Thaddäus-Troll-Preis des Förderkreises deutscher Schriftsteller, 1998 Essaypreis der Büchergilde Gutenberg für »Radiohead«, dem der vorliegende Text zugrunde liegt.

Wilhelm Hankel lehrt seit 30 Jahren Währungs- und Entwicklungspolitik an der J. W. Goethe-Universität Frankfurt am Main. »Zwischendurch« Chef-Volkswirt der KfW, Min. Dir. und Leiter der Abt. Geld und Kredit im Bundeswirtschaftsministerium (unter Karl Schiller), Präsident der Hessischen Landesbank, mehrere Gastprofessuren, Berater von EU, Weltbank sowie Regierungen von Dritte-Welt-Staaten. Letzte Veröffentlichungen: *Das große Geldtheater* (1995), *Die »Euro-Klasse«* (1998).

Peter Hartl, Jahrgang 1961, Historiker und Journalist. Seit 1991 fester Mitarbeiter der ZDF-Redaktion Zeitgeschichte. Autor von historischen Dokumentarfilmen, Presseaufsätzen und Buchbeiträgen.

Peter Henning, geboren 1959, lebt als freier Autor und Literaturkritiker in Frankfurt am Main, 1997 erschien im Verlag Kiepenheuer & Witsch sein erster Roman *Tod eines Eisvogels* (auch suhrkamp taschenbuch 2908), für den er den Literaturförderpreis der Jürgen-Ponto-Stiftung erhielt.

Frank Herda, geboren 1958 in Berlin, studierte Germanistik, Philosophie und Kunstgeschichte in Mainz, Englisch und Linguistik in Tuscon/Arizona. Lehrtätigkeit in den USA und Mexiko. Arbeit als freier Fotograf, seit zweieinhalb Jahren Presseredakteur bei dem Kultursender 3sat.

Frank Hertweck, geboren 1960, Studium: Germanistik, Geschichte, Philosophie, Literaturredakteur beim SWR, Autor (Magazinbeiträge, Feature, Dokumentation).

Richard Hey, Berlin. Autor und Regisseur von Hörstücken, Drehbuchautor, Verfasser von (Kriminal-)Romanen, Übersetzer aus dem Italienischen (Komödien von Eduardo De Filippo).

Hans Helmut Hillrichs, Dr. phil., ist Leiter der ZDF-Hauptredaktion Kultur und Wissenschaft

Peter Höfle, geboren 1962, Studium in Tübingen, München, Venedig: Germanistik, Philosophie, Griechisch, Promotion über Kafka 1996, Lektor in Frankfurt am Main.

Franz-Josef Hutter, M. A., Politikwissenschaftler in Mannheim, Mitherausgeber des *Jahrbuchs Menschenrechte* im Suhrkamp Verlag.

Olaf Irlenkäuser, geboren 1966, Slawist, lebt als Verlagslektor in Kronberg/Ts. und Hamburg.

Otmar Issing, Jahrgang 1936, Prof. Dr. Dr. h. c. mult., Professuren für Volkswirtschaftslehre an den Universitäten Erlangen-Nürnberg und Würzburg. Von 1990 bis 1998 Mitglied des Direktoriums der Deutschen Bundesbank, seit Juni 1998 Mitglied des Direktoriums der Europäischen Zentralbank. Zahlreiche Veröffentlichungen, darunter *Einführung in die Geldtheorie* (11. Auflage 1998).

Matthias Jung, geboren 1956, Dipl.-Volkswirt, seit 1991 Leiter der Forschungsgruppe Wahlen Mannheim. Veröffentlichungen zur Wahlsoziologie und Methoden der empirischen Sozialforschung.

Roland Kaehlbrandt, Publizist, geboren 1953, Studium der romanischen und germanischen Philologie in Köln und Paris, Promotion in romanischer Sprachwissenschaft. Sprach- und zeitkritische Beiträge für die ZEIT, den Rheinischen Merkur und die Berliner Zeitung.

Wolfgang Kasack, geboren 1927, Sohn des Schriftstellers Hermann Kasack, 1956-1960 Chefdolmetscher an der Botschaft Moskau, hat seit 1969 als o. Univ.-Professor (Köln) über 800 Publikationen der russischen Literatur gewidmet.

Friedrich Kittler, Prof. Dr. phil., Studium der Germanistik, Romanistik und Philosophie an der Universität Freiburg/Breisgau, seit 1993 Inhaber des Lehrstuhls für Ästhetik und Geschichte der Medien am Seminar für Ästhetik, Humboldt Universität zu Berlin. Zahlreiche Veröffentlichungen, zuletzt: *Dichter Mutter Kind*, 1991; *Draculas Vermächtnis. Technische Schriften*, 1993.

Jochen R(obert) Klicker, Jahrgang 1935, ist gelernter evangelischer Theologe und Judaist sowie Zeitgeschichtler aus Leidenschaft. Er arbeitet als Redakteur beim DeutschlandRadio Berlin (Kultur aktuell) und kümmert sich – neben dem Projekt »100 Wörter des Jahrhunderts« – vor allem um die Vermittlung der mediterranen und außereuropäischen Kulturen. Er lebt in Berlin und Montpellier.

Tilo Köhler, geboren 1955, aufgewachsen in Brandenburg, Hochseefischer, Germanist, freier Autor, lebt in Berlin. Veröffentlichungen: *Stalinallee – Stalinstadt – Stalinwerk* (Trilogie, beendet 1995), *Der Favorit fuhr Kavolit* (1996).

Walter Konrad, geboren 1935 in Würzburg, promovierter Jurist, 1965-1982 Stellvertretender ZDF-Justitiar, 1982-1987 Leiter der ZDF-Hauptabteilung Programmplanung, seit 1987 Leiter des internationalen Satellitenprogramms 3sat und seit 1996 Direktor Europäische Satellitenprogramme (3sat und ARTE) des ZDF, stellv. Vorsitzender der Gesellschafterversammlung der ARTE Deutschland TV GmbH, Mitglied der Deutschen Akademie der Darstellenden Künste.

Ulrich Kubisch, geboren 1951 in Bremen, Studium der Geschichte und Slawistik in Zürich und Berlin. Seit 1984 Leiter der Abteilung Straßenverkehr im Deutschen Technikmuseum Berlin. Buchveröffentlichungen: *Gummi – die elastische Faszination*, Berlin 1995; *Mercedes-Benz Taxis*, Konstanz 1996; *Der Wohnwagen – Geschichte, Technik, Ferienzeit*, Berlin 1998; *Das Automobil als Lesestoff – 100 Jahre Motorpresse*, Berlin 1998.

Friedrich Küppersbusch, geboren 1961 in Velbert. Journalist und TV-Moderator. Grimme-Preis, Telestar. Lebt mit Frau und zwei Kindern in Dortmund.

Claus Leggewie, Jahrgang 1950, lehrt Politikwissenschaft an den Universitäten Gießen und New York.

Hanno Loewy, geboren 1961 in Frankfurt am Main, Literaturwissenschaftler, Direktor des *Fritz Bauer Instituts. Studien- und Dokumentationszentrum zur Geschichte und Wirkung des Holocaust*. Verschiedene Veröffentlichungen zur Geschichte und literarischen Rezeption der Moderne, des Nationalsozialismus und des Holocaust.

Reinhold Messner, geboren 1944, Grenzgänger, Autor, Bergbauer, gehört seit 30 Jahren zu den erfolgreichsten Bergsteigern der Welt. Er hat bei 3.500 Bergfahrten etwa 100 Erstbesteigungen durchgeführt, alle 14 Achttausender bestiegen und zu Fuß die Antarktis, Grönland der Länge nach, Tibet und die Wüste Takla Makan durchquert. Zahlreiche Vorträge und Veröffentlichungen, zuletzt erschien: *YETI – Legende und Wirklichkeit* (S. Fischer Verlag 1998).

Thomas Meyer, Dr. phil., ist Professor für Politikwissenschaft an der Universität Dortmund. Letzte Veröffentlichungen: *Die Inszenierung des Scheins. Voraussetzungen und Folgen symbolischer Politik*. Frankfurt 1992; (Mit Flaig, B. B. und Ueltzhöffer, J.): *Alltagsästhetik und politische Kultur,* Bonn 1993; *Die Transformation des Politischen,* Frankfurt 1994; *Identitätswahn. Die Politisierung des kulturellen Unterschieds*, Berlin 1997.

Manfred Miller, geboren 1943, Mibegründer des »Klaus Kuhnke Archivs für Populäre Musik« (Bremen), Hörfunkredakteur (SWR 2 Kultur/Wort, Mainz).

Jürgen Moltmann, Professor em. für Systematische Theologie an der Evangelisch-theologischen Fakultät der Universität Tübingen. Wichtigste Veröffentlichungen (in neun Sprachen): *Theologie der Hoffnung* (1964), *Der Gekreuzigte Gott* (1972), *Gott in der Schöpfung* (1985), *Das Kommen Gottes* (1995).

Tilmann Moser, Dr. phil., geboren 1938, Psychoanalytiker und Autor. Arbeitsschwerpunkte: Psychoanalyse und Körpertherapie; Psychoanalyse und seelische Spätfolgen der NS-Zeit. Letzte Buchveröffentlichung: *Mutterkreuz und Hexenkind. Eine Gewissenbildung im Dritten Reich* (Suhrkamp Verlag 1999).

Burkhard Müller-Ullrich, Jahrgang 1956, Redaktionsleiter »Kultur heute« beim Deutschlandfunk. Sein Buch *Medienmärchen – Gesinnungstäter im Journalismus* (Blessing Verlag 1996) liegt auch als Siedler-Taschenbuch vor.

Stefan Münker lebt in Berlin und arbeitet als Redakteur für das ZDF-Nachtstudio. Er hat Philosophie, Germanistik und Kunstgeschichte studiert und im Suhrkamp Verlag – gemeinsam mit Alexander Roesler – die Bücher *Mythos Internet* (1997) und *Televisionen* (1999) herausgegeben.

Bernd Neuefeind, Jahrgang 1950, Bankkaufmann, Organisationsprogrammierer, Betriebsorganisator, Leiter Strukturorganisation im Bistum Aachen. Seit 1985 freier Journalist, Chefredakteur »Organisator«, »Fox-impulse«, Autor von Fachartikeln u. a. in Manager Seminare, training aktuell, bts, Büro-Szene und dem online-Dienst www.impd.de.

Andreas Neumeister, geboren 1959. Veröffentlichte zuletzt die Romane *Ausdeutschen* (Frankfurt 1994) und *Gut laut* (Frankfurt 1998). Mit Marcel Hartges gab er den Reader *Poetry! Slam! Texte der Pop-Fraktion* heraus (Reinbek 1996). Er lebt in München.

Thomas Palzer lebt als freier Autor in München. Letzte Veröffentlichungen: *Ab hier FKK erlaubt. 50 schnelle Seitenblicke auf die neunziger Jahre* (Beck'sche Reihe 1145) und die CD *Nachmittag eines Fauns. Chansons* (Trikont/Indigo US 0225).

Hans Helmut Prinzler, geboren 1938, Filmhistoriker. Veröffentlichungen über Ernst Lubitsch, Steven Spielberg, Fred Zinnemann und zur deutschen Filmgeschichte (u. a. *Chronik des deutschen Films*, 1995). Leitet die Stiftung Deutsche Kinemathek in Berlin.

Eva Quistorp, Studium der Germanistik, Theologie und Politik an der Freien Universität Berlin, APO, Autonome Frauenbewegung, Lehrerin, Organisatorin der Anti-Atom- und Friedensdemonstrationen, Mitbegründerin der Grünen 1979/80. Europaabgeordnete der Grünen 1989-1994, Mitglied der globalen Kommission zur UN-Reform.

Doron Rabinovici, 1961 in Tel Aviv geboren, lebt seit 1964 in Wien, ist Historiker und streitbarer Publizist. Buchveröffentlichungen: *Papirnik. Stories* (1994, edition suhrkamp 1889), *Suche nach M. Roman* (1997 und 1999, suhrkamp taschenbuch 2941).

Reimut Reiche arbeitet als Psychoanalytiker in Frankfurt am Main; Lehranalytiker der Deutschen Psychoanalytischen Vereinigung (DPV); habilitiert für das Fach Sexualwissenschaft. Veröffentlichungen besonders zu Problemen der Kulturtheorie und zur Geschlechtsidentität und ihren Störungen.

Manfred Rexin, geboren 1935, Dipl. rer. pol., Journalist, bis 1994 Leiter der RIAS-Hauptabteilung Kultur und Zeitgeschichte, seit 1998 Mitglied des Medienrates der Länder Berlin-Brandenburg.

Zé do Rock is vor verdammt langer Zeit in Porto Alegre, Brasilien, geboren, hat nix studirt, dafür den film *no elephants* gedreet und di bücher *fom winde ferfeelt* und *UFO in der küche – ein autobiografischer seiens-fikschen* geshriben. Er lebt noch heute, meistens in München.

Monika Sandhack, geboren 1956, lebt in Frankfurt am Main. Studium der Literaturwissenschaft und Philosophie, 1985 Promotion in Hamburg. Lektorin, freie Autorin, Dramaturgin in Hamburg, Berlin und Darmstadt. Redakteurin beim Südwestfunk Baden-Baden, seit 1996 Redakteurin beim 3sat-Magazin Kulturzeit.

Rainer Michael Schaper, geboren 1954 in Celle. Studium der Allgemeinen Rhetorik, Literaturwissenschaft und Philosophie in Tübingen. Promotion bei Prof. Walter Jens 1985. Kulturredakteur beim NDR und SDR Fernsehen. Arbeit als Literaturkritiker. Seit 1991 beim SWF Baden-Baden, seit März 1995 Leiter des 3sat-Magazins Kulturzeit.

Christiane Schmidt, geboren 1973, Buchhändlerin, studiert Germanistik und Romanistik in Frankfurt am Main und ist im Verlagswesen tätig.

Rolf Schneider, geboren 1932 in Chemnitz. Studium der Germanistik in Halle/Saale, anschließend Verlagslektor. Seit 1958 freischaffender Schriftsteller: Epik, Dramatik, Essayistik. Lebt in Schöneiche bei Berlin.

Wolfgang Schneider, geboren 1957, studierte Germanistik, Philosophie und Soziologie, Verlagslektor, lebt in Frankfurt am Main.

Zuletzt erschien das von ihm herausgegebene Lesebuch *Männerbilder* (suhrkamp taschenbuch 2969).

Gustav Seibt, geboren 1959 in München, Historiker und Literaturwissenschaftler. 1987-1996 bei der F. A. Z., seit 1997 bei der Berliner Zeitung. 1995 Sigmund-Freud-Preis für wissenschaftliche Prosa. Zahlreiche Veröffentlichungen.

Dieter Senghaas, geboren 1940, Professor für internationale Politik und internationale Gesellschaft, insbesondere Friedens-, Konflikt- und Entwicklungsforschung am Institut für Interkulturelle und Internationale Studien an der Universität Bremen.

Barbara Sichtermann, geboren 1943 in Erfurt, aufgewachsen in Kiel. Studium der Sozialwissenschaften in Berlin und Hannover, Diplomökonomin. Freiberuflich tätig als Autorin für Rundfunk und Presse, Themen: Medien, Kinder, Literatur.

Volkmar Sigusch, Jahrgang 1940, Prof. Dr. med. habil., Studium der Philosophie, Medizin und Psychologie. Direktor des Instituts für Sexualwissenschaft der Universität Frankfurt am Main. Veröffentlichte bisher mehr als 20 medizinkritische, gesellschaftstheoretische und sexualwissenschaftliche Bücher und gilt international als Begründer der »Kritischen Sexualwissenschaft«, der er Namen und Programm gegeben hat.

Dorothee Sölle, geboren 1929 in Köln, studierte Philosophie, Theologie und Literaturwissenschaften. 1972 Habilitation. 1975-1987 Professorin am Union Theological Seminary in New York. Heute lebt sie als freie Schriftstellerin in Hamburg. Letzte Veröffentlichungen: *Gegenwind. Erinnerungen* (1995), *Mystik und Widerstand. »Du stilles Geschrei«* (1997).

Annette Spohn, geboren 1967, hat Kunstgeschichte, Germanistik und Philosophie studiert. Von 1994 bis 1996 war sie als Volontärin am Museum Wiesbaden. Mehrjährige freie Mitarbeit bei den Internationalen Tagen Ingelheim. 1998 promovierte sie mit der Arbeit: *I want to paint against every rule I or others invisibly have placed (Eva Hesse, 1960) – Werkverzeichnis der Gemälde von Eva Hesse*. Seit 1997 ist Annette Spohn in der Hauptabteilung Kultur des ZDF redaktionell tätig.

Cora Stephan, promovierte Politikwissenschaftlerin, lebt als Publizistin in Frankfurt am Main. Letzte Buchveröffentlichungen: *Der Betroffenheitskult* (1993), *Neue deutsche Etikette* (1995), *Das Handwerk des Krieges* (1998).

Winfried Sträter, geboren 1957, Redakteur beim DeutschlandRadio Berlin, studierte Geschichte und Politikwissenschaft an den Universitäten Bochum und Münster, zahlreiche Veröffentlichungen in Rundfunk und Presse u. a. zu historischen Themen.

Marlene Streeruwitz, Autorin und Regisseurin, lebt in Wien.

Petra Thorbrietz, geboren 1954 in München, Journalistin, Buchautorin und Filmemacherin mit Schwerpunkt Wissenschaftsjournalismus, zur Zeit Reporterin bei der Hamburger »Woche«.

Gerburg Treusch-Dieter, Kulturwissenschaftlerin, lehrt als Professorin an der Freien Universität Berlin und an der Universität Wien. Sie ist Mitherausgeberin der Ost-West-Wochenzeitung »Freitag« und der Kulturzeitschrift »Ästhetik & Kommunikation«, beide erscheinen in Berlin, wo die Autorin auch sonst an Hieb- und Stichworten des Jahrhunderts im Hinblick auf (Menschen-)Entsorgung feilt, u. a. in: *Von der sexuellen Rebellion zur Gen- und Reproduktionstechnologie* (1990), *Die Heilige Hochzeit. Studien zur Totenbraut* (1997).

Jamal Tuschick, Jahrgang 1961, Autor in Frankfurt am Main.

Wolf Uecker, 1921 in Berlin geboren, war Lektor, Zeitschriftenredakteur, Besitzer einer Werbeagentur, Galerist und gründete die Kunstzeitschrift »Art«. 1981 zog er sich in die Lüneburger Heide zurück, seitdem veröffentlichte er zahlreiche Kochbücher.

O. M. Ungers, geboren 1926, Dipl. Ing. Arch. BDA Prof., Architekt in Köln und Berlin, 1963 Ordinarius an der TU Berlin, Prof. em. Cornell University, Harvard, UCLA, Hochschule Wien, Prof. em. Kunstakademie Düsseldorf, zahlreiche Bauwerke, Ausstellungen und Auszeichnungen.

Rüdiger Vaas, geboren 1966 in Stuttgart, Studium der Biologie, Philosophie und Germanistik in Stuttgart, Hohenheim und Tübingen, arbeitet als Publizist, Wissenschaftsjournalist und Dozent; Veröffentlichungen insbesondere über Philosophie, Hirnforschung, Astronomie und Raumfahrt. Bücher: *Der genetische Code* (1994), *Der Tod kam aus dem All* (1995), *Spurensuche im Indianerland* (1999).

Frederic Vester, Prof. Dr. Dr. h. c., 73 Jahre, Biochemiker und Systemforscher, Vater des »vernetzten Denkes«. Betreibt seit 1970 die private »Studiengruppe für Biologie und Umwelt GmbH«. Mitglied im Club of Rome. Zahlreiche Veröffentlichungen (Bücher, Studien, Filme, Ausstellungen) über Systemzusammenhänge.

Oliver Vogel, geboren 1966, arbeitet als Lektor im S. Fischer Verlag, Frankfurt am Main, Veröffentlichungen zur Literatur des 20. Jahrhunderts, Rezensionen.

Rainer Vollmar, geboren 1967, lebt und arbeitet als Verlagsbuchhändler in Frankfurt am Main.

Jürgen Weber, Dipl.-Ing. Dr.-Ing. E. h., wurde 1941 in Lahr (Schwarzwald) geboren, er ist seit 1. September 1991 Vorsitzender des Vorstands der Deutsche Lufthansa AG.

Konstantin Wecker, geboren 1947, lebt als Komponist, Liedermacher, Poet und Schauspieler in Oberbayern. Der vorliegende Text wird in sein Buch *Es gibt kein Leben ohne Tod. Nachdenken über Glück, Abhängigkeit und eine andere Drogenpolitik* eingehen, das im Frühjahr 1999 im Verlag Kiepenheuer und Witsch erscheinen wird.

Heide-Ulrike Wendt, geboren 1950 in Berlin. Studierte Publizistik. Danach u. a. Reporterin bei der Wochenpost, Extra-Magazin. 1992-1995 Kolumnistin beim stern. Heute freie Autorin in Berlin. Erstes Buch: *Immer nur das eine* (ElefantenPress 1996).

Uwe Wesel, geboren 1933, seit 1969 Professor für Rechtsgeschichte und Zivilrecht an der Freien Universität Berlin.

Joseph von Westphalen, geboren 1945, lebt als freier Schriftsteller in München. Zahlreiche Veröffentlichungen, Autor der Harry-von-Duckwitz-Romane, zuletzt *Die bösen Frauen* (1996), 1999 erschien sein Ratgeber für Kinder *Wie man seine Eltern erzieht*.

Johannes Willms, geboren 1948, ist Feuilletonchef der Süddeutschen Zeitung, München.

Beate Ziegs, geboren 1952 in Iserlohn, absolvierte ein zweijähriges Zeitungsvolontariat, studierte Soziologie, Politologie und Jura an der FU Berlin, arbeitete als Redakteurin sowie als Stadtplanerin bei der Internationalen Bauausstellung (IBA). Sie lebt als freie Autorin und Regisseurin in Berlin.

Harro Zimmer, geboren 1935, war NASA-Stipendiat für Weltraumwissenschaften an der Universität von Miami und von 1973-1986 Vorsitzender der Wilhelm-Foerster-Sternwarte Berlin. Später war er als leitender Wissenschaftsredakteur bei RIAS Berlin und Deutsche Welle TV tätig. Autor zahlreicher Sachbücher.

Gerhard Zwerenz, geboren 1925 in Sachsen, seit 1956 freier Schriftsteller, lebt seit 1978 zurückgezogen im Hochtaunus.

Alle Texte sind Originalbeiträge, sie wurden für diesen Band geschrieben. Wir danken allen Autorinnen und Autoren für die freundliche Mitarbeit.